LETTRES
DE
BENJAMIN CONSTANT

EN VENTE A LA MÊME LIBRAIRIE

COLLECTION IN-18 JÉSUS A 3 FR. 50

Envoi franco au reçu du prix (mandat ou timbres-poste)

Isaac Pavlovsky

Souvenirs sur Tourguéneff.

Léon Tikhomirov

Conspirateurs et policiers, souvenirs d'un proscrit.

Vassili Véreschagin

Souvenirs, illustrés par l'auteur.

Eugène Bontoux

L'Union générale.

Charles Virmaitre

Paris qui s'efface.
Paris-escarpe.
Paris-boursicotier.
Paris-canard.
Paris-palette.

Auguste Chirac

La Haute Banque et les Révolutions.
L'Agiotage sous la troisième République, 2 vol.

J. H. Rosny

Nell Horn.
Le Bilatéral.
L'Immolation.

Elémir Bourges

Le Crépuscule des dieux.
Sous la hache.

Camille Lemonnier

Un Mâle.
Noëls flamands.

Saint-Amand (Cher). — Impr. et Stéréot. de DESTENAY.

LETTRES

DE

BENJAMIN CONSTANT

A SA FAMILLE

1775-1830

PRÉCÉDÉES D'UNE INTRODUCTION

D'après des Lettres et des Documents inédits

PAR

JEAN-H. MENOS

PARIS
NOUVELLE LIBRAIRIE PARISIENN
ALBERT SAVINE, ÉDITEUR
18, RUE DROUOT, 18

1888

Droits de reproduction et de traduction réservés.

PRÉFACE

Les lettres que contient le présent ouvrage sont fournies par une volumineuse correspondance de Benjamin Constant à divers membres de sa famille. Cette correspondance fait partie des manuscrits Constant, légués en 1835 à la Bibliothèque de Genève par Charles Constant de Rebecque, cousin germain du célèbre orateur, avec ordre de ne les livrer au public que trente ans plus tard. En 1865, la famille demanda un sursis par voie juridique ; le tribunal ne lui accorda que deux ans.

M. Eugène Crépet, mis au courant de ces circonstances, vint à Genève prendre connaissance de ce legs et publia dans la *Revue Nationale* (avril-mai 1867) deux articles sur l'ami de Mme de Staël, d'après des documents tout nouveaux. Son travail plein de réticences, nécessaires alors, ne dut pas être remarqué, la preuve en est à l'étonnement malicieux qu'ont éveillé les révélations du *Journal intime*.

Il est une partie des papiers Constant que ne vit point M. Eugène Crépet. Ce sont, entr'autres, les lettres de Benjamin Constant à sa tante, sœur de sa mère, Mme la comtesse de Nassau, oubliées qu'elles furent jusqu'en 1884 au fond de la caisse léguée. M. Th. Dufour, le savant bibliothécaire de la Bibliothèque de Genève, les en a tirées lorsqu'il s'est chargé de refaire le catalogue des livres et manuscrits de la dite Bibliothèque.

Un grand nombre des lettres de Benjamin Constant ne sont pas datées ou le sont imparfaitement; M. Th. Dufour, après un minutieux travail, est parvenu à donner la date de presque toutes ces missives d'une teneur parfois assez vague pour ne point compromettre au cas où elles tomberaient sous des yeux indiscrets. Nous profitons de ses patientes recherches en lui en attribuant tout l'honneur.

Nous n'offrons ici qu'un choix fait parmi les 400 lettres environ de Benjamin Constant que possède la Bibliothèque de Genève. C'est à regret cependant que nous avons dû nous borner, car pour bien comprendre ce caractère ondoyant et malheureux, il faut le suivre pas à pas, de l'enfance à la vieillesse, l'entendre s'excuser, s'expliquer, afin d'être aimé et compris de ceux qu'il aime. L'homme privé se révèle non moins faible que l'homme politique, mais plus sympathique peut-être.

INTRODUCTION

Notre intention n'est point dans ces quelques pages de refaire avec méthode la biographie de Benjamin Constant; mais plutôt de présenter les parents avec lesquels il entretint la correspondance la plus active, de surprendre leurs jugements sur lui et d'éclairer leurs rapports avec Mme de Staël.

Les Constant de Rebecque sont originaires d'Aire en Artois. Augustin de Constant, gentilhomme de Charles-Quint, envoyé en France, embrassa la religion réformée et entra au service de Jeanne d'Albret. A la bataille de Coutras, il sauva la vie à Henri IV qui lui donna le gouvernment de Marans. Les persécutions religieuses l'avaient, par deux fois déjà, poussé au delà de la frontière, à Genève, lorsqu'il y revint en 1607 ; il mourut à Lausanne. C'est là que nous retrouvons ses descendants. Un de ses arrière-petits-fils, Samuel, baron de Constant, commandant de Bois-le-Duc, fut l'ami de Voltaire et le théâtre de Mont-Repos avait été monté chez l'un de ses gendres, le marquis Gentil de Langallerie.

Le baron ou général de Constant avait deux filles, la marquise de Langallerie et Mme de Charrière de Bavois dont les *assemblées*, le samedi, avaient un grand renom d'ennui, et quatre fils, David Constant d'Hermenches dont nous reparlerons, Philippe qui mourut jeune, Juste, Louis Arnold, le père de Benjamin Constant et Samuel, l'écrivain.

Les Constant pouvaient, à la rigueur, être jugés d'origine française, bien qu'Augustin de Constant fût sorti de France avant la conquête de l'Artois ; mais les ultra-royalistes, pour écarter, en 1824, Benjamin Constant de la Chambre des députés, le lui contestèrent. Il invoqua alors ses ancêtres maternels.

Les Chandieu étaient du Dauphiné ; Antoine, seigneur de la Roche-Chandieu passa à la réforme et fut pasteur zélé. A la Saint-Barthélemy il s'enfuit à Genève. En 1585 Henri IV l'appela auprès de lui, et nous le voyons à la bataille de Coutras remplir les fonctions d'aumônier de ce prince. Il eut treize enfants et mourut à Genève. La plupart de ses fils restèrent en France ; un seul se fixa à Lausanne. Parmi les descendants de ce dernier, nous rencontrons Benjamin, capitaine au service de Hollande dans le régiment bernois, Villars-Chandieu qui appartenait à son père. Benjamin eut plusieurs filles, dont une, Henriette, épousa Juste Louis Arnold de Constant ; elle mourut en mettant au monde, le 25 octobre 1767, un fils qui devait donner un nouvel éclat à un nom déjà connu.

Dans la seconde moitié du XVIIIe siècle Lausanne possédait une brillante aristocratie, polie au contact de l'étranger ; car la plupart de ses chefs servaient dans les armées en France, et surtout en Hollande. — Voltaire y passa trois hivers, de 1756 à 1758. Il se lia avec la famille du général Constant qui lui fournissait de très bons acteurs. Le fils aîné du général et sa femme, M. et Mme Constant d'Hermenches, se faisaient applaudir sur le théâtre de Mont-Repos et entretinrent toujours des relations avec Ferney.

Voltaire fit même le mariage de Samuel, le quatrième fils du général. — A Genève où il passait l'été, il entra en rapport avec le professeur Pictet, sa femme et sa fille, dont la maison de campagne se trouvait sur le côteau de Saint-Jean, non loin des Délices. Les voisins devinrent bientôt des amis intimes. Mlle Charlotte Pictet captiva le patriarche qui résolut de lui amener un mari. De Lausanne, les Constant venaient souvent rendre visite au philosophe et jouer chez lui la comédie. Samuel s'éprit de Charlotte et Voltaire fit agréer à M. et à Mme Pictet la demande du jeune officier.

C'était en 1757. Samuel de Constant avait vingt-huit ans ; il était galant et bien tourné, aimable auprès des femmes. Aussi Mme Denis, la nièce de Voltaire, malgré ses quarante-sept ans, s'était-elle laissé prendre au charme du beau major, au point d'en tomber amoureuse comme le prouve une lettre fort tendre qu'elle lui écrivit en juin 1757 [1].

Samuel de Constant quitta le service lors de son mariage et vint s'établir à Saint-Jean. De son union avec Charlotte Pictet naquirent deux

---

[1] Elle se trouve dans les papiers Constant. Bibliothèque de Genève, Lucien Perey et Gaston Maugras l'ont reproduite dans la *Vie intime de Voltaire aux Délices et à Ferney*. Calmann Lévy, Paris, 1885.

filles et deux fils, Rosalie, Lisette, Juste et Charles qui légua par testament à la Bibliothèque de Genève les papiers de sa famille.

Lorsque Voltaire eut acheté Ferney, les visites de ses voisins de Saint-Jean se firent plus rares ; « mais dans ses temps de misanthropie même il voulait toujours les revoir et recevait bien jusqu'aux enfants. Il les laissait jouer dans sa bibliothèque avec un grand léopard empaillé, placé au milieu, ouvrir ses livres, regarder ses estampes. Les voyant un jour ôter des hannetons d'un arbuste : Oh ! dit-il, je suis bien heureux ! Je n'avais plus que deux ennemis, les Turcs et les hannetons. Catherine me tue les Turcs, vous me délivrez des hannetons ; je puis dormir tranquille[1]. »

Celle qui nous a conservé ces détails avait joué avec le grand léopard et tué les hannetons de Voltaire. C'était Rosalie, fille aînée de Samuel et cousine germaine de Benjamin Constant.

Spirituelle, instruite, d'une franchise calviniste, passionnée dans ses amitiés et ses antipathies, un peu sermoneuse aussi, cette petite vieille fille bossue et laide disait à chacun son fait et se faisait aimer et rechercher quand même. Elle fut peut-être la seule personne qui osât tenir tête à Mme de Staël et dans de terribles scènes laisser entendre de cruelles vérités, sans trembler sous les éclairs des beaux yeux de Corinne. En un moment d'humeur contre elle, Benjamin Constant la malmène fort dans son *Journal*. C'était ingrat à lui, car malgré de lé-

---

[1] Relation de l'arrivée de Voltaire en Suisse, etc., par Mlle Rosalie de Constant.

gères brouilles il n'eut pas jusqu'à la fin d'amie plus fidèle.

Que Mlle de Constant ne fût pas la première venue ses correspondants en témoignent. Ce sont Bernardin de Saint-Pierre avec lequel elle ébaucha par lettres un roman qu'elle se refusa à mener jusqu'à une entrevue, sans doute pour éviter à son illustre soupirant la désillusion d'une première rencontre, — Mme de Staël, la duchesse de Duras, Mme de Montolieu, l'auteur des *Châteaux suisses*, M. de Servan, le frère du ministre de Louis XVI, M. de Bonstetten, Adrien Lezay, M. et Mme de Châteaubriand, le général Montesquiou-Fezensac [1]. Ce dernier lui offrit même son nom et la tâche difficile d'élever ses enfants orphelins; mais elle ne se sentait aucun goût pour le rôle de belle-mère et tout en s'avouant flattée, elle déclina cet honneur par l'intermédiaire de Mme de Montolieu, chargée de lui faire agréer la demande du général.

Ce refus peut surprendre. Il était dû à des circonstances de famille qui avaient inspiré à Rosalie l'horreur des belles-mères.— En mars 1766, Samuel de Constant avait perdu sa femme, cette Charlotte à la plume bien taillée, en coquetterie avec Voltaire, à qui elle broda un bonnet, objet de la jalousie de Mme Denis.

Le patriarche de Ferney témoigne de cette

---

[1] Anne Pierre, marquis de Montesquiou-Fezensac, (1741-1798) fut menin des enfants de France et écuyer du comte de Provence (Louis XVIII). Élu membre des États généraux en 1789, il se réunit l'un des premiers au Tiers-État et commanda l'armée du Midi. Il occupa la Savoie en 1792 ; mais accusé sans raison, il se retira à Lausanne et ne rentra en France qu'en 1795.

mort un vrai chagrin dans la lettre qu'il écrivit alors à David Constant d'Hermenches, colonel au régiment suisse d'Eptingen[1]. — Six ans plus tard une seconde femme, Mlle Gallatin, prenait la place de la jeune amie de Voltaire, et jamais les enfants de Charlotte ne pardonnèrent à l'intruse.

En 1787, Samuel de Constant quitta Genève et vint s'établir à la Chablière, propriété près de Lausanne qui appartenait à son neveu Benjamin. Il était toujours à court d'argent, et cinq ans avant sa mort, il fut obligé de choisir une demeure plus modeste et de louer un petit appartement en ville. — « Sa générosité le rendit presque prodigue, nous dit sa fille Rosalie dans un récit autographe de la vie de son père ; sa susceptibilité était grande, son caractère emporté avec une bonté réelle. » Et elle ajoute : « Il était aimable auprès des femmes. Il les croyait capable de constance en amitié, aussi eut-il plus d'amies que d'amis. »

Parmi ces relations féminines nommons Mme de Charrière, Mme d'Epinay, Mme de Staël.

C'est en Hollande qu'il fit, ainsi que d'autres membres de sa famille, la connaissance de Mme de Charrière. Lorsque son mariage l'eut fixée en Suisse, l'auteur de *Caliste*, dans ses visites à Lausanne, fréquentait la rue de Bourg, le quartier de l'aristocratie.

Mme d'Epinay vint à Genève peu de temps après le mariage de Samuel de Constant avec

---

[1] Recommandé au duc de Choiseul par Voltaire, il avait quitté la Hollande pour entrer au service de la France. — Appendice A.

Charlotte Pictet, ils se virent aux Délices et échangèrent quelques lettres.

Quant aux relations du général [1] Constant avec Mme de Staël, nous en donnerons plus loin d'amples détails.

Plusieurs biographes ont fait de Samuel de Constant le père de Benjamin. C'était son oncle que l'auteur oublié de *Laure de Germosan*, de *Camille ou lettres de deux jeunes filles de ce siècle*, des *Instructions de morale* et de quelques pièces de société.

Benjamin fut toujours bien accueilli dans la maison de cet oncle. « Depuis son enfance, j'ai pris intérêt à lui, écrira Rosalie, en 1807. Ma grand mère [2] qui nous aimait tous deux plus que les autres m'a recommandé cent fois de l'aimer comme une sœur aînée. »

Tout jeune, pendant des séjours à Saint-Jean, le fils de Juste amusait ses cousines de ses saillies, leur composant des bouts-rimés, des poésies de circonstances; il abordait déjà le roman, témoin celui qu'à douze ans il offrit à son père avec cette dédicace :

LES CHEVALIERS, roman héroïque par H... B... C... de R... à Bruxelles, 1779.

Epitre a M. Juste Constant

« Cher auteur de mes jours.

« L'on m'a dit que les pères trouvaient les ouvrages de leurs fils excellents, quoique souvent ce ne soit qu'un ramas de réminiscences cousues sans art. Pour montrer la fausseté de ce bruit, j'ai l'honneur de vous présenter

---

[1] Les deux grands-pères, le père et les oncles de Benjamin Constant portèrent le titre de général.

[2] La générale Constant qui vivait encore en 1782.

cet ouvrage, bien sûr que, quoique je l'aie composé, vous ne le trouverez pas bon, et que même vous n'aurez pas la patience de le lire. »

L'enfant avait perdu sa mère en naissant. Sa grand'mère, la générale de Chandieu et sa tante la comtesse de Nassau prirent soin de lui ; mais il n'avait que sept ans lorsque son père l'enleva à toute influence féminine, l'emmena en Hollande et lui donna un précepteur.

Nous avons trouvé dans les papiers Constant sept lettres de Benjamin, écrites pour la plupart de Bruxelles à la générale de Chandieu ; la troisième porte la date de 1775 — il n'avait que huit ans. — Ces lettres intéressent par l'étonnante précocité d'intelligence qu'elles révèlent. Avant les articles de M. Eugène Crépet, une seule était connue, celle du 19 novembre 1779, citée par Vinet dans les premières éditions de sa *Chrestomathie*. Sainte-Beuve la crut un pastiche, œuvre d'un M. Châtelain de Rolle.

La famille sentait si bien le prix de ces épîtres enfantines qu'elle les a fait copier et que Mme de Staël écrivait à Mlle Constant :

Lausanne à 8 heures du matin, mardi (1796.)

« Auriez-vous la bonté, méchante Rosalie, de me prêter ces lettres de Benjamin à sa grand-mère. Il fait si chaud que j'ai peur de sortir ce matin, et d'ailleurs mon sentiment saura plus détailler que le vôtre et il me faut trois heures pour bien lire tous ces enfantillages. — **Je** vous les reporterai cette après-midi, rancune tenante contre vous et votre père dont l'étude est de faire le plus de mal possible, sans avoir précisément tort. — Benjamin, qui est meilleur que vous, ne sera pas encore citoyen français ; il viendra ici avant. Dans ma joie je puis tout vous pardonner. Ne laissez pas échapper ce bon moment. J'ai si rarement du bonheur. Adieu, adieu[1]. »

De cette grand'mère de Benjamin Constant nous savons peu de chose. Elle devait être femme aimable et intelligente, autant que l'on en peut juger d'après les lettres de son petit-fils qui semble l'avoir beaucoup aimée. — On les voit passer ensemble, l'enfant précoce et la noble vieille dame dans les sentiers de la Chablière, du Désert, de Vallombreuse, de Beau-Soleil, ces propriétés de famille, adossées aux côteaux, à l'ouest de Lausanne, et d'où l'on domine l'un des plus beaux sites de la Suisse : le Léman avec, au-delà, les majestueuses montagnes de la Savoie et du Valais, par dessus lesquelles se haussent des fronts blancs de glaciers. Sans doute ils ont songé[2] ensemble sous les quatre antiques tilleuls de la Chablière où Constant manifesta le désir d'être enterré. C'est un promontoire ombreux à mi-côte, et depuis un nombre incalculable d'années les vieux arbres y rêvent leurs rêves de plantes, insouciants de ces cœurs d'autrefois qui ont battu si haut et si vite.

En mourant la générale de Chandieu semble

[1] La lettre citée par Vinet avait été publiée en 1831, dans le *National*. « Quelle charmante lettre mon cousin (Charles de Constant) a fait imprimer de *lui* dans le *National*, écrivait le 3 juillet 1831, la veuve du tribun à Mlle Rosalie de Constant. Comme tout son caractère s'y montre ! On l'y voit, on l'y prévoit, ce qu'il sera, ce qu'il a été. Que de naïveté, d'abandon, d'esprit et de bonté enfantine et même déjà de besoin d'être compris et aimé il y a dans ce peu de lignes ! »

[2] « Je voudrais causer avec vous, songer avec vous, me promener avec vous. » C. L. de B. C. à la générale de Chandieu, Bruxelles le 17 août 1779.

avoir légué à sa fille aînée ce petit-fils qui, de l'aveu de Rosalie « a toujours tenu dans la famille la place d'un objet précieux sans cesse environné de quelque danger. »

Mlle de Chandieu avait épousé un Allemand, le comte de Nassau dont elle s'était séparée à l'amiable. Elle perdit, en 1794, un enfant unique, Louis, âgé de vingt-six ans. L'année suivante mourait son mari. Mme de Nassau reporta sur son neveu la sollicitude dont elle avait entouré son fils ; elle lui fut une seconde mère.

Ses pertes au jeu exceptées, ce fut à sa tante que Benjamin conta toujours avec le plus de confiance ses déboires et ses faiblesses. En une heure de tête à tête, il savait l'amener à comprendre ses motifs et à excuser sa conduite ; ses protestations arrêtaient les reproches sur les lèvres de la comtesse qui écoutait, souriante et incrédule.

Dans son *Journal*, Constant dit en parlant d'elle: « C'est une femme de beaucoup d'esprit et qui m'est attachée ; mais l'atmosphère qui l'entoure a pesé sur elle. Elle en a adopté tous les préjugés, ce qui établit une sorte de contrainte entre nous que je ne surmonte qu'à force de plaisanteries (1804). »

Durant les années d'université, à Oxford, à Erlangen, à Edimbourg, la liaison avec Mme de Charrière, les fonctions de chambellan à Brunswick, il ne semble pas que les rapports entre Benjamin et les Samuel de Constant aient été fort suivis, si ce n'est au moment où éclata le procès de son père. On se défiait de ce parent railleur. Son mariage avec Wilhelmine, baronne de Cram, dame d'honneur de la duchesse de Brunswick, parut de la part du jeune homme une promesse de meilleure conduite, aussi fit-on fête à Lausanne aux nouveaux époux.

Nous trouvons dans une lettre de Rosalie à son frère Charles le portrait de la jeune femme :

La Chablière, 1er décembre 1789

« Au mois de juillet, nous avons vu arriver à Beau-Soleil Benjamin et sa femme. Ça a été une heureuse distraction pour mon oncle. Nous étions très curieux de connaître cette nouvelle cousine. D'après les goûts difficiles de Benjamin nous nous attendions à voir une perfection et nous fûmes étonnés de la trouver très laide, le visage labouré de la petite vérole, les yeux rouges, très maigre. Enfin, le premier abord n'est pas en sa faveur ; mais lorsqu'on l'examine avec plus d'attention, on voit qu'elle est grande, bien faite, qu'elle a des manières douces et agréables, une jolie main, de beaux cheveux, un joli son de voix, de l'esprit, de la gaieté, aucune roideur allemande ! En peu de temps, elle a captivé l'amitié de tout le monde, et surtout de mon oncle. Son mari l'adore comme si elle était très belle. Elle l'a rendu sage : il a beaucoup gagné pour le caractère. Ils ont passé trois mois à Beau-Soleil. »

On sait que quatre ans plus tard cette union fut rompue et que Benjamin Constant n'eut pas les torts. Sa femme donna de si hardis coups de canif dans le contrat qu'il dut plaider en divorce. Il usa dans cette occasion de tous les ménagements possibles et ne s'en attira pas moins de nombreux ennemis. Dégoûté des cours et de sa place de chambellan qu'il n'avait acceptée que forcé par son père, il vint chercher un asile auprès de Mme de Charrière. — Ce n'était pas la première fois. Ils s'étaient liés à Paris en 1787 ;

elle l'avait accueilli à Colombier après son équipée d'Angleterre, lorsqu'il lui arriva à pied à 8 heures du soir, le 3 octobre de la même année. Et depuis lors il lui était revenu à plus d'une reprise. Mais il avait vingt-cinq ans de moins qu'elle et la constance n'était pas une de ses vertus. Il devait lui échapper.

A cette époque le père de Benjamin renonçait à sa nationalité suisse, achetait une campagne à Brevans, près Dôle et se faisait reconnaître français. Voici dans quelles circonstances :

En 1787, lors des troubles de la Hollande entre le parti d'Orange et le parti patriote, Juste Arnold de Constant[1], colonel au régiment bernois de May[2] avait été accusé par quelques-uns de ses officiers de n'avoir pas agi avec l'énergie nécessaire. Un long procès commença, de 1788 à 1791. M. de Constant ne put obtenir justice, — leurs Excellences de Berne soutenaient ses ennemis, — il fut cassé de ses emplois avec dépens[3]. Pour payer il dut vendre le Désert, Vallombreuse, Beau-Soleil, ses terres de famille. — Il en appela. Enfin le 12 mars 1796, Benjamin put écrire à Mme de Charrière : « La sentence contre mon père vient d'être annulée. Il vient d'être replacé au service batave comme général. »

---

[1] Il était depuis 54 ans au service de La Hollande.
[2] Propriété du major général May de Burken.
[3] D'après les traités existant entre le prince Stothauder et Berne, depuis la capitulation de 1714, les régiments bernois avaient leur justice particulière et il ne pouvait y avoir d'appel des sentences prononcées par leur conseils de guerre, sauf dans certains cas où l'on faisait intervenir de puissantes recommandations.

A Brevans vit encore chez quelques vieillards le souvenir du général de Constant. On y montre la maison qu'il habitait, une ferme maintenant avec le *clos* derrière. Les registres de la commune portent son nom plusieurs fois inscrits ; car Benjamin eut un frère et une sœur, Charles et Louise, nés d'une union illégitime. Ils furent plus tard reconnus sous le nom de Rebecque, et leur mère, la servante Marianne, devint Mme Constant, ce qui ne contribua pas à rendre affables les rapports entre le père et le fils. C'est avec cette famille que le général s'établit en France.

Le 19 septembre 1794, Benjamin Constant fut présenté à Mme de Staël. « Elle a plus de force que lui » dira Rosalie ; et de cette rencontre allait résulter une liaison de quinze années et mille douleurs de part et d'autre.

Longtemps avant cette entrevue Mme de Staël avait noué des relations d'amitié avec la famille Constant. Elle aimait Lausanne, bien qu'elle déclarât que les femmes seules y fussent aimables, et elle faisait de fréquents séjours chez sa cousine Constance Cazenove d'Arlens, fille de David Constant d'Hermenches. Souvent aussi elle louait une maison à Ouchy ou en ville.

Ce fut au commencement de 1791, trois ans avant son cousin que Mlle de Constant fit la connaissance de Corinne. Elle fut éblouie, semble-t-il ! « C'est une femme bien extraordinaire et d'un génie bien supérieur, » écrivit-elle à son frère Charles.

Jamais son jugement ne variera sur ce point ; mais l'éblouissement se dissipera bientôt ; elle dira : « C'est bien dommage que son génie et son bon cœur soient alliés à tant de folies. »

Et le 2 novembre 1796, elle raconte à Charles :

« Dimanche, la tante (Mme Charrière de Bavois) eut son dîner de société et de voisinage qui aurait été joli et gai ; mais ne voilà-t-il pas l'ambassadrice qui tombe tout au travers et qui engloutit tout, quoiqu'elle se modérât. »

Il fallait à Mme de Staël un auditoire ; elle chassait toute intimité et transformait en chaire d'éloquence le plus modeste salon.

« Elle mourrait si elle cessait d'être entourée, dit la malicieuse Rosalie. Si les chats lui manquent, elle se fera plutôt une cour de rats et jusqu'aux plus petits insectes lui seront meilleurs que rien. »

Puis, soudain saisie de pitié pour l'amie de son cousin, elle mande à son frère :

« Elle est bien malheureuse avec tout ce qu'il faut pour rendre dix fort heureux ; mais elle aime passionnément Benjamin. Dieu sait où tout cela les conduira tous deux. »

Et quant en juillet 1796, Constant se battit en duel, lors de sa querelle avec les journalistes, Rosalie et Mme de Staël se rapprochèrent dans une commune inquiétude.

« Mon Dieu sur quel affreux théâtre son amie l'a lancé ! s'écriait Mlle Constant. Elle est au désespoir. Hier il y avait un express de Coppet qui courait la ville pour trouver ce journal que tu nous a envoyé et que personne ne reçoit ici. Mais tout de même tout se saura et c'est cruel de voir son nom dans ces bouches et de cette façon » (Let. de R. à Ch. de Constant, 31 juillet 1796).

Mme de Staël affolée, redoutant le duel, vient d'écrire à Rosalie :

Dimanche soir.

« Malgré la sotte impertinence de ce journal, il me semble impossible que Benjamin s'abaisse à se battre avec tous ces journalistes. Charles[1] a-t-il une opinion sur cela ? Vous la mande-t-il ? Se pourrait-il qu'il vous eût envoyé cette gazette toute seule, sans réflexion. — Cela serait bien froid. — Le démenti formel que l'adversaire de Benjamin donne aux assertions du *Courrier républicain* me paraît plus que suffisant. — Néanmoins connaissant la violence de Benjamin, je suis au supplice. Que dit Charles, au nom de Dieu, que dit-il ? Son opinion pourra tant influer sur celle de Benjamin. Dites-moi jusqu'aux moindres syllabes. Daignez ne vous pas coucher sans avoir vos lettres et m'écrire ce qu'elles contiennent ; j'ai le droit de vous le demander. Il y a quarante-huit heures à présent que je tremble et pleure et meurs d'inquiétude. Si vous saviez ce qu'il est pour moi, quelle lettre encore j'ai reçue de lui, quel ange de sensibilité il est pour moi ! C'est à lui que tient tout ce que j'ai de vie. Au nom du ciel ne me cachez rien ! S'il était blessé ! il lui serait si doux de me voir — mais non, il ne se sera pas battu. Ce serait absurde, presque dégradant pour un homme tel que lui d'aller chercher tous ces journalistes dans la boue pour se battre avec eux, ne supposez, vis-à-vis de personne qu'il ait pu se battre. — Gardez le secret de tout et de mon affreuse inquiétude qui pourrait, s'il le savait, l'animer encore. C'est votre mot *des suites de cet article*, qui m'a surtout effrayée, Charles le croyait donc ? En écrivant à Charles, *marquez* toujours, de grâce, l'opinion qu'il faut mépriser tous ces journalistes. Heureusement vous vous intéressez à Benjamin ; mais si jamais ou moi ou ceux qui m'aiment vous ont intéressée, songez que je donnerais la moitié de ma vie pour sortir d'inquiétude. Hélas ! le fait est si bien dépendant de son sort ! — Adieu, dites-moi tout ; chaque mot est important. — J'avais en-

---

[1] Charles de Constant, alors à Paris.

vie d'aller à Lausanne vous parler ; mais j'ai craint d'éveiller sur ce qui doit être si secret. — Mais c'est absurde, mais il ne peut pas se battre pour cela et avec eux — je passe d'un mouvement à l'autre sans pouvoir m'arrêter à rien. »

Deux jours plus tard, lorsqu'elle connaît l'heureuse issue du duel, elle fait savoir à Rosalie qu'elle est rassurée :

Le 2 août, mardi.

« Je crois que je suis rassurée, j'ai une lettre de Benjamin, de Paris, qui n'a aucun rapport avec toute cette infâme affaire et il sera ici dès qu'il aura reçu ma réponse à cette lettre. C'est encore près de 15 jours. Dieu veuille qu'avant ce temps il n'arrive rien ! Votre lettre à son père m'inquiète, lui avez-vous parlé de tout cela? Si vous l'avez fait, au nom du ciel écrivez-lui demain ou tout de suite qu'on n'en parle pas, qu'il ne faut pas qu'il en dise un mot à son fils. Il s'est battu avec la feuille du jour, seulement à cause des lettres de Suisse qui en parlaient. Ne dites rien à Charles de mon inquiétude. Enfin dans ces affreuses affaires, le plus simple des mots peut donner la mort. — Je vous remercie de votre intérêt, ma chère Rosalie, je le reçois, car je l'ai bien mérité, ce que j'ai souffert est inexprimable. — Ah ! j'ai bien senti que de lui seul dépendait à jamais le sort de ma vie. Il sera ici dans dix ou douze jours. Il m'attend à Paris, voilà ce qui l'a empêché de partir ; mais l'état où j'ai été depuis quatre jours, m'a donné (momentanément du moins,) une véritable répugnance pour vivre en France, et selon ma louable habitude j'envoie le courrier pour le lui apprendre deux jours plus tôt (ceci entre nous.) Adieu, chère Rosalie, je vous recommande le silence et le dédain pour réparer ce que vous avez pu écrire à son père. Je vous embrasse comme une sœur ; j'aimerais autant comme une cousine, mais le ciel ne l'a pas permis. »

Benjamin ne sut aucun gré à sa cousine de l'intérêt qu'elle avait témoigné ; elle le ressentit vivement. — Plus tard, lorsqu'il sera malheureux et mal jugé, il se rapprochera des siens. — Au milieu d'août il était à Lausanne avec Mme de Staël.

23 août 1796.

« J'ai vu deux ou trois fois ma cousine de Staël et mon cousin le tondu. Avant-hier je leur fis visite. Je la trouvai entre le renard [1], le petit chat [2] et l'autre [3], ayant un de ses coudes dans la poitrine de l'un, prenant l'autre par la tête et le troisième tenant sa nuque et l'appelant *bonne petite chatte*. Ce tableau me dégoûta un peu, de même que les plaisanteries sur M. l'ambassadeur. Je me disputai horriblement contre eux tous sur notre pays qu'ils regardent comme le théâtre de l'ennui et de la nullité, je dis qu'il y aurait encore plus d'esprit à savoir vivre dans son pays quelque ingrat qu'il soit et à s'y distinguer en s'y rendant utile et intéressant qu'à le fronder et à l'abandonner ; mais je ne persuadai pas Benjamin, je m'échappai pour n'y pas souper... Il est allé hier à Berne pour son procès [4] qui se juge demain. Il a promis de se mettre de la poudre. Ses cheveux ratés et hérissés, outre qu'ils font cuire les yeux [5], auraient choqué les perruques de nos Excellences. » (Let. de R. à Charles de Constant.)

On ne pouvait alors qu'être mal disposé envers Mme de Staël dans la petite ville de Lau-

[1] M. de Tracy.
[2] Adrien de Meun.
[3] B. Constant. — « Notre assemblée de samedi (chez Mme Charrière de Bavois) a assez bien réussi. Elle était fort belle, quoique, Dieu merci, il y manquât beaucoup de monde. La trop célèbre (Mme de St.) y vint avec sa basse-cour, son T...y, qui a l'air d'un petit renard affamé qui cherche à faire un mauvais coup, son M...n, qui ressemble à un joli chat qui file et qui se frotte, chacun dans une oreille, sans compter les autres. Elle ne parle que de Benjamin ; elle en paraît très occupée. Elle croyait qu'il t'avait mené chez M. de Staël. (Let. de R. à Ch. de Constant, 24 mai 1796).
[4] Un des nombreux procès de son père.
[5] B. Constant avait des cheveux rouges.

sanne où les Constant, mécontents des relations qui existaient entre elle et Benjamin, avaient un grand cercle d'amis. Aussi, tout en reconnaissant les torts de M. de Staël, le plaignait-on.

« J'ai vu pour la première fois M. de Staël, écrit Rosalie à la même date, je le trouve au premier abord plus agréable que tous les amants de sa belle. Il a l'air abattu, craintif et accablé. Elle a l'air hautain et méprisant, parle devant lui de sa coquetterie et de son adoration pour Benjamin, à qui elle a voué sa vie. »

Dès cette époque, les rapports se refroidissent entre les Constant et la fille de Necker, bien que cette dernière se mit sans cesse en frais d'amabilité à leur égard. Au bas des lettres de Benjamin à son oncle, elle traçait parfois quelques mots rapidement griffonnés.

Mlle de Constant, dans sa correspondance avec son frère, reflète les dispositions de sa famille.

« Notre cousine de Staël a été dans de grandes agitations de ce que notre oncle n'a voulu voir ni elle, ni son fils. Elle ne comprend pas qu'un père ne soit pas très heureux que son fils soit aimé d'elle. Elle en parle sans se gêner : « l'homme du monde que j'aime le mieux, l'homme auquel je tiens par tout ce qui me reste de vie » et ne se doute pas du scandale. » (Let. du 13 septembre 1796.)

Toutefois, un mois environ avant sa mort, Samuel de Constant permit un rapprochement amical.—Quant à M. Juste de Constant, il accepta plus tard les avances de Mme de Staël et pour des motifs que nous indiquerons. Mme de Nassau et Mme de Loys, sa sœur cadette, se refusèrent toujours à frayer avec elle.

15 juillet 1800.

« Nous avons revu Benjamin et son amie. Après avoir lu son dernier ouvrage [1] on la revoit avec plus d'intérêt. On ne peut penser sans une vive admiration à l'esprit qui a produit tant d'idées nouvelles, justes, profondes, à l'âme qui a exprimé tant de sentiments généreux et délicats ; mais en la revoyant on ne trouve pas toujours la femme de son livre. Elle rappelle cette statue dont la tête était d'or et les pieds d'argile. Elle nous a témoigné beaucoup d'amitié, beaucoup d'intérêt pour mon père. Il ne voulait pas la recevoir : elle est venue tout de même. Elle l'a distrait un moment de ses maux. La conversation s'engagea de manière à ce qu'il eût envie de lui lire un morceau qu'il a écrit il y a longtemps. Elle vint déjeuner le lendemain pour cette lecture. Il voulut la faire lui-même et ce fut avec une émotion qui se communiquait, je pleurais, non de l'écrit quoiqu'il soit très touchant, mais du son de sa voix, de sa faiblesse, de l'état où il était. »

Après de longues souffrances, Samuel de Constant mourut le 12 août 1800.

« Benjamin qui était encore à Coppet, arriva trop tard, mais il a pleuré avec nous. Il a regretté mon père, comme il mérite de l'être » écrivit Rosalie à son frère.

Sous le coup de cette triste nouvelle Mme de Staël adressa à Mlle Constant quelques lignes toutes vibrantes de sympathie [2].

[1] Le traité sur la littérature.
[2] Ce mardi — J'ai versé beaucoup de larmes, ma chère Rosalie, sur la perte de votre père. Je lui étais très attachée et sa bonté pour moi ne s'est pas altérée. Je crois aussi que Benjamin perdra son protecteur le plus sage, le plus raisonnable. Rapprochez-nous de Constance (d'Arlens). Tous vos amis vous sont si tendrement attachés qu'il vous reste encore du bonheur dans la vie. Pour moi si j'éprouvais la même perte que vous il faudrait me souhaiter la mort. Tout mon sort est sur la tête de mon père ; mais vous qui n'avez ni mari à craindre ni enfants à garder, il vous reste un avenir ; et dans quelque

Samuel Constant de Rebecque ne laissa que des dettes à ses quatre enfants.

Un de ses fils, Juste, capitaine au régiment de May, sous les ordres de son oncle Juste Arnold, était mort à Gand en 1793, au milieu d'une jeunesse orageuse. Mais la seconde femme de Samuel, qui survécut à son mari, lui avait donné un troisième fils, Victor. Il fut officier en France et n'échappa que par miracle au massacre de ses compatriotes dans la journée du 10 août. Peu après, il prit service en Hollande et devint plus tard surintendant de l'éducation des princes, petits fils du roi des Pays-Bas, et l'un des grands officiers de la maison royale. Ses lettres témoignent d'un caractère aimable avec un esprit de vol moyen.

Charles était entré dans le commerce et fut tout d'abord chef du comptoir français à Canton. Il partit très jeune avec le sentiment du devoir qui lui incombait de relever la fortune de sa famille. Fort attachée à ce frère dont elle attendait la fin de leurs soucis, le repos pour son vieux père, Rosalie lui écrivait assidûment. Il répondait non moins assidûment. Leurs lettres sont conservées ensemble [1]. Celles de la sœur ont pour nous un intérêt particulier : elles

---

temps une idée que vous repoussez actuellement s'approchera de vous et vous calmera. Pour moi je n'aurais pas un souvenir qui ne fût déchirant, parce que je n'ai pas eu un moment qui ne fût doux. — Pardon de vous parler de moi ! je n'y ai que trop pensé, et ce m'est une nouvelle peine de l'émotion que j'ai éprouvée. Adieu, ma chère Rosalie ; j'ai pour vous une sensible amitié. Acceptez cette assurance comme je vous l'offre et que la simplicité de l'expression vous soit une nouvelle preuve de **la vérité de mon attachement**.

[1] Manuscrits Constant ; Bibliothèque de Genève.

font pénétrer dans l'orageuse liaison d'Adolphe et de Corinne. On y trouve le menu fait, l'impression fugitive, notée au vol, le document enfin, pour reconstituer une physionomie vraie.

A la mort de son père, Mlle de Constant alla vivre à la Chaumière, propriété de sa tante, Mme de Charrière de Bavois qui aimait la société, donnait des soirées ennuyeuses et des dîners indigestes, remuante malgré son grand âge. Si une maladie lui survenait, elle ne la dorlotait guère et par monts et vaux courait à ses amis. La nièce, très indépendante, disputait sa liberté et ne se laissait pas toujours entraîner dans les courses de la vieille dame. D'une santé délicate, elle leur préférait le calme de son petit salon avec un livre ou ses fleurs cueillies dans des courses alpestres et qu'elle classait avec soin, car elle était passionnée de botanique. Puis elle avait ses travaux littéraires [1] et ses lettres. De sa fine écriture originale, elle écrivait de longues épîtres à ses amis, à Benjamin, à Victor, à Charles surtout qu'intéressaient les faits et gestes de Mme de Staël. Le grand chagrin de sa vie fut la conduite de Lisette. Celle-ci, fascinée par les doctrines mystiques du chevalier de Langallerie [2], son cousin, lié avec Mathieu de Montmorency, s'était faite l'humble servante de gens qui abusaient d'elle, et à la mort de son père, elle refusa de

---

[1] Elle écrivit un roman, *Repsima*, dont on se moquait un peu, mais tout bas dans la société de la rue de Bourg, et traduisit *Caleb Williams* de Godwin.

[2] Le chevalier de Langallerie, chef, à Lausanne, d'une secte mystique. Il était fils du marquis Gentil de Langallerie et d'une fille du général Constant, ami de Voltaire.

vivre avec sa sœur pour se dévouer à la secte dont elle faisait partie.

Lorsque Charles de Constant revint de Chine, il se fixa à Londres où il épousa en 1798 une demoiselle Achard, de famille genevoise.

Charles était la parfaite antithèse de Benjamin ; aussi tenace que celui-ci était ondoyant, aussi bien équilibré que l'autre l'était peu, il laissa en mourant un nom sans tache et une famille dont les descendants occupent encore un rang distingué à Genève. — Aucune réelle sympathie ne pouvait donc exister entre les deux cousins.

Benjamin jugeait son parent avec sévérité :

« Avec assez d'esprit, c'est l'homme le plus égoïste que je connaisse, et comme il est très impatient, il se met à l'abri des reproches par la vivacité avec laquelle il se fâche, et cette même vivacité lui donne un air d'étourderie qui fait illusion sur son égoïsme. On conclut des défauts qu'il a à des qualités qu'il n'a pas. » (Let. de B.C. à Mme de Nassau, Brunswick, 23 septembre 1813.)

Au cours de cette étude, nous verrons comment à son tour M. de Constant parlait du caractère et des actions de son cousin.

En décembre 1799, Benjamin Constant fut élu membre du tribunat ; son nom était maintenant inséparablement lié à celui de Mme de Staël. — L'année suivante, cette dernière publia le *Traité sur la littérature*.

En ce qui regarde les œuvres de Mme de Staël, Rosalie exprime toujours une vive admiration. Lorsque paraît *Delphine*, elle s'écrie :

« Que vous aurez de plaisir, mes amis [1], à lire le ro-

---

[1] M. Charles de Constant et sa femme.

man de Mme de Staël... Je n'ai lu que le premier volume ; il me fait une telle illusion que je ne puis me résoudre à commencer le second, par le chagrin que me fait l'événement qui le termine. Depuis *Clarisse*[1], je n'ai rien lu qui me produise cet effet, encore ici il y a bien plus de charme... C'est une magie. Elle s'est peinte dans l'héroïne avec des cheveux blonds, plus de grâce, de beauté, de dignité qu'elle n'en a ; mais c'est elle. Je lui écris que je ne lirai pas le second volume. »

L'auteur répondit par le billet suivant à cette lettre, où Rosalie devait expliquer avec sa franchise habituelle les motifs qui la portaient à ne pas achever la lecture de *Delphine*.

« Je n'ai éprouvé que de la peine de votre aimable et spirituelle lettre, ma chère Rosalie, parce qu'il y avait un mot que je repousse de toutes mes forces. J'espère que Mme de Montolieu vous aura montré dans ma lettre ce que je disais sur vous. Personne n'a jamais été plus convaincu que moi de vos moyens de plaire, quand vous vous y livrez. Lisez le reste du roman, il vous attendrira. Mais qu'est-ce qu'il y a dans la vie de bon et de généreux qui n'attendrisse pas. Ces plaisirs d'une nature relevée sont-ils séparables de peines profondes ? Sont-ils jamais obtenus sans être cruellement payés.

Votre cousin ira vous voir bientôt. Dites-lui que mon roman a plutôt augmenté que diminué votre affection pour moi. Le talent dans une femme peut-il avoir un autre but que d'être un peu plus aimée ? Adieu encore, ma chère Rosalie. Je pense avec reconnaissance et tristesse que votre père eût peut-être lu ce roman avec intérêt. »

Mlle de Constant suivit le conseil de Mme de Staël et lut les trois volumes de *Delphine*, comme le prouve sa correspondance avec son frère.

La fille de Necker était alors à Genève avec Benjamin que Bonaparte avait éliminé du Tri-

---

[1] Clarisse Harlowe, de Richardson.

bunat. Ceux qui allaient chez elle, qui la flattaient, étaient les premiers à la déchirer.

« Ce qu'il y a de sûr, conclut Rosalie après avoir répété à Charles quelques-unes des médisances colportées par des Genevois, c'est que Benjamin joue un triste rôle, que cette vocation de Sigisbée perpétuel est bien plate avec l'esprit et les moyens qu'il a, et faite pour affliger ceux qui s'intéressent à lui. »

Peu avant l'apparition de *Delphine*, Rosalie et sa tante de Charrière avaient été invitées à Coppet.

3 septembre 1802.

« ..... Le lendemain au soir, nous nous mîmes en route pour Coppet dont les célèbres habitants ont été très aimables pour nous. Benjamin s'établit notre cicérone et nous fit tout le temps des politesses très drôles. Sa position là est très curieuse. Il ne fait sa cour à personne, il dispose de tout et grogne de temps en temps comme un enfant gâté. M. Necker est toujours intéressant et vénérable à voir et à entendre. Il a été aimable et presque galant pour ma tante qui s'est trouvée fort à son aise avec lui et l'a loué avec cette franchise qui flatte plus que des éloges recherchés. Mme de Staël a un peu pris à tâche de me tourmenter : je m'en suis mal tirée. Cette société m'impose une gêne qui me rend gauche, qui me fait trop parler dans de certains moments et me taire quand j'aurais quelque chose à dire. Cette manière de parler de ce qui devrait rester au fond du cœur, de mettre en dehors ce qui devrait rester caché, me donne un vrai malaise quand même il n'est pas question de moi. J'ai d'ailleurs le sentiment que lorsque ces personnes sont avec nous, elles tiennent leur esprit dans une région trop peu élevée et que cette attitude complaisante les gêne. Tout cela est ma faute, car on ne peut pas être reçu avec plus de bonté. » (Let. de R. à Ch. de C.)

Souvent on a disputé pour savoir si Mme de Staël avait désiré ou repoussé l'idée d'un mariage avec Benjamin. On penche à croire qu'elle s'y refusa et que Constant fut seul à le souhaiter. En 1807, il dit dans son *Journal*, alors qu'il songeait à une union avec Charlotte de Hardenberg :

« Je suis entre deux femmes dont l'une m'a fait tort en ne m'épousant pas, et dont l'autre va me nuire en m'épousant. »

Lorsque Corinne fut libre, chercha-t-il bien sérieusement à obtenir sa main ? C'est ce que nous ne croyons pas.

Rosalie fut la seule, dans sa famille, à caresser pendant quelque temps l'idée de ce mariage.

Elle mande à son frère en 1796 — le divorce entre l'ambassadeur de Suède et sa femme était mis en question :

« ... Mon oncle et Mme de Nassau sont fort contre cette idée et la dame n'a pu faire leur conquête, quoiqu'elle ait fait. Je ne crois pas qu'elle aura le courage de faire cette démarche. Il lui est plus facile de continuer à vivre comme elle vit... »

Et le 2 mai 1802.

« Tu sais la mort romanesque de M. de Staël. Benjamin doit être à Coppet. Tout le monde trouve des raisons contre le mariage. Il me semble inmanquable. »

Mais, le 7 juillet 1802, la chose lui paraît moins certaine.

« Nous avons eu Benjamin quelques jours. Il a beaucoup amusé ma tante et nous avons beaucoup ri. Son caractère est celui d'un enfant malin qui est toujours guidé par le moment et sur lequel on ne peut jamais compter. Il m'a paru beaucoup craindre le mariage que je croyais ne pouvoir manquer..... »

A cette date, Mlle Constant semble n'avoir reçu encore aucune confidence de son cousin : leur correspondance ne devint active que l'année suivante. — Dès le mois de mai 1803, elle fut informée des secrets de Coppet par Benjamin lui-même.

« ... Il me paraissait si naturel d'épouser Benjamin, lorsqu'elle devint libre que je ne mis pas la chose en doute. Il paraît qu'ils en eurent tous deux une telle peur qu'ils se mirent en règle là-dessus. Elle eut d'autres amants, lui eut de grandes velléités de suivre d'autres pas que les siens ; mais ils se tiennent par l'esprit. Aucun autre homme ne lui offre les ressources du sien. Elle veut absolument le conserver et le retient tantôt par habitude, tantôt par despotisme, tantôt par des services à lui rendre[1]. Il reste, mais en murmurant.(Let. de R. à Ch. de Constant, 5 août 1804).

Voici le brouillon d'une lettre bien intéressante que Rosalie écrivit à cette époque à Mme de Staël. Celle-ci lui reprochait sans doute de la fuir.

« Je n'ai pas été vous revoir, Madame ; je ne voudrais pas que vous crussiez que c'est par indifférence ou par mauvais goût ; je le dispute à ceux qui peuvent vous voir, et vous entendre de sentir mieux que moi le prix des moments passés avec vous. Pourquoi ces moments trop rares et trop courts, me laissent-ils toujours mille regrets ? Pourquoi lorsque je suis si disposée à admirer tout ce qu'il y a de sublime en vous, sans faire ma cour, au reste, éprouvé-je quelque désappointement ! C'est surtout lorsque j'ai dit quelque chose qui vous a déplu, qui vous a fait mal juger de ma pensée que je me veux du mal de ma maladresse. Lorsque je je vous ai lue et encore plus lorsque je vous ai entendue, toutes vos expressions me reviennent à l'esprit. Elles ont fait naître des pensées que j'aurais voulu vous

---

[1] Services à rendre à Mme de Staël.

dire, auxquelles j'aurais voulu que vous répondissiez. J'ai manqué le moment, je sens que je n'avais aucun droit au plaisir que je regrette et il m'en reste un sentiment pénible. Une de mes plus agréables chimères serait de passer un jour entier, tête à tête avec vous, à feuilleter, si j'ose parler ainsi, votre esprit et votre cœur, sûre d'y trouver plus que partout ailleurs, la vérité que vous me reprochez d'aimer.

Oh! combien je vous aurais aimée, si vous aviez épousé Benjamin et qu'il y eût trouvé son bonheur. Que n'aurais-je pas fait, pour mériter aussi un peu d'amitié de votre part! *L'accord de vos dispositions à cet égard* impose tout à fait silence à mes pensées et à mes paroles; mais je regrette les vœux que je formais. Je suis accoutumée de tout temps à aimer Benjamin, il a toujours tenu, dans notre famille, la place d'un objet précieux sans cesse environné de quelque danger, ce qui augmentait l'intérêt pour lui. J'ai hérité de tous ces sentiments et je les conserverai même indépendamment de ses procédés plus ou moins aimables envers moi. Je le suivrai de mes vœux et de mon inquiétude et si jamais il avait besoin de l'amitié et des soins d'une sœur, il les trouverait en moi. Pardonnez-moi de vous dire tout cela, Madame. Vous n'êtes ni l'un ni l'autre, des personnes dont le jugement et l'espèce de sentiment qu'on vous inspire puisse être indifférent et depuis que vous m'avez défendu de vous dire la vérité, jamais je n'en eus tant d'envie. Il me semble que vous ne pouvez être mécontente de celle de mes sentiments pour vous. Dans tous les cas, je demande votre clémence et votre indulgence si j'ai trop mal parlé. »

Cette lettre n'est-elle pas très affirmative, et quoique Mme de Staël ait pu dire par la suite afin de couvrir son amour-propre blessé du second mariage de Benjamin Constant, ne voit-on pas qu'il y eut accord entre eux pour ne se point épouser? Il est probable que, pour mettre fin à des scènes qui bouleversaient sa vie, Adolphe ait plus d'une fois offert cette solution à leur liaison orageuse — avec le secret espoir qu'on la repousserait.

A la fin de 1810, après la rupture, Rosalie répondit à son frère qui lui mandait : « Je te dirai ce que Mme de Staël m'a dit sur le mariage de Benjamin et des raisons qu'elle a données pour n'avoir pas voulu l'épouser. » — « Je ne doute pas des sottises et des choses sans délicatesse que la dame dit sur Benjamin et son mariage. Après avoir exigé et obtenu de lui des sacrifices inouïs, voilà comme elle l'en récompense. Quant au mariage avec elle, on la croira si l'on veut, mais il est parfaitement vrai qu'il l'a toujours craint et non désiré. Dans un de ses moments de franchise, elle a dit à quelqu'un qu'elle l'aurait épousé, s'il le lui avait demandé avec plus de sentiment et d'envie de l'obtenir. »

Mais nous n'en sommes pas encore à la rupture.

Mme de Nassau et Mlle Constant pressèrent Benjamin de se marier, lorsqu'il leur eût confié combien lui pesait la chaîne qui le liait à Mme de Staël. Celle-ci eut vent de ces conseils et se fâcha contre Rosalie.

« Il n'y a que la trop célèbre, écrit cette dernière, qui a voulu s'en prendre à moi de ce qu'on a dit que Benjamin épousait Amélie Fabri. Je me suis défendue et j'ai été entraînée à lui dire quelques vérités auxquelles elle n'a pu se refuser et qui l'ont calmée. »

Ceci se passait en avril 1803 à Genève, où Rosalie faisait un séjour.

Constant venait de partir pour sa campagne des Herbages, près Paris, avec la résolution bien arrêtée, semblait-il, d'amener insensiblement son amie à une rupture. Celle-ci l'entretenait par lettres, de la douleur que lui causait leur séparation, alors qu'elle voyageait gaiement en Suisse avec des amis anglais. — Un ordre de Bonaparte dispersa cette brillante société qui était venue s'établir à Lausanne. Les Anglais eurent à sortir du pays de Vaud après avoir été chassés de Genève.

Au mois d'août, Mme de Staël vint passer deux jours à Montchoisy, chez Constance d'Arlens avec Mathieu de Montmorency. Mlle de Constant, qui lui fut rendre visite, écrivit à son frère :

« Le départ des Anglais a été un grand chagrin pour elle. Ses projets sont vagues. Il lui faudrait bien une capitale pour passer l'hiver ; Genève ne peut plus lui aller. »

Quelques semaines plus tard, elle rejoignait en France Benjamin Constant. C'est alors que Napoléon lui ordonna de se retirer à quarante lieues de Paris. Elle partit pour l'Allemagne, emmenant son ami à qui elle persuada qu'il ne pouvait l'abandonner dans un moment semblable. — Aux portes de Berlin il la quitta ; mais à peine put-il jouir de sa liberté reconquise, car à son arrivée à Lausanne, il apprit que Necker était gravement malade. Il repartit aussitôt pour Coppet et rencontra en route la voiture de Mme Necker de Saussure[1] qui venait lui annoncer la mort de l'ancien ministre de Louis XVI.

---

[1] Mme Necker de Saussure (1765-1841), auteur de l'*Éducation progressive,* ouvrage couronné par l'Académie française. Elle était petite-fille d'Horace Bénédict de Saussure et, par on mariage, nièce de Necker.

N'écoutant que son amitié, Benjamin résolut de porter lui-même la terrible nouvelle à Mme de Staël; Sismondi, l'historien des républiques italiennes, l'accompagna.

M. Necker, à son lit de mort, avait témoigné un vif désir d'entretenir l'ami de sa fille, à qui il avait, disait-il, beaucoup de choses à communiquer.

« Benjamin le regrette pour lui, écrit sa cousine, le 13 avril 1804. Quand on voit le fond de ses sentiments, il est impossible de ne pas s'intéresser à lui et déplorer le sort qui l'a lié à cette femme... J'ai bien vu qu'il était rattaché à elle par la peine qu'elle va éprouver. »

Mlle de Constant craignit un instant le mariage ; mais, le premier désespoir passé, la situation resta ce qu'elle était depuis longtemps. Les étrangers affluaient à Coppet et l'on tenait Rosalie au courant de ce qui s'y passait.

« J'ai vu l'autre jour M. de Bonstetten qui m'a raconté Mme de Staël et sa douleur. Elle la promène à Genève et l'emploie à donner des fêtes à la duchesse de Courlande. Coppet a été tout l'été le rendez-vous des savants allemands et genevois. Il s'y est fait des assauts prodigieux d'esprit et de savoir. Jamais, dit M. de Bonstetten, on n'a versé autant d'idées ; il m'assure qu'il y avait de quoi en mourir de fatigue et qu'après cela les personnes disant les lieux communs faisaient plaisir à rencontrer. » (Let. de R. à Ch. de C., 20 octobre 1804).

En Juillet, Constance d'Arlens fit un séjour chez Mme de Staël, et à son retour elle amusa sa cousine par les récits qu'elle lui en rapporta. — « Schlegel[1] parlait à la châtelaine avec ironie ou sévérité, Benjamin était malade, il grognait

---

[1] L'écrivain Auguste Guillaume Schlegel (1767-1845), fut l'ami de Mme de Staël, avec laquelle il passa plusieurs années.

tout le jour avec le ton d'un enfant gâté; d'ailleurs fou de la petite Albertine à un point choquant. Entre la mère et lui, ils la feraient crever à force de caresses, de gâteries, de soins mal entendus. »

Les lettres de Mlle de Constant nous donnent l'envers de la brillante existence de Corinne. On devine alors par combien de dégoûts, d'ennuis, elle achetait le vain bruit dont elle aimait à s'entourer. — Chaque courrier apportait à Charles de Constant quelques détails sur Coppet, sur les apparitions de la *célèbre dame* à Lausanne, et Rosalie envoyait parfois à sa belle-sœur le dernier billet qu'elle en avait reçu.

En 1805, Mme de Staël disait à ses confidents qu'elle se réservait Benjamin pour l'épouser quand ses enfants seraient établis, tandis que celui-ci rêvait quelque coup hardi qui rompît brusquement sa chaîne.

C'est alors que commencèrent à Coppet ces représentations théâtrales, si justement célèbres. Mlle Constant ne put résister à son désir d'y assister une fois au moins. On devait jouer *Mérope* :

14 janvier 1806.

«... Je fus reçue avec amitié et bonté. Le spectacle tint bien tout ce que j'en attendais. Je n'avais jamais vu jouer cette belle tragédie. La simplicité du sujet et de l'action, l'élévation sans emphase des sentiments, la beauté soutenue des vers, la vraisemblance des événements, tout contribue à l'intérêt, à l'illusion. J'étais à Messène et Mme de Staël était bien cette reine auguste et malheureuse. Elle avait retrouvé la dignité, la grâce, qui lui manquent à l'ordinaire. Le son de sa voix, l'expression de sa physionomie allaient à ce rôle. Elle n'en sortit pas un moment. M. Cramer[1] me fit aussi le plus grand plaisir dans Narbas. Les autres acteurs étaient à mon gré médiocres ou mauvais ; mais l'ensemble était tel qu'on le leur pardonnait. Le spectacle en tout était agréable, bien arrangé, les spectateurs bien disposés. On sait gré à la célèbre dame d'avoir pris ce genre d'amusement noble. La conversation des sociétés y gagne. On lui fait un peu la cour pour être invité. C'est dommage qu'elle ne sache pas maintenir dans sa maison un ton qui engage les femmes à y aller. — Ils ont un grand répertoire ; ils vont jouer *Mahomet*. Benjamin croit qu'il jouera très bien ou pire. Pour moi, je serai assez inquiète de son début.... »

Ces craintes se réalisèrent : Constant échoua dans le rôle de Zopyre ; une maladie de son père le sauva d'une seconde représentation ; il partit pour Brévans.

Les tragédies n'en continuèrent pas moins leur train : les actrices manquant, la châtelaine fit Aricie de la fille de sa femme de chambre, au grand scandale des spectateurs genevois.

Phèdre vint clore en mars cette brillante série de spectacles.

« Cette troupe avait un peu pris la couleur d'un tripot, nous apprend Mlle de Constant. Les héros arrêtés pour dettes et mille anecdotes d'un genre peu noble, gâtent un peu ce qui se se passe sur la scène. »

On sait qu'en 1806, Mme de Staël fit, pour rentrer en France, une nouvelle tentative qui échoua malgré le dévouement que Benjamin Constant, Adrien et Mathieu de Montmorency ui montrèrent dans cette occasion. — La publi-

---

[1] Louis-Gabriel Cramer (1772-1842) fils de Philibert Cramer. Gabriel Cramer, l'ami de Voltaire et son frère Philibert, de Genève, avaient été les éditeurs des œuvres du philosophe.

cation de *Corinne* avait attiré sur elle l'attention de l'Empereur. — Au commencement de 1807, elle revint à Genève plus exilée que jamais. Benjamin était resté à Paris, décidé à affirmer son indépendance. — Il venait de se rattacher par une soudaine passion à une femme qu'il connaissait depuis douze ans. Mme de Nassau fut seule mise dans le secret.

Charlotte, comtesse de Hardenberg, ne ressemblait en rien à Mme de Staël. C'était une nature très féminine, placide, douce, modeste, avec un sentiment vrai et de l'esprit naturel.

« Quoiqu'elle ne soit ni jeune, ni jolie, ni riche, elle n'est pourtant ni vieille, ni laide, ni pauvre, » dira Rosalie, lorsque Charlotte sera devenue sa cousine. En elle aucune trace de cette imagination brillante, de ces fougueuses passions de Corinne.

Mme de Hardenberg était de grande maison hanovrienne, mais née en Angleterre. Ses frères remplirent de hautes fonctions à la Cour de l'éphémère royaume de Westphalie. Le prince de Hardenberg, l'un des principaux plénipotentiaires au Congrès de Vienne, lui était cousin. — Certaines circonstances, cependant, rendaient pour Benjamin Constant un mariage avec elle beaucoup moins désirable qu'on ne pourrait le supposer au premier abord.

Très jeune, Mlle de Hardenberg avait épousé un M. de Marenholtz. Ce mariage, dont était né un fils, avait été si malheureux que la famille avait soutenu Charlotte dans une demande en divorce. Mais une fois libre, elle avait repris d'autres liens en acceptant la main du comte Dutertre, un émigré qui se jeta dans la dévotion. A son retour en France, il se laissa persuader par son confesseur que toute union d'un catholique avec une protestante divorcée est en elle-même illégitime, et la pauvre femme se retrouva à moitié mariée et à moitié libre. Sur ces entrefaites, M. de Marenholtz était mort.

C'est alors qu'elle avait revu Benjamin Constant. Ses malheurs, la douceur de ce caractère si différent de celui de Mme de Staël, le rattachèrent à elle. Il résolut de l'épouser et acheta un papier signé par Dutertre, d'après lequel ce dernier renonçait à tout droit sur Mme de Hardenberg. — Par ce mariage, il échappait à la tyrannie de Coppet et croyait pouvoir vivre à Paris.

Toutes ses dispositions étaient prises. Il eut la faiblesse de retourner en Suisse où Corinne, après avoir paru consentir à lui rendre sa liberté, déclara qu'elle ne s'y résoudrait à aucun prix. Vers la fin de juillet, quelque temps après ce retour, il lui échappa cependant et se réfugia à Lausanne, chez Mme de Nassau ; mais elle l'y suivit.

Laissons encore Mlle de Constant conter à son frère quelques épisodes de ce roman vécu.

7 août 1807.

«... Il serait d'ailleurs bien difficile de dormir et d'être tranquille quand on a Mme de Staël près de soi, qu'elle vous fait une scène le matin et qu'elle vous amuse le soir par sa brillante conversation. Il faut que je t'en parle à fond, car il est possible qu'elle t'écrive ; je l'y ai fortement encouragée dans l'espérance que tu lui parlerais bonne raison, sentiment vrai, dépouillé de tout le factice chimérique dont elle se repaît et s'environne. — Il y a déjà assez longtemps que le pauvre Benjamin est très malheureux dans ses liens et que par une suite de conversations et d'amitié il m'a confié ses peines, son dégoût pour sa situation et le rôle qu'il joue et son besoin extrême de tranquillité et d'une vie réglée…. Comment, diras-tu, avec cette façon de penser, ne sait-il pas se tirer d'esclavage, se remettre à la place d'ami, avec tous les bons procédés possibles? C'est là ce qu'il voudrait faire ; mais pour en comprendre la difficulté, il faut connaître le caractère passionné, la violence extrême, le despotisme de cette femme. Elle croit que son esprit lui donne le droit de régner sur le monde entier. Elle veut des esclaves et surtout Benjamin dont l'esprit lui convient plus qu'aucun autre. Elle déclare qu'elle ne veut à aucun prix qu'il la quitte, qu'elle le poursuivra au bout du monde, et que s'il lui échappe elle se tuera. Lorsqu'il a craint pour sa vue [1], au lieu de le consoler, elle lui a écrit des lettres pleines d'injures. Lorsque dans sa convalescence, il est arrivé chez son père pour se reposer, elle l'a fait prendre par son valet Eugène et son pédant Schlegel, menaçant d'arriver elle-même et de se tuer à leur barbe, s'il ne venait pas. Tu comprends le chagrin et la colère de mon oncle. Lorsque Benjamin a été à Coppet elle lui a fait des scènes affreuses. Enfin il est parvenu à arriver chez Mme de Nassau où il a respiré quelques jours, où il s'est fortifié dans la résolution de sortir de cet indigne esclavage ; je n'ai pu que le consoler et l'exhorter à la fermeté et à la douceur : mais bientôt elle est arrivée, elle a loué pour un mois la grande maison Montagni. Elle a amené avec elle Mme Récamier, pour faire plus d'effet et de bruit, M. de Sabran, amant dédaigné, vaincu, attaché à son char après avoir tout fait pour faire sa conquête. Comme elle m'a fait dire qu'elle viendrait me voir et que je sortais, j'allai lui faire visite hier matin. Cela commença assez doucement. Lorsque nous fûmes seules, elle me prit violemment le bras, fit briller les éclairs de ses yeux, me dit que je faisais son malheur, qu'elle voulait t'en écrire et te prendre pour juge. Il me serait bien difficile de te rendre cette

---

[1] Au printemps de cette même année 1807.

longue et pénible conversation ; il me semble que j'eus plus de bon sens qu'elle, que son esprit et sa passion ne dirent rien de vraiment sensible, vrai et touchant. Je lui parlai avec la plus grande franchise. Je lui dis que lorsqu'elle avait été libre, mon vœu avait été son mariage avec Benjamin, comme réparation, convenance d'esprit, de caractère, etc., etc., qu'en ne s'épousant pas, ils s'étaient donnés une preuve de mépris réciproque, que dès lors, ses préférences pour d'autres hommes avaient fait jouer le plus mauvais rôle à Benjamin, qu'il n'avait pas le sort qu'il méritait, qu'elle ne pouvait me reprocher que de désirer son bonheur et sa considération. Elle me dit que plutôt que de le perdre, elle l'épouserait quand je voudrais, que je devais m'employer à hâter cet événement. Je ne me laissai pas ébranler. Cependant la conversation finit plus doucement qu'elle n'avait commencé, et de manière à se revoir. Elle vint ici[1] le soir, il y avait du monde. Lorsqu'elle est quelque part, quoiqu'on ait bien envie de l'entendre, de jouir de son esprit, elle impose tellement que c'est à qui se reculera et se taira. Je me livrai un peu pour amuser la société, Benjamin s'y joignit. Elle fut gaie, brillante, amusante ; elle doit revenir ce soir... Si tu me demandes ce que fait Benjamin, je te dirai qu'il est malheureux, que malgré son désir de sortir de ses liens, il n'a pas la force qu'il faudrait, que peut-être cette ardente passion, jointe à toute la magie de son esprit, de ses moyens, a-t-elle quelque chose qui le captive encore ? Enfin il est très indécis. Comment cela finira-t-il ? Mme de Nassau et Mme de Loys détestent et méprisent la dame et voudraient une rupture complète. Moi, je m'afflige du sort de ce pauvre Benjamin. Quand même c'est lui qui l'a fait, quand même son caractère l'y retient, il n'en est pas moins digne de pitié ! »

Durant ce mois d'août, la maison louée à Lausanne par Mme de Staël accueillit plusieurs étrangers de distinction, entr'autres, le prince

---

[1] A la Chaumière, chez Mme Charrière de Bavois.

Auguste de Prusse, prisonnier en France, sur parole, que Mlle de Constant, malgré son désir de se tenir à l'écart, dut inviter avec toute sa brillante société.

18 août 1807.

«... Je l'ai rencontré quelquefois, je lui ai parlé de Victor. Il le connaît et m'a répondu obligeamment. En conséquence, on a dit que je devais lui faire quelques honnêtetés et je les ai tous invités pour jeudi. Auguste[1] lui a donné un beau dîner à Mesery. Ce n'est pas qu'il ait rien d'intéressant. C'est un étourneau que les malheurs de son pays, la mort de son frère n'ont pas rendu sérieux. Il est très amoureux de Mme de Récamier et se distrait et s'amuse dans cette société. Ils vont jouer *Andromaque :* Mme de Staël, Hermione, Oreste, M. de Sabran, Pyrrhus, Benjamin, Mme Récamier, Andromaque, Pylade, Auguste d'Hermenches, un confident d'Arlens, une confidente, Constance, une autre confidente, Laure[2]... »

La plupart des rôles étaient donc tenus par des membres de la famille Constant. Cette représentation d'*Andromaque* du mois d'août 1807 est restée célèbre. — Et Rosalie ajoute :

« Ce sera très curieux. Il est incroyable qu'on mette sa situation ainsi au grand jour. Benjamin est fort aise de jouer ce rôle. »

Mais, au milieu de toutes ces fêtes, Mlle de Constant souffre de la part que son cousin lui a donnée dans ses relations avec Mme de Staël. Charles juge qu'elle eût mieux fait de ne pas se

---

[1] Auguste Constant d'Hermenches, fils cadet de David Constant d'Hermenches.
[2] Laure, fille de César et de Constance d'Arlens, épousa un M. de Cottens. Chateaubriand la nomme dans ses Mémoires d'Outre-Tombe. (Séjour à Lausanne, 1826).

laisser affecter par une situation qui est ce qu'elle est, parce qu'on ne sait pas en sortir. Toutefois le premier pas est fait et l'on voit la pauvre Rosalie résister en vain à un tourbillon de passion dont elle avait jusqu'alors ignoré toute la violence.

8 septembre 1807.

« Mon amitié n'était pas de force à lutter contre les passions furieuses de cette terrible femme... Je t'ai raconté ma conversation avec la trop célèbre, ma promesse de la taire, jusqu'à son départ, leur projet de jouer la tragédie ; elle a très bien réussi. Jamais Hermione n'a été jouée avec tant de vérité et de fureur. Après cette représentation qui a été vraiment très agréable et brillante, ils sont partis. Benjamin est resté, promettant vaguement de les rejoindre dans quelques jours, décidé à rompre à l'amiable. Il était fort agité, fort incertain sur la manière de s'y prendre, sûr qu'aucune ne pourrait être bonne. Il a été entrepris par le Chevalier et par Lisette, qui, le voyant malheureux, ont voulu lui donner des secours à leur manière. Il a essayé de cet opium moral ; mais sa raison et son esprit n'ont pu le goûter. Au milieu de tout cela, la dame ne le voyant pas arriver, a envoyé ses chevaux, sa voiture, ses domestiques, tout un cortège pour le chercher. Un jour, d'assez bon matin, nous le voyons entrer. Il nous dit : « Je vais à Coppet. » — Et puis il tombe dans un accès de désespoir qui t'aurait touché ; je pleurai de bon cœur. Ma tante, Mme de Nassau se réunirent et il adopte le conseil de terminer sa situation, en offrant à la dame ou un prompt mariage ou une rupture à l'amiable. Il part, croyant avoir bien pris cette résolution. Nous l'accompagnons de nos vœux, de notre inquiétude. — Le lendemain avant neuf heures, nous le voyons arriver sur son cheval, tombant de fatigue. Il avait fait en deux heures et demie la route de Coppet. Il nous conte que pour répondre aux reproches qu'elle lui fit à son arrivée, il avait fait la proposition convenue ; elle y avait répondu en appelant ses enfants, leur précepteur (Schlegel) et en disant : Voilà l'homme qui me met entre le désespoir et la nécessité de compromettre votre existence et votre fortune. — Benjamin répondit à cette indigne accusation par des protestations formelles de ne jamais l'épouser. Alors elle se lève, se jette à terre en poussant des cris affreux, passe son mouchoir au cou pour s'étrangler, fit enfin une de ces scènes affreuses qui sont à son commandement et auxquelles le pauvre Benjamin ne sait pas résister. Il eut la faiblesse de finir par des paroles de tendresse. Mais le lendemain, il se réveilla de bon matin : l'horreur de sa situation le reprit. Il descendit, il trouve son cheval dans la cour ; il monte dessus, et arrive ici sans s'arrêter. Nous lui faisons le bien que nous pouvons. Mme de Nassau qui l'aime beaucoup tout en blâmant sa faiblesse, vint se joindre à nous pour le consoler, le fortifier. Lorsque nous eûmes fait ensemble un plan raisonnable, elle nous quitta. Benjamin commençait à se tranquilliser, lorsque nous entendîmes des cris dans le bas de la maison. Il reconnaît sa voix. Mon premier mouvement fut de sortir de la chambre en la fermant à clé. Je sors, je la trouve à la renverse sur l'escalier, le balayant de ses cheveux épars et de sa gorge nue, criant : « Où est-il ? Il faut que je le retrouve. » — Je veux dire qu'il n'est pas ici. Elle vient de le chercher en ville. Ma tante la relève, la mène dans votre chambre. Pendant ce temps, Benjamin frappe à la porte du salon. Il faut que je lui ouvre. Elle l'entend, accourt, se jette dans ses bras, puis retombe à terre en lui faisant des reproches sanglants. Je lui dis : « Mais quel droit avez-vous de le rendre malheureux, de tourmenter sa vie ? » — Alors elle m'accable des plus cruelles injures qu'elle peut imaginer. Dans l'indignation de cette horrible scène, de la douceur de ma tante qu'elle avait eu l'adresse de flatter et de ce que Benjamin ne me défendait pas comme il l'aurait dû, je sors, je vais tout conter à Mme de Nassau, je reste chez elle pendant qu'elle vient ici ; mais elle ne fit point la furieuse. Elle parla seulement à Benjamin. Pour résultat, elle l'a ramené à Coppet pour six semaines ; de là, il nous écrit des lettres pleines d'amitié, mais assez calmes, convenant d'un pouvoir plus fort que le sien et comme touché de cette terrible et dernière preuve d'amour. Que dis-tu de cette fin ? Tu comprends que je ne réponds pas à ses lettres.... »

6 octobre 1807.

«... La terrible et trop célèbre dame nous a tous laissés sur le carreau. Elle déclame à Coppet. Ils font les pièces, les jouent ; ils ont rejoué *Andromaque* et ce pauvre Benjamin a si mal joué, qu'on a dit à Genève : « Je ne sais pas si c'est le roi d'Épire (des pires), mais c'est bien le pire des rois... »

La tragédie semblait s'achever en chansons ; Mlle Constant malade, outrée de la scène dont elle avait été témoin, ne voulait revoir Mme de Staël de sa vie.

« Si elle entrait dans un lieu où je serais, dit-elle encore à son frère, je m'enfuirais si loin qu'on ne me reverrait pas de longtemps. Quoique j'aime ses livres, j'ai même fait le vœu de ne jamais lire ce qu'elle écrit. Une femme qui se met dans la posture où je l'ai vue, qui se livre à des passions si désordonnées, dégrade tout l'esprit qu'elle peut avoir. »

M. Charles de Constant affligé de savoir sa sœur malade, lui écrivit une lettre où son indignation se donnait si franchement carrière qu'il a dû la détruire plus tard, car nous ne l'avons pas retrouvée.

« J'ai vidé, dit-il, le 10 octobre, le sac de mon indignation dans ma dernière lettre contre la célèbre et son...., je ne sais comment le nommer. Jamais ils ne me persuaderont qu'à leur âge [1] et après leur longue relation, la passion fait faire tant d'extravagances et de bassesses. Il faut donner de meilleurs prétextes. J'espère que tu es tout à fait remise et qu'à l'avenir tu ne

---

[1] Benjamin Constant avait quarante ans, Mme de Staël quarante et un ans.

permettras pas qu'on bouscule ta vie par des comédies aussi plates qu'indécentes....»

Mais Rosalie cherche à excuser son cousin ; elle trouve Charles trop sévère ; il fallait comprendre : « violence et égoïsme d'un côté, faiblesse et bonté de l'autre. Que le bon Dieu les bénisse ! »

Benjamin Constant avait entrepris pour s'étourdir sa tragédie de *Wallenstein*, adaptation de la pièce de Schiller à la scène française, qu'il fit précéder d'une étude sur le théâtre allemand.
— Les six semaines fixées étaient écoulées, il ne quittait point Coppet, et cependant Charlotte de Hardenberg arrivait à Besançon où il lui avait donné rendez-vous ; elle savait tout et tomba malade. Prétextant alors une indisposition de son père, il vola la rejoindre, tandis que Mme de Staël, sans se douter de ce que tramait Constant, partait pour Vienne.

On pourrait croire le malheureux Adolphe entré dans le port. — Libre encore il revint à Coppet en juillet 1808, par la puissance magique que Corinne exerçait sur lui. Au fond très indécis, il faisait montre vis-à-vis de sa tante d'une ferme résolution. Rosalie lui écrivait peu et se refusait à aborder le seul sujet qui les intéressât, elle ignorait toujours les projets de mariage.

« Il avait l'art de tromper tous ses partisans, sans leur être pourtant infidèle et trompait Rosalie plus que tous les autres et celle-ci le jugeait faible et versatile pour ne pas s'avouer dupe. »

Cette note est de la main de Mlle Constant, au

bas de la lettre du 26 septembre 1809. — C'est bien cela, et il gémissait lui-même de sa dissimulation imposée par une position fausse.

Charlotte de Hardenberg voyageait en Suisse avec une tante, la princesse de Hardenberg. Elle vint à Lausanne et fut très bien reçue par la comtesse de Nassau, mais non présentée à titre de future parente au reste de la famille. A peine Benjamin osa-t-il l'y rejoindre quelques jours et lorsque les voyageuses furent à Genève, la princesse seule dîna à Coppet.

Peut-être Benjamin Constant ne se fût-il jamais marié, si son père n'eût déclaré qu'il voulait que la chose se fît. Et en octobre 1808, il accueillit Mme de Hardenberg à Brevans, où elle devait passer trois mois. Le futur époux promettait de la rejoindre bientôt; mais pour gagner du temps, il avait entrepris à Genève la publication de sa tragédie de *Wallenstein*.

Enfin, vers le 10 décembre, il arriva à Brevans et y séjourna un mois environ. C'est là qu'il épousa Charlotte. Celle-ci ne put fournir tous les papiers nécessaires; on n'osa même pas les remplacer par un acte de notoriété, et un pasteur protestant bénit les deux époux.

Les registres de l'Église réformée de Besançon, dont le ministre desservait et dessert encore Dôle, ne contiennent pas d'acte d'un mariage entre Benjamin Constant et Charlotte de Hardenberg. — Il est peu probable qu'un pasteur autre que M. Jan[1] de Besançon ait été ap-

---

[1] M. Jan fut pasteur à Besançon de 1808 à 1814. — Nous remercions ici M. Abt, pasteur à Besançon pour l'empressement qu'il a mis à nous aider dans nos recherches.

pelé. M. Juste de Constant avait des relations dans cette ville, il y allait fréquemment et sa fille Louise y avait fait sa première communion. Son fils obtint sans doute l'omission de l'acte dans les registres de l'Eglise, peut-être même cette omission était-elle nécessaire. Ce mariage était donc nul et Mme de Nassau le fit observer à son neveu ; il s'en défendit.

Après la cérémonie de Brevans, la situation va se simplifier. — Nullement, elle se complique ; lisez la lettre du 16 mai 1809. — C'est une scène de drame à trois acteurs. Charlotte apprenant à Corinne son mariage avec Benjamin, devant ce même Benjamin. Quelque amateur de beaux décors place l'entrevue à Interlaken. D'après les lettres de Constant, elle ne peut avoir eu lieu qu'à Coppet.

« Elle fit de telles violences, de telles menaces de suicide et de tout ce qu'il y a de pis qu'elle a extorqué à tous deux une parole d'honneur de ne pas déclarer leur mariage jusqu'à une certaine époque, et qu'il reste encore à Coppet et que cela le met dans la position du monde la plus fâcheuse et la plus ridicule, et que je ne sais pas encore comment cela finira ; je ne connais point la dame. Depuis l'affreuse scène que je t'ai contée je n'avais plus voulu de confidences. Elle fut ici l'année passée ; Mme de Nassau en fut enchantée et s'y est attachée beaucoup. » (Let. de R. à Ch. de C. 19 septembre 1809.)

Mme de Staël projetait à ce moment un voyage en Amérique. En juin elle fit une course à Lyon, avec son fils aîné et quelques-uns de ses hôtes pour y voir jouer Talma. Benjamin Constant l'y accompagna, comme nous le prouvent deux lettres de lui à sa tante, datées de cette ville.

L'historien Sismondi avait dès le 28 mai annoncé cette absence à Mme d'Albany :

« Hélas ! elle va chercher à Lyon de la distraction ou de l'étourdissement avec peu d'espérance d'en trouver. »

Il n'avait point l'intention de la suivre ; mais on dut l'en prier et le 16 juin il mande de Lyon à la comtesse :

> « Je vous disais qu'elle était venue ici pour voir Talma ; je l'y ai suivie, moins pour voir le roi de la scène française, que pour ne pas me séparer d'elle dans l'état de tristesse et même de maladie où elle est..... Aujourd'hui sa tête n'est guère libre pour profiter de ce spectacle qu'elle avait si ardemment souhaité[1].

De Lyon, Benjamin Constant s'enfuit auprès de son père, afin de rendre de là son mariage public. Mais Mme de Staël envoya son fils aîné à la poursuite de l'infidèle qui, craignant le scandale d'une provocation en duel, se laissa ramener auprès de son tyran. Durant ce séjour à Lyon, Mme de Constant y vint-elle ? Les lettres de son mari ne permettent pas de le croire. On pourrait le supposer pourtant d'après une légende qui imagine une rencontre inopinée d'Adolphe avec sa femme et Corinne, dans cette même ville. Charlotte aurait tenté de s'empoisonner, ce qui sent le mélodrame.

---

[1] Dans la lettre à Mme d'Albany du 23 mai 1812, Sismondi écrit en parlant des lettres de Mlle de Lespinasse à M. de Guibert : « J'ai vu de près, j'ai suivi dans toutes ses crises une passion presque semblable, non moins emportée, non moins malheureuse. L'amante, de la même manière, s'obstinait à se tromper après avoir été mille fois détrompée ; elle parlait sans cesse de mourir et ne mourait point, elle menaçait chaque jour de se tuer et elle vit encore.

Le 12 juillet, Benjamin Constant était de retour à Coppet avec Mme de Staël.

La comtesse de Nassau comparait le roman de son neveu à ceux d'Anne Radcliffe. Ce furent elle et Mme de Charrière qui firent connaître à leur famille les circonstances où se trouvait Benjamin. — Le public devait encore ignorer la chose ; mais il n'était bruit que de cela dans la société de Lausanne et de Genève et les commérages les plus contradictoires circulaient. Les d'Arlens avaient pris parti pour Mme de Staël dont Constance attisait encore le ressentiment. Constant lié par sa parole n'osait point expliquer sa conduite et son *amie* en profitait contre lui, feignant toujours d'ignorer ses légitimes relations.

A Londres, on accusa Rosalie de s'être mêlée du mariage, elle répondit :

19 décembre 1809.

« Je suis fâchée, mes chers amis de ce que vous me dites du mariage de Benjamin. D'abord on doit se soutenir en famille... Ma *morale* et ma *pruderie* ne se sont point mêlées de celui-là, je voudrais bien qu'il fût meilleur, mais si cette femme qu'il a déjà aimée lui convient par le caractère, s'il mène enfin une bonne vie, je m'en réjouirai. »

Les uns blâmaient donc Adolphe de s'être marié, les autres de rester à Coppet, et il n'en partait point afin de ne pas pousser Mme de Staël à des actes désespérés. Sa vie était atroce ; et pour la rendre plus pénible encore, son père qui venait d'annoncer lui-même le mariage à la terrible châtelaine, déclara soudain qu'il ne décidait rien entre deux personnes qui l'intéressaient également (la femme et l'amie de Benjamin.) — Corinne s'était gagné le vieillard par des offres de services et même d'argent pour Charles, le fils de Marianne.

Avec sa vivacité ordinaire, Mlle Constant rompit le charme qui enchaînait son parent dans cette ridicule position. De sa plume la plus mordante, elle lui répéta les propos de Mme de Staël sur lui, il restait pour des motifs d'intérêt, aurait-elle dit. — Rosalie parla même de cesser toute correspondance.

Benjamin s'emporta d'abord, mais, plus calme, il écrivit une seconde lettre, celle du 14 octobre 1809. Il était cinglé à vif. Sa fierté triompha de sa faiblesse et, quelques jours plus tard, il était en route pour Paris.

Mais le souvenir de celle qu'il avait quittée le poursuivra longtemps encore. En vain sa cousine lui mandera-t-elle à mots couverts que sa place a été vite prise ; il voulait pour le croire des preuves qu'elle n'était pas disposée à lui donner. — Ne recevait-il pas de Coppet des lettres palpitantes de désespoir ! — Nous ignorons si elle les lui procura jamais. Il est probable qu'il découvrit de lui-même qu'on avait su l'oublier.

Dans ce long roman, c'est Adolphe qu'on a toujours blâmé, et certes ce n'est pas lui qui fournit jamais des excuses à sa conduite. On lui a reproché ses hésitations mêmes, hésitations motivées par des liens secrets. Un homme plus énergique et moins bon eût rompu sa chaîne d'une brusque secousse et la rumeur s'en fût vite apaisée.

En décembre 1809, Constant déclara enfin son

mariage et remplit les formalités voulues pour qu'il pût être valable. Néanmoins, au mois de juin 1810 on le retrouve à Coppet.

Charles qui a appris ce nouveau séjour de son cousin auprès de Mme de Staël l'en blâme vivement. Rosalie lui répond :

20 juin 1810.

« ... Je t'ai dit dans ma dernière lettre que son mariage était public, déclaré, qu'il était à Paris. Mais une dernière discussion d'intérêt qui ne pouvait se terminer qu'en présence de la dame, l'a obligé d'y revenir. Il a pris le fils aîné, homme de vingt ans et fort raisonnable pour arbitre et pour juge. Il a manqué quelques papiers qu'il a fallu demander à Paris. Dans l'intervalle de la réponse, il est venu nous voir et après qu'il m'a bien inquiétée par sa conduite et que je le lui ai dit sans ménagement, nous nous sommes retrouvés très bons amis et revus avec plaisir. »

Pendant leur longue liaison, Mme de Staël avait chargé Constant du soin de ses affaires ; elle lui avait même prêté de l'argent pour se l'attacher mieux. Il fallait après une rupture et pour sauvegarder son honneur qu'il remboursât les sommes dues. Toutefois l'offensée s'y refusa pour se venger, comme le prouve la correspondance de Benjamin avec sa tante de Nassau et avec Rosalie.

Plus tard, il dut s'acquitter, et bien que nous n'en ayons point trouvé la preuve écrite, nous pouvons le supposer, car Charles de Constant mandait à sa sœur en juillet 1817, en lui parlant de la mort de Mme de Staël. « Les enfants et leurs alentours se louent beaucoup de la conduite de Benjamin. »

M. Charles de Constant revint habiter Genève

à la fin de 1810 et installa sa famille dans cette maison de Saint-Jean, depuis si longtemps abandonnée. Les Délices, Ferney étaient déserts; l'orage de la Révolution avait balayé tout un monde, et le grand railleur du XVIIIe siècle avait cédé la place à la muse du XIXe, à cette Corinne éloquente, passionnée. Assis au foyer qui avait accueilli Voltaire et tenant à la main un billet qui l'appelait à Coppet, M. de Constant dut sentir alors le contraste entre les temps nouveaux et ce passé si récent, séparés par le plus profond abîme qu'on creusât jamais.

Comme durant les dix dernières années, il n'avait point été mêlé directement aux affaires de sa famille, il accepta, avec des réserves, les avances que lui fit Mme de Staël[1]. Le 7 décembre 1810, il écrit à sa sœur :

« Le dîner chez la Staël fut fort beau ; mais je n'y retournerai pas. C'est une fatigue et un débordement de vanterie qui fait vomir. »

Mlle de Constant lui répondit :

13 décembre 1810.

«... Tout sentiment personnel à part, je me réjouis que tu ne continues pas de relations avec la fameuse ; je les crois très dangereuses. Elle est bien sûrement cause du déplacement du Préfet[2] et sûrement tous ceux qui vont chez elle sont notés. Elle se fait une gloire de compromettre ses amis. Comment refuser un service à quelqu'un chez qui on dîne, qui vous loue, vous caresse ? Elle te citerait pour ce que tu dirais de l'Empereur. Si tu n'en parlais pas avantageusement, d'autres

---

[1] Les manuscrits Constant renferment, outre les lettres de Mme de Staël à Rosalie, plusieurs billets de la même à Charles. Nous aurions voulu en donner ici, mais la place nous manque.

[2] M. de Barante.

gens t'en voudraient du mal. Tout ce qui se fait autour d'elle a de l'éclat et, d'après ce que j'entends dire, l'espionnage est complet... »

Sur ces entrefaites, Benjamin Constant en route pour l'Allemagne, arrivait à Lausanne avec sa femme (février 1811). Son père l'y rejoignit bientôt, afin d'obtenir une promesse signée par laquelle, lui mort, Benjamin s'engageait à faire une rente à Marianne et à ses enfants. L'affaire fut conclue verbalement et semblait en bon chemin, lorsque le vieillard transporta à Genève la discussion. Le fils dut l'y suivre, mais Charlotte l'accompagna.

Si l'on en juge d'après quelques billets de Mme Constant à Rosalie alors à Saint-Jean, ce séjour ne dut point être sans orage entre le père le fils et Corinne y apporta sa part d'électricité.

M. Juste de Constant avait amené sa fille Louise, dont le frère, Charles de Rebecque, employé à Genève et impliqué dans une vilaine affaire, parlait de suicide. Mme de Staël lui avait procuré une place dans l'administration du département du Léman, et le soutenait de tout son crédit. Aussitôt arrrivés, le père et la fille furent invités à Coppet pour servir à de mesquines vengeances.

« Serez-vous assez bonne, ma chère Rosalie, écrit Charlotte, de passer ici une demi-heure avec Charles; j'ai à vous parler nécessairement sur une chose qui concerne toute ma vie et plus que ma vie, puisque les choses en sont au point que c'est mon honneur qu'il s'agit ici de justifier publiquement. M. de Constant et moi vous attendons le plus tôt qu'il vous sera possible de venir. Ayez assez d'amitié pour moi pour le faire. »

Quelle était cette *chose ?* Une calomnie sans doute émanant de Coppet. Le billet suivant le donne à croire :

« ... L'affaire[1] à laquelle vous êtes assez bonne pour vous intéresser n'est guère plus avancée qu'elle n'était vendredi. Je fais à chaque instant des vœux pour qu'elle se termine promptement. Elle est triste sous tous les rapports, et parce qu'elle bouleverse des relations qui devraient être aussi calmes qu'intimes et parce qu'elle fixe d'une manière souvent peu convenable les regards du public, et, le dirais-je enfin, parce qu'elle ne peut pas ne pas porter atteinte à la douceur des sentiments intimes par la malheureuse intervention *d'une personne qui devrait y être restée tout à fait étrangère.* »

Dans les premiers jours de mars, Rosalie revint à Lausanne avec son cousin et Charlotte. Mais à peine y étaient-ils de retour que l'on apprit l'arrivée prochaine de Mme de Staël.

« Elle vient ici lundi, écrit aussitôt Mlle de Constant à son frère. Pourquoi ne me le dis-tu pas ? Je me prépare à ne pas mettre le pied en ville (22 mars 1811).

Nous n'avons que peu de détails sur ce séjour, très court à la vérité. Benjamin fit ses adieux à son ancienne amie. Un an plus tard, il écrira dans son journal :

« A pareil jour, à 11 heures du matin, sur l'escalier de l'hôtel de la Couronne à Lausanne, je quittai Mme de Staël qui me dit qu'elle pensait que nous ne nous reverrions de notre vie. Cela en prend le chemin. Hélas ! chère Albertine ! »

---

[1] L'affaire de B. C. avec son père. Voir les lettres de B. C. de 1811 et de 1812.

« Je ne te dis rien du séjour de la terrible dame. Elle s'est conduite comme à l'ordinaire et elle est partie, Dieu merci ! »

C'est en ces termes que Mlle de Constant rendit compte à son frère de cette visite.

Lorsqu'en 1814 Benjamin Constant venait s'agenouiller dans les salons de Mme de Krüdner pour y apprendre le mot inspiré capable d'éveiller en sa faveur l'amour de la coquette Récamier; ce n'était pas la première fois qu'il fréquentait les sociétés mystiques, son *Journal* le prouve.

A Lausanne, son cousin, le chevalier de Langallerie, avait, à plus d'une reprise, cherché à gagner à sa secte un aussi illustre néophyte qui eût bien voulu y trouver l'introuvable clé du bonheur. Il se laissait endoctriner, complaisant et sceptique. Rosalie traitait, non à tort, d'hypocrites Langallerie et tout son chapitre de dévots. Mme de Staël se rapprocha d'eux en 1804 et en 1807; mais pas plus que son ami, elle ne put goûter ce christianisme étroit. Il est vrai qu'elle n'était pas plus que Benjamin désintéressée dans ses velléités de dévotion, qu'appuyait Mathieu de Montmorency.

En 1811, Constant renoua avec le mysticisme cet opium moral, ainsi que l'appelle sa cousine — il aimait à s'égarer par tous les chemins de l'esprit. Les êtres doués de peu d'imagination ne comprennent rien à ces vagabondages; où il n'y a que curiosité pour un champ nouveau d'observations mêlée à quelque vague désir de calme, ils voient de la fausseté ; ainsi jugeait Charles de Constant. Sa sœur l'en raille dans sa lettre du 5 avril 1811 :

« A propos tu me fais rire en me parlant de son piétisme. Il en est bien loin. Il dit franchement et assez drôlement que dans un temps d'angoisse et d'irrésolution, il y cherchait de bonne foi des secours et des raisons de se décider ; mais comme il fallait des sentiments désintéressés et que les siens ne l'étaient pas, il n'a pu y donner. Depuis lors il est mal vu du chef. »

Benjamin Constant et sa femme quittèrent Lausanne le 15 mai 1811. Rosalie ne devait revoir son cousin que treize ans plus tard, vieilli, impotent.

« Ils ont été bien des jours à se décider, écrit-elle le 2 juin. Cela tient plus à leur caractère qu'à leur amitié. Nous nous faisions des adieux le soir et le lendemain nous passions le jour ensemble. »

Les voyageurs s'acheminaient vers l'Allemagne. Constant allait chercher dans la riche bibliothèque de Gœttingue, les matériaux nécessaires à son grand ouvrage sur les *Religions*, que les travaux de la science moderne ont jeté dans l'oubli.

Avant de s'établir dans la vieille ville universitaire dont l'ennui l'accablera bientôt, il fit, non loin de là, une halte au Hardenberg, château appartenant à la famille de sa femme. Mais à peine eut-il mis le pied en Allemagne que de nouveaux soucis vinrent l'y chercher sous la forme de démêlés avec son père et d'embarras d'argent. Ses lettres à cette époque sont remplies de détails sur ses affaires et nous avons dû en éliminer un grand nombre pour épargner la patience du lecteur.

Sur ces entrefaites son père mourut subitement à Brevans, le 2 février 1812, à l'âge de quatre-vingt-sept ans. Cette mort porta à Constant un coup très douloureux, et bien que la conduite insensée de ce père lui eût donné le moyen légal de ne pas tenir ses engagements envers Marianne et ses enfants, il fit tout ce qui était en son pouvoir pour les mettre à l'abri du besoin. Il alla même au-delà pour Louise, lorsqu'elle épousa le 15 janvier 1817, le commandant Balluet d'Estournelles, et pour Léonce, leur fils aîné.

Durant les années 1812 et 1813, Benjamin Constant parle beaucoup d'un retour en Suisse. Il jugeait le séjour en France impossible, à cause du despotisme de l'Empereur — il avait même vendu sa campagne des Herbages et une grande partie de sa bibliothèque. Sa correspondance d'alors évite les sujets politiques. Pour échapper à la vigilance des postes impériales, il affuble Napoléon du nom de *Jacqueline* dont le procès, c'est-à-dire les guerres, lui arrache des tirades indignées. — Le canon grondait tout autour de sa studieuse retraite. — On connaît les événements : la campagne de Russie, celle d'Allemagne, celle de France, la chute de Bonaparte.

En janvier 1814, Benjamin Constant publiait à Hanovre sa brochure de l'*Esprit de Conquête*. Il suivit à Liège le prince de Suède, dont il était disposé à soutenir, de sa plume, la candidature au trône de France, candidature qui ne fit aucun bruit et devint impossible par le retour acclamé des Bourbons.

Constant rentra alors à Paris, en compagnie d'Auguste de Staël et chercha à y ouvrir un chemin à son ambition par plusieurs écrits politiques.

Il perdit au mois de mai de 1814 sa tante, la comtesse de Nassau.

« Benjamin sera très affligé, écrivit Rosalie à Charles, et il fait une grande perte... Elle l'aimait beaucoup, mais sa vie errante lui faisait de la peine... »

Ce deuil brisa le seul lien sérieux qui rattachait Constant à Lausanne. Longtemps il avait caressé le projet de s'établir auprès de sa tante; de là, il eût fait des courses à Paris. Les secousses de son existence agitée l'éloignèrent toujours de ce port, et peut-être n'en était-il pas fâché. Il se lassait vite du calme qu'il désirait de bonne foi et repoussait sans cesse.

Sa femme n'avait pu le suivre à travers les armées coalisées. Il était donc à Paris seul, livré à la mobilité de sa nature.

« La plus grande cause de l'agitation de ma vie a été le besoin d'aimer, a-t-il dit dans son *Journal intime*.

Ce besoin d'aimer le livra à la coquetterie de Mme Récamier. Doux sourires, regards pleins de promesses, Juliette mit tout en jeu, afin de jeter ce nouvel esclave à ses pieds ; et pour lui plaire, il fit toutes les folies qui rendent un homme de son âge ridicule, lorsqu'elles ne le déshonorent pas[1]. La plus déplorable fut son fameux article du 19 mars 1815. — Le lendemain, Napoléon rentrait dans Paris et Constant s'enfuyait vers Nantes, mais quelques heures plus tard, l'amour le ramenait aux lieux qu'il venait de quitter. Sa faiblesse de caractère l'y retint —

---

[1] Lettre de B. C. à Mme Récamier, Bruxelles, 7 décembre 1815.

il devenait le conseiller d'Etat de celui qu'il avait nommé « le rusé demi-sauvage échappé de Corse. »

Bien des hommes de cette époque et d'autres encore, ont plus que Benjamin Constant changé de drapeau. En réalité, il ne fit que saisir le sien, celui de la liberté agité devant lui par Bonaparte. Cependant cet acte fit tache noire sur sa réputation, car il ne sut pas opérer la volte-face dans les conditions requises. — Fut-il ambitieux ou faible seulement? Tous les deux sans doute ; mais il fut surtout maladroit et la galerie ne pardonne pas aux maladresses des jouteurs dans l'arène.

Mlle de Constant refusa d'abord de croire à cette incroyable adhésion. Sa famille fut indignée.

Charles mande à sa sœur le 17 avril :

« Benjamin écrit à Mme de Staël qu'il croit fermement qu'il établira une bonne constitution et que Bonaparte est changé !!! »

Mais Rosalie ferme les yeux à l'évidence:

« Je ne crois rien de ce que Mme de Staël dit de Benjamin. Elle tâche d'appuyer ses opinions à elle sur ce qu'elle peut. » (2 avril 1815).

Lorsqu'il ne lui est plus possible de douter, elle laisse éclater son chagrin.

26 mai 1815.

«... Je n'ai dit à Benjamin que des lamentations et des tristesses ; je me suis affligée de la gloire qu'il a laissé échapper et des malheurs qui le menacent. La faiblesse de caractère change en mal les dons de la nature et le génie qui mettent en évidence et amènent les circonstances auxquelles on ne peut résister. Comme il arrive souvent, il a réduit ses défauts en principe. Pou n'avoir pas à lutter, il croit à une sorte de fatalité qui le fait céder à l'impression du moment. Il soumet la vie entière à une loterie à laquelle il n'est pas heureux. Ne me dis pas davantage de mal de lui, parce que je le connais très bien et que les injures sont inutiles.

Et après Waterloo elle ajoute :

Je déplore le sort de Benjamin. Sa facilité à céder à l'entraînement l'a perdu. Ses motifs sont meilleurs que tu ne le penses ; mais les erreurs de son esprit sont inexcusables. Les inquiétudes de sa femme sur lui et son attachement me font plaisir ; au moins il lui restera un ami pour partager son malheur. »

Charles lui répondit durement (26 juin 1815).

« Je suis un peu surpris de l'anxiété de Mme Constant de Brunswick. Que peut-il arriver à Benjamin ? Il ira dans quelque coin se cacher et enterrer des talents qui auraient pu le mener à de grands et heureux résultats. Il a tout sacrifié au moment présent ; c'est une grande faute. »

Dans sa lettre à sa cousine, du 20 juillet, Constant fait bon visage à mauvais jeu et affirme qu'il ne se plaint nullement du sort. Au mois de janvier 1816, il se rendit à Londres où on lui fit accueil. Il n'en fut pas de même pour sa femme à qui nuisait le double divorce. C'est là que parut *Adolphe*.

Ce livre fut cause d'une petite querelle entre M. de Constant et sa sœur qui, à cette occasion, écrivit une lettre contenant peut-être la critique la meilleure, sinon la plus travaillée qu'on ait jamais faite d'*Adolphe*. Il est intéressant de lui comparer celle de Sismondi, un des hôtes assidus de Coppet[1].

---

[1] Lettre à Mme d'Albany, Pescia, 16 octobre 1816.

Charles blâma sévèrement son cousin de livrer encore leur nom à la malignité publique.

8 juillet 1816.

« En lisant *Adolphe,* tu auras vu, chère Rose, que Benjamin explique sa conduite en médisant de son caractère, et comme disait quelqu'un, il a voulu qu'on sache qu'il se conduisait dans sa vie privée par les mêmes principes qu'en politique. Il a fait mettre dans les journaux anglais que les personnages de son roman ne sont point des portraits de gens connus ; mais ceux qui ont connu l'un et l'autre, ne seront pas trompés par cette déclaration. Plusieurs personnes auront connu Ellénore ; elle s'appelait Lindsay. C'était une fille de bonne compagnie, moitié française, moitié anglaise, que des aventuriers avaient jetée dans le concubinage. Elle avait de l'esprit sans instruction. Ses aventures avec Benjamin firent assez de bruit dans le temps. La dame de Coppet n'est pour rien dans ce chef-d'œuvre. Se vendre pour de l'argent me semble le comble de l'avilissement et je lui pardonne bien moins cela que ce qui ne serait que pur cynisme. Ce livre me fait un vrai chagrin, chère Rose ; je ne puis me défaire d'un sentiment qui m'attache à mes parents, surtout à ceux avec lesquels j'ai eu des liaisons intimes. L'esprit, les talents de Benjamin auraient pu jeter un lustre sur nous tous, s'il nous couvre de boue et de honte.... »

Mlle de Constant lui répondit :

12 juillet 1816.

« Tu avais raison, *Adolphe* m'a fait une vraie peine, il m'a fait ressentir quelque chose de ce que l'histoire m'a fait souffrir. La position est si bien peinte que j'ai cru être encore au temps où j'étais témoin d'un esclavage indigne et d'une faiblesse fondée sur un sentiment généreux. Ce n'est elle que sous le rapport de la tyrannie ; mais c'est lui, et je comprends qu'après avoir été si souvent en scène, si diversement jugé, si souvent en contradiction avec lui-même, il ait trouvé quelque satisfaction à s'expliquer, à se déduire et à signaler les causes de ses erreurs et ses motifs dans une relation qui a si fort influé sur sa vie ; mais je voudrais bien qu'il ne l'eût pas publiée. La fiction est triste et ne donne qu'un sentiment pénible du commencement à la fin. Ce qui est changé à la vérité réelle ôte à la vérité idéale, la fin surtout me fait de la peine : les résultats sont décourageants. Pauvre Benjamin ! je le crois un des hommes les moins heureux qui existent. Son esprit est si juste qu'il lui montre tous les côtés, toutes les conséquences des erreurs où l'entraînement et la faiblesse le conduisent. Chaque année, j'espère que ce qu'il y a de bon en lui et de grand prendra le dessus et le replacera où il doit être et, chaque année, il me fait un nouveau chagrin. Mais je ne le haïrai pas pour des défauts qui ne font tort qu'à lui et dont le motif n'est jamais criminel, je croirai lui devoir la portion d'amitié que tu lui as ôtée depuis si longtemps avec tant de sévérité. Quand j'en cherche la cause, je la vois moins encore dans ce qu'on peut lui reprocher que dans une espèce de contradiction pour ce que je puis et je pense. Je ne pourrais haïr quelqu'un à qui tu prends intérêt, quand il ne m'aurait fait aucun mal et que surtout je l'aurais aimé. Peut-être, si tu étais resté son ami, cela aurait-il arrêté bien des fautes. Dans le temps de ces terribles scènes, je pensais souvent : s'il avait un véritable ami, si Charles était ici, il pourrait sortir de cette position indigne.... Dans le roman, tu n'es sensible à aucune des beautés de pensée et de style dont il est rempli. Je crois qu'il est peu de romans d'une moralité aussi profonde, qui montre mieux le pouvoir de l'éducation Que n'aurait-il pas été si la sienne avait été dirigée par un père et une mère chrétiens ! Qu'il était facile d'exciter en lui l'enthousiasme du bien, la passion de l'ordre ainsi que des habitudes ! — Combien de choses vraies les femmes peuvent y apprendre sur tout ce qu'il y a d'imagination dans les passions, sur leur empire, sur cette tendresse qui augmente en elles, quand elle diminue chez les hommes! Je t'invite à le relire sans penser à Benjamin. Tu verrais combien tu y trouverais d'aperçus fins et justes, enfin de détails qui dédommagent de l'ensemble.

Tu comprends que la fable Lindsay a été inventée à Coppet. Il n'a pas eu dans sa vie le temps d'être influencé par deux femmes comme il l'a été par une ; mais au moins n'a-t-il pas eu le tort de la mettre en scène, car Ellénore ne ressemble pas à la dame de Coppet qui a des dévouements plus comiques à sa disposition. — Dans la précédente lettre tu disais : J'aimerais mieux qu'il eût publié ce livre pour de l'argent que par mépris de l'opinion ; dans celle-ci, tu dis positivement le contraire, voilà ce qui me prouve ta partialité ; elle me fait de la peine et ne me semble pas digne de toi. — Je suis bien aise, cher Charles, qu'on donne à ton esprit et à ton activité de quoi s'exercer sur des sujets importants[1], jouis de ton heureuse position, jouis surtout de la mériter ; plains ceux qui sont moins heureux et moins sages. Je m'indigne aussi beaucoup, mais c'est généralement et j'évite de poser mon indignation sur un objet : tous les hommes sont si malheureux, que d'abord qu'elle peut s'appliquer, la pitié la devance !!

Charles de Constant se défendit d'être injuste envers son cousin, et il ajoute :

« Avec toi, chère Rose, j'ai cru que je pouvais m'exprimer librement. Ce que tu me dis me prouve que j'ai eu tort. Ta prévention pour lui ne supporte pas que j'en parle à cœur ouvert avec toi à qui je dis toutes mes pensées ; aussi n'en parlons plus. — Seulement je te jure que tous m'avaient nommé Mme Lindsay avant l'arrivée de Mme de Staël que je n'ai vue qu'en passant chez Lady Hamilton. On me dit aussi alors[2] que la mort d'Ellénore est celle d'une Mme Talma[3] à laquelle il a été fort attaché. Tu es d'une profonde ignorance des aventures de notre cousin, ce n'est pas qu'il les tienne secrètes ; mais c'est qu'on a eu la discrétion de ne pas te les raconter. Quoiqu'il en soit, je t'en félicite... »

Il en est des blessures d'amour-propre comme des autres, le temps qui passe en guérit la brû-

---

[1] M. Charles de Constant avait été élu membre du Conseil souverain du canton de Genève.
[2] M. Charles de Constant avait fait un séjour à Paris.
[3] Elle mourut de maladie en 1804.

lure, puis l'on vieillit et tout ce qui a troublé perd de son importance, vu de loin et de haut. Plus tard, Charles de Constant s'intéressa aux succès oratoires de son parent et Rosalie, oubliant ses griefs, sut porter sur Mme de Staël un jugement impartial et tout moderne, lorsqu'elle apprit la fin prématurée de Corinne (14 juillet 1817).

2 août 1817.

« La vie et la mort de cette femme célèbre sont des sujets inépuisables d'étonnement et de réflexion. Il me semble que je la juge avec impartialité. Tout est passé, et je la reprends depuis les premiers temps où je l'ai connue. Quel dommage pour l'honneur de l'humanité qu'elle n'ait pas eu autant de grandeur dans l'âme que dans le génie. Le sentiment qui domine sur elle est une profonde pitié ; car elle a sûrement plus souffert que personne. Sa fin prématurée le prouve. Quelqu'un qui, avec un sentiment si juste, si élevé de la vertu, manque successivement à ses devoirs, n'a que des moments bien courts de bonheur. Elle se jette dans une passion pour se tirer des regrets et des remords d'une autre. Elle me donne l'idée d'une machine mue par un torrent plus ou moins impétueux, placé trop près de ses rouages, elle brise et fait du mal sans le vouloir. *Corinne* et l'*Allemagne* survivront à tous les autres volumes déjà dans l'oubli ; dans tous, il y a des pensées qui resteront et il est sûr qu'elle a donné une impulsion aux idées et à la littérature. L'histoire des derniers temps de sa vie serait bien curieuse à connaître. Dis m'en ce que tu pourras. Quelle attitude prendra son fils[1] ? Sa position est belle. Que deviendront Rocca et l'enfant[2] ? Sans doute qu'elle les a enrichis. »

---

[1] Auguste de Staël.
[2] Louis-Alphonse Rocca, né le 7 avril 1812 à Coppet et élevé à Longirod, village sur le versant suisse du Jura, sous le nom de Louis-Alphonse Gilès, fils de Théodore Gilès, de Boston et de Henriette née Preston, son épouse.

Durant cette année 1817, mourut Mme Charrière de Bavois. Mlle de Constant quitta la Chaumière et vint habiter Lausanne. — Son affection pour son frère l'eût conduite à Genève, si le caractère impérieux de sa belle-sœur ne lui avait pas rendu la vie de famille peu agréable.

Elle revit Benjamin en avril 1824. — On contestait de nouveau à l'orateur de la liberté sa qualité de Français. Pour l'affirmer sans délai, il vint lui-même avec Charlotte chercher dans sa ville natale les papiers nécessaires. Il y passa cinq jours. Après son départ, Rosalie écrivit à Charles :

Vendredi, 30 avril 1824.

«... Je crois qu'il est content et touché de la réception qu'on lui a faite. Il a fallu empêcher les jeunes gens de lui donner une sérénade ; il s'est refusé à tout ce qui l'aurait mis en scène. Nous allâmes à La Chablière[1] ; il voulut, à l'aide de sa béquille[2] et de sa femme aller jusqu'aux tilleuls. La beauté du pays et les souvenirs lui firent beaucoup d'impression. Pour sa femme, elle aurait donné sa vie pour y rester. Qui sait ce qui leur est encore réservé ? On est heureux d'être bien vieux, quand on pense à ce qu'on peut encore éprouver. Ils sont partis mardi matin. »

Depuis ce moment, les lettres de Constant à sa cousine, déjà rares, se firent plus rares encore. La politique absorbait sa vie et, sentant la vieillesse venir avec son cortège d'infirmités, il se hâtait d'achever son ouvrage sur *les Reli-*

---

[1] B. C. l'avait vendue depuis longtemps et désirait la racheter.
[2] Quelques années auparavant, il était tombé en descendant de la tribune et s'était blessé à la jambe.

gions, commencé près de quarante ans auparavant.

Mˡˡᵉ Constant continua toujours à suivre avec sollicitude les luttes oratoires de son parent ; et à la fin de 1824, elle recommandait à son frère Victor, qui passait quelques mois à Paris avec sa femme et sa fille, d'aller rendre visite à Benjamin, il le trouva malade ainsi que Charlotte et répondit :

« Nous avons été tous les trois voir Mᵐᵉ Benjamin dans son lit, où la retenait le rhume que son mari lui avait passé. J'ai trouvé Benjamin mieux, il était assis entre deux gros chats et il causait de l'*abominable* politique avec un républicain de ses amis, j'ai été scandalisé de leur morale. »

Il est probable que le célèbre publiciste parla fort irrespectueusement des têtes couronnées, car dans une autre lettre à Rosalie, Victor reproche à son cousin « d'attaquer tous les rois ou souverains et de vouloir les déposer, au moment où il se vante d'être de l'ancienne noblesse française. » — Il ne s'en vantait point, mais il avait dû le rappeler à ceux qui voulaient l'écarter de la tribune. Pour Victor, grand officier à la Cour de Hollande, les idées libérales ne pouvaient que paraître irrévérencieuses[1].

Au mois d'août 1830 parurent le 4ᵉ et le 5ᵉ volume du livre sur *les Religions*.

La Révolution de juillet venait de renverser Charles X et de placer, sur le trône de France, le fils de Philippe-Égalité ; le parti libéral triomphait. Benjamin Constant ne vit point recommencer d'infructueux essais. Triste, las et

---

[1] Victor de Constant mourut le 12 juin 1850.

déjà désabusé sur le nouvel ordre de choses, il rendit le dernier soupir le 8 décembre 1830. — Au bon moment, a-t-on dit, car sa position fût devenue difficile après le don de 200.000 francs que lui avait fait le roi.

C'est une figure de tribun étrange et tourmentée que la sienne. La plupart de ses contemporains n'ont jugé que les dehors de cette riche et malheureuse nature, mais nous, attirés que nous sommes vers de semblables énigmes psychologiques, la dissection de ce pauvre cœur si humain nous captive. De là le regain de popularité qui lui est venu depuis quelque temps. Les documents que nous avons réunis permettront à quelqu'un de plus autorisé que nous de refaire l'histoire de cette vie si discutée. — N'oublions pas qu'il fut le défenseur de toutes les libertés sages, et la France ne lui a rendu que justice en lui accordant de magnifiques funérailles.

Les lettres de Mme Benjamin Constant à Rosalie laissent deviner le chagrin que cette dernière ressentit à la mort de son cousin.

Paris, 6 janvier, 1831.

« Chère bonne cousine, je ne vous écris que peu de mots aujourd'hui, pour vous dire que je dois à votre lettre quelques moments plus doux..Il y a tant d'amitié pour mon pauvre Benjamin, tant de connaissance de ce caractère si noble, de ce cœur aimant et si tourmenté, tant d'indulgence pour ce besoin d'agitation, précisément parce qu'il était inséparable autant de ce besoin de liberté que de cette horreur de toute oppression..... Je vous demande avec instance de conserver encore la caisse confiée à votre garde et contenant des papiers qui ne doivent tomber entre les mains de personne... »

Cette caisse dont parle Mme Constant avait été laissée à Hanovre en 1814 et envoyée de là à Lausanne, en 1826, alors que Benjamin projetait un séjour en Suisse. Elle contenait, entr'autres papiers, les lettres de Mme de Staël.

A peine Adolphe fut-il mort, que la famille de sa célèbre amie fit des démarches pour rentrer en possession de ces lettres compromettantes. Voici quelques lignes qui le prouvent. Elles sont adressées par Albertine de Staël, duchesse de Broglie, à Charles de Constant lié avec les Auguste de Staël et parfois leur hôte à Coppet.

Paris, 17 janvier 1831.

« Je crois que vous aurez su par Mme Constant, Monsieur, le résultat des démarches que j'ai fait faire auprès d'elle, n'ayant pas l'avantage de la voir moi-même. Je ne crois pas que vous deviez attribuer son silence à autre chose qu'à la vivacité de sa douleur et à son découragement que l'on dit très grand. Je me suis trouvée heureuse de faire quelque chose qui pût vous être agréable. Il y a longtemps que j'aurais voulu vous exprimer l'intérêt que j'ai pris à tout ce qui vous regarde. Maintenant je m'adresse à vous en toute confiance pour vous demander un service. Il doit exister à Lausanne une caisse de papiers de M. Benjamin Constant qui contient peut-être les lettres de ma mère. J'ai un papier de M. Constant qui ordonne que toutes ces lettres me soient remises, je vous demande en ami (sic) de vous informer en quelles mains se trouve cette caisse, si je puis avoir toute confiance qu'elle est à l'abri de toute indiscrétion et que la volonté de M. Constant sera accomplie. Mlle Rosalie a peut-être là-dessus quelques notions. J'ignore si M. Constant a d'autres parents rapprochés à Lausanne. Si vous aviez connaissance d'un autre endroit où l'on pourrait trouver des papiers de M. Constant, vous me feriez plaisir de m'en prévenir. Je vous prie de ne parler à personne du sujet de cette lettre. J'ai la confiance que vous ne me trouverez pas indiscrète. J'ai eu beaucoup de regrets de ne pas vous voir pendant mon séjour à Coppet. Mon mari se rappelle à votre souvenir.

Adieu, Monsieur, agréez l'expression de tous mes sentiments de haute considération et de profonde sympathie.

STAEL DE BROGLIE.

Ce que la duchesse de Broglie réclamait si anxieusement lui fut livré, et le nom de Mme de Staël ne reparaît plus dans la correspondance des derniers survivants du roman de Coppet. Aussi, les lettres de M. et de Mlle Constant cessent-elles au milieu de 1830, car Charles perdit sa femme en avril — ses deux filles étaient mariées, — et Rosalie vint peu de temps après vivre avec lui. Il s'était établi dans une petite maison nommée Souterre et située au-dessous de sa campagne de Saint-Jean qu'il vendit à la princesse Belgiojoso.

« M. de Constant, cousin de Benjamin Constant et de Mlle de Constant, vieille fille pleine d'esprit, de vertu, de talent, habitent leur cabane de Souterre au bord du Rhône « lit-on dans le 5e volume des Mémoires d'Outre-Tombe [1].

Les relations de Mlle de Constant avec les Châteaubriand dataient de mai, celles de Charles de juillet 1826. — Bien des années auparavant, en 1805, Rosalie s'était prise d'une amitié vive pour Claire de Kersaint, duchesse de Duras qui faisait alors un séjour à Lausanne. C'est par elle que se fit la connaissance. Les Chateaubriand

---

[1] Mémoire d'Outre-Tombe, 5e vol. Journal du 12 juillet au 1er octobre 1831.

en revenant de Rome passèrent à Lausanne et s'y arrêtèrent quelques semaines.

Vendredi 12 mai 1826.

« Hier, mande Rosalie à son frère, je m'habillais vers 4 heures, lorsqu'on me dit : « M. de Châteaubriand est là qui demande Mademoiselle. » Tu vois mon trouble, ma surprise, je ne pouvais plus trouver mes vêtements, ni les mettre où il fallait. Il était dans le salon j'ouvre enfin ma porte et je vois un très petit homme à cheveux grisonnants et hérissés, un long visage brun, de grands traits, une belle figure sombre, mais qui s'égaie par le sourire et de belles dents. Notre abord fut amical et empressé au nom de notre amie et au sien. Il avait laissé sa femme au Faucon où il l'avait mise au lit. Elle n'en pouvait plus. — Il fallait s'empresser de les loger et arranger. Je fus chercher Laure[1] et ceux qui pouvaient nous aider. Elle s'empressa de lui être utile, de le mener voir les appartements, et enfin, comme ils tenaient à la belle vue et à notre voisinage nous les avons placés chez Sévery[2], au troisième étage où ils s'établiront ce soir. Laure fait tous les mouvements dont je n'ai pas la force. — Mme de Châteaubriand vint hier[3]. C'est une ombre, une vapeur un peu courbée de faiblesse, pâle, blanche, de petits traits réguliers, quelque chose de très doux. Lui ne paraît français que pour les compliments, l'extrême et presque gênante discrétion, mais non pour l'abondance des paroles... »

Charles de Constant se moqua de sa sœur pour le trouble qui l'avait saisie lors de la visite de Châteaubriand et il se fâcha de ce que ces illustres (expression de Rosalie) la retenaient à Lausanne durant l'été. Elle s'en défendit et resta :

---

[1] Laure de Cotten, fille de Constance d'Arlens.
[2] M. et Mme de Châteaubriand habitèrent à Lausanne chez le fils de Mme de Charrière de Bavois, Wilhelm de Charrière de Sévery, rue de Bourg.
[3] La lettre a été interrompue et reprise, sans doute.

cette société l'intéressait, bien qu'elle ne tînt pas tout ce qu'elle s'en était promis.

Malgré ses soixante-huit ans, M{^lle} de Constant semble n'avoir rien perdu de sa vivacité, de son enthousiasme vite éveillé, de son esprit, et sa plume moqueuse s'exerce aussi aux dépens du *Génie*, ainsi qu'elle surnomme Châteaubriand. Elle a d'amusantes anecdotes sur son indifférence et son imperturbable sang-froid sous les coups d'encensoir.

Depuis ce séjour à Lausanne une correspondance [1] s'établit entre elle et les Châteaubriand, et c'est à Rosalie qu'ils s'adressèrent lorsqu'en février 1831 ils songèrent à un séjour à Genève. Elle leur trouva une modeste maison, aux portes de la ville sous les anciens beaux ombrages des Pâquis. — En 1832, nouvelle visite à Genève où le grand écrivain était reçu par les parents et les relations des Constant avec tout l'empressement qu'imposait son nom. Et il ne quitta les bords du Léman qu'avec l'intention d'y revenir.

« Je n'ai dans l'esprit que d'aller vous voir, écrit-il à Rosalie, le 26 avril 1834, et d'achever mes mémoires auprès de nos bons amis de Genève, à la vue de vos belles montagnes. »

Ils ne se revirent point. M{^lle} de Constant mourut à Genève, le 27 novembre 1834. Elle hâta sa fin en allant soigner à Lausanne sa sœur gravement malade. Lisette vécut jusqu'en 1837.

M{^lle} de Constant laissait plusieurs manuscrits

---

[1] Cette correspondance est inédite et fait partie des manuscrits Constant, Bibliothèque de Genève. Voir Appendice A. C. D.

que son frère se proposait de recueillir, comme le prouve la lettre de condoléances que lui adressa Châteaubriand (Paris, 13 décembre 1834[1].) — Sa correspondance seule mériterait d'être en partie connue, et par les personnes célèbres avec qui elle fut liée et par la façon piquante dont elle en parle.

Au mois de mai 1835, Charles de Constant partit pour Paris et Londres. Châteaubriand lui avait écrit :

« Venez, venez, Monsieur, nous vous recevrons avec joie et tous temps sont bons pour voyager. »

A Paris il alla voir Mme Benjamin Constant; elle le reçut appuyée au buste de son mari qui occupait une niche du salon. Depuis cette époque la famille de Constant a perdu la trace de celle qui avait été rivale de Mme de Staël et rivale préférée.

Peu de semaines après cette visite, M. Charles de Constant de Rebecque mourait à Londres.

Ainsi s'en étaient allés les uns après les autres, les acteurs et les premiers comparses d'un roman célèbre.

Il nous a pris une mélancolie à feuilleter les vieilles lettres qui le content. Au papier jauni adhère encore depuis près d'un siècle, les grains du sable qui les a séchées. Quelle somme vaine de projets, d'agitations, de peines, de luttes, de rancunes et d'amours forme le lot humain, celui des vantés comme celui des humbles!

JEAN-H. MENOS.

---

[1] Appendice D.

APPENDICE A

Voltaire à David Constant d'Hermenche, colonel au régiment d'Eptingen.

Je ne croyais pas, Monsieur, que je dusse mouiller de mes larmes la réponse que je vous dois depuis si longtemps. Je regretterai Mme Constant toute ma vie. M. votre frère est inconsolable. Elle remplissait les devoirs d'épouse, de mère et tous ceux de l'amitié. M. Constant reste avec quatre enfants. Que deviendra-t-il ? Quel parti prendra-t-il ? Si ses enfants n'étaient pas aussi aimables qu'ils le sont, je dirais qu'il eût mieux fait de ne se point marier et de rester auprès de vous. Je sais que vous êtes adoré dans votre régiment. Je m'y attendais bien. M. le duc de Choiseuil a fait en vous une bien bonne acquisition et nous nous en apercevrions si vous avez le malheur d'avoir la guerre. Il y a eu dans nos quartiers un peu de mutinerie pour la milice. Beaucoup de gens qui craignent d'avoir le gros lot dans cette loterie se sont enfuis à Genève. On ne veut pas être milicien, même en temps de paix. Il semble que tous ces gens-là soient devenus philosophes. Le pays où vous êtes est un peu plus guerrier. On y sera peut-être moins effarouché de tirer au sort à qui servira l'Etat.

Conservez-moi vos bontés, Monsieur, et ne m'oubliez pas je vous prie, auprès de M. le duc d'Aremberg et de M. le prince de Ligne, quand vous leur écrirez.

Mme Denis et toute ma petite famille postiche vous font les plus sincères compliments.

APPENDICE B

Mme de Châteaubriand à Mlle Rosalie de Constant.

Ce 31 mars 1833.

Croiriez-vous, Mademoiselle, que je n'ai pas encore eu le courage de répondre à votre dernière lettre si aimable et dont j'ai été si véritablement touchée? Sans doute le jour que M. de Châteaubriand a échappé à la prison aurait été un fort beau jour pour moi, si la vérité n'avait pas été obscurcie par un nuage qui n'est point encore dissipé. Cependant, malgré la folle déclaration du *Moniteur*, n'est-il pas permis de douter encore d'après les précautions que l'on prend pour soustraire notre malheureuse princesse [1] à la vue de ses amis? Espérons donc qu'elle sera encore notre *Andromaque !* Mais du reste quelle que soit la fatalité qui ait pesé sur elle, le crime de celui qui retient sa nièce prisonnière, en méditant le supplice non encore inventé de la donner en spectacle de honte à l'Europe surpasse les crimes des temps passés. Tacite ne rapporte rien qui soit au-dessus de cette triste histoire.

Mercredi dernier, Mademoiselle, nous avons célébré notre cérémonie annuelle à *l'Infirmerie de Marie-Thérèse* [2]. La fête a été belle et bonne, la quête s'est montée à plus de huit mille francs, ce qui est prodigieux dans un moment où toute la société est divisée, et où l'on ne peut réunir (même pour la charité) que les personnes de même opinion politique. Cela n'a pas empêché l'assemblée d'être nombreuse et j'ai vu avec grand plaisir que le tableau que Mlle Guillebaud a bien voulu donner à notre maison a été fort admiré. Je suis sûre que vous apprendrez avec plaisir la justice rendue au talent d'une compatriote. — Nous avons ici un temps

---

[1] La duchesse de Berry.
[2] Mme de Châteaubriand avait fondé en 1819 cette infirmerie de Marie-Thérèse qui reçoit des prêtres âgés du diocèse de Paris.
Inédit. Manuscrits Constant. Bibliothèque de Genève.

d'une beauté rare pour la saison, aussi nous pensons déjà à reprendre la route de Genève. Cependant un entêté de médecin prétend envoyer M. de Châteaubriand prendre les eaux des Pyrénées, qui déjà lui avaient fait beaucoup de bien. S'il doit s'en trouver bien encore, je veux qu'il y aille ; mais comme dans ce moment il se porte à merveille, il n'est pas trop disposé à suivre une ordonnance qui nous retiendrait tout l'été en France.

APPENDICE C

M. de Chateaubriand à Mlle de Constant.

Paris, le 9 février 1834.

Il faut pourtant, Mademoiselle, que je sorte de ce long silence au commencement de cette année. Cela ressemble trop à la mort qui s'approche de moi et qui, si je n'y prends garde, m'empêcherait bientôt de vous offrir tous mes vœux. J'aurais bien des choses à vous dire pour excuser mon silence. Vous savez que j'ai souvent voyagé, et la vie dont je ne me sers guère pour moi, je l'emploie au service des autres. Dieu peut-être me comptera cela en déduction de mes péchés.

Je vous ai laissés, Mademoiselle, vous et votre excellent frère chargés de mon gros bagage. J'en suis réellement très honteux. Je croyais toujours aller vous rejoindre ; puis survenait une affaire. Il faudra pourtant que la chose se décide au printemps. Si quelque accident nouveau ne vient pas encore entraver nos projets, Mme de Châteaubriand et moi, nous comptons passer notre été, et peut-être l'hiver auprès de vous. Mon travail achevé [1], j'irai mourir au soleil dans quelque coin

---

[1] Les Mémoires d'Outre-Tombe.

d'Italie. La France me devient de plus en plus étrangère et n'a plus rien qui m'attache à la terre natale. Vous me direz de beaux vers religieux qui achèveront de me la faire oublier[1].

APPENDICE D

M. de Châteaubriand à M. de Constant.

Paris, 13 décembre 1834.

Votre lettre, Monsieur, nous a consternés, ma femme et moi. Nous n'avons pas le courage de vous offrir ces consolations d'usage qui ne consolent de rien. Oh oui! Monsieur, recueillez ce qu'a fait votre admirable sœur. C'est le seul et vrai moyen de la faire revivre au milieu de nous.

Nous espérons à la belle saison aller vous dire combien nous partageons vos regrets, vos sentiments, votre douleur. Nous nous associons de cœur à votre peine et nous vous prions d'ajouter à votre amitié pour nous toute celle que nous donnait Mademoiselle votre sœur. Nous en étions dignes par notre sincère et profond attachement pour elle, cet ange dans le ciel.

Je vous embrasse avec toute l'émotion que me cause une si déplorable nouvelle et une perte aussi irréparable.

[1] Mlle de Constant composait des poésies religieuses.

LETTRES

DE BENJAMIN CONSTANT A SA FAMILLE

I

A LA GÉNÉRALE DE CHANDIEU

A LAUSANNE

Sans date.

Ma chère grand'maman,

Je pense toujours à vous avec plaisir, je vous aime avec tendresse, et je désire ardemment d'être entre vos bras pour vous marquer combien vous m'êtes chère. J'attends ce jour avec impatience, je le hâterais s'il était possible de le faire ; mais, en attendant, je travaille sans relâche à me rendre capable, afin de donner à ma famille toute la satisfaction imaginable.

Adieu, chère grand'maman.

H. B. Constant.

II

A M. LOUIS JUSTE ARNOLD CONSTANT

DE RÉBECQUE

Mon bon Papa,

Je suis charmé de ce que vous avez été content de mes ouvrages ; je continue avec zèle, pour me rendre digne de votre amitié. Je vous remercie beaucoup des deux louis dont vous m'avez permis de disposer, car la saison est si rude, la misère si grande, que l'on pleure de détresse en voyant les malheureux. Il me tarde bien de vous embrasser, ce que je ferai de grand cœur. Mes amitiés à ma chère grand'maman et à ma bonne amie.

Adieu, mon bon Papa, je vous aime tendrement.

H. B. Constant.

III

A LA GÉNÉRALE DE CHANDIEU

A LAUSANNE

1775.

Ma chère grand'maman,

J'espère que vous vous souvenez encore d'un petit être qui vous aime beaucoup et à qui vous avez témoigné de l'amitié pendant son séjour à Lausanne, qui a été très court. J'ai passé mes meilleurs moments chez vous et je voudrais y être encore. Ce temps me paraît un songe ; mais le réveil n'en est point aussi agréable que ceux que je faisais chez vous. Quand je vous reverrai, ma chère grand'maman, je reverrai bien mieux et vous trouverez un peu plus de raison et d'ordre dans mes idées. Je trouve que j'achète la science bien cher puisqu'elle m'éloigne de vous. Si je ne consultais que mon cœur, je ne voudrais d'autre savoir que celui de vous plaire et de vous rendre heureuse.

Nous avons fait notre voyage fort heureusement, malgré le froid excessif. Les chemins étaient si beaux que nous sommes arrivés samedi à trois heures sans nous presser. Nous avons toujours fait nos trois repas par jour, sans ce qui se mangeait dans la voiture, et j'ai dormi au moins dix heures par jour ; aussi le voyage ne m'a point fatigué, mais pour papa, *(sic)* est arrivé bien malade. J'espère qu'un peu de repos le rétablira. J'ai repris mes occupations et je me retrouve ici comme si je ne l'avais jamais quitté. J'ai prié papa de me céder le plaisir de vous écrire. Il vous donnera de nos nouvelles bientôt. Je vous aime, je vous chéris et me mets à vos genoux.

IV

A LA GÉNÉRALE DE CHANDIEU

A LAUSANNE

Bruxelles, le 31 de septembre 1776.

Ma chère grand'maman,

Je suis très triste de ce que vous êtes malade et encore plus de ce que je ne peux ni vous voir ni vous soulager, je pense très souvent à vous. Comment n'y penserais-je pas après les plaisirs que vous m'avez faits ? Il faudrait que je fusse bien ingrat pour oublier votre amitié et les bontés que vous avez eues pour moi.

Mon cher papa que j'ai vu arriver avec grand plaisir m'a dit que vous les continuiez. Rien ne peut m'ôter votre souvenir de devant les yeux ; cela m'anime dans mes occupations. Je me dis quel plaisir de revoir ma grand'maman bien contente de moi, et pouvant me dire à moi-même que je suis une partie de sa consolation. J'ai d'autant plus cet espoir que mes affaires vont beaucoup mieux depuis que papa les dirige, car je m'étais négligé sous M. de la Grange. Quoique j'aie beaucoup plus de relâche depuis le retour de papa, je fais beaucoup plus de progrès. Je veux vous faire un détail de mes occupations. — En m'éveillant j'élève mon cœur à Dieu ; je me lève à 7 heures, je déjeune avec du fruit, de très bon cœur ; je fais un petit thème de français en latin ; j'apprends mes leçons ; je répète quelque pièce de clavecin ; je lis l'histoire romaine et Homère, ce qui me fait grand plaisir, surtout Homère, parce que c'est un poète, que j'aime la poésie et qu'en m'amusant il me donne de grandes idées ; c'est le père de la religion des anciens. Après cela je vais jouer à divers jeux, aux quilles, aux balles, dans le jardin de la maison, jusqu'à midi que mon maître vient repasser ce que j'ai fait le matin. Nous dînons à une heure et nous faisons très bonne chère ; nous causons de diverses choses agréables, instructives, utiles, intéressantes, et nous parlons souvent de vous. Une demi-heure après dîner nous traduisons un thème de latin en français ; ensuite nous allons nous promener au parc. Si vous y retournez vous le trouverez bien changé ; on y fait des allées magnifiques ; il sera beaucoup plus beau mais plus si agréable. De là nous allons à 4 heures 1/2 chez le maître de clavecin ; je finis ma leçon à six, j'y reste jusqu'à sept avec les demoiselles qui sont fort aimables : elles m'aiment beaucoup. Je retourne à la maison où je trouve mon maître de latin, Pline, Sénèque, Cicéron et autres. A huit heures je me sépare de cette bonne compagnie, je soupe et je vais me coucher.

J'oubliais un moment de ma vie, le goûter, et la comédie deux fois par semaine. Vous voyez, ma chère grand'maman, que mes jours sont bien remplis. Je m'occupe et je m'amuse et je serais bien plus heureux si cela se passait sous vos yeux. Oui, ma chère grand' maman, je vous le dis et vous le répète, je vous aime et vous chéris tendrement ; je fais tous les jours des vœux pour votre conservation. M. de la Grange est parti ; papa a pris sa place que mon étourderie rend assez pénible ; car j'ai les meilleures intentions du monde, mais je ne les remplis pas toujours. Quoique mon papa me dise qu'il est content de moi, ce n'est pas pour m'encourager. Adieu, ma grand'maman, je vous embrasse de tout mon cœur et vous demande votre bénédiction.

BENJAMIN.

V

A LA GÉNÉRALE DE CHANDIEU

AU DÉSERT, PRÈS LAUSANNE

Bruxelles, le 24 décembre 1777.

Ma chère et excellentissime grand'mama, c'est avec un véritable transport que je vous écris parce que je suis sûr que mes nouvelles vous feront plaisir, et que vous agréerez les vœux que je fais pour votre conservation. Ce n'est pas seulement dans cette circonstance, mais dans tous les instants de ma vie, le matin, le soir, le jour, la nuit, quand je dors, quand je veille. Je suis bien sûr que nous nous rencontrons souvent, car vous m'avez autorisé par vos bontés à me flatter que vous vous occupez beaucoup de moi et de mon bonheur. Je sais par papa que vous êtes encore au Désert[1] passable-

---

[1] Maison de campagne à 2 kilomètres environ de Lausanne.

ment bien portante ; mais ce n'est pas assez, je voudrais que vous fussiez parfaitement bien, comme moi par exemple. Faisons un arrangement, ma chère grand'mama : prenez un peu de ma santé et donnez-moi en échange dix de vos années. Je gagnerais à ce troc, j'aurais plus de raison, et ayant appris le latin et le grec et tout ce qu'il faut savoir, je vivrais avec vous et vous m'enseigneriez des choses plus essentielles ; car que m'importe ce que les anciens ont pensé, je ne dois pas vivre avec eux. Aussi je crois que je les planterai là dès que je serai en âge de vivre avec des vivants.

Je vois quelquefois ici une jeune Anglaise de mon âge que je préfère à Cicéron, Sénèque, etc... elle m'apprend Ovide qu'elle n'a jamais lu et dont elle n'a jamais ouï parler, mais je le trouve entièrement dans ses yeux. J'ai fait pour elle un petit roman dont je vous envoie les premières pages, s'il vous plaît vous aurez le reste. Je voudrais bien voir toutes les jolies choses que vous avez faites au Désert et courir avec vous dans le bois. Mon endroit favori serait sûrement le Mangeron ; ce nom réveille mon appétit et vous savez que je suis gourmand. Après quoi j'irais rêver à Belle Ombre ; mais ce que j'aimerais encore mieux serait de faire des songes avec vous : c'est ce que j'ai le mieux retenu parce que cela était plus de mon goût. Je ne vous parlerai de ma vie et de mes occupations ici que pour vous dire que la première est mêlée de plaisirs et de peines, et que les autres vont tantôt bien tantôt mal, mais que cependant l'on est content de moi. Papa est venu passer un mois avec moi. Il est retourné à Flessingue ; j'ai été bien fâché de le voir partir par un si mauvais temps pour un si vilain endroit. Adieu, ma très chère et très excellentissime grand'mama ; je voudrais être dans vos bras.

BENJAMIN.

VI

A LA GÉNÉRALE DE CHANDIEU

AU DÉSERT, PRÈS LAUSANNE

Bruxelles, 17 août 1779.

Ma chère et bonne grand'mère,

M. Duplessis m'a dit que vous êtes au Désert, mais il n'a pu me dire en détail comment vous vous portez, ni l'état de vos yeux. Je vous prie, ma chère grand'-mère, de me faire écrire avec toutes les circonstances, tout ce qui vous regarde. Il y a si longtemps que je ne vous ai vue, qu'il me faut le dédommagement que je vous demande et que vous m'accorderez si vous m'aimez toujours. Je suis très chagriné que les circonstances obligent papa de me faire élever loin de vous. Je voudrais ne vous quitter jamais, et vous rendre tous les soins dont je suis capable : je voudrais causer avec vous, songer avec vous, me promener avec vous. J'en serais beaucoup plus heureux et mon cœur serait bien plus satisfait. J'aurais de l'émulation, parce que je voudrais vous plaire. Vous seriez l'objet de toutes mes occupations. Je ferais des vers pour vous, je ferais des pièces de musique pour vous, je vous réciterais les uns et j'exécuterais les autres. Lorsque vous voudriez m'entendre ; je vous traduirais les belles Odes d'Horace ; vous corrigeriez tout cela, et vous me donneriez du goût et du style. Dans les moments plus sérieux, je vous lirais de bonnes choses ; vous feriez des réflexions, vous me développeriez les pensées, vous en feriez naître, et vous cultiveriez ma raison. Voilà, ma chère grand'mère, l'idée que je me fais de mes occupations auprès de vous ; je voudrais réaliser tout cela et j'espère que vous le voudriez aussi. En attendant que cela soit, voici ma journée : je me lève à sept heures, je déjeune, je travaille, et je mets Horace à la torture. Je l'habille quelquefois si plaisamment qu'il ne se reconnaîtrait pas. Je prends une leçon d'accompagnement et de composition ; je lis avec M. Duplessis, je saute, je cours, je m'amuse, je prends une leçon de danse, je dîne de bon appétit, je lis Quinte-Curce, je fais des vers latins, je vais prendre une leçon de clavecin, je vais au parc, je fais quelquefois une visite à une jolie anglaise, je passe la soirée chez M^{elles} Staes ; de retour à la maison, je fais une partie de piquet, je soupe, je me couche à 9 heures et je dors 10 heures sans interruption. Entre temps, je compose un opéra les vers et la musique ; cela sera très beau et je ne crains pas les sifflets. Quand il y a une bonne pièce ou nouvelle je vais à la comédie. Voilà une bien longue lettre, mais ma chère grand'maman, si j'osais, je ne la finirais qu'à la huitième page, et c'est avec bien de la peine que je m'arrête. Donnez-moi votre bénédiction ; je vous aime de tout mon cœur.

Benjamin.

VII

A LA GÉNÉRALE DE CHANDIEU

Bruxelles, ce 19 novembre 1779.

J'avais perdu toute espérance, ma chère grand'mère, je croyais que vous ne vous souveniez plus de moi et que vous ne m'aimiez plus. Votre lettre si bonne est venue très à propos dissiper mon chagrin, car j'avais le cœur bien serré ; votre silence m'avait fait perdre le goût de tout et je ne trouvais plus aucun plaisir à mes occupations, parce que dans tout ce que je fais j'ai le but de vous plaire et dès que vous ne vous souciez plus de moi, il était inutile que je m'applique. Je disais : ce sont mes cousins qui sont auprès de ma grand'mère qui m'effacent de son souvenir. Il est vrai qu'ils sont aimables, qu'ils sont colonels, capitaines, etc., et moi je ne suis rien encore ; cependant je l'aime, et la chéris autant qu'eux. Vous voyez, ma chère grand'mère, tout le mal que votre silence m'a fait, ainsi si vous vous intéressez à mes progrès, si vous voulez que je devienne aimable, savant, faites-moi écrire quelquefois et surtout, aimez-moi malgré mes défauts. Vous me donnerez du courage et des forces pour m'en corriger et vous me verrez tel que je veux être et tel que vous me souhaitez. Il ne me manque que des marques de votre amitié, j'ai en abondance tous les autres secours et j'ai le bonheur qu'on n'épargne ni les soins ni l'argent pour cultiver mes talents si j'en ai, ou pour y suppléer par des connaissances.

Je voudrais pouvoir vous dire de moi quelque chose de bien satisfaisant, mais je crains que tout se borne au physique. Je me porte bien et je grandis beaucoup. Vous me direz que si c'est tout, il ne vaut pas la peine de vivre, je le pense aussi, mais mon étourderie renverse tous mes projets. Je voudrais qu'on pût empêcher mon sang de circuler avec tant de rapidité et lui donner une marche plus cadencée. J'ai essayé si la musique pouvait faire cet effet, je joue des *adagio*, des *largo* qui endormiraient trente cardinaux, mais je ne sais par quelle magie ces airs si lents finissent toujours par devenir des *prestissimo*. Il en est de même de la danse. Le menuet se termine toujours par quelques gambades. Je crois, ma chère grand'mère, que ce mal est incurable, et qu'il résistera à la raison même. Je devrais en avoir quelque étincelle, car j'ai douze ans et quelques jours, cependant je ne m'aperçois pas de son empire ; si son œuvre est si faible, que sera-t-elle à 25 ans ! — Savez-vous, ma chère grand'mère, que je vais dans le monde deux fois par semaine? J'ai un bel habit, une épée, mon chapeau sous le bras, une main sur la poitrine, l'autre sur la hanche, je me tiens droit et je fais le grand garçon tant que je puis. Je vois, j'écoute et jusqu'à présent je n'envie pas les plaisirs du grand monde. Ils ont tous l'air de ne pas s'aimer beaucoup ! Cependant le jeu et l'or que je vois rouler me cause quelque émotion ; je voudrais en gagner pour mille besoins que l'on traite de fantaisies. A propos d'or, j'ai bien ménagé les deux louis que vous m'avez envoyés l'année dernière ; ils ont duré jusqu'à la foire passée. A présent il ne me manque qu'un froc et de la barbe, pour être du troupeau de Saint-François. Je ne trouve pas qu'il y ait grand mal, j'ai moins de besoin, depuis que je n'ai plus d'argent. J'attends le jour des Rois avec impatience. On commencera à danser chez le Prince ministre, tous les vendredis. Malgré tous les plaisirs que je me propose je préférerais de passer quelques moments avec vous, ma chère grand'mère, ce plaisir-là va au cœur, il me rend heureux, il m'est utile. Les autres ne passent pas les yeux ni les oreilles et ils laissent un vide que je n'éprouve pas lorsque j'ai été avec vous. Je ne sais quand je jouirai de ce bonheur. Mes occupations vont si bien que l'on craint de les interrompre. M. Duplessis vous assure de ses respects, il aura l'honneur de vous écrire. Adieu, ma chère, bonne et excellentissime grand'mère, vous êtes l'objet continuel de mes prières. Je n'ai d'autre bénédiction à demander à Dieu que votre conservation. Aimez-moi toujours et faites m'en donner l'assurance.

Benjamin.

VIII

A LA GÉNÉRALE DE CHANDIEU

Geertrudenberg, le 2 avril 1781

Il y a bien longtemps, ma très chère grand'mère, que j'attendais des nouvelles marques de votre bonté et de votre tendresse pour moi. L'oubli où vous paraissez nous laisser, mon père et moi, me faisait craindre d'être effacé de votre cœur et de votre souvenir. Mon bonheur passé me paraissait un songe, et si je n'avais pas craint de vous déplaire je vous aurais adressé mes plaintes et vous aurais témoigné la douleur que me causait votre silence. Enfin, ma chère grand'mère, votre lettre si bonne, si tendre, est venue dissiper mes inquiétudes et mon chagrin ; et je serais parfaitement heureux si vos maux ne troublaient mon bonheur. Il m'est impossible de ne pas souffrir lorsque vous souffrez, et je donnerais volontiers ma vie pour vous soulager. Que ne puis-je au moins être auprès de vous pour vous donner tous mes soins, pour faire des lectures avec vous, pour causer avec vous, pour songer, pour méditer, enfin pour répéter tout ce qui m'a rendu si heureux. Je préférerais, soyez-en sûre, ma chère grand'mère, ce genre de vie, cette occupation à tout ce que je fais ailleurs. Ici je cultive mon esprit, je charge ma mémoire, avec vous mon cœur et mon âme s'enrichiraient de tout ce qui est dans la vôtre. Ce genre de connaissances, quoique je ne néglige pas de les acquérir, est bien préférable à celles qui font l'objet de mes études. J'espère, ma très chère grand'mère, que je jouirai encore du bonheur d'être avec vous. Nous irons en Suisse dans le mois d'octobre prochain. Alors je me voue entièrement à vous. Moins obligé d'étudier je vous consacrerai tous mes moments ; je vous assure, ma chère grand'mère, que mes leçons et ce que je dois apprendre ont été le seul obstacle qui m'ait empêché de vous voir plus souvent. Mes devoirs envers vous ont été la base de toute mon éducation. Jamais je n'ai ouï un mot dans la maison de mon père ni ailleurs qui tendît à m'en éloigner. Vos doutes, ma chère grand'mère, me font plus de tort qu'à personne. Vous devriez être convaincue que j'aurais rejeté avec horreur tous les conseils et les insinuations qui auraient eu pour but de m'éloigner de vous. Si vous m'aimez comme je ne puis en douter, daignez ajouter foi à ce que je dis.

Nous sommes ici dans un très petit endroit, où il y a bien peu de ressources. Nous sommes mal logés, mal nourris et sans occupation. J'ai peu de livres et je ne sais comment m'en procurer. Aussi, ma chère grand'mère, je m'ennuie et j'attends avec impatience le moment que nous en partirons. On nous assure que la paix [1] se fera et qu'alors nous retournerons à Bréda ou dans quelque grande ville. Je vous remercie mille fois, ma chère grand'mère, de l'argent que vous voulez bien m'envoyer. Lorsque mon père sera de retour, je le prierai de me le garder et je lui communiquerai tout ce que vous me faites la grâce de me dire de vos affaires. Je vois, ma chère grand'mère, que vous ne vous occupez que de nous et des moyens de nous faire du bien. Le plus grand pour moi c'est votre santé, c'est votre bonheur, c'est votre conservation, c'est votre amitié et votre indulgence. Adieu, ma chère et excellentissime grand'mère ; plus ma raison se développe et plus je sens combien vous méritez ce titre. Aussi je vous aime et je vous chéris de tout mon cœur [2].

BENJAMIN.

[1] L'Angleterre en 1780 avait déclaré la guerre à la Hollande. La paix ne fut signée entre les deux états que le 20 mai 1784.
[2] La générale de Chandieu mourut quelques mois plus tard.

IX

A M. SAMUEL DE CONSTANT

A SAINT-JEAN, PRÈS GENÈVE

Erlangen, 1783.

Mon cher oncle,

Les voyageurs qui vous présenteront ma lettre étant sur le point de partir, je ne vous écrirai que trois mots, heureux encore si ces trois mots peuvent échapper à la censure. Ces jeunes gens sont mes amis et veulent s'arrêter quelques jours à Genève. Je n'ai cru, comme ils m'ont prié de leur procurer des connaissances agréables, pouvoir mieux les adresser que chez vous. Je vous supplie d'avoir quelques bontés pour eux et de ne pas m'oublier entièrement. Il y a si longtemps que je suis éloigné de vous que j'ai bien peur d'être effacé de votre souvenir. Mille choses, je vous supplie, à mes chères cousines et à ma tante que j'aime et que je respecte autant qu'il m'est possible.

X

A MONSIEUR SAMUEL DE CONSTANT

A SAINT-JEAN, PRÈS GENÈVE

Désert, le 23 février 1786.

Permettez-moi, mon cher oncle, de vous remercier de nouveau. Mon père voulait vous écrire aujourd'hui, mais je l'ai prié de me laisser ce plaisir et de me charger de sa réponse. J'ai tant de choses à vous dire, et je suis si plein de toutes vos bontés, que je languis de vous exprimer ma reconnaissance. Peut-être vous ennuierai-je par des répétitions si fréquentes ; mais l'ennui qu'elles vous causeront n'égalera sûrement pas le plaisir qu'elles me donnent ; elles ne vous apprendront rien de nouveau ; mais elles me retraceront les heureux moments que j'ai passés près de vous ; elles me remettront dans vos bras, et vous me connaissez assez, mon cher oncle, pour me croire trop égoïste pour sacrifier des souvenirs aussi doux. N'accusez donc que vous seul si mes lettres ne contiennent que les expressions de ma tendresse et de mon attachement.

Mon père est enchanté de l'espoir dont vous le flattez dans votre lettre ; il aura toujours ou l'appartement de ville ou la Chablière[1] à vous offrir. Il y a longtemps que nous désirons cette réunion et nous espérons que vous ne la remettrez pas au terme éloigné d'un an. Le peu de séjour que je fais dans ce pays est une raison de plus pour moi pour le désirer vivement. Dans le temps que j'y passe et à la distance que nous sommes de Saint-Jean, je ne puis jouir que bien rarement de vos bontés, et mes visites ne sont que la source de mes regrets ; je les achète même volontiers à ce prix, et j'espère, si vous le permettez, les renouveler encore et vous demander de nouveau votre indulgence et votre amitié, avant de quitter la Suisse.

Nous sommes assez rassurés sur la santé de mon père. Il a beaucoup meilleur visage que lorsque je l'ai quitté ; il continue cependant ses bains et ses remèdes. Mais il n'est plus si faible, il sort et d'abord que le temps qui a recommencé de plus belle à nous persécuter, sera un peu remis au beau, il consultera de nouveau M. Tissot. Il sera obligé d'aller à Berne vers le 15 du mois prochain, ce qui l'empêchera peut-être

---

[1] Maison de campagne aux environs de Lausanne.

d'aller à Saint-Jean, comme il se l'était proposé. Il espère cependant vous voir ici, et ne vous tient point quitte de l'engagement que vous avez pris d'y venir. Songez, je vous prie, mon cher oncle, que quelques affaires qui vous retiennent vous pouvez sans doute consacrer quatre jours à cette visite, au lieu que mon père, outre une multitude d'occupations, est malade, et encore fatigué d'un voyage de deux cents lieues qu'il est obligé de recommencer dans un mois. Faites un effort, mon cher oncle ; pesez le plaisir que nous causera cet effort et le bien que vous ferez à la santé de mon père : Comparez-les aux petits inconvénients qui vous retiennent, et vous viendrez sûrement.

J'ai fait à mon père la commission dont vous m'aviez chargé, relativement aux chevaux que vous vouliez acheter de lui. Il en a malheureusement vendu pendant mon absence, et ceux qui lui restent, comme vous vous défaites des vôtres à cause de leur âge, ne pourraient vous convenir étant plus âgés que je ne croyais.

Adieu, mon cher oncle, mille et mille choses à ma tante, à mes cousines, au charmant Victor, à tous ceux qui ont eu tant de bontés pour moi à Genève. J'en conserverai toute ma vie la plus vive reconnaissance. J'ai l'honneur d'être avec l'attachement le plus sincère et le plus profond respect, mon très cher oncle,

Votre très humble et très obéissant
Serviteur et Neveu.

P. S. Je vous prie d'avoir la bonté de me mander ce que vous avez payé pour mes lunettes ; je vous l'enverrai tout de suite. J'ai toujours de la rancune contre Mlle Galatin [1]. Je verrai M. Tissot [2] sur son état et lui

---

[1] Belle-sœur de Samuel de Constant.
[2] Samuel André Tissot, médecin distingué, né en 1728 à Grancy, canton de Vaud, occupa la chaire de médecine à l'Académie de Lausanne.

apporterai des calmants. J'ai laissé par la maladresse de mon domestique les *Instructions de morale* [1] qu'il ne savait pas être à moi à Saint-Jean. Envoyez-les, je vous prie ; mon père les désire beaucoup. Mille pardons, mon cher oncle, pour tant d'indiscrétion de ma part.

XI

A ROSALIE DE CONSTANT

A SAINT-JEAN, PRÈS GENÈVE

Désert, le 19 mars 1786.

Mon oncle ne veut plus que je parle reconnaissance, ma chère cousine : soit ; mais il me permettra au moins de parler amitié, et de me plaindre s'il nous oublie, s'il ne nous donne point de ses nouvelles, si après nous avoir fait espérer de le voir bientôt établi près de nous [2], il nous laisse dans le doute, si connaissant la vivacité de nos sentiments il nous néglige comme il le fait. Dites-lui bien que nous sommes inquiets de son silence, que nous espérons qu'il n'est causé par aucune raison fâcheuse, que mon père désire beaucoup une réponse, qu'après m'avoir accoutumé à ses bontés, il doit penser que leur privation ou leur interruption me

---

[1] Ouvrage de Samuel de Constant.
[2] Samuel de Constant songeait à quitter Genève pour s'établir à la Chablière, campagne aux environs de Lausanne, qui appartenait à Benjamin Constant. Il exécuta ce projet l'année suivante.

fait beaucoup de peine. Et vous, ma chère cousine, n'imitez pas son exemple; songez que nous sommes enterrés au Désert, dont la neige, le froid, la pluie, nous empêchent de sortir, que moi, en particulier, je n'ai ni estomac, ni poitrine, ni vue, et que vous m'avez promis de me faire oublier mes maux. Songez qu'il est cruel d'ôter à un malheureux sa dernière consolation et qu'obligé de renoncer à toutes les vanités de ce monde, je n'ai que votre amitié pour ressource. Si vous voyez Mlle Bontems [1] qui m'a fait oublier quand je l'ai vue que j'étais aveugle et usé, dites-lui qu'elle n'a point de réclamations à faire, que ce serait plutôt à moi à réclamer bien des choses, mais que je ne le fais pas, parce que mes réclamations seraient inutiles. On me dit que Mlle Galatin est malade, je l'avais bien prévu en partant de Saint-Jean, j'ai même consulté M. Tissot sur son état, et si elle veut suivre mes ordonnances, écrivez-moi, j'arrive et je la guéris. Vous voyez que je suis bien peu vindicatif après tout ce qu'elle m'a fait ; mais quand on est près de quitter ce monde, on pense à l'autre et l'on oublie les intérêts et les haines d'ici-bas. Si vous pensez à moi, ce dont je doute, en voyant M. de Salgas [2], dites-lui, ma chère cousine, mille choses de ma part, mais ne lui parlez pas des lunettes. J'espère que ma tante est bien et que Victor ne m'a pas encore oublié ; dites-lui que je fais ses éloges partout où je vais et que je suis très piqué de voir que tout le monde en sait autant que moi là-dessus. Adieu, ma chère cousine, si vous trouviez un estomac, des yeux et une poitrine de rencontre, envoyez-les moi, mais il faut que je les reçoive bientôt ou je cours risque de n'en avoir plus besoin. Conservez les

---

[1] D'une famille de banquiers genevois.
[2] M. de Salgas, de Rolle, lié avec Mme de Charrière, qui très jeune encore, durant un voyage en Suisse, fit un séjour chez cet ami de sa famille. Ce fut lui qui la décida à accepter la main de M. de Charrière, alors qu'elle avait déjà refusé plusieurs brillants partis.

vôtres, ma chère cousine, votre esprit, vos talents et votre amitié pour moi. Si Mlle de Belle Truche est encore à Saint-Jean, mettez-moi à ses pieds. On vous désire beaucoup à Lausanne. Nous tiendrez-vous toujours rigueur ?

XII

A MADEMOISELLE ROSALIE DE CONSTANT

A SAINT-JEAN, PRÈS GENÈVE

Desert, 28 mars 1786.

Vous vous défendez, ma chère cousine, d'avoir promis de guérir mes maux : c'est bien mal à vous ; vous savez que vous le pouvez et vous ne voulez pas vous engager à le faire. Vous voulez que je tienne tout de votre générosité, sans avoir droit à y prétendre. Si vous voulez donc être bien généreuse, et ne pas faire les choses à moitié, venez avec mon oncle, mon père sera bien fâché contre vous si vous ne le faites pas. Songez quels souvenirs votre refus peut réveiller et combien vous nous devez de réparation pour une visite que nous avons encore sur le cœur. Je ferai accorder mon piano forte et j'espère que vous apporterez le charmant duo. J'achèterai un échiquier et par reconnaissance je vous permettrai de gagner une partie. Vous devez être presque aussi forte que moi, si vous avez joué depuis mon départ. Je n'ai trouvé personne avec qui m'exercer, car M. de Marlan a des occupations trop importantes pour s'occuper à des jeux frivoles. Le samedi est mieux qu'il n'a jamais été, nous avons ou plutôt on a, car je n'y étais malheureusement pas, fait les plus jolies choses et lu, dit-on, les plus jolis vers du monde sur une plaisanterie de Madame de Crousat[1]. C'est une longue histoire que cette plaisanterie et je n'aime pas à faire de longues histoires. Venez, et tout le monde, d'un bout de Lausanne à l'autre, vous la racontera, et ce qu'il y a de mieux, tout le monde vous la racontera différemment. Je n'avais oublié Lisette dans ma dernière lettre, que pour qu'elle se souvint de moi dans la vôtre, j'ai réussi et je la remercie de ses reproches. Je vois depuis que je vis que les seules personnes qui pensent à moi sont celles qui ont à s'en plaindre. Assurez Lisette, ma chère cousine, que j'espère réparer ma négligence et que, quelqu'oubliant que je paraisse, je l'aimerai toujours deux fois plus qu'elle ne m'aime. Dites, je vous prie, mille et mille choses à Victor, je fais beaucoup de vœux pour le salut et la République. Je souhaite qu'elle n'ait pas le sort des Républiques voisines. Mlle Bontems ne veut donc pas croire à mes motifs sentimentaux ; j'en suis fâché pour elle et pour moi. Présentez-lui mes respects, ma chère cousine, et assurez-la que la boîte, en très bon état, lui parviendra par mon oncle. Je le chargerai aussi, s'il veut avoir cette bonté, du prix des lunettes et de l'inconnue.

Adieu, ma chère cousine, prêchez-moi toujours. Si je prêchais comme vous je ne déprêcherais de ma vie. Je ne dis rien à mon oncle, ni à ma tante, parce que j'espère faire mieux dans peu.

B. Constant.

[1] Mme de Crousat, plus connue sous le nom de son second mari, M. de Montolieu. Isabelle de Montolieu écrivit *Caroline de Lichtfield* et une foule de romans. Dans une lettre à lord Sheffield, Gibbon la déclare une charmante femme. « Il y a eu du danger pour moi... » ajoute-t-il.

XIII

A M. SAMUEL DE CONSTANT

A SAINT-JEAN PRÈS GENÈVE

Au Désert, mardi 2 mai 1786.

Mon cher oncle,

Mille remerciements de la manière beaucoup trop honorable dont vous jugez le peu d'idées que j'avais rassemblées à la hâte sur le sujet dont vous me parliez. Si vous m'aviez dit dans votre premier billet, que vous désiriez des observations sur la discipline des Romains, et leur point d'honneur, ce qui est très différent de ce que vous aviez eu la bonté de me proposer, j'aurais avec plus de soin tâché de répondre à cette question ; mais d'après votre lettre je me suis borné à quelques punitions remarquables. Je n'ai voulu faire ni un ouvrage, ni une dissertation. Je n'ai prétendu que vous montrer mon zèle au risque de vous montrer, en même temps, mon peu de pouvoir pour y répondre. Au lieu d'envoyer mon bavardage aux journaux, au lieu de le placer dans votre bibliothèque, brûlez-le, mon cher oncle, et aimez-moi, ce qui vaut bien mieux que de me lire. J'embrasse bien tendrement ma tante et mes cousines, et mon aimable cousin. Je me flatte toujours de l'espoir de vous voir bientôt ; et j'espère que ma docilité palliera mon peu de connaissances. Vous n'avez pas besoin, mon cher oncle, de me recommander le sentiment ; j'aurais été, je l'avoue, un peu embarrassé d'en mettre dans mon griffonnage sur les Romains, mais c'est avec plaisir que je me borne au sentiment quand je pense à toutes vos bontés. Je suis, mon cher oncle, etc...

XIV

A MADEMOISELLE ROSALIE DE CONSTANT

A SAINT JEAN PRÈS GENÈVE

18 juin 1786.

Mille remerciements, ma chère cousine, de votre aimable lettre, et des bonnes nouvelles que vous nous donnez de Charles; mon père y a été bien sensible. Il me charge de vous marquer combien il est impatient de le revoir. Je lui dis que vous vouliez qu'il allât à Saint-Jean, mais sa santé est si chancelante : il ne vient que rarement en ville, encore n'est-ce que pour aller au bain. Ne me reprochez pas si sévèrement de retarder mes plaisirs, ma chère cousine : vous y perdez bien peu de chose, et j'y perds beaucoup. Consolez-moi plutôt de ce que je n'ai pu m'arranger pour retourner à Genève. Je voudrais y être lorsque Charles y sera. Vous voyez que je voudrais réunir tous les plaisirs à la fois ; c'est peut-être trop pour notre pauvre espèce, et surtout pour la mienne. Il y a bien longtemps que je n'ai vu Charles, et j'étais bien jeune ; cependant je désirerais bien le revoir. Il était si franc, si gai, si bon, si doux. A propos de douceur et de gaîté, que fait le charmant Victor ? M'a-t-il oublié ? J'en ai peur ; je ne lui reproche pas, il a bien mieux à faire qu'à se souvenir d'un cousin qui ne peut que l'aimer et le lui dire de loin sans le lui prouver comme il voudrait. Juste m'a promis de m'écrire, mais je n'en crois rien. Rappelez-lui sa promesse et dites-lui mille choses de ma part. Pendant que je vous écris nous avons un terrible orage. Que dites-vous de ces orages continuels ? Tout est abîmé au-delà de Lausanne. J'ai bien peur que notre tour ne soit venu. Mandez-moi, je vous prie, qu'Asan n'a pas été grêlé, mon père en est bien inquiet. Rappelez-moi, ma chère cousine, au souvenir de ceux qui m'ont si hospitalièrement reçu à Genève. Vendez Saint-Jean, venez près de nous, aimez-nous un peu. Voilà bien des choses que j'exige de vous, mais c'est votre faute : si vous ne vous faisiez pas autant aimer, ceux que vous oubliez n'y seraient pas si sensibles.

XV

A M. SAMUEL DE CONSTANT

A SAINT JEAN PRÈS GENÈVE

Désert, 17 septembre 1786.

Mon père en partant pour la Hollande, hier à deux heures, m'a chargé de vous marquer, mon cher oncle, que le peu de temps qu'il a eu pour se préparer à un départ si prompt et si inattendu, ne lui a pas permis de vous écrire avant de quitter ce pays. Tout est sans dessus dessous dans les Provinces Unies [1] ; le stathouder est déposé par celle de Hollande ; les Régiments marchent. Il est même très à craindre que ces mêmes

---

[1] Lutte en Hollande entre le parti d'Orange et le parti patriote ; elle se termina par un traité d'alliance de la Hollande avec l'Angleterre, moyennant le maintien du Stathoudérat. (15 avril 1788).

Corps, répartis et payés par différentes Provinces, ne se voient forcés à en venir aux mains entre eux. C'est le cas, dit-on, du régiment des Sardes, et il n'est que trop probable que ce sera, à moins de quelque révolution favorable, celui du régiment de mon père, dont cinq compagnies sont en Gueldres et sept en Hollande. Il persiste, au reste, à conseiller à mon cousin[1] de rester chez lui tranquille jusqu'à ce qu'il soit rappelé, ce qui n'arrivera qu'en supposant une continuation de l'anarchie actuelle. Vous concevez, mon cher oncle, toutes mes craintes et toutes mes inquiétudes, et pour la sûreté et pour la santé, et pour la situation de mon père, exposé à recevoir des ordres contradictoires et environné de gens qui ne manqueront pas d'empoisonner toutes ses démarches. Je félicite mes cousins d'être au milieu de leur famille sans avoir à craindre sans cesse et les fatigues d'un voyage et les dangers d'une guerre civile, et tous les événements possibles, probables ou improbables. Je voudrais bien, si vous continuez à me le permettre, aller passer quelques jours à Saint-Jean ; mais on dit que vous allez à Salève : mandez-le moi, je vous en prie, mon cher oncle, et quand vous serez de retour. On dit aussi que Charles et Lisette vont passer quelque temps chez notre cousine Mme Cazenova d'Arlens, à Mont-Choisy ; et je ne voudrais pas manquer le plaisir de les voir si près du Désert. J'attends avec impatience une réponse, mon cher oncle, qui m'assurera que vous voulez bien me tolérer et qui décidera de mes arrangements pour cet automne. Je présente mes respects à ma tante, et j'embrasse bien tendrement mes cousines. Je n'ose presque me flatter de recevoir une lettre de Juste, à qui j'ai oublié pendant si longtemps de répondre.

[1] Juste de Constant, au service de Hollande.

XVI

A MADEMOISELLE ROSALIE DE CONSTANT

A SAINT JEAN PRÈS GENÈVE

1er octobre 1786.

Voulez-vous bien, ma charmante et très irritée cousine, dire à mon oncle que j'attends pour lui répondre que j'aie reçu des nouvelles de mon père. Je suis bien sensible aux reproches que vous me faites : et pour vous prouver qu'ils sont bien injustes, je n'ai besoin que de vous rappeler mes aventures depuis que je vous ai quittés et les obstacles qui se sont sans cesse opposés au voyage que j'ai toujours espéré de faire. Je pars au mois de février, de Saint-Jean, le cœur bien gros et me promettant bien de revenir aussitôt que je le pourrai. J'arrive et je trouve mon père en assez mauvaise santé. J'avais déjà fait l'effort de le quitter pour jouir de vos bontés pour moi, pendant que sa santé était encore chancelante. Vous m'avouerez qu'il était bien naturel de lui tenir un peu compagnie. Mon oncle vint nous voir quelque temps après et, en nous quittant, il me propose de m'emmener ; mais, ma chère cousine, souvenez-vous que mon père devait aller dans ce temps à peu près à Berne, et que je voulais profiter de son absence pour me rendre à Saint-Jean. D'ailleurs, il n'était pas sûr de ne pas aller en Hollande, et je souhaitais de savoir à quoi m'en tenir. Quelque temps après je partis moi-même pour Berne et en arrivant ici j'appris les troubles de la Hollande et les craintes où nous devions être du départ prochain de mon père. Vous sentez que je ne pouvais le quitter. Il y a quinze jours qu'il est parti et je vous avouerai que l'inquiétude où j'ai été m'a rendu trop mauvaise compagnie pour vouloir abuser de l'indulgence de mes amis et de mes parents, surtout de la vôtre, ma très chère cousine, qui passez pour n'être pas trop indulgente. Après m'être justifié je vous demanderai mille pardons de ma longue justification ; mais j'ai été bien aise de punir l'injustice par l'ennui, et je crois avoir réussi parfaitement. Aussitôt que j'aurai reçu des lettres de mon père, je suis à mon oncle, et si les nouvelles sont bonnes je pars. Je désire ardemment de voir Charles. Ne l'aigrissez pas trop contre moi, ma chère cousine. Si vous saviez combien je sens vivement toutes les bontés et l'amitié que vous voulez bien me témoigner, vous me pardonneriez tous mes torts. J'embrasse bien tendrement Lisette et Juste. Si vous vouliez me mettre bien avec mon oncle et me conserver son indulgence que je voudrais bien mériter, je vous aimerais encore davantage que je ne fais, s'il est possible, ce dont je doute. Je me mets aux pieds de ma tante [1].

[1] Après cette lettre il y a ici une lacune de dix-huit mois dans la correspondance de B. Constant. Il alla à Paris, se lia avec Mme de Charrière, fit son escapade d'Angleterre et n'en obtint de son père le pardon qu'en acceptant la place de chambellan à la Cour du duc de Brunswick.

XVII

A M. SAMUEL DE CONSTANT

A LA CHABLIÈRE, PRÈS LAUSANNE

Brunswick, le 14 mars 1788.

Mon très cher oncle,

Tout ce qui tend à me persuader que j'ai pu mériter votre amitié me fait un bien grand plaisir ; vous jugez par conséquent de tout celui que votre lettre m'a fait. Il aurait été plus pur si vous ne paraissiez pas douter de ma tendresse pour vous, et si vous ne regardiez pas comme des compliments l'expression sincère de mon vif attachement. Je voudrais beaucoup avoir un moyen de vous en convaincre ; et si jamais l'occasion de vous prouver par ma conduite et par mes actions de ce que mes paroles ni mes lettres n'ont pu jusqu'ici vous faire croire, se présente à moi, je ne la négligerai sûrement pas. Jusqu'alors je renoncerai à l'espoir de vous ôter l'idée que je ne puis ni sentir les bontés qu'on a pour moi, ni y répondre, et je me contenterai du plaisir de vous aimer sans y joindre la douceur de vous le dire.

Le duc [1], mon cher oncle, ne part qu'à la fin du mois ; il ne sera que quelques semaines loin de nous et

---

[1] Charles-Guillaume-Ferdinand, duc de Brunswick-Lunebourg, fut le commandant général des armées de la Coalition dans les guerres contre la République. Il avait épousé en 1764, Auguste-Frédérique, princesse royale d'Angleterre.

nous attendons ici le roi de Prusse vers le commencement du mois de juin. Le duc m'a reçu avec beaucoup de bonté, il paraît vraiment s'intéresser au sort de mon père, et être indigné des infamies des Bernois. Il a vu commencer ces vilenies, et m'a répété plusieurs fois que dans toute la suite de cette affaire, mon père n'avait donné en rien prise aux misérables qui le calomnient. Mais il n'est point étonné qu'un homme du Pays de Vaud soit exposé à tant de persécutions, et tous ceux qui connaissent la forme de notre gouvernement, et qui ont vu des exemples de la justice des Aristocrates envers leurs sujets, doivent trouver la conduite des ennemis de mon père très conséquente et très simple. J'ai remarqué dans les lettres de mon père le découragement dont vous me parlez, je suis très fâché en ne le considérant que sous quelques points de vue. Mais je n'en suis pas aussi fâché quand je pense que c'est peut-être le seul moyen qu'il ait d'être en repos, de n'être pas tourmenté, vexé, calomnié, foulé aux pieds par nos hauts et puissants seigneurs et méconnu, peut-être blâmé par nos serviles compatriotes.

Ne croyez pas, mon cher oncle, que ce que je dis soit par dégoût pour notre pays. Il a bien des avantages, je les sens vivement et j'espère bien en profiter tôt ou tard ; mais ils ne sont pas suffisants pour me dérober les inconvénients auxquels nous sommes sujets, et des désagréments inhérents à notre situation. Sûrement que l'aisance, la douceur, la bonté qui font le charme de la société dans laquelle vous vivez, sont bien capables de faire oublier toutes les parties pénibles de notre existence, et si on doit passer sa vie toujours à Lausanne au milieu de ses amis, de ses parents, de tant de gens instruits, de tant de femmes aimables, si on pouvait ne s'occuper qu'à jouir des agréments journaliers, que l'on y trouve, il n'y aurait pas de Paradis égal à la Suisse.

Mais dès qu'on a le malheur d'avoir embrassé

quelque vocation qui nécessite à une espèce de concurrence avec nos maîtres, on est, comme ne le prouve que trop l'exemple de mon père depuis plusieurs années, exposé à toutes sortes de persécutions et de manœuvres basses et atroces ; aussi je ne crois point que quelque fermeté que puisse opposer mon père à la rage de ses ennemis, il parvienne jamais à la possession tranquille du régiment. Je craindrais au contraire qu'en prolongeant sa résistance il ne prolongeât ses inquiétudes, et que chaque victoire, s'il en remportait même encore, ne fût une source de chagrins. Je ne pourrais donc voir avec autant de peine sa renomination au régiment que je verrais la continuation de ses ennuis. Son repos m'est beaucoup plus précieux que sa fortune et la mienne : et s'il est obligé de quitter, j'aurai de l'indignation et de l'horreur pour les misérables qui l'auront persécuté et opprimé, mais je n'aurai pas autant de regrets à ce qu'il perdra que de plaisir à le voir enfin tranquille. Grâce au ciel, quelque tournure que prennent ses affaires actuelles, son honneur est en sûreté. Il ne dépend pas d'une aristocratie quelle qu'elle soit de déshonorer ceux qu'elle dépouille ; et mon père, plus pauvre peut-être, après avoir quitté le service, en sera aussi estimé, et peut-être, si je réussis dans mon désir de lui prouver ma tendresse et de dissiper les nuages de toutes les espèces qui ont pu s'élever entre nous, en sera-t-il plus heureux ? Adieu mon très cher oncle, vous n'avez jamais voulu croire à mon amitié et à ma reconnaissance. Je ne puis cependant me refuser le plaisir de vous en réitérer les assurances, mais je suis court par déférence et par obéissance pour vous. Mille choses s'il vous plaît à ma tante, au bon cher Charles et à mes cousines. Si vous voyez Mlle Marin, je suppose qu'elle a reçu ma lettre du 3.

XVIII

A JUSTE DE CONSTANT[1]

A LA HAYE

Brunswick, ce 15 octobre 1788.

J'ai attendu, mon très cher cousin, que j'aie parlé au duc pour vous écrire. Je n'aurais avant rien eu à vous dire, et à présent j'ai assez peu de chose à vous mander. Tout en me témoignant l'intérêt le plus vrai pour mon pauvre père, le duc n'espère rien : dans le pays où vous êtes, à cause de la faiblesse des gens que vous implorez, il n'y a presque rien à faire. Je suis complètement de votre avis que dans les circonstances, où nous nous trouvons, parler d'une révision serait une très grande imprudence. Si vous pouviez arranger les choses de façon que mon père ne fût pas blâmé et conservât sa compagnie, je crois que ce serait ce qu'il peut y avoir de plus heureux. Je lui écris par tous les courriers pour le solliciter de se laisser conduire par vos conseils. Il pourrait, si ceci s'arrange, avoir ici, comme il le désire, une situation très supportable. Le duc que j'ai prié de s'intéresser pour nous, m'a promis de faire ce qu'il pourrait. Je lui envoie demain des pièces du procès, pour le mettre au fait. J'ai un plan de mémoire que je mettrai en exécution avec toute la

---

[1] Juste de Constant, fils de Samuel de Constant, était capitaine-lieutenant dans le régiment bernois de May, sous les ordres de son oncle Juste Arnold de Constant.

promptitude possible. Depuis deux courriers, je ne reçois rien de Suisse, ce qui m'inquiète beaucoup. Marianne[1] m'avait promis de m'écrire par tous les courriers : et ce qu'elle m'a mandé jusqu'ici de la santé de mon père et de sa situation d'esprit m'a mis dans un vrai besoin de recevoir bientôt quelques nouvelles plus consolantes. Sans les assurances de mon père qu'il ne resterait point en Suisse, mais en repartirait aussitôt qu'il serait assez bien pour soutenir ce voyage, je serais, au moment que j'ai reçu l'heureuse nouvelle de son arrivée, parti pour le rejoindre et le consoler. La seconde de ses lettres, quoiqu'aussi triste que la première, est écrite d'un style moins abattu et d'une main plus ferme, ce qui m'avait fait concevoir sur son rétablissement des espérances que ce silence de sa part et de celle de Marianne me fait craindre de voir bientôt cruellement trompées. Enfin je soutiendrai ce que je pourrai, et quand je ne pourrai plus, il n'y aura ni un grand mal, ni de grands regrets, si je succombe. Mon excellent et malheureux père a consenti au mariage dont je vous avais parlé et il n'y a que les cruelles circonstances où il se trouve qui en retardent l'accomplissement. Du reste tout est arrangé et la Demoiselle a été présentée à la cour dimanche passé, comme devant m'épouser au premier jour. Je devrai au duc et ma fortune et mon bonheur particulier, si pendant que l'on persécute mon père, et que l'on avilit notre famille, il est encore du bonheur pour moi. Adieu, cher Juste, dites bien à mon oncle combien je sens tout ce qu'il fait, combien mon pauvre père en est pénétré, et combien je serais heureux, si je vis jusques alors, de lui témoigner ma reconnaissance et mon tendre attachement. Adieu. Croyez à la tendresse la plus sincère. Il est doux dans la situation où nous nous trouvons et abreuvés d'amertume et d'humiliation comme nous le sommes, que nous ayons

---

[1] Gouvernante de Juste Arnold de Constant, dont il eut deux enfants, Charles et Louise, et qu'il épousa plus tard.

en vous et en toute la famille de mon oncle, des consolations si sensibles et si délicates. Adieu encore une fois, mon cher cousin, je vous embrasse tendrement. J'adresse à Amsterdam supposant que Suet vous fera facilement parvenir ma lettre... Pourtant non, je pense que vous n'avez rien à faire à Amsterdam et que vous êtes sûrement à la Haye.

XIX

A M. SAMUEL DE CONSTANT

A LA HAYE

Brunswick, le 25 octobre 1788.

Je reçois votre lettre, mon cher oncle, et j'y réponds tout de suite, quoique je n'aie rien de consolant à vous dire, et que je ne puisse ajouter que mes craintes aux vôtres. D'abord le duc n'est pas ici, il revient bientôt ; mais peut-être se passera-t-il bien deux mois avant que je puisse vous rien envoyer de lui. Je n'ai plus obtenu d'audience et ne recevant pas un mot de Suisse depuis cinq courriers, je n'ai osé en demander une, n'ayant rien à lui dire de nouveau. Ce que les prières les plus instantes pourront obtenir de lui, je l'obtiendrai. Mais je ne puis me déguiser que ce silence de quinze jours de sa part me fait mal augurer de mes démarches. Je crains que tout en s'intéressant à nous à la manière des Princes, il ne veuille pas employer un crédit qui n'est pas bien fort à une cour dont il n'a pas lieu d'être bien content. Enfin ce que j'obtiendrai, vous le verrez. Je sens comme vous le croyez bien, non seulement toute l'importance pour moi, mais la nécessité de prévenir cette affreuse tache sur toute notre famille. Si vous croyez que mon séjour puisse vous être de quelque utilité à la Haye, j'y viendrai. Je ne sais rien ici que dissimuler mes peines, répondre à des questions que l'on croit indifférentes, et à attendre la mort dans le cœur des lettres qui n'arrivent pas. Je ne conçois pas ce silence total de Suisse après deux lettres de mon père et une de Marianne où ils me promettaient tous les deux de m'écrire par tous les courriers.

Adieu, mon cher oncle, il m'est doux dans ma douleur d'avoir un ami et pour mon pauvre père un défenseur comme vous.

P. S. Je reçois dans cet instant des lettres de Marianne et de mon père. Ils me marquent tous deux de m'adresser au Duc pour lui. Je trouve la lettre de mon père moins triste que je ne le croyais. Malheureusement elle est du 15, la vôtre du 21, et vous êtes sur les lieux.

XX

A M. SAMUEL DE CONSTANT

Brusnwick, 1ᵉʳ novembre 1788

Mon très cher oncle. Si le duc peut quelque chose, mon père sera sauvé. Voici ce qu'il me dit sur ma demande. « J'écris au jourd'hui au Prince et à la Princesse d'Orange [1] ; je leur parlerai à tous les deux de votre père. Je l'ai toujours reconnu pour un très galant homme, et l'on peut se laisser aller à un moment de désespoir sans mériter moins d'être estimé. J'aurais voulu qu'il fût venu ici et m'eût consulté. Je voudrais qu'il vînt encore, je serai toujours bien aise de le voir et de lui rendre service. » Ce furent ses dernières paroles. Je ne pus lui demander de me remettre une lettre à part. Mais si vous n'entendez point que le Prince ou la Princesse y aient égard, écrivez-moi tout de suite et je crois pouvoir me faire fort de vous envoyer une lettre à vous-même aussi pressante que l'exigera la conjoncture. N'ayant d'audience du duc que très tard, je n'avais pu lui tout dire avec toute la force que je croyais nécessaire, et je lui écrivis une lettre pour lui répéter tout ce que je lui avais dit et lui faire sentir que je ne pourrais exister si mon père souffrait le moindre échec dans mon honneur. Je le vis le lendemain, avant hier, et il me dit : « J'ai reçu votre lettre et j'ai écrit en conséquence tout exprès à la princesse d'Orange. Je vous enverrai la copie de ma lettre. » Il ne me l'a pas encore envoyée, j'espère pouvoir vous la faire tenir. J'irai demain chez lui et je tâcherai de lui rappeler sa promesse ; alors par le courrier du 4 du mois, je vous l'enverrai. Mon père part pour la Hollande à ce qu'il me mande. Vous serez un peu soulagé par sa présence du poids des démarches que vous êtes à présent obligé de faire seul. Je tremble pourtant pour lui. Si pendant quelques jours, il pouvait s'absenter, je crois que pour ses propres affaires, ce serait un grand bien qu'il vînt ici. Le duc désire de lui parler, et de le guider dans cette affaire et ce serait un bon guide. Quatre jours suffisent pour venir, quatre pour rester, quatre pour

---

[1] Guillaume V, prince d'Orange, qui abdiqua le Stathoudérat en 1801 et mourut en 1806, et Frédérique-Sophie-Wilhelmine, fille d'Auguste-Guillaume, prince de Prusse.

Leur fille Frédérique-Louise-Wilhelmine épousa en 1790, le prince héréditaire de Brunswick.

s'en retourner, ce serait en tout douze, tout au plus quinze jours et je crois que toutes vos démarches en seraient plus sûres et toutes vos tentatives plus utiles. Pour mes affaires particulières, ce serait un bien infini. Mille obstacles que l'absence, l'omission de quelques mots, l'oubli de quelques circonstances et encore d'autres raisons mettent à mon établissement, s'anéantiraient dans une conversation d'un quart d'heure et il est temps qu'ils s'anéantissent. Le duc est parfaitement bien disposé, mais l'incertitude des arrangements que prendra mon père, quoiqu'il ait consenti, retarde tout et m'expose à perdre toute la base de mes espérances. Il y a mille cérémonies d'usage avec lesquelles je n'ai pu me conformer et dont l'omission étonne et aliène le public.

Enfin, mon cher oncle, faites sentir tout cela à mon père, si vous croyez que son absence soit possible et ne nuise à rien. Seulement quinze jours et le duc pourra prendre avec lui tous les arrangements nécessaires pour le protéger efficacement à la cour d'Orange et pour m'assurer une vocation qui est bien nécessaire, à un homme sans patrie et sans fortune.

Adieu, mon très cher oncle, je ne vous parle plus de ma sensibilité sur ce que vous faites. Mon père en est pénétré. Marianne ne me parle que de leur reconnaissance, et moi, mon cher oncle, qui vois le bonheur d'un père chéri et mon existence entière due uniquement à vos services, vous sentirez que la mienne n'est pas moins vive, adieu. J'attends avec impatience l'arrivée de mon père et l'issue de cette crise.

XXI

A M. SAMUEL DE CONSTANT

A LA HAYE

Brunswick, novembre 1788.

Mon très cher oncle,

Je suis si fort de votre sentiment que je ne cesse d'écrire à mon père pour le supplier de céder à la force. Je ne vois pas plus de honte de se plier à ces circonstances que de donner sa bourse à un voleur bien armé. Tout me persuade que la dernière demande de mon père a donné à ses ennemis un avantage qu'il est impossible de leur ôter : et si nous pouvons en prévenir toute poursuite fâcheuse, lui conserver sa compagnie, c'est le *nec plus ultra* de nos succès. Nous avons eu ici M. de Rhoon, qui gouverne le Prince : il m'a soigneusement évité, mais il a parlé très franchement à la duchesse, a avoué que la sentence était absurde et injuste, mais a ajouté que tout ce que pouvait espérer mon père était, dans ces circonstances actuelles, de sortir sans tache au moyen d'un arrangement et d'une espèce de soumission. Comme je ne tiens cela que de la duchesse, faites-moi le plaisir de ne pas me citer. Ce Rhoon avait dit ici que mon père s'était soumis dans une lettre au Prince et que d'après cela tout pourrait encore aller. Vous contredîtes bien formellement cette assertion, et je ne puis comprendre ce qui a donné lieu à cette erreur. Rhoon disait savoir cette nouvelle de la Haye même. Je n'ai reçu par ce courrier aucune nouvelle de Suisse et ce dernier ne m'a apporté que quatre lignes de mon père. Je suis, relativement à ses intentions, dans une incertitude vraiment tourmentante et dont je ne puis parvenir à me tirer. Vous, mon très cher oncle, vous m'avez fait frémir en parlant de partir. Je vous conjure de ne pas l'abandonner. Il est bien naturel que sa délicatesse répugne à se soumettre à l'oppression la plus révolvante : quelques instants de plus l'amèneraient peut-être à faire ce que nous désirons. Je tremble que votre départ ne fasse tout empirer. Je pourrais bien vous remplacer et je le ferais certainement, mais je ne suppléerais pas à vos lumières ni à votre expérience, ni à ce poids que donne l'âge. Le duc est à présent, comme toute la cour, dans l'affliction de la mort tragique de sa fille de Wurtemberg[1] en Russie. Cela ne m'empêchera pas de m'informer de la réponse qu'il aura reçue relativement à mon père. Il n'en a point eu jusqu'ici. Un M. de Rhœder, officier à notre service, arrivé avant-hier de Maëstricht, a dit que l'opinion générale était que cette affaire ne ferait aucun tort à la réputation de mon père, mais augmenterait les frais qu'il a à payer. Adieu, mon très cher oncle, répondez-moi, je vous supplie, et comptez sur ma tendre et respectueuse reconnaissance.

[1] Louise, fille de Charles-Guillaume-Ferdinand avait épousé, en 1780, le duc Guillaume-Charles de Wurttemberg, créé roi en 1805, par le Traité de Presbourg. (Frédéric Ier).

XXII

A M. SAMUEL DE CONSTANT

A LA HAYE

Brunswick, 12 décembre 1788.

Mon très cher oncle,

Si je ne craignais pas d'augmenter le port de ce paquet déjà très gros par le renvoi, suivant votre demande, d'une des pièces que j'ai reçues de vous le 7, j'y joindrais la lettre que m'a écrite mon père le 2, et qui est arrivée ici le 9, vous y verriez, mon très cher oncle, que si dans le premier moment d'incertitude où le jetait l'idée très vague qu'il avait sur ses affaires, il a pu ne pas être d'un avis entièrement semblable au vôtre, il n'a jamais cessé d'être pénétré de reconnaissance envers vous, de penser qu'il vous devait tout ce qu'il conservera après ce terrible orage, de vous regarder comme son sauveur, et la marque d'amitié que vous lui avez donnée, dans les affreuses circonstances où il se trouvait, comme une des plus efficaces, des plus réelles et des plus utiles qui furent jamais. Je copie ses propres mots, mon cher oncle, à son insu, pour que vous voyiez qu'il sent toutes les obligations qu'il vous a, et que l'attachement et la reconnaissance resserrent les liens du sang. Je ne vous fatiguerais pas de ces protestations, si vous ne m'aviez paru croire que toute la famille désapprouvât ce que vous aviez proposé. Vous comprendrez facilement que dans le désespoir où mon père était à son arrivée en Suisse, il n'est pas étonnant qu'il ait été presque totalement absorbé par le sentiment de son malheur ; cependant à cette époque même il ne cessait de m'écrire : — Mandez bien à votre oncle combien je sens ce qu'il fait pour moi.

Les deux pièces que vous m'avez envoyées sont excellentes et produisent le meilleur effet. Les protestations sur la sentence me paraissent d'une justesse frappante et mettent dans le plus grand jour tout son odieux et son ridicule. Il y a un seul point où l'auteur a été, ce me semble, trompé par l'entortillage d'une phrase de cette absurde sentence, le voici : *Condamne le dit Colonel* etc., *à témoigner* etc., *que les expressions défavorables dont il s'est servi à l'égard des officiers soit séparément nommés ou ensemble, ayant constitué le conseil de guerre du régiment* etc., *à l'occasion de l'émeute du 29 octobre de l'année passée*, etc. etc., l'auteur dit que cette phrase signifie que les expressions ont constitué le conseil de guerre, etc.; or ce n'est pas cela. En relisant la construction barbare de cette phrase, on voit que c'est les expressions dont il s'est servi à l'égard des officiers qui ont constitué, c'est-à-dire des officiers ayant constitué le conseil de guerre. L'accusation de l'auteur contre cette phrase me paraît donc provenir de ce qu'il ne l'a pas lue avec assez d'attention. Du reste elle ne prend que cinq ou six lignes, et ses observations forment huit longues pages pleines d'excellentes choses.

De mon côté, mon cher oncle, j'ai fait un mémoire sur toute l'affaire et je n'attends pour l'achever que l'arrivée des douze sentences que j'ai demandées à mon père et qu'il m'a promises.

Il m'a semblé que le duc qui juge d'après ce qu'on lui mande de Hollande paraissait depuis quelques jours presque convaincu que l'affaire de mon père se terminerait bien. Je ne doute pas qu'il soit disposé à faire encore un nouvel effort en sa faveur, mais je ne crois pas devoir le lui demander directement. J'attends une réponse sur certaines choses que je lui ai écrites, et qui me fera voir si je puis insister sur une nouvelle lettre. Mes affaires à moi, mon cher oncle, sont en beaucoup plus beau chemin que je ne l'espérais il y a huit jours. Mon père en m'accordant pour mon mariage plus que je ne lui avais demandé, m'a mis en état de presser le duc de m'employer comme il l'a promis. A présent je puis dire et je dis au duc que s'il craint d'exciter l'envie (et vous savez, mon cher oncle, que tous les Princes ont plus ou moins cette espèce de timidité) en m'accordant deux cents louis d'appointements dans ce moment-ci, je puis commencer avec quelque chose de moins, et que tout ce que je lui demande c'est une légère augmentation d'appointements et surtout de l'occupation. Le premier pas est partout le plus difficile à faire : l'occupation obtenue, si je sais me rendre utile et témoigner toute la reconnaissance dont je suis pénétré et toute la vivacité de mon zèle, une quantité d'exemples me prouvent que je n'aurai pas à attendre longtemps la récompense de mon travail. Mon mariage avec celle dont je sens et apprécie tous les jours davantage l'esprit, le cœur et le caractère ne se fera, mon cher oncle, probablement qu'au mois de février ou de mars, à moins que mon père ne puisse venir ici. C'est à quoi je travaille dans ce moment et ce que je saurai dans quelques jours. Adieu, mon très cher oncle, soyez persuadé de ma vive et respectueuse tendresse et conservez-moi votre amitié qui me devient tous les jours plus chère. Si mon père passe des jours tranquilles après cette terrible crise, et si je puis me consacrer à une vocation honorable avec la plus aimable et la plus aimée des femmes, chaque instant de notre repos et de notre bonheur me fera souvenir que c'est à vous que nous le devons.

XXIII

A M. SAMUEL DE CONSTANT

A LA HAYE

Brunswick, ce 10 février 1789.

Mon très cher oncle,

J'ai un peu tardé à vous répondre, parce que j'ai été très occupé depuis quelque temps. Je ne vous parlerai donc plus de reconnaissance, mais mon silence ne nuira pas à mon sentiment. Une lettre de mon père, du 27 dernier, m'a annoncé que le Prince avait enfin répondu ; mais il n'a pas pu me dire si la réponse était conforme à vos espérances. Il l'ignorait lui-même, et attendait de vous une lettre, le soir. Je suis d'une impatience que vous concevrez de savoir si l'appel est accordé. Vous sembliez l'espérer, mon très cher oncle, et vous êtes plus à même d'en juger que moi. J'espère que la poste de demain me tirera de l'inquiétude où je languis. Si le Prince avait refusé l'appel, je ne sais ce que nous pourrions faire : une commission est impossible, et à qui s'adresser après cet acte de despotisme ? Peut-être la requête au Prince aurait-elle dû être accompagnée d'une requête au Conseil d'Etat. Je crois que c'était l'avis de mon père et c'était indubitablement la marche la plus légale. Ce n'est pas que je veuille désapprouver celle qui a été adoptée ; je suis trop loin pour en juger et je m'en fie à vos lumières : l'événement décidera de toutes mes espérances futures. Le terme des six mois approche, et le départ aussi va être jugé. Je crois que nous devons être bien aise qu'on ne cherche pas à confondre les deux affaires. Je craignais cette ruse, elle était digne de la mauvaise foi de nos ennemis. Il sera beaucoup plus facile de nous défendre sur chacune des deux affaires séparément, et c'est la vraie manière de les envisager. Elles n'ont aucun rapport l'une avec l'autre. Ce rapport ne rend pas la sentence moins inique, et la sentence, quand elle serait juste, ne ferait pas que mon père fût coupable pour être parti dans le délire. C'est ce qu'il faut faire bien sentir. J'avais quelquefois bien envie, mon cher oncle, d'aller rejoindre mon pauvre père. Je lui en aurais parlé, mais il m'a défendu si positivement et conjuré si ardemment de ne pas bouger d'ici, il m'a si souvent et si fortement répété que je lui serais absolument inutile, que je me suis résolu à attendre au moins quelque temps. Il me serait beaucoup plus doux d'être avec lui. Quelqu'attachantes que soient les relations que j'ai ici, il n'y en a aucune qui ne disparaisse devant l'idée de ce que souffre mon père, et dès que j'apprendrai quelque chose de positif, je me déciderai. Si les nouvelles sont favorables je me tiendrai tranquille, mais s'il y a quelque chose à craindre, si l'appel est rejeté, que le conseil de guerre soit rassemblé, ou que la punition infligée pour le départ soit moins légère que vous ne semblez le présumer, je pars sans délai. Mon père me mande que sa santé est très bonne ; il paraît ferme dans ses lettres, quoiqu'elles soient quelquefois sombres, et ne semble point abattu par l'incertitude déchirante où nous gémissons depuis quatre mois ; cependant ce que vous me dites m'inquiète beaucoup. Je crains que lorsque, de quelque manière que se termine l'affaire, la tension de corps et d'esprit sera moins forte, il ne se repente de la violence de son état actuel. Il est sûr que sa vie et sa santé sont la base de mon bonheur, et que si je le perdais sans pouvoir réparer les peines que je lui ai causées par imprudence et le consoler de celles que tant d'autres lui font par méchanceté, ma vie ne serait qu'un long tourment : mon bonheur intérieur serait détruit, et mille obstacles, que mon désespoir et mon découragement m'ôteraient la force de surmonter, s'opposeraient aux consolations extérieures qui pourraient rendre ma vie supportable. Je ne vis plus que par mon père et pour mon père. Votre amitié, mon très cher oncle, l'attachement tendre et vrai d'une fille aimable et douce, l'estime et la protection du duc, me sont très précieuses ; mais je vous l'avoue avec franchise, ces considérations ne sont que secondaires, et ne me retiendraient pas un instant dans une société dont les persécuteurs de mon père sont membres. Vous n'y perdrez rien, mon très cher oncle : vous avez un fils qui est avancé pour son âge dans la carrière où il est placé. Vous en avez un autre qui est sur le chemin de la fortune la plus brillante : vous avez des filles charmantes et qui vous aiment. Celle que j'épouse me regretterait, mais à son âge et entre ses amies qui la chérissent et dans une cour où on la distingue, mille sources de consolation s'ouvriraient pour elle. Le Duc trouverait mille sujets plus propres que moi à remplir les emplois qu'il peut donner. Peut-être ces tristes considérations sont-elles déplacées, peut-être suis-je encore destiné à être fils reconnaissant, époux heureux ! Adieu, mon très cher oncle. Dans quelque circonstance que je me trouve, ma reconnaissance et mon attachement seront éternels.

XXIV

A M. S. DE CONSTANT

A LA HAYE

Brunswick, le 17 mars 1789.

Mon très cher oncle,

Votre lettre du 10, car je la suppose de ce jour-là d'après son arrivée, quoique vous ayez oublié de la dater, m'est parvenue avant-hier. Il y a trois semaines que j'écrivis une assez longue lettre à mon père sur le sujet dont vous me parlez. Je sens comme vous combien il peut être dangereux de se servir d'un moyen de défense qui ne justifie pas, et je crois avoir dit à mon père tout ce qu'on peut dire sur ce sujet, d'un autre côté il y a bien des dangers à employer l'excuse de maladie. Ce que mon père me marque me paraît être très vrai, les moyens seraient admis et on le renverrait chez lui comme hors d'état de servir. Il est sûr que la sentence du Conseil de Guerre contient des menaces : je suppose que mon père comme c'est son intention allègue ces menaces comme causes de son départ. Pour juger sa conduite, il faudra alors décider si ces menaces étaient légales, or il est évident qu'elles ne l'étaient pas ; donc, si mon père est coupable, ce n'est que d'avoir mal jugé et non de s'être soustrait à son juge. Or, quant au départ en lui-même, il n'y a jamais eu en Hollande d'exemples de cassation. Quant à la lettre au Prince la maladie, (non pas en tant que dérangement de tête, mais en tant que probabilité de mort) l'explique.

Le séjour en Suisse ne peut être regardé comme une faute, puisque mon père écrivit tout de suite, ce que je crois, au Prince, pour demander des ordres et d'être jugé ; ainsi en supposant des dispositions non pas telles que vous semblez les espérer, mon cher oncle, car je ne crois pas beaucoup à la faveur de certaines gens, mais seulement décentes et équitables, je ne crois pas que le départ puisse entraîner une punition plus forte qu'une amende ou des arrêts, et il n'est pas douteux, si une fois cette montagne est passée et que la révision soit commencée, que mon père qui, j'espère, ne pense pas à rentrer dans ce dédale de trames et d'infamies, ne trouve l'occasion de se retirer beaucoup plus honorablement et avantageusement que dans sa situation actuelle. Je suppose que dans ce moment mon père est à la Haye, si vos conjectures sur l'envoi du 8, avaient quelque fondement. Il désirait beaucoup s'y rendre et je crois que son affaire n'en ira que mieux. Vous vous entendrez plus facilement, et ne serez plus exposés à agir l'un ou l'autre contradictoirement, ce qui, avec la meilleure volonté du monde, ne peut pas manquer d'arriver lorsqu'on est séparé, et que l'affaire que l'on traite peut se considérer sous une quantité de points de vues.

Mon mariage, mon cher oncle, n'attend que l'arrivée de malles qui n'arrivent pas, pour être terminé. Le plaisir que je ressentirai d'être uni à une personne aimable et douce sera bien diminué par la longueur et les chicanes qui menacent encore mon père. La plus grande douceur que j'y trouverai naîtra de l'espérance de le consoler et de lui faire oublier ses longs chagrins. Adieu mon cher oncle. Recevez les assurances de ma vive reconnaissance et de la tendresse respectueuse de Mlle de Cram.

XXV

A MADEMOISELLE ROSALIE DE CONSTANT

A LA CHABLIÈRE, PRÈS LAUSANNE

Brunswick, 3 avril 1789.

La triste occupation de feuilleter et de rassembler toutes les pièces qui servent à prouver toutes les injustices qu'on a faites à mon père, l'inquiétude et l'abattement qui la suit m'ont empêché, ma chère cousine, de vous écrire j'avais pourtant bien des motifs de le faire : l'attachement que vous avez témoigné à mon père, et qui a été sa plus grande et sa plus douce consolation, me faisait un devoir de vous exprimer toute sa reconnaissance et toute la mienne : ce devoir eût été rempli plus tôt et avec bien de l'empressement, si je n'avais craint même en me livrant à mon amitié, de vous affliger. La désolante incertitude où nous vivons depuis dix mois, m'a engagé à remettre d'un jour à l'autre à vous assurer de ma tendresse et aussi à demander la continuation d'une amitié qui nous a déjà été si utile puisqu'elle m'a peut-être conservé le meilleur des amis et des pères. Je ne puis cependant rester plus longtemps dans le silence que je m'étais imposé et quoique je n'aie rien à vous apprendre et que je ne puisse vous tranquilliser en rien, j'aime mieux que vous souffriez de me voir souffrir que si vous me soupçonniez d'une ingratitude et d'une insensibilité dont je suis bien loin. Ma seule espérance est que l'amitié de ceux que j'aime adoucira tout ce que les circonstances ont de déchirant. C'est surtout sur le vôtre, mes chères cousines, que je compte parce que c'est mon père qui en aura le plus besoin et qui lorsque cette affreuse crise sera passée de manière ou d'autre et que l'arrangement de ses affaires l'obligera à un séjour en Suisse, trouvera en elle des consolations et des dédommagements. Un de mes malheurs, c'est de ne pouvoir y contribuer que bien peu actuellement. Obligé par ses ordres à ne pas me rapprocher de lui, je ne puis que faire des plans pour l'avenir, et me flatter qu'une fois nous serons réunis et que je pourrai lui faire oublier tout ce qu'il souffre, mais je crains que cet avenir ne soit bien éloigné et qu'il n'y ait entre nous et lui des moments bien cruels à éprouver. Le bon Charles. mes chères cousines, m'a écrit de Paris et de Cadix où il n'est arrivé à ce qu'il me marque qu'après un trajet fort désagréable.

Quand il ne m'aurait pas témoigné que je lui faisais plaisir en lui écrivant, c'en aurait toujours été un pour moi que de lui écrire. Il m'a dit que vous voudriez bien vous charger de mes lettres, mandez-moi, je vous prie, vers quel temps vous faites partir les vôtres pour que je puisse les y joindre. Il me tarde de le voir revenir dans une aisance qu'il aura bien méritée et qui cesse d'être de plus en plus le partage de notre famille. Et Victor, mes chères cousines ? Uniquement occupé de nos cruelles affaires, mon excellent oncle ne m'en a pas dit un mot depuis six mois. Il sait cependant et vous savez combien je l'aime et si vous avez l'amitié de me répondre, dites-moi, je vous prie, quelques mots de lui.

Je me remets à cette lettre le 6, l'heure de la poste étant survenue vendredi passé avant que je puisse l'achever. J'ai reçu des lettres de Hollande ; mais point de nouvelles, toujours le même silence de la part de Suisse. Une grande consolation de ces circonstances, ce m'est de voir la justice qu'on rend universellement à mon père, non seulement ici où le suffrage du maître pourrait influencer, mais à Berlin où il n'est connu que de réputation et dont plusieurs officiers sont dernièrement arrivés avec le duc, qui m'ont fait dire les plus grands éloges.

Adieu, mes chères cousines, je ne vous parle point de ce qui me regarde personnellement, gardez pour mon père tout l'intérêt que vous m'accordez ; faites des vœux pour lui ; c'est son bonheur qui est important, c'est lui seul qui peut assurer le mien ; ne vous occupez donc que de lui, je vous connais trop bien pour vous demander de lui continuer quand vous le reverrez l'amitié si efficace que vous lui avez témoignée, vous le feriez sans ma prière et elle pourrait vous paraître un doute. Elle ne l'est pas, je vous assure, et la persuasion où je suis de votre attachement pour mon père est un de mes plus doux sentiments.

Quand il sera plus heureux et que nous serons sortis de cet état continuel d'inquiétude, je vous demanderai une petite partie de cet attachement pour une inconnue qui le mérite.

XXVI

A MESDEMOISELLES ROSALIE ET LISETTE DE CONSTANT

A LA CHABLIÈRE, PRÈS LAUSANNE

Francfort, le 15 décembre 1791.

Je ne vous ai pas écrit plutôt, mes chères cousines, parce que j'ai voulu, avant de vous donner de mes nouvelles, avoir une probabilité que j'achèverais ma route sans accident. Arrivé ce soir à 120 lieues de la Chablière et à 68 de Brunswik, je commence à me flatter qu'en 5 jours d'ici je serai chez moi, mon cheval de 4 louis faisant gaillardement 13 à 14 lieues par jour et ne s'en repentant que peu jusqu'ici, malgré le temps qui ne nous traite pas bien et les chemins que les neiges et les Français rendent affreux à l'envi. J'ai passé au milieu de la Contre [1], qui est bien contre le bon temps et contre les voyageurs que les Conquérants futurs de la France arrêtent, examinent, questionnent et avec lesquels il faut toujours être (bien entendu dans les trois ou quatre villages, en deçà du Rhin qui ont le malheur de dépendre du ci-devant Evêque de Strasbourg.) le passeport et le pistolet à la main. — J'ai eu un différend avec la Légion Mirabeau qui me demandait à voir mes papiers. Je leur ai offert de m'arrêter à leurs risques et périls et ils m'ont laissé aller sans plus de chicanes, mais je n'ai dû cette complaisance qu'à mes patentes Brunswicoises et je ne conseillerai à personne qui n'aurait point de passeport ou ne tiendrait pas à quelque prince que ces Messieurs veuillent ménager, de traverser le camp de cette canaille enrégimentée. Les chemins sont semés de Français tous à cheval, très arrogants et très hargneux.

On se croirait au temps de l'ancienne chevalerie à voir ces Paladins armés jusqu'aux dents avec leurs casques à panaches blancs, leurs énormes sabres et leurs vastes manteaux, s'approcher de vous, vous examiner, vous questionner tantôt plus ou moins directement, vous dire leur nom, pour savoir le vôtre, toujours parlant de leur valeur et prêts à la prouver, du reste aussi avancées en politique et en tout ce qu'ils allèguent en faveur de leur cause que pouvaient l'être les Roland et les Renaud. L'argent sort de France à foison, de toutes les manières et tous les jours : l'émigration augmente. Dans ma route, de Bâle ici, j'ai ren-

---

[1] La contre-révolution, l'armée des émigrés.

contré 800 Français qui sortaient de toutes les villes frontières. Au reste, ils sont ou paraissent bien peu décidés dans leurs projets d'invasion. Les princes achètent, forment des Magasins et enrôlent tant qu'ils peuvent. Ils trouvent beaucoup de Russes parce que la paye qu'ils donnent est assez forte. Leurs troupes n'ont point l'air d'indiscipline que je supposais. La cavalerie est très bien montée, je doute qu'ils réussissent, mais il est sûr que d'ici au printemps ils tenteront quelque chose. L'uniforme de l'infanterie est habit, veste et culotte bleu clair, rarement noir casque avec panache noir La cavalerie est veste et panache blanc. Je n'ai point vu les têtes de mort, mais bien la moustache noire que semblent aujourd'hui prendre pour signe les ennemis de la Raison et de la Liberté dans tous les pays. Adieu, ma chère cousine, je ne vous ai rien écrit d'intéressant, mais que voulez-vous qu'un homme qui fait 13 lieues par jour et qui ne parle qu'à son cheval vous écrive?

Je vous donne ce que j'ai, vous ne pouvez demander plus, mais ce que vous avez droit d'attendre et ce en quoi votre attente ne sera jamais trompée, c'est le sentiment vif et sincère de mon attachement inviolable et éternel. Quand je parle d'attachement, je n'ai pas besoin de marquer que tout ce que je dis s'adresse aussi à mon oncle. Mille choses à Juste. Mes respects à ma tante. Si vous me répondez, accusez-moi réception de celle-ci. Elle passe au milieu des émigrants qui pourraient bien la garder.

XXVII

A Mme LA COMTESSE DE NASSAU

NÉE DE CHANDIEU, A LAUSANNE

Colombier, ce 21 décembre 1793.

Je suis peiné, ma chère tante, de l'escapade de ma lettre. Je ne sais si c'est le domestique à qui je l'ai remise pour la remettre aux messagers, ou le messager qui devait la porter à Neuchâtel, ou le courrier ou les bureaux des lettres à qui je dois m'en prendre, tant il y a que cela est désagréable non pour la lettre en question qui n'était rien moins qu'intéressante, mais pour la chose en elle-même, car si l'on perd ou soustrait des lettres, les correspondances n'en iront guère mieux. Qu'on les lise, passe ; c'est un droit de régale qu'il ne faut pas disputer.

Mille grâces, ma chère tante, de ce que vous avez bien voulu arranger l'affaire Cairn, je la crois en règle, et il est impossible qu'il nie l'avertissement. Je crois Barrat[1] trop stupide pour être fort à craindre ; cependant je n'ai pas pris encore le parti que je vous annonçais. J'attends une réponse de Miliquet qui, je crois, n'aurait guère le temps de vaquer aux minutieuses opérations de la maison, de revoir les inventaires etc. Je recevrai une lettre demain.

M. de Féronce m'écrit une obligeante lettre ; mais il penche à ce que j'accepte les termes proposés et je

---

[1] Un de ses hommes d'affaires.

me donne au diable si j'en fais rien. 1° Je ne veux pas loger avec cette femme[1] ; nous n'aurions pas été huit jours ensemble que nous serions brouillés scandaleusement. Mes chambres donnent dans les siennes, de quelque manière que nous nous arrangions, et elle n'aurait qu'à avoir une seconde faiblesse plus productive que la première pour que tout le monde mît que je lui pardonne celle-ci ; car je ne puis avoir toujours une sentinelle entre elle et moi. En 2⁰ lieu, je n'ai plus aucun meuble ni linge, ni vaisselle à Brunswick, et n'irai pas faire un tout à fait nouvel établissement pour complaire à Mme de C. D'ailleurs elle veut, et elle a raison, que nos domestiques soient séparés. Il me faut donc une servante pour avoir soin de nettoyer ma chambre, etc. Or je ne puis, vu la distribution de la maison, la loger qu'avec moi ou mon domestique. Enfin je tiendrai bon. Je réponds demain et j'épuiserai la matière.

A propos de linge, j'ai une prière à vous faire. Dans mon départ de Brunswick, lorsque je comptais n'y plus retourner, j'ai emballé le mien qui arrivera incessamment avec la bibliothèque. Or, je ne sais où le placer : je ne puis m'en servir et le laisser sans usage l'abîme. Voulez-vous, ma très chère tante, me permettre de vous l'adresser en vous priant de le placer chez vous et de vous en servir comme du vôtre. Quand je reviendrai ici, je le retrouverai et n'aurai plus besoin d'emprunter des draps et des serviettes. J'attends la réponse de votre bonté là-dessus. Voilà une phrase allemande.

Quand je reviendrai ! Mais quand reviendrai-je ? Ceci commence à devenir embarrassant, car je ne sais encore quand je partirai ; pas d'ici à six semaines au plus tôt. Cependant je me suis dit une fois que je serai de retour ici au mois de mars ; et je me le répète pour n'avoir pas la peine de fixer une autre époque.

Je voudrais bien pouvoir vous aller voir à Lausanne

---

[1] Willhemine de Cram.

et s'il n'y avait personne que vous et Mlle Rieu[1], j'irais bien volontiers. Mais il faudrait voir bien des gens que j'aime par devoir et avec lesquels je m'ennuie par inclination. D'ailleurs, je vais vendre mes chevaux, parce que tous ces retards me feront aller au poste. Cependant, ma chère tante, je ne renonce pas à l'espérance de vous revoir avant de partir.

Je m'attends à quelque grand événement en France. Il paraît que l'établissement du gouvernement provisoire de Billaud-Varennes et Robespierre excite un grand mécontentement. Comme le gouvernement établit, de l'aveu de ceux qui l'ont fait, un despotisme sans bornes dans la convention, ceci déchire le voile, et ce n'est plus guillotine et Liberté mais guillotine et despotisme. Je suis tellement harassé de ces convulsions, que je désire presque que ce gouvernement s'établisse et s'affermisse pour rendre la paix à l'Europe. Que dites-vous du général anglais, pris au sortir de Toulon 15 jours après son arrivée. Adieu, ma chère tante, je vous aime bien ; vous le savez. Que fait Louis[2] ? Si le lait passe il doit lui faire du bien.

P S. J'ai attendu pour fermer ma lettre, ma chère tante, que le courier de Lausanne fût arrivé, supposant que peut-être je recevrais quelque chose de vous ou que ma première lettre du 12 vous serait parvenue. Je vois par celle de Miliquet que non. Je ne conçois pas comment les lettres peuvent se perdre d'ici à Lausanne. Il s'en est perdue encore une de Miliquet à moi. Cela est désolant, j'en ai écrit une à M. de Snarclans à laquelle il n'a pas répondu. Peut-être est-elle perdue aussi. Adieu, ma chère tante.

[1] Demoiselle de compagnie et amie de Mme de Nassau.
[2] Fils de la comtesse de Nassau.

XXVIII

A Mlle ROSALIE DE CONSTANT

A LA CHABLIÈRE, PRÈS LAUSANNE

Colombier, ce 22 janvier 1794.

Je prends, ma chère cousine, occasion d'une petite comédie de Mme de Charrière pour me rappeler à votre souvenir. Les réponses que j'attendais de Brunswick et qui ne me sont parvenues qu'hier, m'ont retenu ici plus longtemps que je ne comptais. Enfin je pars dans l'espérance de pouvoir vous revoir vers la fin de juin. Je verrai le duc en passant. Cette fin de campagne, quoique malheureuse pour la coalition, couvre mon duc de gloire. Il a seul sauvé l'armée autrichienne et l'Allemagne.

Mille choses à mon oncle, à ma tante et à Lisette. J'espère que Victor sera heureux dans son voyage et dans sa nouvelle carrière. Mon père m'écrit de Paris. Adieu, ma chère cousine; ne m'oubliez pas entièrement et croyez-moi pour la vie le plus tendre des cousins.

XXIX

A Mlle ROSALIE DE CONSTANT

A LA CHABLIÈRE, PRÈS LAUSANNE

Brunswick, ce 5 mars 1794.

Mon père me mande, ma chère cousine, que mon oncle est très malade. Vous sentez combien cela m'inquiète et je viens vous demander de ses nouvelles. Je vous en demande aussi de Charles de qui j'espérais recevoir une lettre, lui ayant répondu dès que la sienne m'est parvenue ; beaucoup d'affaires et un peu d'indifférence l'auront empêché de penser à son cousin. Il a, me marque encore mon père, de très grandes espérances. Que je voudrais le savoir auprès de vous! Vous devriez bien enfin jouir de quelques moments de joie après de si nombreux et de si longs chagrins. Je me flatte toujours de le trouver à la Chablière, à mon retour en Suisse, cet automne ce me sera un bien grand plaisir et j'en ai besoin, car malgré la très bonne réception que me fait ici toute la cour, trop de souvenirs fâcheux m'assiègent et m'obsèdent, pour que ma vie puisse être agréable. J'éprouve que l'opinion du public et le témoignage de son propre cœur ne suffisent pas pour consoler de tous les chagrins. Je ne vous parlerai pas de celle qui les cause. Je ne l'ai vue qu'une fois et cela pendant un quart d'heure. Eloignée d'ici depuis quelque temps soit par ordre comme on me l'a assuré, soit de sa propre volonté, elle y est revenue peu de jours après mon arrivée, peut-être pour prouver qu'elle ne me craignait pas. Elle doit repartir bientôt et cette apparition n'a pas produit, à ce qu'il m'a semblé, un effet bien avantageux pour elle. Cependant je ne puis me déguiser qu'une pitié bien voisine de la faiblesse et dont assurément elle ne m'a pas tenu compte et des ménagements excessifs, suite de cette pitié, ont laissé dans nos relations un vague et une incertitude dont il faut absolument que je sorte. J'espère y parvenir sans violence et sans éclat. J'ai réussi à ne pas priver cette femme des avantages dont elle jouissait avant ses fautes : pour cela j'ai été obligé de taire bien des choses et d'en laisser dans le doute bien d'autres que j'aurais pu prouver. Après tout, je ne doute pas que malgré la décision qu'elle a montrée dans tout le cours de cette affaire elle ne se prête à tout ce qui pourra rompre absolument nos liens, sans m'obliger à abjurer ces ménagements et à rompre ce silence : et j'espère ainsi redevenir libre sans avoir à me dire que j'ai rendu malheureux ou déshonoré personne. Je ne reçois point de nouvelles de Villars[1]. On dit que les Suisses ont encore souffert ; j'ai vu une liste des morts à laquelle son nom ne se trouvait pas, mais ces preuves négatives ne suffisent pas à mon amitié et si je savais où le prendre, je lui écrirais. La victoire remportée, *dit-on*, par le prince de Cobourg a, *dit-on*, fait avancer nos armes, qui, *dit-on*, sont près de Guise et n'attendent que la prise de cinq ou six places fortes pour marcher sur Paris sans s'arrêter. J'ai reçu d'Angleterre une lettre où l'on me dit qu'on a chargé un officier anglais d'une lettre pour mon père, laquelle il lui remettra, après l'arrivée des troupes anglaises à Paris. J'ai eu quelque envie d'adresser ma réponse à Bedlam. Je ne vous parle pas de nouvelles politiques. Vous savez l'insurrection de Pologne, les vêpres polonaises, le 17 avril,

---

[1] Guillaume-Anne, baron de Constant Rebecque, seigneur de Villars, était fils de David Constant d'Hermenches, frère aîné de Juste et de Samuel de Constant. Il eut pour parrain le prince d'Orange et pour marraine la reine Anne d'Angleterre.

le massacre de 2,000 Russes, la prise de Varsovie et de Cracovie par les insurgés qui y ont trouvé 600 canons et qui sont au nombre de 25,000 hommes de troupes réglées et de 80,000 paysans ; le roi de Pologne est de leur parti ; ils imitent en tout les Français, ils ont créé un tribunal révolutionnaire qui fait pendre les partisans des puissances copartageantes par douzaines. Cette diversion aura des suites si la Porte s'en mêle comme on le croit, puisse-t-elle nous procurer la paix. Voilà assez de bavardages politiques. Adieu, ma chère cousine, donnez-moi vite des nouvelles de mon oncle à qui je présente mes respects. Comment ma tante supporte-t-elle les inquiétudes que doit lui causer Victor ? Je vous embrasse tendrement.

XXX

A MADAME LA COMTESSE DE NASSAU NÉE DE CHANDIEU

A LAUSANNE

Colombier, 22 mars 1794.

Je ne vous ai pas écrit par le dernier courrier, ma chère tante, parce que j'espérais recevoir le lendemain des nouvelles d'Allemagne, et vous dire enfin ce qui en était de la réponse du duc qui doit mettre le sceau à mes arrangements, non pas matrimoniaux, car ceux là sont indépendants de lui, mais à ceux qui décideront de mon genre de vie d'ici à quelques années. Il paraît que toutes les parties de cette affaire doivent aller avec une lenteur égale et que la dernière se garde bien de marcher d'un pas moins égal que ses sœurs aînées. J'ignore si demain je recevrai quelque chose, je commencerai à être surpris si je ne reçois rien : je dis surpris et non pas inquiet ; car bien qu'à présent je commence à croire que je ne perdrai pas les avantages de ma position à Brunswick, cependant vous savez que j'en avais fait mon deuil avant d'en partir, et qu'à mon arrivée en Suisse, je n'y comptais aucunement. Ainsi quoi qu'il arrive, je me soumettrai aux volontés du duc sans regret. J'aime autant le repos et l'étude que 100 louis de plus par an, l'agitation et la gêne. J'ai écrit à mon père et lui ai dit en gros ma séparation, je ne crois pas qu'il la désapprouve et j'ai tout lieu de penser qu'il ne regrettera guère, pour moi, la femme que mon cœur avait choisie et dont ma tête s'est si mal trouvée. Je ne recevrai probablement pas la réponse à cette nouvelle avant mon départ d'ici. Si je sais enfin par le courrier de demain à quoi m'en tenir et que l'on m'invite à retourner à Brunswick, je partirai le plus tôt possible et vers la fin de la semaine prochaine. Je pourrai, dans tous les cas, recevoir encore ici une lettre de vous par le courrier prochain, et je compte sur ce plaisir pour charmer mon voyage.

Bonnes nouvelles de Paris. Les Collatins sont écrasés ou peu s'en faut. Si les Jacobins soutiennent bien ce qu'ils me semblent avoir très bien commencé, je crois leur victoire sûre et la paix prochaine, le complot était su de tous les cabinets de l'Europe. On m'écrit d'Allemagne vers la fin de février : — Dans un mois vous verrez des événements qui changeront la face des choses. Il y a 15 jours qu'un émigré me disait : Le mois de mars décidera de notre sort. On m'a dit autant d'Angleterre. L'attente de cette explosion explique pourquoi la campagne tardait tant à s'ouvrir.

Je suis toujours désireux d'acquérir le Jourdi, mais je n'aurai guère que 8 à 12 mille écus à placer. Avec ce que vous avez, ma chère tante, et ce que nous pouvons emprunter sur cette possession, pouvons-nous faire cette affaire? Je ne demande pas mieux que d'avoir quelque chose en commun avec vous. Dans tous les cas je serai ici au mois de juin. N'est-ce pas an et jour pour retirer à compter de la clôture du Décret? Si je peux, ce sera ce mois et j'ai déjà annoncé que je ne pourrai séjourner qu'avril et mai. Sans l'envie que j'ai de me réinstaller aux yeux du public, je brûlerais ce voyage et irais, seulement, m'y fixer pour six mois l'année prochaine. Mais j'aime mieux, en reparaissant, dissiper tous les doutes et ôter tout espoir de perpétuer mon éloignement. Je ne sais pourquoi, j'écris ce soir comme un cochon. J'espère que vous ne m'en aimerez pas moins. Si je le croyais, je prendrais tout de suite un maître à écrire.

Quelqu'un me fait-il encore l'honneur de s'occuper de moi, à Lausanne, et parle-t-on de ma femme? Je suppose que non et que je dois à Robespierre et à Collot d'Herbois l'oubli du public; à peine daigne-t-il penser à ceux qu'on guillotine, et entre la guillotine et ce que j'ai éprouvé, il n'y a pas de comparaison. Adieu, ma bien aimée tante. Que fait Louis, à qui je dis mille choses?

XXXI

A MADEMOISELLE DE CONSTANT,

A LA CHABLIÈRE, PRÈS DE LAUSANNE

Brunswick, le 5 juin 1794.

Je suis bien touché, ma chère cousine, de toutes les choses tendres que vous me dites dans votre lettre du

23. Ce n'était pas manque de confiance, mais désir d'oublier toute cette cruelle aventure et surtout de ménager une femme de laquelle je m'obstinais à avoir encore bonne opinion, qui m'a fait garder un silence si profond sur tout ce qui regardait cette affaire. Je suis bien puni de mes ménagements. Un divorce que rien ne pouvait m'empêcher d'obtenir de la façon la plus éclatante et la moins onéreuse, lors du premier éclat qui eut lieu, est devenu [1] par le laps du temps et par les expressions équivoques dont je me suis servi dans mes lettres aux amis de cette femme. Pendant que je cachais les armes que j'avais en main, elle s'en faisait d'une espèce plus redoutable. Je ne vous dirai pas tout ce qu'elle a répandu, tout ce que j'apprends tous les jours, je ne vous citerai qu'un trait et vous laisse à juger du reste. Pendant mon séjour à la Haye, je lui écrivais sur le procès de mon père et vous saviez de qui dans ce temps-là nous avions tant à nous plaindre. Je ne pensais pas devoir ménager mes expressions dans ces lettres à ma femme et je parlais quelquefois de ce prince d'O., comme il le mérite. Eh bien, ces lettres d'un mari à une femme tendrement aimée, ces lettres d'un fils sur le malheur de son père, elle en a fait le plus perfide usage, elle s'est montrée ma délatrice au mépris de tout ce qu'il y a de saint dans la confiance. Vous sentez que ces délations n'ont pas eu de conséquences publiques, personne n'oserait avouer avoir reçu des impressions d'une pareille manière, mais les impressions n'en existent pas moins bien que cachées, ou du moins se manifestant sous d'autres prétextes, et dans le temps où tout est suspect, les prétextes ne manquent pas. Ce n'est pas que j'aie à me plaindre encore le moins du monde. Mais de ceux qui tenaient à ma femme par leur parenté ou leurs liaisons, de ceux qui se sont attachés à elle en la protégeant, de ceux qui m'envient un emploi qu'ils voudraient donner à quelqu'un de leur famille et dans le *parti O.*

---

[1] Ici mot omis par Benjamin Constant.

qui n'est pas peu nombreux, se compose une formidable phalange, et l'homme même qui m'a soutenu, celui qui a pris mon parti avec courage parce qu'il a vu ma conduite, ce ministre [1], le seul ministre que j'aie jamais vu, qui fut l'ami et le protecteur de tout ce qui aime la liberté et les lumières, ne me déguise pas qu'il doute qu'à la longue je puisse me soutenir ici. Ce que je viens de vous marquer, ma chère cousine, répond en partie à votre question. Je ne suis point éloigné de l'idée de me fixer en Suisse, mais je veux rester ici encore quelque temps et surtout jusqu'à ce que mes affaires matrimoniales soient arrangées ; aussi vous prié-je de ne faire nulle mention de mon projet de retraite qui pourrait mécontenter et détacher de moi ceux qui jusqu'à présent continuent à me bien traiter. On pourrait même me prévenir, ce qui serait désagréable sous bien des rapports. A ce sujet, il faut que je vous parle de quelque chose qui depuis longtemps me roule dans la tête. Mon oncle m'a paru toujours croire que je trouvais le loyer de la Chablière trop bas, il m'a même fait dire par Barrat que si les affaires de France se remettaient il le hausserait. — Je n'ai jamais pensé à le hausser et je suis trop content de vous avoir ; je m'en trouve trop bien sous tous les rapports pour y songer d'aucune manière. Mais, au lieu de faire aucun changement à notre bail, lors qu'il sera expiré, car jusqu'alors vous sentez bien qu'il doit rester tel qu'il est, et que je n'ai pas même le droit, loin d'avoir le désir, d'y rien changer, je propose à mon oncle de me céder une chambre, et un endroit pour mon domestique. L'absence de Victor me paraît vous en laisser la possibilité sans inconvénient, et d'un côté cela calmera tous les scrupules que mon oncle m'a si souvent témoignés, sans le gêner, et sans renchérir le loyer ; de l'autre, cela me fournira un logement stable en Suisse, ce que je suis dans la nécessité d'avoir, quels que soient mes projets ultérieurs et soit que je reste ici

---

[1] M. de Féronce.

ou non. Car il me faut un endroit où laisser tous les papiers relatifs à mes affaires de Suisse, il m'en faut un où placer mes livres et vous pensez bien que je ne parle absolument que du logement, et que je ne voudrais pas d'ailleurs vous être à charge, pour le reste de ma subsistance. Cela était bon, quoique déjà assez indiscret, pour une visite de trois mois, il y a trois ans, mais à présent que je passerai au moins la moitié et quelquefois toute l'année en Suisse, je prendrai des arrangements particuliers pour tout ce qui sera nécessaire.

La seule difficulté, c'est que ma bibliothèque dont une partie est déjà en Suisse, est très nombreuse, et demanderait assez de place. Je n'ai pas le local de la Chablière assez présent pour savoir s'il y a une chambre inoccupée, (car je ne voudrais absolument apporter, aucun changement dans vos arrangements à tous) et assez grande pour contenir 3 à 4 mille volumes. Il me semble qu'à côté de celle de ma tante en est une avec un cabinet. Sinon je pense qu'en bas je pourrais arranger un logement pour moi et mon domestique du côté de la vigne sous la chambre qu'occupait Victor. Cet emplacement, si je ne me trompe, est absolument libre. Tout cela se trouvera quand j'y serai. En attendant ne voyez dans mes projets que le désir de me fixer près de vous. Je voudrais bien que ce désir fût agréable à mon oncle, et qu'il pardonnât ce que j'ai pu dire ou écrire de fâcheux, dans des moments d'humeur. S'il pense que précisément alors en juin 1792 je venais de retrouver ma femme froide, sèche, dure, je voyais se développer mille choses cruelles dans ma situation domestique, que j'étais seul sans oser confier mes peines à personne, me repentant du passé et frémissant de l'avenir, j'ose compter sur son indulgence.

Vous m'aviez demandé de vous parler du Nord et de moi. La seconde partie de votre demande n'a été que trop bien exécutée. Voilà deux pages et demie qui ne regardent que moi seul. Parlons à présent du Nord. Les Polonais ont tué en différentes rencontres un peu plus de 10,000 Russes et pris à peu près 80 canons. Ils ont une armée et environ 68,000 hommes et tous les paysans de la Lithuanie, de la Prusse méridionale, et des différents pays arrachés à la Pologne par les deux partages de 1771 et de 1793 sont pour eux. Cependant les Russes et les Prussiens sont des ennemis bien redoutables dans un pays où il n'y a ni forteresses, ni défilés, ni aucun moyen de défense naturelle ou artificielle. Les Turcs ne font point mine de se déclarer pour eux. Sans la guerre avec la France, ils ne subsisteraient pas huit jours. Mais cette petite circonstance diminue un peu les forces qu'on pourrait leur opposer. On est indigné qu'ils aient précisément choisi un moment aussi peu convenable et toutes nos gazettes annoncent qu'ils seront impitoyablement punis de cette malhonnêteté. Le roi de Prusse est allé en personne les mettre à la raison. Il jouera dans l'Orient le rôle que joue dans l'Occident l'Empereur [1]. Nous apprenons tous les jours avec une joie respectueuse les hauts faits de ce jeune héros. Nos papiers publics ne peuvent cesser d'exalter l'héroïsme avec lequel dans la journée du 22, où les Autrichiens ont, de leur aveu, perdu deux mille hommes, S. M. S. a mangé une omelette sur le champ de bataille. Cette diable d'histoire de Flandre nous dérange furieusement. Ces coquins de républicains, autrement dits de Carmagnols, autrement dits de satellites de Robespierre, ou régicides, ou si vous l'aimez mieux Vandales et Goths, ou mieux Anarchistes et Athées, car ils ne croient pas en Dieu, enfin ces coquins-là sont toujours ivres et ils battent toujours les sobres coalisés. On assure qu'à la fin ils s'en repentiront, et je n'en doute pas.

Adieu, ma chère cousine. J'embrasse tendrement tous les habitants de la Chablière et me flatte de les revoir cet été.

[1] François II.

XXXII

A MADEMOISELLE ROSALIE DE CONSTANT

Brunswick, 14 juillet 1794.

Je suis bien sensible, ma chère cousine, à votre aimable et obligeante lettre du 1er. J'ai toujours trouvé que le loyer de la Chablière était à son prix, il ne m'est jamais venu en tête de regretter qu'il ne fût pas plus haut, et ce que je vous en ai marqué n'était qu'une réponse à ce que mon oncle m'avait fait dire plus d'une fois par Barrat. Mes affaires ici ont changé de tournure ; je resterai attaché au duc, et il a même bien voulu prendre des arrangements pour m'assurer de quoi vivre, si j'avais le malheur de le perdre. Mon divorce aussi sera, j'espère, bientôt prononcé. Ceci, qui surpasse beaucoup les espérances que j'avais conçues et qui dissipe entièrement les craintes dont je vous avais fait part, apporte aussi des modifications à un projet d'établissement en Suisse. Je n'y passerai pas autant de temps que je comptais, et si, comme je pense, je suis obligé d'y faire un voyage cette année, je m'arrangerai de manière à pouvoir m'absenter ensuite au moins pour deux ans. Cela étant, je ne profiterai pas de vos obligeantes offres, et ma proposition que m'avait dictée le désir de vivre avec vous, tombe d'elle-même. J'attends avec impatience que vous sortiez enfin de votre incertitude et que le gain du procès de Charles termine vos inquiétudes et vos embarras. Je ne pense pas que le chapitre qu'il a fait, dites-vous, contre les femmes tienne toujours ; quelque dame et jeune beauté l'engagera bientôt à l'effacer. Je lui cède toutes mes prétentions sur le beau sexe, et s'il aime encore le mariage, il peut se marier encore pour lui et pour moi.

Pleurez sur les Polonais, car on continue à les battre. Kosciusko, de désespoir, fait des courses à droite et à gauche, prend de temps en temps quelque bicoque prussienne, mais cela n'empêchera ni ne retardera sa ruine. L'Autriche fait marcher 40,000 hommes contre les insurgés. Elle veut se dédommager en Pologne de ce qu'elle perd contre les républicains. Les Pays-Bas sont à peu près évacués. L'armée de la Saxe et celle des Flandres sont réunies. L'on dit que le 5 Bruxelles a été occupé par les Français. Le 4 ils ont pris Tournai et Ostende.

Adieu, ma chère cousine, mille choses à mon oncle et à tous les habitants de la Chablière.

P. S. Je viens de parler à mon homme d'affaires touchant mon divorce. Il ne pourra pas être prononcé avant mon départ pour la Suisse. Je crois qu'en conséquence je me déterminerai à y faire une course d'ici à six semaines pour être de retour ici vers le commencement de l'hiver.

XXXIII

A MADEMOISELLE ROSALIE DE CONSTANT

Paris, le 26 prairial III
(14 juin 1795.)

On m'écrit de Suisse, ma chère cousine, une chose à laquelle je ne comprends rien. Miliquet [1], me mande-t-

---

[1] Un de ses hommes d'affaires.

on, a loué la Chablière pour le mois de mai prochain, mon oncle lui ayant dit que s'il trouvait à bien louer il ne refusât pas. Comme ledit Miliquet ne s'est pas donné la peine de m'écrire, je ne sais que penser de cette nouvelle. Elle m'est excessivement désagréable ; tous mes arrangements étant faits pour m'établir à la Chablière où sont tous mes livres et où j'ai envoyé toutes mes affaires. J'écris à Miliquet pour lui ordonner à ses périls de résilier ce qu'il a conclu sans mon consentement, et je vous écris pour vous prier de me dire jusqu'à quel point mon oncle est décidé à quitter la Chablière, décision qui n'avait point paru entrer dans ses plans lorsque je lui en parlai.

Mme de S. travaille pour Charles avec une activité admirable, et est parvenue à obtenir pour lui une place qui le met à même de se faire connaître et de réparer les torts de la fortune et des hommes.

Elle vous écrit par ce courrier-ci, de sorte que je n'ajoute rien sur ce sujet. Nous sommes tranquilles ; On guillotine aujourd'hui les députés, auteurs du 1er prairial et la Constitution va paraître. Il n'y a aucune disette. Les assignats ne sont pas encore au pair. Cependant pour 950 fr. on a un louis.

Adieu, ma chère Rosalie, expliquez-moi l'énigme de la Chablière et écrivez-moi.

XXXIV

A M. SAMUEL DE CONSTANT

Ormesson, près Paris, ce 30 fructidor, an III de la République (1795).

J'ai voulu, mon très cher oncle, avant de vous écrire, attendre la tournure que l'approche de l'acceptation de la Constitution et de la réélection d'une législature donnerait aux affaires publiques. La crise où ces deux événements nous ont jetés, n'est pas encore parfaitement apaisée. La fermentation règne encore dans Paris et les meneurs des sections de cette commune n'ont renoncé qu'à une partie de leurs projets. Cependant toutes les probabilités sont en faveur de la convention, et, par conséquent de la République ; car ces deux causes sont indivisibles, les royalistes étant prêts à profiter de toute espèce de chute de l'Assemblée pour entraîner celle du gouvernement républicain...

Mon père est effectivement à La Haye ; mais je ne suis point dans la confidence de ses projets. Il est parti avec des lettres de plusieurs membres influents du gouvernement et après des conférences avec eux auxquelles je n'ai point assisté. Il m'a expressément recommandé de ne rien croire et de tout nier de ce qu'on pourrait répandre sur lui ; je vous prie, mon cher oncle d'en faire autant. Si vous preniez le parti de vous établir en France, il me serait bien doux de vous y rapprocher de moi. Mon bien est à quatorze lieues de Paris, sur une rivière. En cinq heures je suis à Paris et j'y trouve toutes les ressources de littérature qu'offre cette immense capitale. Je pense qu'un pareil séjour vous conviendrait fort, et je prendrais tous les moyens pour que vous soyez éloignés le moins possible. Je ne retournerai guère en Suisse que vers le mois de décembre ou de janvier, je me propose d'apporter ici une partie de ma bibliothèque, celle surtout qui consiste en livres allemands ou anglais. Les lettres, la campagne, le voisinage d'une grande ville, le spectacle des plus grands intérêts, l'amitié de la plus aimable des femmes que de raisons de bonheur, s'il n'y avait pas toujours dans la vie des raisons de malheur, moins évidentes et plus sensibles. Notre séparation en est une, quoique nous n'ayons pas vécu beaucoup ensemble ; mais l'état de vos affaires m'inquiète, et je voudrais que par une de ces occasions qui s'offrent aujourd'hui de toutes
rts e uisse vous en tirer.

Vous aurez partagé notre joie sur la victoire de Français et sur la prise de Dusseldorf. Cette victoire était essentiellement nécessaire aux affaires de la république. La faction des Royalistes répandait des bruits propres à diviser les armées d'avec le peuple, et la réjection de l'acceptation du décret qui transporte les deux-tiers de la Convention dans la prochaine législature, était un germe de discorde. Cette mesure devenue absolument nécessaire par une foule de circonstances impossibles à décrire passera à la très grande majorité, malgré les cris de quelques journalistes incendiaires et les déclamations imprudentes de beaucoup d'hommes peu éclairés. J'ai les meilleures espérances sur les destinées de la république. Vous aurez vu que l'on rappelle les hommes qui se sont montrés les vrais amis de la liberté. Vous aurez pris part à la justice rendue à Montesquiou et à Talleyrand Périgord. Je vous écris de chez Sternheim qui me charge de choses les plus tendres pour vous tous. J'y suis venu passer un mois avec Madame l'Ambassadrice. Cette campagne n'est qu'à trois lieues de Paris où je vais tous les deux jours. Je vous annonce un ouvrage sur la paix intérieure plein d'idées justes et sûres et dignes de réflexions sur la paix [1]. Le mien sur la religion n'avance que lentement : nos achats et les affaires publiques l'ont interrompu, et plusieurs livres dont j'ai besoin sont en Suisse. Il ne faut pas au reste espérer faire aucune sensation dans ce moment : quiconque écrit pour la gloire doit ajourner toute publication. Il est question d'échapper au despotisme et à l'anarchie, et entre ces deux écueils-là, on n'a guère le temps de lire. Adieu, mon cher oncle, je vous embrasse avec tendresse, je fais mille vœux pour vous et l'un de mes souhaits les plus ardents est de vous être utile.

---

[1] Réflexions sur la paix intérieure (1795) de Mme de Staël.

XXXV

A M. SAMUEL DE CONSTANT

Paris, 17 frimaire, an IV.
(8 décembre 1795,)

J'espérais, mon cher oncle, être en Suisse avant ce moment ; Madame l'Ambassadrice m'avait paru résolue à partir le premier décembre. Elle a renvoyé son départ jusqu'au 20, et je ne puis, pour une différence qui me paraît assez considérable vu que j'ai la plus grande envie de me trouver près de vous, et que mes affaires exigent ma présence, mais qui pourtant n'est que de trois semaines, renoncer au bonheur de l'accompagner.

Je ne puis au reste vous peindre mon impatience de quitter Paris. La fermentation sourde qui règne, le découragement des uns, les coupables et audacieuses espérances des autres, tout cela rend ce séjour insupportable. Le gouvernement existe plutôt qu'il ne marche au milieu d'entraves de toute espèce. Le désordre des finances s'accroît à chaque instant : on attribue à l'agiotage ce qui n'est que l'effet inévitable de la défiance et d'une versatilité qui seule suffirait pour la faire naître. Je ne crois pas que la proposition du Directoire, de lever un emprunt de 600 millions en numéraire sur une classe qui depuis 4 ans n'a eu que des assignats, soit d'une exécution facile. Le plan de finance qu'on vient de répéter était aussi devenu impraticable à force de discussions et d'amendements partiels qui en détruisaient tout l'ensemble. On devrait confier la rédaction d'un plan pareil à un très petit nombre d'hommes dont les idées s'accordassent, qui ensuite le proposassent à l'Assemblée ; proposé, il devrait être adopté, exécuté tout de suite sans aucun de ces changements qui, pour un avantage apparent de détail, sont en désaccord avec tout le reste de l'ouvrage. Cependant les assignats continuent à baisser. Les louis et les marchandises courent les uns après les autres à l'envi et tout le monde, hors les fermiers qui ont du grain et qui ne le vendent pas, est dans la plus profonde détresse. L'emprunt de 600 millions sur la classe aisée vient de passer. Je ne sais combien il me coûtera ; j'ignore aussi si c'est un bon moyen de rétablir l'ordre que de présenter toujours l'effet de l'industrie, c'est-à-dire l'aisance comme une raison d'imposition. Il me semble que le gouvernement devrait au contraire encourager les pauvres à devenir aisés et que ce n'est pas en désignant ceux-ci aux taxes exclusives et arbitraires que cet encouragement peut-être donné. Enfin l'enclume ne doit pas raisonner sous le marteau mais attendre de quel côté et de quelle manière on la frappe. Adieu, mon cher oncle, j'espère respirer dans trois semaines auprès de vous, et j'attends beaucoup de l'influence du parti contraire à mon opinion pour me réconcilier avec elle.

XXXVI

A M. SAMUEL DE CONSTANT

Paris, 23 prairial (11 Juin 1796.)

Mon père sentant comme moi l'importance de me faire reconnaître citoyen français, mon très cher oncle, me conseille de faire faire un extrait des papiers de famille qui sont en vos mains. Je vous envoie l'article de sa lettre, et je vous prie de me rendre le service dont il parle. Je suis honteux de toute la peine que cela vous donnera, et je vous en demande mille pardons ; mais c'est une chose très essentielle, et je me fie à votre amitié pour l'obtenir le plus tôt possible. Vous sentirez, mon cher oncle, sans que je vous le dise, qu'il m'importe que mon projet ne soit connu de personne sans exception. Il me ferait tort à Berne, et il faut au moins être sûr du succès, avant de braver la malveillance qu'inspirera l'entreprise. C'est donc aussi avec confiance que je vous demande le secret. Meylan [1] vous remettra, si vous permettez, les frais de copie et de légalisation des papiers que je vous demande. Je les attends avec impatience. Charles est toujours ici, son départ paraît retardé indéfiniment. H. de Crousaz [2] part cette semaine pour Bourbonne.

Je quitte aussi Paris dans deux ou trois jours pour passer quelques semaines à la campagne. Tout est tranquille, la fermentation est sourde et le gouvernement vigilant. Adieu, mon cher oncle ; c'est avec un tendre et affectueux attachement que je vous embrasse.

XXXVII

A MADEMOISELLE ROSALIE DE CONSTANT

Coppet, le 13 août 1796.

Je n'ai pas répondu, ma chère cousine, à votre aimable billet parce que j'espérais être à Lausanne avant ce

---

[1] Homme d'affaires.
[2] Le fils de Mme de Montolieu.

moment. Mme de Staël renvoie son départ d'un jour à l'autre, ce qui me dérange un peu ; pourvu cependant que nous arrivions près de vous samedi prochain. J'ai un grand reproche à me faire. Le jour même où je suis parti je rencontrai Charles dans la rue : il me demanda quand je partirais. Je m'étais décidé à rester encore 8 à 10 jours et je le lui dis. Il me pria de l'en avertir parce qu'il voulait me charger de quelque chose. Deux heures après, je reçus des nouvelles qui me décidèrent à me mettre en route sur le champ. Je courus chez Charles, il n'y était pas de sorte que je dus partir sans prendre ses commissions. Mon père sera incessamment ici. Adieu, ma chère cousine.

XXXVIII

A M. SAMUEL DE CONSTANT

Coppet, ce 16 décembre 1796.

Vous connaissez assez mes sentiments pour vous, mon cher oncle, pour être persuadé que, sans mon départ de Paris, il y a longtemps que j'aurais répondu à votre lettre. Je désirerais bien pouvoir vous donner des assurances de succès comme je le puis de mon zèle, mais c'est de Genève et non de France que doit partir la nomination d'un résident genevois. Le Directoire affecte de ne se pas mêler de l'intérieur de cette petite république et aucune considération ne le déterminerait à désigner l'individu chargé de le représenter. Mais quelque nulle que soit l'influence qu'on vous a persuadé que j'avais et que je ne regrette que parce qu'elle me donnerait les moyens de vous prouver mon dévouement, je crois bien pouvoir répondre que vous ne seriez pas renvoyé. On se défie un peu en France des hommes que la Révolution genevoise a tirés du néant, et l'on aime à avoir contre le danger de l'intrigue la garantie de l'éducation. Sous tous les rapports, vous seriez, mon cher oncle, parfaitement agréable au Directoire qui, s'il vous connaissait déjà, aurait sans doute moins de répugnance à influencer le choix de Genève. Je ne vous parlerai pas de l'intérêt personnel que je mets à cette affaire ; ce me serait un grand bonheur que de vous rapprocher de moi, et comme je pense que le spectacle de la Révolution, et de tout ce qu'elle offre à un esprit profond et observateur vous conviendrait mieux que la monotone agitation de Lausanne, j'ai un double motif de le désirer. Je me propose de retourner d'ici à quelques jours à Paris, et je vous manderai de là avec plus de détail tout ce qui regarde nos espérances.

Billet de Mme de Staël, au bas de la lettre.

Je ne vous écris pas puisque Benjamin le fait ; mais vous ne doutez, j'espère, que dans toutes les circonstances, s'il est encore des circonstances pour moi, je n'aie besoin de vos services. La mort de notre grande Catherine relèvera peut-être la place de M. de St. Je n'ose pas vous en parler.

XXXIX

A MONSIEUR SAMUEL DE CONSTANT

Paris, le 25 prairial, an V (13 juin 1797.)

J'ai été bien longtemps sans vous répondre, mon cher oncle, parce que je désirais consulter mon père sur l'objet de votre lettre. Il y a environ six semaines qu'il est parti sans me laisser son adresse, et sans me dire précisément où il allait. Son banquier l'ignore également, car il y a chez lui plusieurs lettres qui sont là depuis plus de deux mois, sans avoir pu lui être envoyées. J'espère qu'il reviendra bientôt : je le suppose dans le Jura, où il sera allé arranger toutes nos affaires, de manière à ramener tout son ménage avec lui, et à ne plus s'éloigner de sa nouvelle demeure. Dès que je saurai où aller le voir ou bien où lui écrire, je lui ferai part de vos idées, et s'il les approuve, je ne négligerai rien pour concourir à leur exécution ; mais je ne me crois pas en droit d'agir pour lui, dans aucun sens, sans son aveu. Ce petit retard n'a pas de bien grands inconvénients, puisqu'il est hors de doute que mon père sera très incessamment ici. Je suis bien reconnaissant pour tout ce que vous voulez bien me dire d'obligeant sur mon ouvrage[1]. Je voudrais vous en envoyer la seconde édition qui vient de paraître, et que j'ai augmentée de près de 50 pages ; je profiterai de la première occasion pour vous le faire parvenir. Je sens mieux que personne tous les défauts de cette brochure. Elle a peut-être celle de l'obscurité et je ne me suis point fait illusion sur les causes de l'espèce de succès qui en a fait vendre 2000 exemplaires en 15 jours. Cela tient à ce que ses défauts existent beaucoup moins pour ceux qui sont sur les lieux, et que l'obscurité par exemple se dissipe tout à fait pour quiconque a suivi les événements. Ce n'est pas que ce défaut soit moindre ; mais lorsqu'on écrit au milieu des hommes et des événements même qui occupent, il est difficile de s'empêcher de généraliser ses observations et de rendre par là même obscurément, comme idée abstraite, ce qui peut l'être avec clarté comme circonstance particulière.

Madame de Staël est accouchée très heureusement

---

[1] De la force du gouvernement actuel et de la nécessité de se rallier, deux éditions, 1796 et 1797.

d'une fille [1], il y a quelques jours. Elle se porte très bien et me charge de mille choses pour vous et pour mes cousines. Dès qu'elle sera remise, elle écrira, je pense, à toutes les personnes qui s'intéressent à elle en Suisse. Elle a l'avantage d'être beaucoup plus écrivante que moi. Si j'excepte Mme de Nassau et vous, mon cher oncle, je ne sache personne dans votre pays avec qui je puisse entretenir une correspondance réglée. Les idées sont trop différentes. Ce qui m'intéresse, intéresserait trop peu ceux à qui j'écrirais et il en serait de même d'eux pour moi. S'établir dans un pays nouveau, mettre en ordre une fortune très bouleversée, tant par le déplacement que par quelques fautes en spéculations, se concilier la confiance d'hommes qui sont défiants à force d'avoir souffert, parvenir enfin à suivre une cause que je regarde comme la seule digne d'être défendue, et à laquelle je me félicite tous les jours de m'être voué. Voilà bien assez d'occupations pour que je sois excusable de n'entretenir que peu de relations dans un pays éloigné. Celles de l'attachement me seront toujours précieuses, et vous savez mon cher oncle, combien est sincère celui que je vous ai voué.

Mille choses, je vous prie, à tous ceux qui voudront bien se souvenir de moi. J'embrasse bien tendrement tous les anciens habitants de la Chablière.

XL

A M. SAMUEL DE CONSTANT

Paris, le 23 Messidor, an V.
(11 juillet 1797).

Je vous écris, mon cher oncle, pour une affaire assez importante. Le citoyen Barras, membre du Directoire, a

---

[1] Albertine de Staël, duchesse de Broglie.

dans ce moment à Lausanne un de ses frères qui loge chez M. Henrich fils, fabricant de boutons, place de la Palud. Il n'a aucune connaissance dans cette ville et je désirerais beaucoup qu'il y fût bien reçu. Malgré les déchirements amenés par la Révolution, les liens du sang subsistent toujours, et le Directeur Barras verra avec plaisir et reconnaissance que son frère puisse vivre tranquille dans l'asile qu'il s'est choisi. Comme je lui ai des obligations de tous les genres, et que je suis particulièrement lié avec lui, je ne veux rien négliger pour rendre service à quelqu'un qui l'intéresse, et je m'adresse avec d'autant plus de confiance à vous, mon cher oncle, que ce que vous ferez dans ce sens pourra vous être utile dans toutes les affaires que vous aurez, ou dans toutes les courses que vous pourrez faire à Paris. Veuillez donc vous informer de l'adresse ci-dessus, sans donner de la publicité à cette affaire, car j'ignore si M. de Barras est sous son véritable nom en Suisse ; mais je sais qu'il n'observera aucun incognito vis-à-vis de ceux qui se seront chargés, de la part de ses amis, de le découvrir.

Lorsque vous l'aurez trouvé, s'il entre dans son plan de se faire connaître, je suppose que son nom, illustre dans l'ancien régime et recommandable dans le nouveau, lui ouvrira l'entrée des meilleures maisons, et j'invoque votre assistance à cet effet. Veuillez me faire la grâce de me répondre aussitôt que vous le pourrez en me donnant sur la situation de M. de Barras tous les renseignements. Si jamais Charles vient à Paris, je lui promets qu'on le comblera d'amitiés en échange des politesses que la personne en question aura reçues à Lausanne.

Vous aurez vu dans les papiers des détails bien défigurés sur un cercle qui a commencé par un dîner chez moi et qui est composé actuellement de plus de 600 personnes parmi lesquelles se trouve tout ce qu'il y a d'estimable et de distingué dans le parti républicain. Le gouvernement encourage fort cette réunion, et déjà à présent elle sert à relever l'esprit public. Cependant on ne peut guère se faire illusion sur l'état des départements qui est pire que celui de Paris. Les dernières élections ont été abominables, et sans quelque miracle qu'on doit espérer, mais qu'il est difficile de prévoir, on ne peut se flatter que la République survive aux élections prochaines...

XLI

A M. SAMUEL DE CONSTANT

Paris, 15 thermidor, an V.
(1ᵉʳ août 1797).

Je vous remercie beaucoup, mon cher oncle, de ce que vous voulez bien me mander au sujet du citoyen que je vous avais recommandé. Je serais bien heureux que l'obligation, que contracte avec vous dans cette circonstance la personne qui s'y intéresse, vous donnât des relations utiles ici ; c'est cet espoir qui m'a encouragé à vous en importuner. Mᵐᵉ de Staël est bien sensible à tout ce que vous me marquez d'obligeant pour elle. Sa situation à elle-même est trop incertaine pour qu'elle puisse rien répondre de fixe, mais vous savez combien elle vous est attachée et combien elle sera toujours heureuse de faire quelque chose qui puisse vous convenir. Je ne sais si nous nous sommes parfaitement bien entendus sur ce qu'il y a à faire relativement à mon père. Son intention, car je ne suis ici que son interprète, et je le suis d'autant plus fidèlement qu'il est à Paris et que je sors de lui en parler, son intention n'est point de faire aucun acte qui manifestât le désir et conséquemment impliquât le besoin d'une réhabilitation. Il ne croit point qu'elle soit nécessaire, si on voulait plus par curiosité que par inquiétude savoir quelles sont les prétendues charges qu'on allègue contre lui ; mais il s'oppose à toute démarche autre que de se procurer la connaissance de ces pièces, et toute autre censure il la désavouerait formellement. Je lui ai trouvé aussi une opinion très prononcée sur ce que vous me dites des créanciers. Il prétend, et je trouve que c'est avec raison, que tout ce que la délicatesse pourrait exiger de lui ou de moi, était de veiller à ce que les créanciers fussent payés, qu'ils l'ont été, que si après on leur a fait un procès absurde et injuste, ce n'est nullement notre faute, que je suis dans le cas d'un homme qui aurait vendu une maison à un autre, que si un tiers venait de but en blanc faire un procès sans fondement à l'acquéreur, le vendeur ne serait nullement tenu de réparer la faute du tiers ; enfin que je ne puis être comptable des extravagantes inventions du conseil de guerre, que si elles ont occasionné quelques frais, c'est un inconvénient de la justice et cela ne peut me regarder. Sans cela, comme on pourrait recommencer sans cesse, je serais donc sans cesse responsable des folles demandes de tout le monde. Je lui ai lu votre lettre où vous me dites que lui-même voudrait bien payer, mais qu'il n'a pas l'argent. Il m'a répondu que jamais il n'avait rien pu vous mander ni vous dire de pareil, que lors même qu'il aurait de l'argent de reste, ce qui n'est le cas ici, pour lui ni pour moi, il ne s'y tiendrait pas pour obligé. Je vous avoue, mon cher oncle, que tout cela me paraît évident de raison et que je m'y conformerai, surtout dans les circonstances actuelles où j'ai besoin de toute l'économie possible pour mon père et pour moi.

Je ne vous parlerai point politique pour ne pas donner à ma lettre une longueur démesurée. Je me borne à vous dire que juger de loin et par les journaux est une manière de juger très fautive, que depuis l'arrivée du nouveau tiers le gouvernement n'a plus un sol, que les négociations avec l'Empire et l'Angleterre sont sur le point d'être rompues, que les acquéreurs de biens nationaux sont partout assassinés ou spoliés, que les campagnes se fanatisent chaque jour d'une manière effrayante, que le découragement est partout, que les patriotes, non pas ce qu'on appelle les Jacobins, mais les plus purs et les plus irréprochables, sont calomniés de la manière la plus indigne, que les prescriptions qui étaient à 36 p. 0/0 à l'arrivée de ce nouveau tiers sont sans cours, et que l'on aurait de la peine à les vendre à 14 p. 0/0. Voilà le tableau très fidèle de notre état. Les journaux ne le rendent pas parce que les journaux veulent des lecteurs et que les prêtres, le souvenir des maux révolutionnaires et la mode ont rendu les 9/10 de la France contre-révolutionnaire, non pas de principes, mais de criaillerie et d'ostentation. Si d'ici à deux mois il n'arrive pas, je ne sais, quel événement qui remette la république à flot, il n'y a aucune espérance à avoir, et cet événement même peut être une calamité par les conséquences.

J'ai vu hier chez Mme de Staël M. Jaquet de Saussure, habillé le plus ridiculement du monde : tout le monde s'en moque, mais il ne paraît pas s'en apercevoir. Du reste, je ne crois pas que les bruits fâcheux dont vous me parlez soient fondés ; on ne lui reproche que des ridicules.

Je voudrais bien que mes nouvelles de France fussent plus consolantes ; mais je ne suis que l'écho de tous les hommes impartiaux. Ils n'impriment pas ces tristes vérités, pour ne pas répandre une consternation qui augmenterait le mal, mais ils en sont profondément et tristement pénétrés ; espérons que tout ira contre les robabilités humaines et mieux que nous ne penons.

XLII

A M. SAMUEL DE CONSTANT

Hérivaux, 22 thermidor, an V.
(9 août 1797).

Je suis bien sensible, mon cher oncle, à la part que vous prenez à un changement que vous croyez fait dans mes circonstances. Ce changement n'a point eu lieu. Les nouveaux ministres sont mes amis parce que leurs principes sont les miens, mais je n'ai accepté aucune place, et je ne veux partager de leurs destinées que les dangers, s'il y en a. Un concours de circonstances assez singulier a fait penser que j'avais contribué à la nomination de ce nouveau ministère, pris en entier, moins un seul individu, dans la société que j'avais fondée, et surtout que j'avais travaillé au renvoi de quelques-uns des anciens ministres. Cette seule conjecture m'interdisait d'accepter aucune fonction, je ne veux point que l'on croie que je me suis servi du peu d'influence que je puis avoir dans un but personnel, et je n'accepte de mon prétendu crédit que les ennemis qu'il m'attire en très grand nombre.

Je suis venu passer quelque temps à la campagne. Mme de Staël m'a promis de m'y faire une visite. J'ignore de quelle durée sera mon séjour ici, parce que l'attaque contre-révolutionnaire que l'on attend de la part des 500 contre le Directoire appellera à la défense de ce dernier tous les amis de l'ordre et de la liberté. Je voudrais avoir le temps de travailler. Le peu d'idées que j'avais s'évapore dans l'agitation et je ne connais rien de plus ennuyeux que cet avant-goût de guerre civile.

Je désirerais bien être à même de vous rendre quelque service ici ; mais dans la carrière des emplois cela est totalement impossible pour les étrangers, et très difficile aux Français, vu le grand nombre d'aspirants.

Mon père qui m'a fait une courte visite m'a chargé en partant de vous dire mille choses lorsque je vous écrirais.

XLIII

A MONSIEUR SAMUEL DE CONSTANT

Hérivaux, ce 9 Vendémiaire an VII.
(30 septembre 1798.)

J'ai reçu, mon cher oncle, la bonne lettre que vous avez bien voulu m'écrire ; je l'ai laissée à Paris où je comptais retourner il y a plusieurs jours ; mais une blessure que je me suis faite à la jambe me retenant ici au lit, je ne veux pas tarder longtemps à vous répondre et à vous remercier de ce que vous me dites d'obligeant ;

J'ai considéré ma brochure sur la contre-révolution en Angleterre que comme un ouvrage de circonstance, et l'effet qu'il a produit a répondu à ce que j'en attendais. Il ne m'est pas venu dans la tête de faire l'apologie des gouvernants, d'autant plus que mon ouvrage a paru au moment où les anciens gouvernants étaient renversés, et où les nouveaux entraient en fonction. Je ne pouvais ni louer les premiers qui avaient manœuvré tellement mal qu'ils s'étaient perdus eux-mêmes et avaient failli nous perdre, ni louer les seconds qui qui n'avaient encore rien fait. J'ai voulu montrer les suites que dans ma conscience je crois qu'une contre-révolution aura pour nous, suites qui pourraient être plus horribles que les lois des otages et l'emprunt forcé, quoique toutes ces mesures révolutionnaires, ressuscitées de 1793, soient exécrables autant qu'inutiles. Mon père part aujourd'hui pour la Hollande. L'expiration de son congé et les événements l'y obligent. Ce voyage me fait beaucoup de peine et par l'incertitude du succès et par l'isolement de mon père qui laisse ici toute sa famille et par sa crainte que la fatigue ne nuise à sa santé. Je doute que l'établissement que vous lui proposez en Suisse lui fût agréable, vu ses arrangements domestiques. Il a fait reconnaître Marianne partout pour sa femme et présenté ses deux enfants, je ne sais si, en Suisse, il voudrait en faire de même. Quant à moi, j'ai été très heureux du bonheur que j'ai vu qu'il attachait à ce que je fusse bien pour Marianne et pour ses enfants, qui sont véritablement très aimables. Il avait je ne sais pourquoi quelque répugnance à me faire confidence de sa situation intérieure et cela mettait beaucoup de gêne entre nous. Cette gêne est absolument dissipée. Je ne sais cependant, mon cher oncle, s'il lui conviendrait que ces détails fussent connus dans le reste de notre famille. Ce qui me jette dans cette incertitude, c'est le soin avec lequel il a caché son fils qui l'avait accompagné lors de son dernier voyage à Beau-Soleil[1]. Je me suis laissé aller à vous en parler parce que l'attachement que vous avez pour lui, et le mien, pour vous, mon cher oncle, ne me permettent pas d'avoir pour vous de secrets. Mais si vous n'en étiez pas instruit par vous-même, je vous

---

[1] Campagne près de Lausanne où l'on montre encore la chambre de Mme de Staël.

prie de ne pas lui témoigner que je vous les aie appris.

Nous recevons la nouvelle de la victoire de Masséna à Zurich. Je désire avec d'autant plus d'ardeur que les Autrichiens soient bientôt chassés de Suisse, que je crois que c'est à leur expulsion seule que tient la neutralité et l'indépendance de ce pays. Cette fois nous ne demandons, pour être justes, que d'être vainqueurs.

XLIV

A M. SAMUEL DE CONSTANT

Coppet, le 17 pluv. (5 février 1799.)

Je viens de lire, mon cher oncle, l'introduction à votre *Catéchisme de morale*. Je crois cet ouvrage beaucoup plus adapté qu'aucun autre du même genre au but auquel il est destiné. Il y a plus de simplicité, moins de digressions, en un mot plus de connaissance de l'esprit de l'enfance, plus de convenance sous ce rapport dans le style et dans les idées que je n'en trouve dans Saint-Lambert. Il serait possible de critiquer peut-être quelques expressions locales, et quelques tours de phrase qui ont été trop souvent employés pour paraître neufs; mais ce sont des choses tellement légères qu'elles ne diminuent en rien le mérite intrinsèque du livre.

Je ne partage pas toutes vos idées sur le tribunal de famille que vous proposez. Je crois que ce qu'il faut aux hommes, pour arriver à la perfection dans tout ce qui les intéresse, c'est la liberté, par conséquent l'absence de toute autorité exercitive. Je pense que le meilleur juge de la prospérité de son commerce c'est le négociant, que le manufacturier est celui auquel on peut le mieux s'en remettre pour l'avancement de son industrie, et qu'un père est l'homme le plus propre, sinon à faire l'éducation de ses enfants, du moins à décider de la manière dont elle doit être faite. Le gouvernement est composé d'hommes tous comme ceux qu'on le charge de diriger, et il n'existe qu'une différence entre eux et lui, c'est qu'il est moins éclairé qu'eux sur leurs intérêts, et que ses erreurs sont plus que les leurs contre nature et par conséquent dangereuses. Ce que je dis du gouvernement je le dis de toute autorité collective, et de notre tribunal de famille aussi. D'ailleurs devancer l'époque du développement naturel et donner aux enfants des sentiments de l'honneur et de la honte avant le moment où la nature a voulu qu'ils existassent, est une entreprise assez hasardeuse. Pour qu'une chose soit utile, il faut qu'elle soit d'accord avec tout ce qui coexiste avec elle, et des sentiments produits par des moyens factices, avant que rien de ce qui doit les accompagner n'existe, me paraissent plutôt fâcheux que désirables.

Tout cela, mon cher oncle, ne s'applique qu'au système généralement adopté d'influencer l'éducation, et nullement à votre ouvrage qui, je le répète, est ce qu'on peut faire de mieux. D'après ce système je croirai non seulement faire ce qui vous est agréable, mais ce qui est utile à la France, en engageant des libraires de Paris à en prendre beaucoup d'exemplaires. Je ne vous cache pas que d'avoir été imprimé à Lausanne sera peut-être une prévention contre à leurs yeux. Mais je ne négligerai rien pour la surmonter, et je vous en écrirai incessamment de Paris même.

J'ai remis à Mme de Staël les papiers que vous avez eu la bonté de me prêter, c'est-à-dire une lettre d'Origine de 1548, une lettre de Bourgeoisie de 1605, et trois pièces qui vous ont servi en 1757. Elle vous les donnera lorsqu'elle aura le plaisir de vous voir.

Adieu, mon cher oncle. C'est avec un bien vif regret

que je pars d'ici au moment où l'on se flatte de vous y voir ; j'aurais bien désiré vous embrasser et vous assurer de tout mon attachement. Recevez-en les respectueuses assurances et conservez-moi votre amitié. Mille choses à mes cousins. J'embrasse tendrement Rosalie. Mille hommages à ma tante.

XLV

A M. SAMUEL DE CONSTANT

Hérivaux le 17 fructidor an VII (3 septembre 1799).

J'espère, mon cher oncle, que Mme de Staël vous a envoyé un exemplaire du petit ouvrage que je viens de publier, et que le but de cette brochure ne vous aura pas déplu. Les circonstances m'ont paru la rendre nécessaire, et dans un moment où les événements de la guerre au dehors et les fautes commises dans l'intérieur mettent également la République en danger, il m'a été doux de prouver que j'étais attaché à cette cause d'opinion et indépendamment du succès.

L'on m'écrit que votre santé n'a pas été bonne depuis quelque temps. J'espère qu'elle est remise ; il faut reprendre des forces pour les temps plus heureux qui doivent suivre ces moments d'agitation et de souffrance universelle. Les affaires de Charles qui prennent une meilleure tournure, à ce que m'a dit mon père, ses enfants et son aimable femme sont encore bien des jours de bonheur pour vous. Plus on étudie les hommes et la révolution qui décide de toutes nos destinées, plus on se convainc qu'il ne faut chercher le bonheur que dans soi ou dans les siens, et personne n'est mieux placé que vous pour l'y trouver.

Je suis fort occupé de l'impression de l'ouvrage politique annoncé depuis si longtemps[1]. Les circonstances actuelles qui influent sur le commerce de la librairie rendent le matériel de cette publication plus lent et plus difficile que je ne pouvais m'y attendre. J'ai cherché dans cet ouvrage à porter dans les questions politiques toute l'impartialité possible, je n'en ai éludé aucune quelque résultat qu'elle pût présenter et je dois convenir que si cette revue de toutes les opinions, soi-disant populaires, n'a fait que me confirmer dans mon inclination pour le gouvernement républicain, elle m'a confirmé dans mon aversion contre la plupart des mesures que l'on prend, sous le prétexte de consolider la République.

J'ai quelque espoir de faire un voyage en Suisse cet automne. Je ne pourrai pas, je crains, aller à Lausanne, parce que les passeports sont fort difficile à obtenir et qu'indépendamment de mon passeport, il me faudrait encore un congé comme administrateur de mon canton pour sortir de la République ; ma course d'ailleurs ne sera que de quelques jours.

XLVI

M. SAMUEL CONSTANT

Paris, 30 nivôse, an VIII.
(20 janvier 1800.)

Je vous remercie bien, mon cher oncle, de votre aimable lettre et de la part que vous voulez bien prendre

---

[1] Des suites de la contre-révolution de 1660 en Angleterre, an VII (1799).

à un événement [1] que j'ai beaucoup désiré, je l'avoue, quoique les chances de l'avenir soient incalculables et la perspective assez sombre. Je pense comme vous sur les objets qui font le sujet de votre lettre, et de vos inquiétudes ; mais quel que soit le sort qui nous est réservé, il faut servir la liberté jusqu'au bout, sous toutes les formes, en conserver le plus possible, en se prêtant aux circonstances, à l'esprit et surtout à la lassitude nationale. Le cours des choses est bien plus fort que les volontés des hommes et la devise de tous ceux qui sont appelés à se mêler des affaires doit être : *fata viam invenient*. — C'est la mienne depuis longtemps. Suivre sa conscience et n'en appeler qu'à elle est le moyen unique de n'être pas dévoré d'incertitude. Nous allons nous occuper de lois importantes sur les émigrés et sur toutes les parties de l'ordre social. La Vendée s'apaise et l'on croit assez à la possibilité de la paix.

Mon père est toujours au milieu de sa nouvelle famille. Indépendamment des raisons de respect et d'égard qui me font une loi de ne pas désapprouver sa conduite, indépendamment aussi des motifs de tendresse qui m'engageraient, en tout état de cause, à ne pas l'affliger, ma vie est si remplie actuellement, il faut tant de liberté et de temps, pour soigner dans une révolution une existence politique, qu'il m'est doux de sentir que d'autres se sont chargés de me remplacer spécialement auprès de lui. Je pense d'ailleurs que l'enfance est ce qu'il y a de mieux pour consoler la vieillesse et que sa petite fille de sept ans peut beaucoup plus pour son bonheur que je ne pourrais, moi, avec toute la bonne volonté possible que j'ai, et tout le loisir du monde que je n'ai pas [2].

Vous êtes bien bon de me parler avec intérêt de l'ouvrage que j'ai annoncé, j'y travaille encore, parce que l'auteur a publié une édition nouvelle qui m'oblige à

---

[1] Coup d'état du 18 brumaire.
[2] Benjamin Constant venait d'être nommé Tribun.

plusieurs changements. J'y emploie à peu près deux heures par jour, et j'espère que la publication ne tardera pas.

Le rétablissement de votre santé me fait un plaisir bien grand. J'espère que les maux de Rosalie ne viennent que de ce vilain hiver, et qu'ils passeront avec le printemps.

XLVII

A M. SAMUEL DE CONSTANT

Ce 16 floréal, an VIII (6 mars 1800.)

Mon père et moi, mon cher oncle, avons, chacun de notre côté, fait tout ce qui a dépendu de nous, pour écarter l'idée de fortifier les environs de Genève, idée qui indépendamment de l'intérêt personnel qu'ont tous les Genevois, à ce qu'on n'abime pas leurs propriétés, me paraît tout à fait contraire aux intérêts de la République que son exécution entraînerait dans des dépenses inutiles et ruineuses. Rien n'est encore décidé à à cet égard. Le général Daru et Carnot lui-même la regardent comme devant être rejetée, mais quelques ingénieurs insistent dans l'espoir d'être employés. La plus grande garantie que nous ayons, c'est le manque absolu de fonds. La pénurie est telle qu'il semble impossible d'entreprendre aucun ouvrage, tandis que l'on n'a pas même de quoi vivre au jour la journée. Je suppose que mon père qui s'est chargé de vous écrire, il y a quelques jours, vous aura donné tous les éclaircissements nécessaires à cet égard. Il vous a conseillé, si je l'ai bien compris, des démarches auprès des généraux que vous verrez à Genève. J'espère bien qu'au milieu de tant de mouvements rapides et de circonstances décisives on parviendra à se faire écouter d'eux sur des affaires individuelles. Vous pourrez essayer au reste de persuader le premier consul, car il vient de partir cette nuit même pour Genève. Il n'y séjournera que peu de temps, mais assez, peut-être, pour que vous ayez la curiosité de le voir. N'oubliez pas, je vous prie, mon cher oncle, dans toutes vos conversations avec les généraux et même avec tous les Français, avec lesquels le hasard ou votre bonté vous amènera à causer de moi, que nous sommes vous, moi et toute notre famille, bien et de tout temps Genevois. Il n'y a pas dans la vie de mot qui ne compte et ne puisse tôt ou tard avoir son influence. L'homme indifférent ou l'ami auquel on parle peut devenir un ennemi demain et trouver des armes dans le moindre fait échappé dans la plus insignifiante des conversations.

Je vous remercie bien des détails que vous me donnez relativement à la Chablière. Ce n'est pas tant de la diminution du rapport que je me plains que de ce qu'il se consume entièrement en frais. Vous paraissez croire que je tire tout le parti possible de la Chablière. Depuis quatre ans la Chablière ne m'a pas produit 50 louis par an, les dettes et frais payés. Nécessairement, tant pour ne pas affliger mon père que parce que je n'aime pas à prendre sur moi la responsabilité d'aucun changement, je ne la vendrai pas.

J'ai vu, mon cher oncle, une lettre de Rosalie contenant des choses bien obligeantes pour moi. Je voudrais bien les mériter, je vous assure que l'idée d'obtenir votre approbation est une de celle que je chéris le plus et que depuis l'intérêt que vous m'avez témoigné, je me demande, quand je prévois une occasion de dire quelque chose à la tribune, ce que vous en penserez.

Mme de Staël part demain pour retourner chez son

père. Elle a publié son ouvrage sur la littérature[1] qui a un grand succès et dont j'espère que vous serez content.

XLVIII

A M. SAMUEL DE CONSTANT

Ce 2 germinal an VIII (23 mars 1800.)

J'ai été si occupé depuis quelque temps, mon cher oncle, tant à cause du tribunat qu'à cause de la nomination du préfet de Genève, que je n'ai pu trouver le moment de vous écrire, pour vous remercier de votre lettre du 26 pluviose, je vous assure que l'intérêt que vous me témoignez m'inspire une véritable reconnaissance. Il est si doux dans la tourmente politique de trouver encore de l'amitié et d'oublier les sentiments violents ou vils dont la dévorante activité menace sans cesse tout sur leur passage. Vos observations sur l'état des choses ne sont que trop fondées ; mais la réponse à vos objections très justes sur le contenu de mon premier discours sera malheureusement très décisive. Vous trouvez que j'en avais dit trop peu. Le peu que j'en ai dit a été trouvé tellement *trop*, qu'il en est résulté plus de haines, de persécutions et de dangers que je ne puis ou ne veux le dire. A force de prudence et en marchant toujours consciencieusement et avec indépendance, j'ai dissipé, je crois, les nombreux nuages qui s'étaient accumulés sur ma tête ; mais vous voyez combien il est

[1] La littérature considérée dans ses rapports avec les institutions sociales (1800).

impossible de juger de loin des conséquences de ce que nous disons au milieu du tourbillon et du froissement des intérêts cachés qui nous cernent. C'est à cette difficulté que je vous prie, mon cher oncle, d'attribuer la brièveté de mes discours avec vous sur l'organisation politique dont je fais partie. J'espère faire une course à Genève dans le courant de l'été, et si j'ai le bonheur de vous y voir, nous causerons tout à notre aise.

Je vous adresse sous bande des exemplaires de ces discours prononcés à diverses époques dans le tribunat et le corps législatif depuis le premier ; j'espère, qu'à défaut de talent, vous y trouverez le désir du bien et l'amour de la liberté.

J'ai été très occupé dans ces derniers temps avec mes collègues du Léman des présentations à faire dans les nominations et dans la nouvelle organisation de ce département. Nous avons tous bien envie de vous mettre sur la liste. Une difficulté nous a arrêtés ; vous paraissiez avoir opté et vous être déclaré citoyen helvétique, ce qui est incompatible avec la qualité de Français. Cependant, mettez-moi (si vous attachez quelque prix à une chance quelconque d'emploi à Genève,) bien au fait de votre situation politique, sans en parler à personne jusqu'à ce que j'y aie réfléchi. Mon propre intérêt m'a donné une connaissance approfondie de ce genre de question. Si vous êtes resté genevois, ou pouvez le redevenir, sans occasionner aucune réclamation, ni faire aucune démarche publique, il sera facile de trouver un moyen de réparer l'omission forcée qui a eu lieu. Le préfet de Léman est, par un heureux hasard, mon ami particulier. Ce n'est pas qu'il faille vous faire illusion sur le genre des places : elles sont d'un très mince produit et aucune n'excède mille ou douze cents francs de France d'appointements. Apportez aussi toute la prudence possible dans vos démarches, ou pour mieux dire n'en faites aucune que vous ne m'ayez écrit et que vous n'ayez reçu ma réponse. Je disposerai la députation qui vous estime et vous aime, et je lui ferai faire des démarches, en même temps que j'écrirai au préfet. Ainsi donnez-moi des renseignements, si cela vous convient, et gardez un secret que mes nombreux ennemis rendent nécessaire pour vous et pour moi. Vous me trouverez toujours dévoué à vous servir.

Adieu, mon cher oncle, je finis, pressé que je suis par mille affaires, et ne vous réitérant qu'en deux mots les assurances d'un profond et inviolable attachement.

XLIX

A M. SAMUEL DE CONSTANT

Paris ce 29 floréal VIII,
(19 mai 1800.)

Vous aurez, je suppose, mon cher oncle, vu bien à votre aise l'homme si remarquable qui fait un assez long séjour dans votre pays. Je voudrais bien que vous pussiez trouver un moment pour me donner quelques détails sur ce qui le concerne. Vous sentez combien ces détails peuvent être intéressants et seraient peut-être utiles. Au reste ce n'est rien moins qu'une curiosité aveugle qui m'engage à m'adresser à vous dans cette occasion. Il peut y avoir des circonstances qui importent beaucoup à mes intérêts personnels.

Il est peu probable assurément qu'au milieu de deux grandes armées et à la veille de décider par les armes le sort de la République, le nôtre et le sien, il ait eu le temps de penser à aucun individu, comme cependant il se sera trouvé environné de personnes dont l'une ou l'autre aura par hasard pu prononcer mon nom, et que ce nom a pu réveiller en lui différents souvenirs, comme il s'est trouvé bien à même, s'il y a pensé, de vérifier des questions dont mes ennemis avaient provoqué l'examen, espérant que le résultat m'en serait désavantageux ; enfin comme il a pu apprendre différentes circonstances de ma vie, que je n'avais ni publiées, ni cachées, mais qui pourraient être un sujet de calomnies telles que la Révolution les fait naître, de faits dénaturés et de circonstances défigurées, il m'importe de savoir s'il a parlé de moi et ce qu'il peut en avoir dit. Je vous prie avec d'autant moins de scrupule, mon cher oncle, de me le mander que sûrement ce n'aura pas été l'objet de plus d'une phrase, et qu'en conséquence, j'espère ne pas vous donner beaucoup de peine.

Vous avez probablement lu l'ouvrage de Mme de Staël [1]. Il a beaucoup de succès ici, et l'on en prépare une nouvelle édition. Je me propose, lorsque j'aurai achevé un travail qui me prendra encore un mois à peu près, d'aller passer quelques décades à Genève. Je voudrais bien vous y voir, n'ayant pas la possibilité de sortir du territoire de la République. Je vous ai écrit, mon cher oncle, il y a quelques jours, et je vous ai donné tous les détails que j'ai pu sur les projets de fortification de Genève. Vous avez eu l'occasion d'agir par vous-même d'une manière utile auprès du premier consul et de Marescot.

Je ne vous mande point de nouvelles, mon cher oncle, puisque actuellement le centre des nouvelles s'est transporté chez vous, et c'est moi qui recevrai avec une véritable reconnaissance celles que vous voulez bien nous laisser parvenir.

---

[1] La littérature considérée dans ses rapports avec les institutions sociales (1800).

L

A M. SAMUEL DE CONSTANT

Ce 14 prairial, l'an VIII.
(3 juin 1800)

Je reçois, mon cher oncle, votre lettre du 8 prairial. Je vous remercie beaucoup des détails que vous me donnez, et je vous en remercierai bien plus longuement par l'un des prochains courriers; car aujourd'hui je vous écris au moment de la réception de votre lettre, et seulement sur une phrase qu'elle contient, phrase à laquelle mon attachement pour vous et mon désir de conserver votre bonne opinion, qui est l'objet de mon ambition plus que toute autre chose, me rendent nécessaire de répondre : *Je suis fâché*, me dites-vous, *que vous ayez des inquiétudes sur votre crédit, sur votre place, sur votre situation. Vous devez avoir le courage de ne point vous soumettre à la faveur capricieuse.* Certes, mon cher oncle, je crois l'avoir ce courgae, et l'avoir montré. Je n'ai rien fait ni pour conserver cette faveur quand je l'avais, ni pour la regagner quand je l'ai crue perdue; mes opinions sont, seront et ont toujours été indépendantes. C'est comme fait et non comme devant influencer ma conduite, que j'ai désiré les détails que vous me donnez. Je les désirais surtout parce que ceux dont je puis avoir mérité l'honorable haine n'étaient plus auprès du premier Consul ; je voulais calculer par sa disposition, s'il l'avait montrée, leur influence sur lui, chose qui ne serait pas indifférente à savoir pour la chose publique ; mais jamais, croyez-le bien, mon cher

10

oncle, aucune considération humaine ne me fera faire le sacrifice de ce que je croirai bien ou utile, ou honorable. Vous comprendrez ma sensibilité sur ce point. J'ai placé ma récompense dans l'opinion d'hommes tels que vous, et je ne veux pas y renoncer.

Je ferai votre commission à mon père et je vous embrasse bien tendrement.

LI

A MADEMOISELLE ROSALIE DE CONSTANT

Genève, le 23 thermidor, an VIII.
(11 août 1800)

Une personne qui a reçu des nouvelles de Lausanne me dit, ma chère cousine, que mon oncle est plus malade que lorsque je l'ai quitté. Je viens vous demander de ses nouvelles ; donnez-m'en, je vous prie, le plus tôt possible. Parlez-lui de ma tendresse, de mon inquiétude et du désir extrême que j'aurais de le savoir mieux. J'aurais bien souhaité aller vous revoir avant de repartir pour Paris : des affaires que j'ai eues et que j'ai encore à finir ici m'ont forcé de renoncer à cette seconde course. Je pars dans la décade prochaine, par la diligence.

Je ne sais pas quelle opinion vous avez à Lausanne de ce qui se passe chez vous, c'est-à-dire à Berne. Quoique je sache fort bien qu'on ne peut pas juger d'un pays qu'on n'habite pas, je ne puis m'empêcher d'éprouver une sorte de répugnance en voyant les moyens qu'emploient à présent les gouvernements pour lutter contre la représentation nationale : des tambours, des gardes, des portes fermées, des missives impérieuses, et des généraux d'un peuple voisin sont de mauvais éléments de système représentatif. Au reste cela ne me regarde pas, il y a assez de choses à faire en France pour qu'on n'ait pas le temps de s'occuper de l'étranger. Je crois à la paix avec une presque certitude, et ce ne sera que dans le calme qu'on pourra voir ce qu'il y a à améliorer.

J'ai reçu des lettres de mon père, je crois qu'il vous a écrit. Il paraît bien et se préparant à aller en Hollande, j'ignore si je le trouverai encore après.

Mme de Stael et M. Necker m'ont chargé tous deux, ma chère cousine, de vous dire mille choses de leur part et de vous prier de transmettre à mon oncle mille assurances du plus tendre intérêt. Ne me laissez pas, ma chère cousine, attendre une réponse longtemps et croyez etc....

LII

A MADEMOISELLE ROSALIE DE CONSTANT

12 septembre 1800.

Je reçois, ma chère cousine, votre lettre que M. de St. m'a fait passer. Je vous en remercie bi.... et je suis bien aise surtout que vous ne rejetiez pas tout à fait mes idées d'enlèvement, auxquelles je tiens beaucoup. Je pars dans quelques jours pour arranger notre joli nid, et au premier mot je vous y amène.

J'ai déjà retenu dans un journal une place pour la

notice de mon oncle [1]; elle sera malheureusement bien étranglée dans une feuille et le sujet mériterait plus de développement. Je vous l'enverrai lorsqu'elle aura paru.

J'ai vu un instant seulement mon père ; quoique un peu fâché de votre silence, il m'a dit vous avoir écrit. Quand à mes petits parents nouveaux, ils ne laissent pas de m'embarrasser un peu. Après m'être annoncé comme fils unique, je me trouve avoir un petit frère qui raconte de son enfance les choses les plus bizarres, et j'ai l'air d'avoir fait de son existence un secret à tout le monde ; au reste c'est un bien petit inconvénient. Je suis dans les embarras d'un déménagement. Si vous m'écrivez, comme je l'espère et comme vous me l'avez promis, adressez rue du Bac N° 580

LIII

A MADEMOISELLE ROSALIE DE CONSTANT

Hérivaux, le 27 Vendémiaire an IX.
(le 19 octobre 1800)

J'ai reçu avec bien du plaisir, ma chère cousine, votre lettre qui m'a été renvoyée de Paris. Je suis depuis dix jours, c'est-à-dire depuis la dernière séance du tribunat, dans ma Thébaïde, que je ne quitterai que pour la séance prochaine, le premier du mois prochain. L'article que vous désirez sur mon oncle a été fait depuis longtemps, mais le journal dans lequel je comptais le faire insérer comme celui duquel je disposais le plus sû-

---

[1] Samuel de Constant venait de mourir (13 août 1800).

rement a été supprimé, et il m'a fallu courir après le rédacteur à qui j'avais remis cet article, pour le ravoir. On me l'a enfin rendu ou plutôt renvoyé ici, et je l'ai expédié à deux autres journaux, qui l'inséreront, j'espère, si dans l'intervalle ils ne sont pas supprimés.

J'ai cherché jusqu'à présent ce que Lisette m'a chargé de lui trouver ; mais je ne l'ai pas encore trouvé. A mon retour je me remettrai en recherche, et je tâcherai de lui envoyer le plus tôt possible.

J'ai proposé à plusieurs libraires un roman de Madame de Montolieu. Aucun n'a d'argent et ne veut, malgré ma réputation littéraire, et la réputation bien plus brillante de l'auteur de *Caroline*, acheter un roman sur ma parole et sans le connaître. J'en parlerai à Pougens, mais c'est l'homme le plus difficultueux, avec de grandes apparences de bonne grâce, et le plus mauvais payeur, avec de grands et de beaux dehors de générosité. Si je ne réussis pas, ce ne sera pas faute de zèle.

Vous me demandez des nouvelles que je ne puis vous donner. L'on dit que depuis mon départ il s'est passé des événements qui auraient eu sur la France et sur l'Europe des suites incalculables. Je n'en connais aucun détail, n'ayant pas même de journaux. Je suis venu ici pour mettre en ordre un livre d'un ouvrage auquel je travaille de toutes mes forces, et j'ai voulu, pour n'être distrait par rien, couper momentanément toutes communications entre moi et les nouvelles du jour.

Vous êtes bien bonne de vous apercevoir que je ne parle guère. Je ne sais pas parler quand il n'y a rien à dire. Quand nous aurons repris des occupations sérieuses et que nos deux séances par mois, consacrées à battre l'eau, seront remplacées par des séances de tous les jours destinées à examiner des lois, je ferai mon métier en conscience, jusqu'alors je me tais et je profite de mon silence pour écrire d'autant plus.

Vous aurez deux gros volumes de moi dans le courant de l'année, je vous les enverrai. Vous ne les lirez pas ; vous m'en direz du bien, je croirai à vos éloges, et nous aurons tous deux fait notre devoir.

Mon père a repris plus de bonne humeur, depuis quelque temps. Il m'a prêté momentanément de l'argent dont j'ai eu besoin au moment de mon arrivée ; et ce service l'a remis avec moi dans des relations de supériorité et de protection plus naturelles et qui, j'espère, se prolongeront même après que j'aurai payé mes dettes, ce que je compte faire à mon retour. Je ne lui ai point dit que je vous eusse parlé positivement de ses enfants, et je crois qu'il vaut mieux pour vos relations avec lui, et j'ajouterai pour mes intérêts, que vous n'en paraissiez pas instruite. Je ne sais comment il s'est arrangé avec Marianne, je ne le crois pas marié avec elle. J'ai vu la feuille de route de son fils qu'il a envoyé à Brest, l'ayant placé dans la marine française, et sur cette feuille il est nommé fils de J. C et de Marie, femme Magnin ; au reste c'est une circonstance bien indifférente. J'ai peur que le jeune homme n'ait beaucoup des défauts de notre famille. Il a la figure de Juste, et fait comme lui des dettes partout, petites jusqu'à présent faute de pouvoir faire mieux. Il est taciturne, insouciant et d'une ténacité sans égale. Mon père le brusquait beaucoup, et j'ai peur qu'il ne s'établisse entre eux cette défiance qui, je le sais par expérience, est un des plus grands malheurs qui puisse exister dans ces relations. Heureusement mon père a une fille qui, toute petite et toute gaie, le divertit et l'amuse beaucoup, et c'est sur elle que je compte plus que sur toute autre chose pour le bonheur de mon père.

Je voudrais bien, ma chère cousine, aller passer quelque jours dans la chambre que vous m'offrez à Petit-bien. Ma Thébaïde est si triste que je n'oserais assurément pas vous proposer d'y venir, au moins cet hiver. J'y ai mené un jeune homme qui me sert de copiste et de lecteur et il est devenu si mélancolique, malgré l'intérêt que doit lui inspirer mon ouvrage, que lors même que je ne serais pas forcé de retourner à Paris, j'y retournerais par pitié pour lui. Quant à moi je m'y trouve assez bien et j'y travaille énormément, ce que ne m'arrive pas toujours à Paris.

Adieu, ma chère cousine, je ne sais si vous pourrez lire mon griffonnage. J'écris comme au trot, parce que je suis habitué à écrire cent pages par jour. Heureusement vous n'êtes pas obligée de me lire, mais ce que vous êtes obligée de croire, sans la plus grande injustice, c'est qu'il est impossible de vous être plus attaché que je ne le suis pour la vie.

LIV

A MADEMOISELLE ROSALIE DE CONSTANT

Paris, le 28 brumaire, an IX.
(14 novembre 1800)

Si vous n'avez vu, ma chère cousine, que le *Publiciste* et le *Journal de Paris*, vous n'avez pas pu juger du trop court article que j'avais fait insérer sur mon oncle. Il n'a été imprimé en entier que dans le *Citoyen français*, journal que j'aurais dû vous envoyer, mais que je n'ai pu me procurer ensuite, parce que je n'ai quitté ma campagne et ne suis revenu ici que plusieurs jours après l'insertion. Le *Publiciste* et le *Journal de Paris* l'ont fort abrégé. Je vous envie bien le plaisir d'avoir Victor auprès de vous. Je voudrais bien lui faire conter quelque chose sur ces belles qui, dites-vous, m'ont aimé, (j'en connais peu) haï (j'en connais beaucoup), regretté (je n'en connais point), déchiré (c'est tout le monde). Je ne vous prie pas de m'en donner des nouvelles, parce que je sais trop la conséquence d'un mot pour rien faire écrire qui ne soit pas les choses les plus indifférentes du monde. La seule chose que je voudrais savoir, c'est ce qu'est devenue une Mme de Marenholtz ou de Hardenberg, qui doit avoir 31 ans, et si Victor l'a vue, ne me dites pas où, mais seulement s'il l'a vue et si elle lui a parlé de moi.

Dites à Lisette qu'à force de chercher, j'ai découvert ce qu'elle me demande ; mais cela fait partie d'une collection italienne qu'on ne vend qu'en masse et qui coûte 120 frs. de France. Je chercherai cependant à le trouver isolé et on m'a promis de me le procurer...

Les espérances de paix diminuent beaucoup. On annonce la reprise des hostilités. Adieu, adieu.

LV

A MADEMOISELLE DE CONSTANT

Janvier ou février 1801.

Vous me devez, si je ne me trompe, une réponse, ma chère cousine ; mais la vanité d'auteur l'emporte un peu sur mon juste courroux, et je vous envoie deux discours que j'ai prononcés la décade dernière au Tribunat. Lisez-les, si vous pouvez. Pour vous encourager, je vous dirai qu'ils ont eu assez de succès ici.

J'ai été très piqué de ce que vous m'avez mandé relativement à une dame [1] qui m'a fort intéressé autrefois. Il faut avoir bien de la légèreté dans la tête et bien de l'insensibilité dans le cœur, pour que sept petites années

---

[1] Mme de Marenholtz ou de Hardenberg.

suffisent pour faire oublier de la sorte quelqu'un dont on n'est séparé que par vingt-cinq lieues.

Avez-vous des nouvelles de Victor? j'espère qu'il s'est retrouvé heureusement chez lui. En avez-vous de Charles ? Après une si longue habitude, ses procès doivent lui manquer. Mon père se porte assez bien, il se plaint de votre silence. La belle dame qui est arrivée dernièrement de Genève est dans un tourbillon de bals, de fêtes, de soirées. Elle m'y entraîne quelquefois ; mais le plus souvent je me sauve à la nage. Adieu, ma chère Rosalie, je ne vous écris que pour vous envoyer mes discours, et je pense qu'une longue lettre ne serait pas compatible avec mon ressentiment. Malgré mon ressentiment je vous aime. Mille choses à Lisette et à Mme de Charrière [1].

LVI

A MADEMOISELLE ROSALIE DE CONSTANT

Coppet, août 1802.

On sera charmé à Coppet, ma chère cousine, de vous y recevoir, ma tante et vous, et de vous y garder le plus longtemps possible. Vous y trouverez les maîtres du château, et vous m'y trouverez aussi toute cette semaine et toute la semaine prochaine, par conséquent dimanche, jour désigné pour votre départ. Je ne sais encore quand j'irai à Lausanne, mais je n'irai qu'après cette époque. J'aurai trop de plaisir à y retourner avec

---

[1] La générale de Charrière de Bavois, sœur de Juste et de Samuel de Constant.

vous pour ne pas faire tout ce qui sera en mon pouvoir pour que cela se puisse.

Je lis la proclamation de votre nouveau préfet, je la trouve d'une force qui paraît nouvelle, vu l'habitude du contraire, et je lui sais bon gré surtout de s'être abstenu de vils éloges par lesquels chacun aujourd'hui se déshonore à qui mieux mieux.

LVII

A MADEMOISELLE ROSALIE DE CONSTANT

Aux Herbages, ce 3 floréal, an XI
(23 avril 1803·)

Me voici chez moi, ma chère cousine, dans une solitude profonde, arrangeant une petite maison, comme si j'y devais passer ma vie et me reposant à la fin des agitations politiques et des tracasseries de cet hiver. Je ne perds pas un moment pour vous écrire. Vous avez été trop bonne pour moi, pour que je n'en aie pas conservé le plus tendre souvenir. Je suppose que vous avez quitté Genève, il y a déjà quelque temps, et que vous êtes maintenant auprès de notre bonne tante. Quand vous aurez le temps de m'écrire, je vous demanderai de me donner quelques détails sur ce que vous avez vu à Genève. Avez-vous rencontré la demoiselle dont vous m'avez si souvent parlé? Elle était si peu sérieusement occupée de moi quand j'étais près d'elle, que je parierais qu'elle ne l'est plus du tout, depuis que je suis absent. Cependant je pense à elle avec assez de tendresse, et parmi les vagues idées qui charment ma retraite, je la mets au premier rang. Je ne lui ai point encore écrit et je ne lui écrirai pas de quelques jours encore. Des ménagements pour une personne qui, en ayant plus d'inconvénients qu'elle, a en même temps une valeur bien plus réelle et bien plus haute, me dirigent aujourd'hui comme ils m'ont toujours dirigé. Rien ne me serait plus impossible à supporter que le malheur ou la douleur de cette personne-là et aucun sacrifice ne me paraîtrait pénible pour éviter d'en être la cause. Donnez-moi aussi des détails sur elle. Vos lettres seront brûlées scrupuleusement et vous ne serez en rien compromise.

Je voudrais que vous vinssiez me voir ici ; ma campagne est un vrai désert qui sera charmant ; un ruisseau, un bois, une prairie voilà tout mon domaine ; il n'y manque, pour rappeler les premiers âges que l'innocence de l'amour et de la jeunesse. Il n'y a que l'amour dont je puisse me charger dans ces trois choses, encore ! Quant à l'innocence, il faut qu'on me l'amène, et quant à la jeunesse, on aura beau me l'amener, elle s'ennuiera toujours. Avez-vous des nouvelles de Charles ? son bonheur domestique va-t-il toujours en croissant ? Quand il n'en serait pas ainsi, vous ne me le diriez pas. J'espère que la paix se soutiendra et que les affaires ne souffriront aucune des interruptions que les apparences de guerre lui avaient fait craindre.

J'ai passé un jour avec mon père, mais j'étais très préoccupé ; il me l'a pardonné avec beaucoup de bonté et m'a laissé repartir sans me reprocher la brièveté de ma visite. Sa santé m'a paru bonne : mais Marianne prétend que ses facultés ne sont plus les mêmes. Je crains qu'ils n'aient assez de chagrin dans leur intérieur, Le petit garçon qui a bientôt vingt ans a pris un ton d'insouciance et d'indépendance qui est l'un des effets de l'humeur des parents. Quand elle ne rend pas tout à fait stupide, elle donne à l'âme le mouvement d'en secouer le joug. Je les ai consolés tant que j'ai pu en promettant de me charger de la fille qu'ils aiment exclusivement et de lui conserver la fortune telle quelle, qu'ils tâcheront de lui laisser, ou d'avoir soin d'elle, s'ils ne lui en laissent point. Quant au petit monsieur, je ne le regarde que comme un étranger, et, à moins qu'il ne se distingue et ne gagne mon amitié, comme un autre, il ne me sera jamais rien. Tout cela est triste : cette fin de vie, si contraire et aux qualités et aux défauts de mon père, doit le punir plus qu'il ne le dit. N'ayez avec lui, s'il va vous voir, ce dont je doute, ou s'il vous écrit, l'air de savoir aucun de ces détails. Le fait est que je ne crois pas qu'il soit marié. Mais je ne veux montrer aucun doute à cet égard, parce que je pourrais le pousser à faire ce qu'il prétend avoir fait ; et vous qui n'êtes pas à ce que je vois, même dans la confidence de ses enfants, vous pourrez l'ignorer tout à fait. Je veux bien soigner et, si je le peux, rendre heureuse une pauvre petite fille[1] qui ressemble à mon père et qui est très bonne enfant ; mais si nous pouvions éviter Marianne, vous pour tante, et moi pour belle-mère, j'en serais charmé. Tant que mon père vivra, cela aurait moins d'inconvénient, mais si j'avais le malheur de le perdre, cela pourrait devenir désagréable.

Adieu, chère cousine, songez que je vous aime de toute mon âme et que vos lettres seront dans ma solitude un véritable bienfait. Vous avez dans la date de ma lettre mon adresse bien exactement.

---

[1] Elle devint baronne d'Estournelles, par son mariage avec le commandant Claude-Louis-M.-F. Balluet d'Estournelles, contracté à Brevans le 15 janvier 1817. Son fils aîné Léonce eut le droit de porter le nom de Constant, par ordonnance royale (14 octobre 1831), et du consentement de Mme veuve Benjamin Constant.

LVIII

A MADEMOISELLE ROSALIE DE CONSTANT

Aux Herbages, le 23 floréal, an XII.
(13 mai 1803).

J'espère, chère cousine, que vous avez reçu ma lettre qui vous serait parvenue avant le départ de la vôtre, si elle vous eût cherché à Genève, car j'ai reçu des réponses à plusieurs lettres parties pour Genève le même jour. Je vous remercie des détails que vous m'avez donnés. Ils ont réveillé comme un doux, mais faible intérêt. Ce qui contrebalance le plus l'espèce de goût que je ressentais et que je serais encore disposé à ressentir, c'est la conviction où je suis que la demoiselle s'ennuierait profondément de la vie qu'il est dans mon désir et dans ma convenance de mener. Il faut avoir vécu autant que je l'ai fait, avoir autant de dégoût de tout ce qui ressemble à des tracasseries, c'est-à-dire de presque tout ce qui compose la société, pour jouir aussi délicieusement de mon profond repos et de ma solitude absolue. Je vais tous les quinze jours passer un jour à Paris, parce que j'y ai des affaires que je ne puis régler tout de suite. Mais pendant les quatorze jours qui s'écoulent entre mes courses, je ne vois personne, que quelques ouvriers que j'emploie, des bois, mes chevaux et mes livres. Je me lève avec le soleil, je renais à la nature. Tout cela est superbe pour moi que le monde a froissé, mais pour une âme jeune, qui n'a rien connu, rien senti, il y aurait de quoi périr mille fois d'ennui.

Vous voyez à quoi en sont mes dispositions. Je me suis décidé, autant qu'on peut l'être, à ne pas rentrer dans la vie active, à n'être plus solidaire de personne, à ne sortir de mon repos que pour acquérir quelque gloire littéraire, à vivre loin du monde et à tout essayer pour n'être plus agité par aucune cause quelconque. Je voudrais, pour éviter des luttes que je prévois, prendre racine ici, au physique, comme mes arbres. Tout vagabondage m'est odieux, et l'idée m'en fait pâlir. Mais autre chose est de vouloir le repos le plus profond pour soi, autre chose d'offrir à quelqu'un qui s'est reposée toute sa vie, un repos dont elle est fatiguée depuis trente ans. Ce que je vous dis me paraît malheureusement s'appliquer à toutes les personnes dans la situation de la demoiselle dont il s'agit plus particulièrement. Et je ne connaîtrais rien de plus terrible que de voir une pauvre personne, qui tout en désirant troquer le célibat contre le mariage, se décide, au moins en partie, parce que le mariage passe pour être plus animé, que de la voir, dis-je, trompée dans cette espérance, vivant plus retirée qu'auparavant et baillant à côté de moi.

J'ai trouvé mon père assez bien de santé, très occupé de deux ou trois petits procès, qui l'agitent et le tourmentent, bien pour rien du reste, mais avec peu d'abandon et de confiance. Nous sommes sur le point d'avoir ensemble une correspondance assez bizarre. Il désire que je me charge de la tutelle de la petite, pour la mettre à l'abri, comme fortune, de son frère, dont il paraît mécontent. Je veux bien, mais comme je ne veux rien avoir à faire avec le jeune homme, et que les craintes de mon père m'autorisent à en concevoir de pareilles, pour les chicanes que le dit jeune homme pourrait me faire, je demande à connaître les dispositions que veulent prendre mon père et Marianne pour mettre leur fille à l'abri. Et on ne peut guère me refuser cette communication, puisqu'on me propose de me confier l'enfant, et me la donner oblige à me faire connaître bien des détails que l'on m'a cachés.

Je ne sais comment ils s'y prendront. Mais d'un côté je regarde comme un devoir de secourir cette petite si je le peux, dans le reste de sa vie, qui est assez triste, et de l'autre je me crois excusable de vouloir éviter toutes discussions avec son frère, discussions qui aurait lieu sur un terrain très désagréable.

Toutefois, chère cousine, absolument entre nous.

Je m'aperçois que cette narration que j'aurais tout aussi bien fait de supprimer m'a pris tout mon papier et que je n'ai plus que la place de finir en vous embrassant.

LIX

A MADEMOISELLE ROSALIE DE CONSTANT

Aux Herbages, près Luzarches, ce 29 mai 1803.

Je reçois, chère cousine, votre réponse à mes deux lettres ; je commence par un avis matériel, parce que je pourrais bien l'oublier, quand je me serai mis à vous parler d'objets plus intéressants. Quand vous m'écrirez, il ne faut mettre que : aux Herbages, par Luzarches, département de Seine-et-Oise, et retrancher le mot de Franconville. Il y a, à quelques lieues d'ici, un autre village du même nom, que je ne connaissais pas, quand je vous ai donné mon adresse, et où toutes mes lettres vont me chercher et ne me trouvent pas, ce qui fait que les unes se perdent et que les autres ne m'arrivent qu'au bout de plusieurs jours de retard.

Je connais, chère Rosalie, votre répugnance à me parler d'une personne qui nous intéresse tous deux, et dont les qualités et les défauts sont quelquefois le charme et d'autres fois le tourment de ma vie. Je viens cependant vous demander de vaincre cette répugnance. Je l'exige de votre amitié ; c'est peut-être le service le plus important que vous puissiez me rendre, à l'époque la plus importante de ma destinée.

Vous pouvez compter que deux minutes après que votre lettre aura été lue, elle sera brûlée. Votre nom jamais ne sera prononcé. Ce n'est pas d'ailleurs d'explication avec elle, ni de justification vis-à-vis de personne que j'ai besoin. C'est pour moi seul que je voudrais être informé, parce que je suis malheureux du malheur que l'on me dit que je cause, et que si je pouvais apprendre que ce malheur n'existe pas et surtout qu'un autre objet d'intérêt en distrait au moment même où on me le peint des couleurs les plus déchirantes, le calme me serait rendu, l'espèce de remords que j'éprouve et qui me tourmente cesserait, et je pourrais persister à être libre, sans que l'influence surnaturelle de sa voix ou de ses lettres, et de l'assurance qu'elle ne peut vivre sans moi et que je la fais souffrir, bouleversât de nouveau tous mes projets et mon existence. Si vous m'aimez, ma chère cousine, ce vous est un devoir de me dire exactement tous les faits qui peuvent m'éclairer à cet égard.

Je crains bien, quant à l'autre dame, qu'il ne lui manque en effet, comme vous le dites, beaucoup de choses pour rendre heureux. Je lui crois le besoin du grand monde provincial et c'est aussi fâcheux pour le bonheur et l'esprit que celui du grand monde de la capitale. Cependant, si j'avais vu en elle la moindre marque de sensibilité pour moi, je ne sais ce que j'aurais fait. Mais son goût, j'ai peur, est pour le mariage en général, et ce goût, fort légitime, n'est pas ce qu'il y a de plus flatteur pour le mari. Je suis de votre avis sur la jeunesse. On n'est pas vieille à 30 ans. Mais il faut au moins que le caractère soit formé et que l'esprit soit habitué à l'attention. Or, c'est ce qui n'est pas en elle.

Vous me demandez comment je vis, et avec qui je parle. — Avec personne, ou à peu près. Je commence à voir clair dans l'arrangement de ma maison, qui jusqu'à présent était sans dessus dessous. Je lis, j'écris, je dirige mes ouvriers, je monte beaucoup à cheval. J'ai un cuisinier excellent, que j'ai pris pour les amis qui viendront me voir et dont en attendant je me sers pour moi. Je me couche à 9 heures, je ne dors point, et je me lève à quatre. Tous les quinze jours, je vais passer trois jours à Paris, Je me jette dans le monde, j'y reprends une forte passion pour la solitude, et je reviens la satisfaire ici. J'ai de grands moments de tristesse. J'en ai de fréquents d'insouciance. Je sens que ma vie n'est pas fixée, et ce sentiment nuit à l'intérêt. Voilà, je crois, le plus exactement du monde, l'histoire de ma vie actuelle. Vous en conclurez peut-être qu'il faudrait mieux que cela; c'est possible. Mais il ne faut pas risquer plus mal, et surtout ne pas risquer le malheur et l'ennui d'un autre ; je ne pourrais pas traiter cet ennui aussi cavalièrement que le mien. Envoyez-moi quelqu'un qui soit assez riche pour que je ne sois pas plus pauvre, assez gaie pour n'être pas accablé de mes accès de découragement, assez sensible pour aimer mon désir de la rendre heureuse, assez spirituelle pour tout comprendre, assez calme pour supporter une retraite absolue, assez élégante pour n'être en rien ridicule dans le monde, assez sage pour n'aimer que moi, assez passionnée pour m'aimer avec délire, assez raisonnable pour n'avoir ce délire que quand il le faut, et outre cela instruite, douce et jolie ; je la prends, ma cousine, sur votre responsabilité.

J'ai peur d'avoir bien mal réussi avec mon père. Il n'a pas répondu à mes offres ni à mes questions. Je viens de lui envoyer des livres pour sa famille. Mais il est bien difficile de le contenter, s'il veut avoir à la fois assez de confiance en moi pour me remettre la destinée de ce qui l'intéresse, et assez de défiance pour refuser de me dire les circonstances où se trouvent les êtres que je dois soigner. Toute sa situation est aussi pour moi une idée qui trouble mon repos.

Adieu, chère cousine, je suis rentré par deux chemins dans une suite de réflexions tristes. Je suspends ma lettre pour ne m'y pas livrer. L'expérience de la vie m'a appris à gagner de vitesse ce qui me fait de la peine, et à ne pas approfondir ce qui m'afflige. Je vous écrirai probablement avant même que vous m'ayez répondu, car j'ai besoin de vous parler de Charles, de Victor, de la guerre et de vous. Mais je vous en conjure, répondez-moi avec sécurité et franchise.

Mille choses à notre excellente tante et à Benjamin le chat.

LX

A MADEMOISELLE ROSALIE DE CONSTANT

Paris, le 3 messidor, an xi
(22 juin 1803.)

J'ai, m'écrivez-vous, ma chère cousine, de quoi être content de moi, soit vis-à-vis de mon père, soit vis-à-vis d'une autre personne. Vous en parlez bien à votre aise. Il est certain que je crois n'avoir rien à me reprocher ; mais les deux personnes en question ne paraissent pas penser ainsi. Mon père m'écrit comme si ma fortune était un vol fait à ses nouveaux enfants. Non pas qu'il me dise des choses directes, ce n'est pas sa manière ; mais ce sont des insinuations plaintives et amères pires que des injures ; c'est un besoin de me mettre toujours sur un pied d'égalité avec cette postérité clandestine, qui me déplaît, non comme préjugé de naissances, mais comme responsabilité future de deux destinées, dont l'une, celle du fils, est si équivoque par sa conduite antérieure, que je ne veux pas m'en charger. Ce sont enfin, et c'est pis que tout, car je ne connais rien de si affreux que de douter de la véracité de ceux qu'on aime à respecter, ce sont des assertions si manifestement opposées à tout ce que je sais, à tout ce qu'il m'a dit lui-même que ne voulant pas nier, parce que j'en souffriais plus que lui, je suis dans un état de contrainte et de réticence insupportable. Ajoutez, à cela, que cet état durera aussi longtemps que sa vie, et ne cessera que pour empirer : car le jeune homme, qui est assez avisé pour avoir remarqué que je devais le protéger, s'il me forçait à le reconnaître, ne perd pas une occasion de rappeler notre parenté. Tout cela m'ennuie et m'agite. Je n'ai pu m'empêcher de le témoigner, le plus doucement possible, à mon père dans ma dernière lettre, et de lui faire apercevoir qu'en voulant servir ses enfants par son mariage postérieur, il n'avait pas laissé que de me placer dans une situation embarrassante, et qu'il serait juste en récompense de ne pas la rendre plus amère encore, par des insinuations et des reproches. C'est une triste réflexion, chère Rosalie, mais elle est malheureusement trop vraie : il faut mettre plus de prudence dans ses bons sentiments que dans ses mauvais. Si au moment où mon père me communiquait ce triste hyménée, j'avais protesté de mon respect pour lui, mais de mon désir d'ignorer à jamais une chose pareille, je lui aurais fait moins de plaisir pour l'instant, mais nous nous en trouverions mieux aujourd'hui, et il s'y attendait à cette époque. J'ai été empressé d'écarter tout ce qui pouvait troubler un rapprochement complet, et il part de là pour croire que je dois à Marianne et à ses enfants une tendresse et un dévoûment pareils à celui que j'aurais, si ce mariage n'avait pas été une énorme inconvenance et un grand malheur. Voilà, ma cousine, un de mes chagrins. Il ne me suffit pas d'être content de moi : et j'aurais besoin que mon père le fût. Je sais trop ce dont il se plaint; mais le ton plaintif, mécontent et détourné de ses lettres est un tourment qui, sans être bien vif, jette sur ma vie de la tristesse. Il en est de même de mon autre relation. Vous vous trompez prodigieusement quand vous soupçonnez de la jalousie dans mes questions. Je ne veux que me fortifier moi-même, par la conviction que ce dont j'ai envie, la raison le conseille et la justice ne le désapprouve pas. Je ne puis me déguiser qu'avec tous ses défauts c'est une excellente créature, la plus dévouée, la plus sensible, malgré que souvent sa conduite jette du doute sur ses qualités. Elle est plus susceptible aussi de douleur que personne, et l'idée que je contribue à en répandre sur sa vie m'est horriblement pénible. Cependant tous les jours je me sens plus fortement saisi du besoin de repos, de la vie domestique, et d'avoir près de moi un être qui tire son bonheur de moi. J'ai une sorte de plaisir à retourner chez moi à la campagne, parce que les enfants de mon concierge me reçoivent avec amitié. L'air de bienveillance de mes domestiques m'est agréable. Une communauté d'intérêt, avec un être dont l'éducation et les idées seraient analogues à ma nature, ferait mon bonheur, autant que le bonheur se fait sur la terre. Au reste l'avenir est si obscur, tant de circonstances inattendues décident de notre sort, que la prévoyance est plutôt l'occupation du présent qu'un moyen de diriger ce qui doit le suivre.

Je me suis remis à travailler; mais les circonstances ôtent beaucoup de l'intérêt du travail; on ne sait jamais pour quel public on écrit, ni si l'on aura la faculté de soumettre ce qu'on aura écrit à un public.

Adieu, ma chère cousine, je m'aperçois avec quelque honte que dans cette longue lettre, je ne vous ai parlé que de moi. C'est encore un inconvénient d'une situation dont on n'est pas satisfait que de se laisser aller à en parler ennuyeusement. J'espère au moins que vous ne m'en aimerez pas moins, tout ennuyeux que je suis.

Ne manquez pas de m'écrire quand vous aurez trouvé ma houri. Si vous découvrez toutes les autres qualités, je renonce à la fortune. Mais qu'elle prenne garde, elle aura peut-être moins de philosophie que moi dans l'esprit et gémira la première de mon désintéressement.

Adieu, chère Rosalie.

LXI

A MADEMOISELLE ROSALIE DE CONSTANT

Aux Herbages, ce 4 thermidor, an XI.
(23 juillet 1803).

J'ai reçu, il y a huit jours, ma chère cousine, votre bonne et excellente lettre. Je ne puis assez vous dire combien elle m'a touché. Je ne vous reproche qu'une chose, en me disant que vous avez des doutes, c'est-à-dire des inquiétudes, vous ne me les confiez pas, et vous ajoutez qu'il vaut mieux s'occuper de moi. C'est une parole et une mauvaise phrase, avec votre permission. Je ne vous occupe de moi qu'à condition que vous m'occupiez de vous, et sans cette réciprocité, je me découragerai bientôt de vous parler de mes projets, malgré tout l'intérêt que vous me témoignez. Je vais pourtant continuer cette fois encore, mais c'est dans la supposition que vous réparerez votre tort.

Il y a environ 6 mois que, causant avec une dame dont nous parlons souvent dans nos lettres, et convenant avec elle de quelques petits ridicules d'une personne qui m'avait inspiré un peu de goût, je lui dis que je ne connaissais qu'une seule personne qui pût me plaire davantage à Genève, et cette personne, c'était S. Je lui ai toujours trouvé de la grâce dans sa nonchalance, du piquant dans l'esprit, l'air de sentir celui des autres ; je lui supposerais la possibilité d'être occupée par le mien ; elle a de beaux yeux, de beaux bras, de l'éclat. J'aime sa figure. Elle a de la convenance dans les manières. Enfin, si elle eût été dans les circonstances d'Amélie, (je ne parle pas ici de la fortune, comme vous le verrez tout à l'heure) je n'aurais pas hésité l'hiver dernier. Amélie, indépendamment de beaucoup d'inconvenances, ne m'a jamais témoigné la plus légère affection personnelle. Je n'ai pu attribuer ses prévenances qu'à une affection tendre pour le mariage en général et j'avais besoin, pour résister à quelqu'un qui me le disait très vivement que je lui faisais beaucoup de peine, de trouver quelqu'un qui me dit au moins doucement que je lui ferais plaisir. Vous voyez, ma cousine, que nos idées sont assez rapprochées quant à la personne. Quant à la fortune, j'ai voulu savoir à quoi m'en tenir sur la nécessité d'une plus grande fortune en ménage que celle que je possède, et j'ai comme expérience monté ma maison comme je la monterais étant marié. J'ai quatre domestiques hommes et femmes, et deux chevaux, et j'ai trouvé, par une observation très précise et très minutieuse même, que 10,000 francs de rente pouvaient suffire en vivant toujours à la campagne. La fortune d'une femme ne me serait donc nécessaire que pour le rapport de ses goûts et de ses fantaisies, si elle en avait. Pour moi, je n'en ai plus, et peut-être vais-je à cet égard jusqu'à une apathie trop complète. L'étude, un sentiment affectionné, la campagne et surtout le repos, voilà ce qui me devient chaque jour plus nécessaire. Pourvu qu'une personne dont je serais aimé et qui voudrait vivre sans agitation, pourvu, dis-je, que cette personne possédât de la fortune, cela serait consacré à des courses à Paris, pour elle, si elle aimait Paris ; courses que la proximité de ma campagne rend faciles et peu chères et à des voyages de temps en temps à Genève et près de vous. Ma fortune actuelle que je ne vois aucun moyen d'augmenter, mais qui peut aussi diminuer par des accidents que la prudence humaine ne peut prévoir, suffit à l'établissement fixe et tranquille, tel que je vous l'ai décrit.

Ainsi donc, chère Rosalie, votre lettre a dû me plaire comme goût et comme calcul. Mais ensuite je vous dirai que je garde l'exécution de votre idée comme absolument impossible. Sans développer les difficultés, pour ne pas prolonger ma lettre qui me paraît déjà assommante, il y a un fait : non seulement la dame en question s'y opposerait avec la vivacité qu'elle met à tout ; mais elle engagerait mon père à s'y opposer. Elle l'a fait déjà lorsqu'elle a su que j'avais du goût pour Amélie. Or le père de cette dame est le frère du grand-père de S., et a sur lui toute influence. Il y aurait donc, je le vois, obstacles sur obstacles. Il est impossible de calculer jusqu'à quel point de violence se porterait une personne qui croit m'aimer beaucoup, qui regarderait mes projets comme des choses de circonstances qui passeraient si elle pouvait en empêcher l'exécution immédiate, et qui irait jusqu'à tâcher de me nuire momentanément, parce que son affection pour moi et que ses moyens d'éclat et de fortune lui font toujours croire qu'elle a de quoi tout réparer. Vous croyez qu'il y a là dedans de la pusillanimité. Je conviendrai que je ne puis envisager sans une grande douleur une lutte amère et violente avec une personne pour laquelle j'aurai toujours beaucoup de tendresse. Mais ce n'est pas ma seule considération. Il y en a une autre qui tient à une délicatesse que vous sentirez. Cette personne est malheureuse à présent par sa situation. Elle a besoin pour se replacer ici de beaucoup de calme, de prudence, de l'appui de tous ses amis. Si je la provoque, avec l'impétuosité de son caractère, elle usera contre moi les forces qui lui sont nécessaires pour elle ; elle s'agitera, se compromettra, se donnera les torts dans le monde, et ses ennemis nombreux, ses ennemis dont plusieurs ne la haïssent qu'à cause de moi, en profiteront. Je ne puis me résoudre à courir cette chance. Depuis longtemps, je le sens, le parti que je veux prendre ne peut être pris que soudain. La chose faite est irréparable, elle entendra beaucoup mieux la voix de l'amitié et de la raison : mais vouloir la préparer, c'est doubler les inconvénients précisément pour la personne qu'à tout prix je veux ménager. Si Amélie, qui était indépendante, avait été autre chose qu'une linotte, je lui aurais proposé une espèce d'enlèvement, un mariage à l'insu de tout le monde, tout ce qui, rendant toute opposition inutile, l'eût peut-être évitée. Et comme tout en éprouvant ce que je viens de vous décrire pour Mme de S., je ne puis être plus longtemps un amant en titre d'une femme libre que je n'épouse pas, je prendrai ce parti sans hésiter, si je trouve un être doux, aimant, qui puisse supporter la solitude et qui puisse comprendre l'esprit.

De tout ceci, ma chère cousine, pas un mot je vous prie qui puisse revenir à Mme de S., par la considération que je viens de vous alléguer et pour ne pas ajouter à l'agitation que son éloignement d'ici lui cause. Je lui écris toujours avec beaucoup de ménagements, je ne lui présente de mon sentiment que ce qui peut lui faire plaisir. Je ne dis rien qui ne soit vrai, mais je ne dis pas toute la vérité. Il en résulte que mes lettres dont elle se plaint comme indifférence, elle s'en indignerait comme perfidie, si elle voyait celle-ci, et il m'arriverait ce qui m'est arrivé cent fois dans ma vie, et ce qui je crois arrive toujours : je serais condamné pour le bien que j'ai voulu faire et pour la douleur que je n'ai pas voulu causer.

Quelle longue lettre et toujours sur moi ! Je commence à m'ennuyer prodigieusement pour vous. Je tâcherai pourtant à l'avenir de vous parler d'autre chose. De votre côté souvenez-vous que vous me devez de m'instruire de ce qui vous intéresse. Croyez que je vous aime d'une affection reconnaissante et bien sincère.

LXII

A MADEMOISELLE ROSALIE DE CONSTANT

Aux Herbages, le 11 fructidor, an XI.
(29 août 1803)

C'est bien ingrat à moi, ma cousine, de ne vous avoir pas écrit depuis bien longtemps. Jamais lettre de vous ne m'avait fait tant de bien, ne m'avait été plus nécessaire que la dernière. J'ai à soutenir une lutte qui a été bien douloureuse et qui l'est encore et, sans vous, jamais je n'aurais eu le courage de la soutenir. J'ai relu 20 fois votre lettre et j'ai senti chaque fois que je ne pouvais rester dans la situation où j'étais. Il serait impossible de vous faire le détail de ce que j'ai souffert et de ce que je souffre quelquefois encore. Mais je vois approcher le terme de ma longue et bizarre dépendance. Je ne crois plus qu'il y ait aucun moyen pour qu'elle se prolonge et c'est à vous que je le devrai. Je cherche maintenant à remplir le plus possible des devoirs d'amitié qui me sont devenus plus sacrés depuis que je me suis affranchi des autres ; cela n'est pas sans difficulté. Les amis de celle que je ne cesserai jamais d'aimer et de défendre, sont très mal pour moi. Mais je ne m'attendais pas à de la justice et j'éprouve que la malveillance est un spectre qui effraye de loin et rassure de près. De tout ceci, pas un mot ; car ce que je ne trouve pas juste, je le trouve naturel, et mon premier besoin est de ne pas me défendre.

Rassurez-vous sur le mariage impromptu que vous avez cru voir annoncé dans ma dernière lettre. Après plusieurs années de quelque chose de beaucoup plus serré qu'un mariage, j'ai besoin de respirer en plein air. Ce n'est pas que je n'aie, au moment même où je vous écris, une belle occasion de prendre le parti que vous craignez. Il y a dans un château, à dix minutes de chez moi, une jeune personne de 19 ans, d'une taille superbe, qui a le plus beau teint, les plus beaux yeux, les plus beaux cheveux, les plus belles formes du monde, qui est modeste, réservée, légère de démarche et mélancolique d'expression, candide comme un enfant et pure comme un ange, fille d'une mère qui, n'ayant aucune fortune, veut la marier absolument, et qui, n'ayant point d'esprit, la fait souffrir à chaque instant par ses inconvenances, ce qui lui donne un mélange d'embarras et de fierté qui la rend charmante. Je la vois tous les jours : elle monte mes chevaux, je passe avec elle toutes les soirées. Eh bien, ma cousine. je ne l'épouserai pas !

Vous me demandez où j'en suis avec mon père ; précisément dans la situation que je vous ai déjà décrite : rien de clair, des plaintes vagues qui ne me sont point adressées, mais qui ne peuvent porter que sur moi. La fatigue a un peu émoussé ce qu'il y a de pénible dans cette situation, et je me borne à présent à faire ce que je dois et ce qu'il désire, sans chercher à obtenir des explications que je n'obtiens pas.

Adieu, ma chère cousine, quoique je me sois un peu ranimé en vous écrivant, je m'en suis pas moins fort triste. Je passe des heures entières avec des sentiments presque pareils aux remords. Il ne suffit point, pour être heureux, d'être raisonnable et de vouloir n'affliger personne. Au reste être heureux est peut-être un mot vide de sens.

Parlez-moi donc enfin de vous, car vous seule m'avez fait un peu de bien, vous seule m'avez donné la force de résister à un torrent auquel je cédais douloureusement depuis des années : et si je n'avais pas la confiance que vous m'approuverez, je souffrirais beaucoup plus.

LXIII

A MADEMOISELLE ROSALIE DE CONSTANT

Francfort, ce 1ᵉʳ octobre 1803

Il y a bien longtemps, chère Rosalie, que je vous ai écrit. J'ai toujours renvoyé la réponse que je vous devais au moment où je serais de retour chez moi, moment que je croyais très peu éloigné : mais les circonstances ont contrarié toutes mes résolutions. Je ne serai pas dans mes foyers avant un mois. Je ne veux pas attendre jusque-là pour vous écrire.

Vous avez trouvé tout simple, je le pense, que malgré mes résolutions de cet été, je n'aie pas hésité à rendre à une personne, à laquelle je ne puis cesser d'être attaché par une amitié très sincère, tous les services en mon pouvoir, dans la circonstance la plus douloureuse de sa vie. Il est impossible de se plaindre de ses amis quand ils sont malheureux.

J'ai donc suivi, sans vouloir y réfléchir, l'impulsion de mon sentiment, et j'ai quelque plaisir à me dire, que je lui ai été dans cette circonstance de quelques secours. Je suis maintenant près de la quitter et je reprendrai ma vie isolée et plus que jamais indépendante.

Je ne crois pas cependant que je reste toujours aux Herbages. J'ai un grand désir de faire une course à Genève et en Suisse, et je ne veux pas me reprendre au plaisir d'être paresseusement chez moi, sans quoi je pourrais bien y rester. Il est donc probable que je vous verrai dans le courant du mois de mars au plus tard.

Ecrivez-moi aux Herbages, votre lettre m'y attendra quelque temps; mais je ne pourrais guère vous donner une autre adresse, je ne sais pas bien quelle route je prendrai pour m'en retourner, ni où je m'arrêterai. Aussitôt que mon pèlerinage sera terminé, je vous l'annoncerai; mais je voudrais en débarquant trouver de vos nouvelles. Que fait Charles au milieu de cette guerre qui doit le désoler et qui a dû même rendre son séjour difficile? Elle n'est pas prête à se terminer. Je crois la descente fort ajournée, mais la paix plus éloignée encore, et s'il fallait parier, je parierais pour une guerre sur le Continent.

Adieu, chère cousine, je languis de causer avec vous dans toute l'intimité qui aurait dû toujours exister entre nous deux, et qui a été une si grande consolation pour moi et une si grande jouissance depuis qu'elle existe.

LXIV

A MADEMOISELLE ROSALIE DE CONSTANT

Weimar, le 27 février 1804

Je ne veux pas, chère Rosalie, disputer avec vous sur un sujet qu'il est d'autant moins nécessaire de traiter par lettres que j'espère vous voir bientôt. Je veux seulement vous dire que je ne crois pas qu'il y ait eu la moindre trace de faiblesse dans ma conduite. Il était plus possible de brûler la cervelle à son ami intime que de l'abandonner dans les circonstances de cet hiver. Il y a des choses qu'il est impossible de juger sans les avoir vues : il y a des genres de douleur qu'il est impossible d'apprécier sans avoir une connaissance entière du caractère de celui qui les éprouve. Or, tout ce que je respecte sur la terre c'est la douleur, et je veux mourir sans avoir à me reprocher de l'avoir bravée. Je sens dans ma conscience que non seulement j'ai rempli un devoir, mais que j'ai rendu à un être très bon et très distingué un service plus essentiel que si je lui avais matériellement sauvé la vie. Je ne puis donc être que content de moi-même et lors même qu'il en serait résulté pour moi quelque inconvénient, ce qui n'est pas dans la circonstance actuelle, je m'en saurais encore bon gré.

Une preuve que je ne suis pas faible, c'est que je serai dans un mois auprès de vous. Je pars après demain. Je voyagerai lentement parce que ma santé n'est pas très bonne. Je m'arrêterai quelques jours à Gotha et à Francfort ; mais à moins d'un accident dans mon voyage, je serai à Lausanne vers le commencement d'avril.

J'ai trouvé qu'il valait mieux passer par la Suisse en retournant chez moi. J'aurai le plaisir de passer quelques jours auprès de vous, j'irai de là à Genève, et à Dôle. En même temps je saurai des nouvelles de France. Il me paraît que l'état des choses s'y brouille singulièrement, et, quoique dans l'obscurité dans laquelle je suis rentré, les convulsions politiques ne puissent me reprendre, j'aime mieux en savoir les détails à Genève.

Ce me sera un grand plaisir que de vous voir, il m'est doux de penser qu'une confiance parfaite s'est établie entre nous, et que nous ne serons plus étrangers. Vos lettres ont été une grande consolation pour moi cet été. Vous me direz aussi des nouvelles de Charles que je vois entrer bien malgré lui et un peu contre son opinion dans une espèce d'état militaire. Il est bien poursuivi par les vicissitudes de la vie. Le repos est ce qu'il y a de plus difficile à trouver au monde, de quelque manière qu'on s'y prenne.

J'ai été enchanté, à quelques égards, de mon voyage en Allemagne. J'y ai vu un des hommes uniquement occupé des lettres et en tirant un véritable bonheur. Si une guerre continentale ne vient pas bouleverser encore une fois cette partie du continent, l'Allemagne laissera loin derrière elle l'Angleterre et la France, et si de certaines choses se prolongent, c'est peut-être en Allemagne qu'il faudra chercher une nouvelle patrie.

J'ai bien du regret de me trouver si près de Victor sans aller le voir ; mais j'aurais trouvé bien difficile de pousser ma course jusqu'à Berlin.

Adieu, chère Rosalie, dites bien des choses à notre bonne tante et embrassez Constance[1] de ma part, quoique je ne sois pas de son avis sur *Valérie*. Je trouve que c'est un des plus médiocres romans qui ait paru depuis longtemps et je préfère bien à ce galimatias *Claire d'Albe* ou *Amélie de Mansfield*. Si on veut faire un roman comme *Valérie*, il n'y a qu'à couper par morceau des pages de Chateaubriand, de Bernardin de Saint Pierre et de Rousseau, les mettre en série et les faire imprimer dans l'état où elles se trouvent.

Adieu encore une fois, je ne vous dis pas de me répondre ; car je me mets en mouvement après demain.

LXV

A MADEMOISELLE ROSALIE DE CONSTANT

Coppet, mai 1804.

Je n'ai pas besoin de vous dire, chère cousine, que je suis bien impatient d'aller vous voir à Lausanne. Je

---

[1] Constance d'Arlens, fille de David de Constant d'Hermenches.

n'ai pu quitter Mme de Stael à son passage dans le déplorable état où elle était et où elle est encore, et je ne puis la laisser seule de toute cette semaine. Mais j'ai fait avec Mme de Nassau le pacte d'aller à Lausanne, mardi de la semaine prochaine, et si ma tante Charrière veut me loger, cela ajoutera bien au plaisir que je me promets. Nous causerons alors de tout ce qui m'intéresse, et dont nous avons à peine pu dire un mot lors de ma dernière apparition. Comme cette lettre n'est destinée qu'à m'annoncer chez vous, je la fais courte.

Je vous embrasse mille et mille fois et je vous aime beaucoup.

LXVI

A MADAME LA COMTESSE DE NASSAU
NÉE DE CHANDIEU

Coppet, ce 1er octobre.

Je ne saurais vous dire assez, ma chère tante, combien votre lettre si bonne, si excellente, si amicale m'a fait plaisir. Je regrette plus que vous encore ces douces soirées de Lausanne, et je les recommencerai le plus tôt qu'il me sera possible. On n'a de bonheur à être ensemble que lorsqu'on y est souvent, alors ce qu'on a dit la veille sert à s'entendre à demi mot dans ce qu'on dit le lendemain, et l'esprit se comprend presque indépendamment de la parole, mais ce que vous me dites sur la société que vous me destineriez, quand votre appartement sera arrangé, me ferait plutôt peur que plaisir. C'est vous que je veux, ma chère tante, ce sont nos tête-à-tête, c'est notre causerie sur tout ce qui se présente à nous. Si quand vous aurez du monde, vous trouvez que votre neveu vous soit nécessaire, votre neveu sera à votre porte. Mais ce ne sera jamais pour lui que vous aurez du monde, et il ne se trouvera jamais dans sa véritable société que lorsqu'il sera seul avec vous.

J'attends la fin de la bise et une lettre de mon père, pour passer les montagnes et aller à Dôle, j'ai besoin de savoir que mon père est en état de me recevoir. Je passerai avec lui le temps qu'il voudra : je ne pense pas que ça excédera 10 ou 12 jours.

Vous avez donc payé 1,200 fr. de plus sur Vallombreuse, nous nous acquittons merveilleusement. Avant mon départ pour Dôle il est probable que je vous enverrai quelques mille francs pour les paiements ultérieurs; mais je pense qu'il vaudrait mieux attendre les collocations, parce que nous pourrions alors choisir les créanciers qu'il nous conviendrait le mieux de payer.

Je suis tout à fait indigné contre les fermiers qui ne veulent pas passer mille francs. Il faut absolument qu'ils nous en donnent au moins 1,200 fr. et ce sera encore le moins que nous puissions accepter. M. de Loys nous aura, j'espère, donné des notions exactes sur nos états. Je m'en remets tout à fait à vous pour les mesures de gouvernement à prendre.

J'ai eu plusieurs lettres de Paris ; on y est assez dans la consternation. Tout l'argent est parti pour Strasbourg et il n'y a que les créanciers de l'Etat qui soient restés à Paris. La banque ne paie les billets qu'avec lenteur et seulement un par jour à la même personne. Le paiement des rentes échues le 1er vendémiaire se fait aussi avec difficulté. Toutes les rentes, d'après les nouvelles règles qui avaient commencé à faire revivre le crédit, devraient être acquittées dans le mois. On dit qu'elles ne le seront que dans six mois, au plus tôt. Lorsqu'une guerre commence ainsi, on ne peut guère prévoir ce que les événements amèneront. Mais je m'en remets avec autant de confiance qu'auparavant à l'homme du *siècle* et de la nation et je dis : Il nous a donné la paix, il nous l'a ôtée ; que sa volonté soit faite ! Nous ne l'en appellerons pas moins le pacificateur de l'Europe, parce que le mot de pacificateur va très bien dans une phrase.

J'ai lu attentivement dans le *Moniteur* les pièces publiées de la correspondance de la France et de l'Autriche. On n'y voit que les nôtres remises par la France, et aucune des réponses de l'Autriche, j'aime fort cette manière. Cela vaut mieux que de présenter les deux côtés des questions ; les idées s'embrouillent quand on entend les deux parties, au lieu que, lorsqu'on n'en entend qu'une, on n'est jamais choqué par les contradictions.

Je n'ai lu des Lettres de Lady Montague que quelques extraits dans quelques journaux. Mes yeux ne me permettent pas de les prodiguer. Mon père a connu cette Lady Montague à Venise, dans les dernières années ; elle avait 80 ans et courait le monde toute seule avec des domestiques, se démenant toute vive et toute vieille dans toutes les auberges. Ces premières Lettres de Constantinople valaient mieux que les dernières. Je suis assez porté à croire, comme vous, que les femmes qui veulent se plaire mutuellement sont encore moins naturelles que celles qui veulent plaire aux hommes. Dans leurs relations avec ceux-ci, il y a un intérêt tout clair, tout direct qui les remet dans le vrai. Mais comme cet intérêt ne peut pas exister de femme à femme, et que d'un autre côté les femmes n'ont pas entre elles, comme les hommes, des affaires sérieuses, qui puissent faire le sujet des lettres qu'elles écrivent, il faut bien qu'elles se travaillent pour savoir que dire et de là l'affectation. Il n'y a que l'amitié qui en dispense ; c'est ce qui fait le naturel des lettres de Mme de Sévigné.

Adieu, chère tante. Je m'aperçois que je bavarde comme une pie.

LXVII

A MADAME LA COMTESSE DE NASSAU, NÉE DE CHANDIEU

Genève, le 20 décembre 1805

Voici, ma chère tante, la réponse de Mme de Cazenove qui vous laisse toute liberté de prendre le parti qui vous conviendra. Je suis fâché de ne pas avoir reçu votre lettre avant que les 4,000 francs que vous devez avoir reçus ne fussent partis. Mais l'arrivée de cet argent entre vos mains ne doit rien changer à vos convenances. Je ne demande pas mieux que de rester débiteur de M. Hollard pour 9,000 francs, pourvu que ce soit par lettre de rente au 5 0/0 parce que je ne voudrais pas qu'il y eût un terme de remboursement fixe, et que je prendrais alors mes mesures pour payer les intérêts jusqu'à ce qu'il me fût facile ou avantageux de rembourser. Mais, ma chère tante, arrangez la chose comme vous le voudrez, c'est-à-dire chargez-vous de 5,000 francs et moi de 9,000 francs pour les 14,000 francs de M. Hollard. Je reprendrai mes 4,000 francs sur lesquels je gagnerai quelque chose à cause du change, et comme je les ai empruntés, je les rendrai. Lors même que vous en auriez fait usage pour payer d'autres à compte, cela ne doit rien changer à vos arrangements. Vous auriez d'autant moins à payer sur les 10,000 fr. de Mlle Rieu, et vous me rembourseriez ce que vous auriez payé. Ainsi rien de ce qui paraît vous convenir et qui m'arrange fort, ne doit être changé par l'envoi que je vous ai fait. Seulement, veuillez en réponse à cette lettre m'annoncer ce que vous auriez décidé.

Je suis bien impatient de me retrouver dans le petit cabinet. Sans vos lettres de Rolle qui m'ont trompé, j'y serais à présent. Mais j'avais cru que vous seriez à Rolle encore toute cette semaine et j'ai pris mes arrangements pour aller à Lausanne vers la fin de l'année. Je partirai le lendemain de la représentation de Mérope pour laquelle on fait trop de préparatifs pour que je ne reste pas pour la voir. — Je ne connais point le roman dont vous me parlez. Mes yeux m'empêchent absolument de rien lire, à plus forte raison des romans. Le seul qui m'occupe, c'est celui de l'Europe, sur le dénouement duquel je n'ai aucune donnée. On parle d'un armistice qu'on avait d'abord représenté comme la paix. Si les conditions en étaient telles qu'on nous l'annonce, ce serait plus que la paix, car l'Autriche se serait ôté tout moyen de résistance en cas que la paix ne se fît pas. Mais j'ai appris à ne rien croire et j'attends.

Mon départ est toujours fixé au 1ᵉʳ février à peu près, à moins que la santé de mon père ne me le fasse avancer. J'espère n'avoir pas cette raison de me hâter. Je ne sais encore si j'irai plus loin que Dôle. Qui est-ce qui peut voir au-delà de six semaines par le temps qui court ?

Adieu, ma chère tante, je me réjouis bien de vous voir, j'attends vos réponses pour faire ce que je dois faire relativement à nos paiements et je vous aime comme vous savez que je vous aime, c'est-à-dire plus que je ne puis vous l'exprimer.

LXVIII

A MADEMOISELLE ROSALIE DE CONSTANT

Janvier (?) 1806.

Mlle Bontems vous aura remis, ma chère cousine, les trois petites lettres que je vous ai priée de garder jusqu'à mon retour. Elle vous aura aussi expliqué par quel quiproquo, étant arrivé jusqu'à votre porte même, je ne suis pas entré, vous croyant dans un grand concert. Je ne puis pourtant me refuser la douceur de vous marquer encore une fois avant de partir combien est vive et sincère l'amitié que je vous ai vouée et combien l'intérêt que vous m'avez témoigné depuis quelque temps, y a encore ajouté. J'aurais été bien curieux de savoir à peu près quel a été le résultat de votre conversation d'avant-hier avec Mme de Chateauvieux. Si vous pouvez me l'écrire, votre lettre ne sera remise qu'à moi et sera brûlée aussitôt que lue. Je vous recommande toujours le plus parfait silence sur mes projets, si vagues qu'ils méritent à peine ce nom. D'ailleurs j'aurais un air de fausseté qui serait aussi bien peu mérité ; mais qui n'en serait pas moins fâcheux. Il faut que j'ajourne toute décision, jusqu'à ce que rendu à moi-même, j'aie une pleine connaissance de ma situation extérieure et de ce qui est véritablement mon intérêt et ma volonté. Souvenez-vous toujours, chère Rosalie, que pour le moment je ne vais qu'à Dôle et que ce ne sera que de Dôle que je me déciderai à aller plus loin. Je vous écrirai incessamment. J'ai si peu joui des liens de famille qu'ils me sont mille fois plus doux qu'à tout autre, outre que je n'aurais pas besoin de ces liens pour vous aimer.

LXIX

A MADAME LA COMTESSE DE NASSAU, NÉE DE CHANDIEU

Paris le 9 septembre 1806.

Je vous remercie bien, ma chère tante, de votre inquiétude et de votre aimable lettre. Il me tardait d'en recevoir de vous. J'ai très peu de plaisir dans cette grande capitale d'où toutes mes connaissances sont parties pour la campagne. J'y reste pour terminer mes affaires, et je marche à mon but lentement, mais assez sûrement. J'ai été bien affligé de l'accident arrivé à Mme de Wildegg [1]. J'en suis affligé, non seulement à cause de ce que son mari et elle ont souffert, mais parce que je crains que cela ne la décourage et ne lui rende toutes les répugnances qu'elle avait été si longtemps à vaincre. La nature est quelquefois une marâtre. J'espère que Mmes d'Hermenches et de Sévery sont plus heureuses.

Si je ne vous ai point parlé de Vallombreuse, ma chère tante, ce n'est point que je me repente de cette acquisition, ni que j'en sois dégoûté. Mon désir a été d'acquérir quelque chose avec vous et comme il n'y a rien de changé sur ce point, je persiste dans le sentiment de plaisir que cette opération m'a causée. Quant à ce qu'il y aura à faire pour l'avenir, je crois que le mieux est d'affermer ce domaine, fût-ce à un prix un peu au-dessus de ce que nous espérions, pourvu que le fermier soit solvable et même riche. Un prix plus haut, avec un fermier mal à son aise, est toujours un mauvais marché. Mais je crois que le plus mauvais de tout serait de continuer à cultiver par nous-mêmes. Je vous prie au moins, ma chère tante, de rayer du nombre des considérations qui vous affligeraient, si ce domaine rapportait moins que l'intérêt de son prix, toutes celles qui ont rapport à moi.

Je me suis arrangé comme je vous l'ai mandé ou plutôt comme je vous l'ai dit dès l'origine, pour ne point le faire entrer dans le calcul de mes revenus; et ma vie, peu fixée, au milieu de beaucoup d'inconvénients qu'elle a d'ailleurs, a eu pour moi cet avantage, c'est de rendre mes calculs très précis et très immuables. Vallombreuse

---

[1] Mme de Wildegg, née de Sévery, sa cousine.

ne me rapporterait donc pas un sol que je n'en serais pas gêné, et je n'en serais pas moins bien aise d'avoir un domaine qui oblige une certaine tante, assez paresseuse quelquefois de son naturel, de m'écrire plus souvent. Il y a longtemps que j'aurais consenti à faire à cette tante une pension pour qu'elle m'écrivît, mais comme je ne pouvais pas lui faire cette proposition peu décente, je suis charmé d'être arrivé à ce but par un autre moyen. Au reste ceci, ma chère tante, ne sera, je suis sûr, qu'une plaisanterie, parce qu'en affermant Vallombreuse, nous aurons toujours un revenu de notre argent et un pour cent de plus ou de moins, sur ce capital que nous avons mis ensemble, ne nous ruinera pas.

Je sais que vous avez eu la bonté de payer pour moi la pension du pauvre Louis. Cela joint à la lettre de M. Frossard et aux avances pour Vallombreuse me constitue votre débiteur. Pour peu qu'il vous convienne, ma chère tante, d'être remboursée de ce que je vous dois, je vous supplie de me le mander. Quoique en général je désire que le revenu de Vallombreuse subvienne à ses frais, cependant comme la circonstance est extraordinaire, je ne voudrais pas que vous en éprouvassiez le moindre inconvénient.

Ma santé n'est pas précisément mauvaise ; j'ai eu comme tout le monde des maux de gorge, des accès de fièvre et tous les petits accidents que cet été, le plus fou des étés qu'on ait vus de mémoire d'homme, a distribué libéralement à droite et à gauche ; mais ma poitrine n'a pas souffert. Si je puis la garantir cet hiver d'une grippe, elle se remettra parfaitement. C'est donc à la grippe et à moi à voir qui des deux sera le plus habile.

J'ai appris le mariage de Mlle P. et j'ai admiré, ma chère tante, avec quel bon esprit, vous vous étiez jetée dans la description, non pas du mari, mais des enfants de ce mari, par une première femme. On ne peut pas dire qu'il n'y ait pas dans ce ménage de la jeunesse, n'importe dans quelle génération. Mon Dieu, ma chère tante, quelle fureur les demoiselles ont de se marier! J'ai vu Juliette à Genève. Elle m'a paru affectée et minaudière. Je me suis bien réjoui en qualité de compatriote qu'on ait détourné le déluge des filles hollandaises, prêt à fondre sur nous. On m'avait dit depuis longtemps que dans ce pays-là toutes les digues étaient rompues. Je vois, dans un journal, que les fils de Tippo-Saïb, que les Anglais ont détrôné, se sont adressés au gouvernement anglais pour être mariés convenablement. Il faut que les demoiselles hollandaises s'adressent au roi de Hollande.

Adieu, ma chère tante, je me réjouis bien de votre meilleure santé, et je vais manger des prunes par reconnaissance. C'est une reconnaissance qui ressemble à celle des gouvernants pour leurs sujets. Mille choses à Mlle Rieu. Ecrivez-moi bien vite.

LXX

A MADAME LA COMTESSE DE NASSAU, NÉE DE CHANDIEU

Paris, le 18 janvier 1807.

Je vous ai écrit il y a huit jours, ma chère tante, pour vous entretenir de mes affaires auxquelles vous voulez bien vous intéresser. Je compte sur cet intérêt, car je vous en parle jusqu'à satiété. Aujourd'hui, cependant, je tâcherai de vous en faire grâce. Je vous ai déjà marqué qu'ayant vendu une ferme que je possédais, et sur la vente de laquelle j'ai gagné environ 24,000 fr. j'avais été obligé, pour conclure ce marché, d'accorder des termes à mon acheteur et que pour sûreté de paiement, j'avais converti ces termes en hypothèque ! Il en résulte que j'aurais besoin d'une déclaration et d'une procuration pareille à celle que vous avez déjà eu la bonté de m'envoyer. Mais pour n'être plus obligé de vous importuner dans la suite, je vous proposerai, ma chère tante, de m'envoyer une déclaration et une procuration générales pour tous les fonds placés dans l'étude de M. Fourcault de Pavant. Il m'a dressé une procuration et une déclaration de cette nature, et je vous l'envoie. Si après les avoir examinées et fait examiner, vous y voyez aussi peu d'inconvénients que moi, je vous prie de me les envoyer revêtues des formalités nécessaires. La procuration seule doit être légalisée par le ministre de France. La déclaration n'en a pas besoin. Mille et mille pardons, ma chère et bonne tante, j'abuse de votre amitié, mais ce sont de vrais services que vous me rendez, et c'est grâce à vous que j'aurai pu prendre pour ma fortune les arrangements que je désirais.

Nous avons été longtemps dans l'attente de quelque grande nouvelle. Il paraît certain actuellement qu'il n'y en aura point. On suppose que l'Empereur ne tardera pas à revenir à Paris, après avoir mis son armée en quartier d'hiver. Pendant que nos concitoyens se battent en Pologne, on meurt à Paris de la grippe et de toutes sortes de maladies, dont cet hiver qui paraît être devenu fou accable tout le monde, jusqu'à présent, j'ai lutté de mon mieux contre les commencements de rhume et de douleurs dans la poitrine, je ne sais si je parviendrai au printemps sans que la saison soit plus habile que moi ; je voudrais être en bonne santé pour aller vous voir dès qu'il fera beau.

Adieu, ma chère tante, je suis un peu honteux et des peines que je vous donne et des dettes que je ne vous paie pas, car je suis encore votre débiteur, et vous ne m'avez pas dit de combien, de sorte que je ne puis pas m'acquitter. J'espère que Vallombreuse y subviendra puisque vous ne voulez pas que je vous envoie rien de Paris. Si comme je dois y compter, je suis remboursé bientôt d'un petit capital, je paierai M. Hollard pour rendre notre propriété tout à fait libre. Je me fais une fête d'aller la voir avec vous. J'en ai beaucoup meilleure opinion que vous ne paraissez en avoir. Il est vrai que tout ce qui est d'un intérêt commun entre nous, me semble, pour moi, fort bon marché.

Adieu encore une fois, ma chère et bonne tante. Mille choses à Mlle Rieu. Je vous embrasse bien tendrement.

LXXI

A MADEMOISELLE ROSALIE DE CONSTANT

Paris, 29 mars 1807.

Je reçois votre lettre, chère Rosalie, et pour ne pas l'oublier, en vous parlant de choses plus intéressantes, je commencerai par vous dire que vous aviez mal mis mon adresse, et que faute d'avoir ajouté le mot *neuve*, à ceux de Rue des Mathurins, et pour avoir substitué le N° 49 au N° 40, votre lettre m'a cherché longtemps, et a failli ne pas me trouver.

Venons maintenant à ce qui nous intéresse et je commence par mon père. Je suis avec lui, proportion gardée, précisément dans la même position que vous ; je fais ce que je peux pour lui être agréable : je vais au devant des embarras qu'il peut éprouver ; je le rassure autant que cela m'est faisable, sur le sort de la personne qui l'intéresse, il me remercie, il se loue de moi, puis il essaye d'établir entre cette personne et moi une relation publique et la gêne recommence. Il y a un mois que la petite fille m'écrivait comme à son frère, de la part du préfet de Besançon pour m'inviter à aller voir ce préfet que j'ai connu autrefois ; le tout, pour se dire chargée de quelque réponse de ma part à ce préfet. J'accusai réception de sa lettre à mon père, en le chargeant de lui dire que je m'intéresserais toujours à elle et je ne fis pas mention de la prétendue commission qu'elle m'avait faite. Hier mon père m'a écrit, pour accepter diverses propositions ou diverses offres que je lui avais faites, et après de très beaux remerciements, il m'a dit qu'il espérait que j'irai avec lui à Besançon voir Louise à mon passage ce printemps. C'est un véritable piège. Cette fille est introduite sous le nom de Mlle de Rebecque, chez le préfet et dans beaucoup d'autres maisons. Si j'y allais, je serais invité avec elle, comme en famille, et c'est ce que je veux éviter à tout prix. Je répondrai très franchement que je persiste dans tout ce que j'ai promis, mais que mon père ne peut ignorer l'embarras que j'éprouve, par les relations où il m'a mis ; que cet embarras me serait insupportable à Besançon, que de plus, s'il tient à ce que je puisse faire une fois ou une autre un mariage, comme il m'en presse à tous les instants, il ne faut pas que j'aie à présenter à une famille cette belle-mère, que s'il désire que je recueille un jour quelque témoignage de l'affection de Mme de Nassau, je dois lui dire que l'idée que mon bien pourrait revenir aux enfants de Marianne, est celle qu'elle m'a plus d'une fois alléguée pour m'annoncer qu'elle n'était point décidée à faire quelque chose pour moi, et que pour mon avantage comme pour mon sentiment, je le supplie de ne rien exiger d'ostensible. Tout cela, chère cousine, m'est très pénible : mon père souffre d'une infirmité très douloureuse, il est tourmenté d'un procès dont l'issue ne promet point d'être favorable, il se montre content de moi, consolé par moi, et je vais détruire toute la bonne impression que nos soins ont produits. Mais pourquoi aussi me tendre de la sorte de véritables embûches ? Et comment ne sent-il pas qu'il me force à reculer, plus encore que je ne voudrais, en prétendant m'obliger, par de petites ruses, à avouer plus que je ne veux ? Ce dernier incident m'embarrasse dans tous mes projets. Je comptais retourner en Suisse dans très peu de temps, et passer une quinzaine de jours avec mon père ; mais je ne veux pas aller à Besançon tant que la petite y sera, et par là même je ne veux pas aller à Brevans, parce que mon père inventerait mille prétextes pour faire avec moi une course à Besançon, et même sans en inventer, il aurait beaucoup de raisons à alléguer, puisque son procès s'y instruit. De la sorte, il m'empêche de lui rendre les services que je pourrais, en me poussant à des choses que je ne puis pas. Il en résulte que je retarde mon voyage à Lausanne, parce que je ferais trop de peine à mon père en allant en Suisse sans passer par Dôle. Voici, ma chère cousine, tout ce qui concerne mon père.

Quant à mon autre intérêt ou mon autre lien je ne pourrai guère vous en rien dire, que vous ne sachiez aussi bien que moi. Je suis longuement, tristement, le projet que vous connaissez. Je ne veux pas avoir à me dire que j'ai gâté en quoi que ce soit la situation d'une personne qui a eu et qui a encore beaucoup d'affection pour moi. Je suis donc parti de Lausanne il y a un an pour l'aider dans une tentative que je lui avais conseillée.

Jusqu'à présent cette tentative a réussi, et si mes conseils avaient toujours été suivis, elle aurait encore réussi bien mieux. Je ne suis point sûr que le dernier pas se fasse avec autant de facilité, et il y a des imprudences qui ont créé des difficultés nouvelles ; mais la chose sera décidée d'ici à six semaines. Jusqu'alors, j'attends, je souffre, je lutte contre beaucoup d'orages, je dissimule, et je me reproche ma dissimulation ; je rends des services et je suis sûr d'en effacer tout le mérite, dès que je voudrai reprendre une liberté que je ne puis plus sacrifier. J'aime d'amitié, et je sais que cette amitié sera repoussée dès qu'elle ne décidera pas de toute ma vie. Enfin cet été, cet automne, cet hiver ont été une époque de ma vie pendant laquelle je n'ai pas été une heure sans un sentiment pénible. Quand je serai de retour auprès de vous, ma situation changera nécessairement ; on aura réussi ou perdu tout espoir de réussir. Dans les deux cas, je n'aurai plus de services à rendre. Je m'établirai dans ma famille, au milieu de mes parents, de ceux qui veulent bien m'aimer encore quoique j'aie été si souvent séparé d'eux. Je n'en suis pas moins triste. La fin d'une liaison si longue avec une personne qui a d'excellentes qualités, l'idée que je ne puis la déterminer à mettre l'amitié à la place d'un lieu qui ne nous rend plus heureux ni l'un ni l'autre, le sentiment bizarre que tout ce que je fais aujourd'hui n'atténuera en rien le mécontement que ce que je ferai occasionnera, tout cela me remplit d'une expression sombre qui rend ma vie pesante et terne. Mais il en est de cela comme de mes relations avec mon père : je n'y puis rien. J'ai entrepris une chose mal calculée, mais il faut l'achever et je touche au terme. Tout ceci entre nous, chère Rosalie, parce qu'il faut que rien ne la trouble dans les dernières démarches qui doivent décider de sa longue tentative. Son moyen, qui ne lui manquera jamais pendant que nous sommes ici, c'est à la moindre idée de séparation de se livrer à des projets si bizarres qu'ils la compromettront à jamais. Je ne lui ai point caché mes projets, et plus d'une fois nous les avons discutés, si l'on peut appeler discussions des raisonnements d'une part et des reproches de l'autre. Mais j'ai toujours vu l'inutilité de toute conversation de ce genre, et je suis convaincu que rien ne peut la ramener sur ce point.

Quand nous serons en Suisse, il y aura moins d'inconvénients à ce que je pourrai faire : nous serons loin du public, loin des gouvernants et quelques rumeurs passagères s'éteindront bientôt sur un petit théâtre où personne n'aura beaucoup d'intérêt à s'en occuper. Jusqu'alors je ne dis ce qui en est qu'à vous seule, et je vous prie de n'en parler à qui que ce soit, surtout à Constance.

Un mot sur ce qui a rapport aux bonnes intentions de notre excellente tante Charrière. Certes je n'y renonce point, le temps qui s'écoule ne m'oblige pas à y renoncer, mais après que j'aurai assis ma situation au milieu de vous, j'aurai besoin, je l'avoue, de quelque temps de réflexion. Je rassemblerai les débris d'une vie trop gaspillée, avant de prendre aucun parti. Je ne voudrais tromper personne et je ne sais jusqu'à quel point un cœur fatigué d'agitations de toute espèce, et froissé, surtout depuis quatre ans, peut renaître à des affections nouvelles. J'ai besoin d'air et de solitude avant d'être bon à quelqu'un ou à quelque chose.

En voilà bien assez long sur moi, chère cousine, mais toutes les fois que je vous écris, je ne puis pas ne pas me laisser aller à une confiance sans bornes, qui me rend peut être ennuyeux. Je voudrais bien à présent vous parler de vous mais je ne sais rien de vous. Vous avez le tort de ne parler à vos amis que d'eux-mêmes, cela est plus généreux qu'amical. J'ai rencontré quelquefois Mme de Vimeux. Son fils a été menacé d'être envoyé à l'armée ; mais sa faible santé lui a permis de rester près de sa mère. Que fait Charles ? Vous ne devez recevoir que difficilement de ses nouvelles. Mon père me mande que Villars est à Altona. Je suppose que malgré sa répugnance pour le pays de Vaud, il finira par y revenir. Une destinée commune nous y ramène tous invinciblement ; je m'y résigne bien volontiers et vous entrez pour beaucoup, chère Rosalie, dans cette résignation. Il n'y a de bon, de durable que les affections naturelles. N'allez pas croire pourtant que je ne vous aime que parce que vous êtes ma cousine, il me semble que je vous aurais choisie si je ne vous avais pas trouvée.

Mais je ne réponds pas que vous en eussiez fait autant. Adieu, je vous embrasse, je serai près de vous au commencement de mai, jusqu'alors vous devrez bien m'écrire encore, rue Neuve des Mathurins N° 40. J'embrasse tendrement notre excellente tante.

LXXII

A MADAME LA COMTESSE DE NASSAU,
NÉE DE CHANDIEU.

Paris, le 10 avril 1807.

Votre bonne lettre m'a fait bien plaisir, ma chère tante, et quoique j'espère être auprès de vous dans peu de temps, je ne veux pas tarder à vous en remercier. Je ne suis retenu ici que par l'affaire de mon père qui n'avance pas, et qui, poursuivie toujours à Dôle par ses adversaires, pendant que je ne puis parvenir à la faire décider ici, le jette et moi par contre-coup dans des embarras assez grands. Je ne sais si j'obtiendrai pour lui ce que j'ai demandé, ni comment ça finira si je ne l'obtiens pas. Je ne puis excéder de certaines bornes dans ce que je ferai pour lui et je suis d'autant moins disposé à excéder ces bornes, que je n'ai pas le bonheur d'avoir une pleine confiance dans toutes ses assertions, à cause de la personne qui exerce sur lui une grande influence. Cela m'est extrêmement pénible. Je suis affligé de ce que je ne fais pas et dans ce que je fais, je suis tenté souvent de me regarder comme une dupe. Mon père continue à mettre en avant tant qu'il peut une petite personne que pour son intérêt il devrait laisser dans l'obscurité. Il a fait de sa première communion à Besançon une espèce de coup de théâtre et cela me gêne même pour aller chez lui. Je ne veux pas faire de tort à cette petite personne et je ne veux pourtant être en rien coopérateur de l'éclat qu'on lui donne.

Je serai bien content de me retrouver en Suisse. L'affaire de mon père, d'autres affaires encore m'ont remis momentanément en relation avec beaucoup de gens, et plus je vois des hommes, plus je suis fatigué et dégoûté. Ce repos sera pour moi une plus vive jouissance que le plaisir. Vous m'effrayez par ce que vous me dites sur Vallombreuse, moins encore par les dépenses qui y sont nécessaires que par la peine que je crains que toutes ces choses ne vous donnent. Je suis bien impatient de vous en épargner un peu, et d'être à mon tour votre homme d'affaires. J'espère que les fermages de Vallombreuse couvriront ces dépenses. Vous savez, chère tante, que c'est tout ce que je demande.

20 avril.

Cette lettre, ma chère tante, comme vous le verrez par sa double date, a été interrompue par des tracasseries assez désagréables, quoiqu'elles ne me regardassent pas personnellement, car on souffre, du moins je l'éprouve quant à moi, bien des gens sont autrement et plus heureusement, on souffre, dis-je, beaucoup plus pour les autres que pour soi. Ces tracasseries ne sont pas encore tout à fait terminées, mais j'espère qu'elles touchent à leur fin. Il m'en sera d'autant plus doux de me reposer et de jouir de votre amitié, je serai bien étonné si une fois je me trouve dans une situation tranquille et sans avoir un poids sur le cœur. Cela ne m'est pas arrivé depuis maintes années.

Adieu, ma chère tante. Si j'osais malgré mon départ prochain, je vous supplierais de me donner encore une fois de vos nouvelles. Vos lettres me font toujours un si grand plaisir.

LXXIII

A MADEMOISELLE ROSALIE DE CONSTANT

Paris le 3 mai 1807.

Votre lettre, chère cousine, et vos conseils sont arrivés, au moment où toutes les circonstances, sur lesquelles mes projets et vos avis étaient appuyés se trouvaient changés. Hélas, non ! Je ne la laisserai point près des amis qui auraient pu contribuer au bonheur et à l'arrangement de sa vie ; elle en est maintenant plus éloignée que jamais. Le jour même où je vous écrivais la lettre à laquelle vous répondiez de la sorte, le 29 de mars, des ordres sévères sont arrivés, et après des résistances et des négociations infructueuses, ils ont reçu leur exécution. On ne peut cette fois l'accuser d'avoir provoqué les rigueurs nouvelles : elle avait vécu de la manière la plus retirée, et ces mesures inattendues m'ont prouvé ce que je craignais depuis longtemps, une résolution secrète qu'il sera difficile de faire changer. Si maintenant vous me demandez ce que je ferai, je vous répondrai que je ne le sais trop moi-même. En attendant je vous conjure de me garder le secret sur tout ceci. Vous lui feriez beaucoup de peine, sans me faire aucun honneur. Il y a dans les combats que j'éprouve quelque chose de bon et de généreux, mais il y a aussi beaucoup de faiblesse et rien de tout cela n'est bon à montrer.

Je n'ai voulu vous faire aucune tracasserie avec mon père, ou m'appuyer de vous, chère Rosalie, pour mes résolutions à l'égard de cette petite fille ; au contraire je lui ai parlé en termes très généreux de votre attachement pour lui, et ce ne peut être aucune de mes lettres qui lui ait donné de l'humeur. Mais on en a facilement dans une situation fausse. Au reste, la lettre que je lui ai écrite m'a tiré d'un grand embarras. Sans répondre à mes raisonnements, il a cédé sur un point essentiel, il renonce à ce que j'aille avec lui à Besançon et fera venir sa fille à Dôle, quand j'y serai, de sorte que je suis dispensé de prendre ou d'éviter des engagements publics. Je suis sûr que c'est à vous, à l'impression que vos lettres ont produite, et à celle que je lui ai écrite d'après cette impression, que je vous dois ce changement et je vous en remercie.

A propos de tracasserie, pour que vous ne m'accusiez pas injustement de vous en avoir fait une autre, je dois vous dire que la personne qui retourne en Suisse, se doutant que ma famille désapprouve ma situation, a porté souvent ses soupçons sur Mme de Nassau, sur vous, sur d'autres. Je ne lui ai jamais dit un mot qui vous regardât, mais vous pourriez le croire d'après des insinuations que vous interpréterez mal. Vous me feriez tort.

Je suis très chagrin des peines que ce pauvre Charles a éprouvées. J'espère qu'elles sont passées : il mérite bien d'être heureux. Nous touchons au moment où les espérances de Villars doivent se réaliser, si elles se réalisent. Je ne l'espère pas. Je ne rencontre jamais Mme de Duras. J'ai fait tenir à Mme de Vimeux une lettre de Mme de Nassau, et je compte aller la voir dans quelques jours. Une affaire de mon père, l'un des dix procès qu'il fait et qu'il perd, me retient ici, m'occupe et m'ennuie. Au reste je vis seul, travaillant quand je peux, et ne sortant que quand ma tête refuse de travailler.

Adieu, chère Rosalie. Il est possible que l'affaire de mon père et la visite que je lui ferai m'empêchent d'être auprès de vous le 1er juillet, mais cela n'est pas encore décidé. Je me fais une joie de causer avec vous, qui m'entendez, me comprenez, me tenez lieu de sœur. Mille choses à ma bonne tante.

LXXIV

A MADEMOISELLE ROSALIE DE CONSTANT

Paris, 27 mai 1807.

La nature est venue scrupuleusement, mais un peu trop efficacement à l'appui de vos conseils, chère cousine. Je voulais partir, je serais parti. Il m'est impossible de les suivre malheureusement. Voilà-t-il pas qu'il s'est répandu sur mes yeux un nuage qu'un oculiste demande un mois pour dissiper. C'est un accident assez sérieux, et qu'il dit menacer la vue s'il n'est dissipé entièrement par des remèdes qui préviennent toute rechute. Je suis donc cloué ici. Je vous écris les yeux fermés, ce dont vous vous apercevrez à mon écriture. Mais je n'ai pas voulu tarder trop à vous répondre.

Adieu, chère cousine. Je ne puis ni pour vous ni pour moi prolonger ce griffonnage. Mais je vous aime bien tendrement. Le secret sur tout ce qui nous occupe. N'ajoutez pas à la peine en parlant de ce que je vous ai mandé.

LXXV

A MADEMOISELLE ROSALIE DE CONSTANT

Paris, 24 juin 1807.

J'aurais voulu vous répondre beaucoup plus tôt, chère cousine, et j'avais commencé une lettre. Mes yeux qui sont encore faibles, quoi qu'ils aillent beaucoup mieux, et que je les regarde comme guéris, m'ont empêché de la finir et d'autres raisons encore m'ont rendu ma vie si pénible, que je n'ai pas eu le courage d'écrire. Je le reprends cependant ce courage, au moment de mon départ, et j'en profite pour vous dire que de toutes les choses du monde, vos lettres sont une de celles qui me font le plus de bien. J'en reçois d'autres très différentes. Je ne pourrais vous en donner d'idée. Jamais vous n'avez rien vu de plus violent et de plus injuste, elles ont toujours l'effet de détruire le sentiment quand il veut renaître. Je suis parti samedi dernier pour aller à Dôle : me sentant fort échauffé par le voyage, je suis revenu ici, parce que je craignais une rechute. Ce retour, et l'idée de la peine qu'elle en éprouverait m'avaient saisi à un tel point que je pleurais comme un enfant de sa douleur, et que dans cette disposition je lui avais écrit deux lettres aussi tendres que si je n'avais qu'à me louer de ma situation. De retour ici, j'ai trouvé des lettres comme on n'en écrirait pas à un assassin de grande route, et elle en a écrit d'autres à des amis communs entre nous, pleines de choses fâcheuses sur mon caractère. Il est dur d'éprouver tout cela après l'avoir accompagnée depuis un an d'auberge en auberge, me pliant à la vie la plus contraire à mes goûts, et la plus funeste à ma santé, me résignant à être mal compris, et mal jugé par le monde, le tout parce qu'elle était exilée et malheureuse.

Tout cela est ma faute, je le sais. Je m'y suis pris maladroitement ; mais aussi je le donne en mille de rencontrer une personne qui réunisse à des qualités vraiment nobles un aussi impitoyable égoïsme. Toute autre, à la vue des malheurs que j'éprouvais, se serait fatiguée d'en être cause ; mais tout ce qu'elle veut, c'est qu'on lui obéisse et qu'on dissimule. Encore si elle avait mis moins de violence dans nos relations, j'aurais pu m'y résigner ; car j'ai pour elle au moment même où j'écris une affection si profonde que j'ai besoin de me retracer tout ce que j'ai souffert et de me dire qu'il n'y a dans toute cette vie de bonheur ni pour elle ni pour moi, afin de résister au besoin de la serrer dans mes bras et de la consoler. Mais j'éprouve en même temps une telle fatigue de ce mouvement perpétuel, et de cette douleur qui se place sur toutes les contradictions indistinctement, que j'aimerais autant renoncer à ce qui me reste de vie que de ne pas trouver du repos.

Tout cela, chère Rosalie, me dispose assez pour le voyage de Plombières. Mon âme est accablée de lassitude, et je me crois hors d'état de ressentir et à plus forte raison d'inspirer un sentiment nouveau. Mais je vais voir mon père, je trouverai là de ses lettres et suivant ce qu'elle me mandera, suivant sa disposition, je la verrai ou je ne la verrai pas. Si je prends ce dernier parti, j'entreprendrai quelque grand voyage pour fixer sa vie au moins pour cet hiver, et que j'aie alors le temps et la liberté de fixer la mienne et ce ne sera qu'après son départ que j'irai vous voir à Lausanne. Je désire vivement trouver une lettre de vous à Dôle. Vos lettres sont de puissants antidotes contre ce spectre de douleur qui me saisit et me terrasse, et si je fais encore de mon reste d'existence quelque usage bon ou agréable, c'est à vous que je le devrai. Mon père m'a envoyé une lettre de vous bien amicale pour lui et pour moi. Vous paraissez y espérer que Charles reviendra en 1808, ce serait un grand bonheur si nous pouvions enfin être tous réunis. Peut-être les tremblements de terre nous pousseront-ils à la fin sur le même point.

Adieu, chère Rosalie, je vous supplie de m'écrire tout de suite à Dôle.

LXXVI

A MADEMOISELLE ROSALIE DE CONSTANT

Dôle, ce 7 juillet 1807.

Je vous remercie toujours de vos lettres, parce que toujours elles me font du bien, chère cousine. Je vois que vous me trouvez d'une grande faiblesse ; mais comment voulez-vous qu'une habitude de treize ans ne laisse pas de profondes et douloureuses racines ? Comment voulez-vous que lorsqu'elle se réduit à me demander de la voir, pour nous expliquer une dernière fois et établir entre nous des rapports d'amitié, je puisse m'y refuser ? Je sens bien que ce qu'elle promet, elle ne le tiendra pas, et que cette entrevue se passera en reproches et en scènes ; mais il y a des duretés dont je ne me sens pas capable, et ne pas la revoir en est une de ce genre. Cependant vous pouvez me croire : tout est fini entre nous, dans ses lettres mêmes il y a plutôt de l'irritation que de l'affection. Mais l'irritation même est une douleur que je voudrais m'épargner. Mon projet est donc d'accompagner mon père à Besançon où il veut aller la semaine prochaine, d'aller de Besançon à Lausanne et de Lausanne à Coppet, où naturellement je ne resterai pas longtemps, parce qu'elle projette un voyage aux petits cantons avec quelques amis de Paris.

J'ai trouvé mon père très souffrant, et souffrant avec beaucoup de courage. Il ne veut faire aucun remède et je n'ose guère le presser à cet égard ; car dans le genre de maladie qui le tourmente, rien n'est moins sûr que l'effet des remèdes qui pourraient lui faire plus de mal que de bien. Il s'ennuie assez. Je ne saurais vous dire, chère cousine, combien je suis reconnaissant de vos offres et combien ce me serait un plaisir d'en profiter. J'ai vu la veille de mon départ cette bonne Mme de Vimeux, mais je n'ai pas imaginé de lui parler de moi ; d'abord je ne sais pas parler de moi : j'en ai depuis longtemps perdu l'habitude, ensuite tout ce qui regarde une personne que j'ai aimée 13 ans, que j'aime encore d'une affection profonde, est une chose sacrée dont je ne parle qu'à vous.

Adieu, chère Rosalie, je crois que j'aurais encore le temps de recevoir quelques mots de vous ; mais j'ose à peine vous demander de m'écrire si vite, il me semble que je dois vous ennuyer et vous fatiguer. Croyez au moins que mon attachement est proportionné à l'amitié que vous me témoignez, et que je voudrais avoir une occasion de vous le prouver. Cependant je ne vous souhaite pas pour me mettre à l'épreuve une situation ainsi tristement enchevêtrée que la mienne.

LXXVII

A MADEMOISELLE ROSALIE DE CONSTANT

Coppet, ce 20 juillet 1807.

Chère Rosalie. Vous devez avoir reçu une lettre de moi de Dôle. J'en ai reçu aussi une de vous, mais qui était antérieure à l'arrivée de la mienne. Je vous écris aujourd'hui, pour vous annoncer mon arrivée, et pour vous dire ce que j'éprouve. Vous êtes la seule confidente de mes peines, vous serez, je l'espère, la main secourable qui m'aiderez à en sortir. Beaucoup dépend de vous dans cette circonstance, et vous le verrez par les détails que vous allez lire.

Je l'ai revue, et quoiqu'on ait pu croire des distractions auxquelles elle se livrait, pendant qu'elle m'écrivait des lettres terribles, j'ai eu mille preuves de sa profonde et déchirante douleur. Le moment de mon arrivée, a été affreux. Il y a en elle une combinaison de violence et d'affection qui m'ébranle jusqu'au fond de mon âme : et je sens que je ne puis ni vivre au milieu de l'angoisse continuelle dans laquelle me tiennent sans cesse ses reproches, ses plaintes, ses éclats, son abattement, ni supporter le déchirement d'un lien qu'elle est déterminée à conserver à tout prix. J'ai essayé de la ramener à des sentiments doux, mais toute discussion est impossible. Son raisonnement est toujours qu'elle veut me garder, et que puisque j'ai pu vouloir me détacher d'elle après l'avoir quittée à Paris, elle ne me perdra plus de vue, et à la première tentative que je fais pour m'éloigner elle menace de se tuer. Ses enfants, ses domestiques, ses amis, toute la terre est dans la confidence de cette menace, et tous me regardent comme un monstre de ne pas apaiser ce qu'elle souffre. Mais rien que la promesse de renoncer à toute autre destinée pourrait l'apaiser ; et comme d'un côté je sens qu'avec sa disposition et après tant d'éclats le mariage ne nous rendrait pas heureux et que de l'autre elle-même ne se résignerait au mariage qu'avec une extrême répugnance, et si je l'y forçais, je ne puis lui donner cette assurance de bonne foi. Au milieu de tout cela, il y a une affection profonde, une douleur affreuse. Une passion qui semble être sortie comme de dessous terre par la crainte qu'elle a conçue. Je passe mes jours à disputer et mes nuits à pleurer sur elle.

Dans cette situation, c'est à vous, chère cousine, à vous qui êtes mon bon génie, c'est à vous que j'ai recours. J'irai à Lausanne le 1er août ; faites que je loge chez Mme de Nassau pour m'éviter au moins une lettre sur la question de loger chez elle. Je vous donne ensuite la procuration de ma destinée. Je vous dirai tout ce que je sens. Vous savez d'ailleurs tout ce qui existe [1]. Vous me conseillerez. Vous me prescrirez ce qu'en honneur, en morale, en scrupule, en délicatesse, je dois faire. Si vous pensez que je lui doive de rester dans les relations où je suis, de la suivre, sans mariage, dépendant, et n'ayant aucune existence par moi-même, si vous pensez que cela doit être, cela sera, quelque douleur que j'éprouve d'une situation qui m'humilie depuis longtemps. J'ai besoin de votre conscience, la mienne est troublée par tous les crimes que l'on m'impute. Vous m'éclairerez sur mes devoirs et je jure de me laisser conduire par vous. Je n'excepte qu'un point, c'est un autre mariage, auquel il ne faut penser que lorsque mon sort sera fixé. Je ne puis ouvrir mon âme à aucun projet de ce genre, tandis que je suis forcé de faire du mal à une amie de 13 ans, à une amie pleine de mille qualités que ces injustices ne me font point méconnaître.

En répondant, chère Rosalie, n'entrez dans aucun détail sur ce qui fait le sujet de cette lettre. Dites-moi que vous m'aimez, que Mme de Nassau m'attend, du reste il est inutile d'écrire sur un sujet sur lequel nous causerons. Si Mme de Nassau voulait me louer son appartement je le louerais volontiers. Je vous conjure de ne rien dire à Constance ; d'après ce qui m'est revenu d'une conversation de Mme d'Arlens, j'ai lieu de croire que vous lui avez confié ma situation et qu'elle me blâme.

Adieu, chère et bien chère cousine, sûrement vous ne m'aimez pas moins parce que je suis malheureux.

M. d'Arlens me dit que vous êtes malade ; donnez-moi,

---

[1] Elle ignorait les projets de mariage de son cousin.

je vous en conjure, des nouvelles de votre santé. Je suis bien impatient de vous voir.

LXXVIII

A MADEMOISELLE ROSALIE DE CONSTANT[1]

Coppet, septembre 1807.

Bonjour, chère Rosalie, ce n'est pas pour vous récrire sur tout ce qui s'est passé que je prends la plume, c'est seulement pour savoir de vos nouvelles et pour vous dire que je vous aime beaucoup.

Ne parlons de rien dans ce moment que de notre amitié mutuelle et des sentiments que nous nous sommes voués. Je ne cesserai jamais de vous regarder comme ma sœur, et lors même que la journée de mardi m'aurait convaincu que je ne puis me détacher d'une personne qui a tant de qualités et une affection si profonde, je n'oublierai jamais que dans tout ce que vous avez fait, vous n'avez eu en vue que mon bonheur. Adieu, chère cousine.

[1] Mme de Staël avait ramené B. Constant à Coppet après la terrible scène racontée par Rosalie à Charles de Constant dans sa lettre du 8 septembre 1807. (voir l'Introduction).

LXXIX

A MADAME LA COMTESSE DE NASSAU, NÉE DE CHANDIEU

Coppet, ce 9 septembre 1807.

Il n'y a pas de doute, ma chère tante, qu'il ne faut pas se plaindre, et sur cela vous avez raison. Aussi je ne me plaindrai plus, et je ne dirai pas même que je n'ajourne pas ma décision à un temps indéfini, puisque six semaines sont bientôt passées ; mais il est inutile de parler là-dessus, jusqu'au moment où je pourrai dire un fait au lieu de fatiguer mes amis par mes projets ou des conjectures. Je me soumets donc au silence que vous me conseillez, mais c'est à condition que ce silence ne s'étende pas sur autre chose. Car je serais par trop malheureux, si de ce qu'il y a un article sur lequel nous suspendons toute conversation pour le moment, il s'ensuivait que vous renonçassiez à m'écrire. J'ai besoin, ma chère tante, que vous me donniez des nouvelles de votre santé et de votre sentiment pour moi. Je vous reverrai vers le milieu d'octobre ; mais je ne veux pas que d'ici là vous cessiez tout à fait de m'aimer et, malgré l'intérêt plus vif que vous inspirent naturellement les nièces qui se marient, je réclame un peu de votre souvenir pour les neveux qui ne se marient pas et qui ont d'autant plus besoin de l'amitié de leur tante qu'ils n'ont pas de femme pour les consoler.

J'ai reçu de Mme de Loys[1] une lettre de communication. Elle me paraît enchantée de son gendre futur. Je fais mille vœux pour le bonheur d'Adrienne[2], mais je saurai mieux qu'en penser quand j'aurai appris ce que vous en pensez vous-même. Enfin quand on se marie à 18 ans, on a toujours quelques moments agréables, et Adrienne les aura.

L'une de nos plus célèbres femmes auteurs, Mme Cottin, vient de mourir. Je suppose que vous aurez lu quelques-uns de ses romans, ou *Claire d'Albe*, ou *Malvina*, ou *Amélie de Mansfield*, ou enfin *Mathilde*, dans lequel pour se conformer au goût du temps, elle s'était faite dévote. J'aimais mieux les autres, où elle ne parlait que d'amour, ce qui lui était plus naturel. De toutes les femmes, c'était celle qui décrivait avec le plus de chaleur le bonheur de deux amants, dans toute son étendue : et ce talent donnait à ses ouvrages un caractère particulier. Elle était fort laide, mais elle avait inspiré de grandes passions. Un jeune homme s'était tué à sa porte à cause de ses rigueurs, et ses bontés avaient fait mourir un vieillard de 70 ans. C'était le contraire de la lance d'Achille. Elle est morte avec des sentiments fort religieux à l'âge de 34 ans. La religion a cela d'admirable, c'est très sérieusement que je le dis, elle a cela d'admirable que les antécédents ne la gênent pas. On la greffe sur l'ambition, sur l'amour, sur toutes les passions, et la greffe prend à tout âge.

Je me suis mis, pour remplir mon temps à faire une tragédie[3], sur un sujet pris de l'allemand, j'ai déjà fait un acte et je n'ai jamais été si content de ce que j'ai fait. C'est un travail qui remplit la tête et le cœur et qui rend étranger à tous les ennuis de la vie réelle. J'espère avoir fini en un mois, et je crois vraiment qu'il y aura quelque mérite. Je ne sais si je pour-

[1] Une de ses tantes, sœur de sa mère.
[2] Adrienne épousa M. d'Halville, d'une famille noble d'Argovie.
[3] Sa tragédie de Wallenstein.

rai la faire jouer, mais je l'essayerai cet hiver à Paris.

Adieu, ma chère tante, répondez-moi, je vous prie, et croyez que je vous aime et que je mérite d'être aimé de vous.

Mille et mille choses à M{}^{lle} Rieu.

LXXX

A MADAME LA COMTESSE DE NASSAU, NÉE DE CHANDIEU

Coppet, octobre 1807.

Je sais déjà, ma chère tante, ce que contient la lettre de Châlons. Si donc vous avez la bonté de ne me l'envoyer que lorsque vous en aurez quelqu'autre, je vous en serais extrêmement obligé. Je ne saurais vous dire à quel point je suis honteux de tout l'embarras que vous donne ma correspondance.

J'ai fini hier matin mon quatrième acte, je l'ai lu le soir à différentes personnes entr'autres au préfet[1] de Genève et à son fils, deux juges dont le suffrage a assez de valeur, et je les ai vus pleurer de bon cœur, ce qui m'a mis assez en train de continuer. Je commence aujourd'hui le 5me, et j'espère l'avoir fini dans 12 ou dans 15 jours, car les difficultés sont passées. Je me sais gré d'avoir inventé ce moyen d'utiliser mes deux mois de séjour. Je ne crois pas qu'il y ait de la difficulté à la faire représenter, car le préfet que j'ai consulté

---

[1] Le préfet de Genève, M. de Barante.

officiellement et dans sa conscience de préfet, trouve qu'il n'y a pas la moindre chose qui puisse avoir du rapport aux circonstances actuelles. Je la fais copier bien lisiblement puisque vous aimez mieux la lire vous-même, ma chère tante, que me l'entendre lire. Je vous prie de ne pas prendre des préjugés défavorables d'après la manière rapide dont je l'ai composée. Je ne sais pas aller plus lentement quand une fois le sujet m'intéresse, et je la reverrai longtemps et scrupuleusement quand tout sera achevé.

Je suis en vous écrivant dans un accès de mélancolie. Je viens de lire les journaux allemands et suisses, et le tableau de la misère et du malheur qui règnent partout m'a jeté du noir dans l'âme. Quel fléau! Mon Dieu! Quel fléau.

D'Hermenches qui arrive fort à propos pour mettre un terme à mes réflexions déplacées, m'oblige à finir ma lettre, pour qu'elle puisse partir par ce courrier.

Adieu, ma chère tante. Malgré votre laconisme, je vous embrasse bien tendrement et vous aime plus tendrement encore.

LXXXI

A MADEMOISELLE ROSALIE DE CONSTANT

Coppet, ce 21 octobre 1807.

Vous ne m'avez pas marqué, ma chère Rosalie, si vous aviez trouvé, dans la bibliothèque de Charles, *l'Histoire de la guerre de 30 ans*. J'attendais que vous me l'eussiez écrit, pour savoir si je devais vous envoyer la mienne. Je me félicitais aussi de ce que vous vous trouveriez forcée par là de me donner un signe de vie.

Mais toutes mes espérances ont été trompées. Il faut donc que je commence de nouveau à vous tourmenter de mes lettres, pour obtenir de vous un petit souvenir. Croyez-moi, quand vous êtes en doute le moins du monde sur la nature ou sur la sincérité de mon affection pour vous, vous me faites du tort, et j'espère que vous vous faites du mal ; car j'aime à croire que mon affection est de quelque prix pour vous. Je ne vous demande point de me répondre sur le sujet qui nous a tant occupés. Mais donnez-moi vos ordres pour la *Guerre de 30 ans*, et dites-moi que vous me conservez votre amitié. J'ai tâché de découvrir Mlle Bontems à la représentation de *Phèdre*. Elle y était, mais je n'ai pu parvenir à l'apercevoir. Adieu, chère Rose.

LXXXII

A MADEMOISELLE ROSALIE DE CONSTANT

Coppet, ce 13 novembre 1807.

J'ai été longtemps sans répondre à votre bonne lettre, chère cousine. C'est que depuis environ quinze jours j'étais extrêmement mal disposé de corps et d'âme. Je ne sais si l'excès du travail m'avait abattu, si la difficulté que je rencontrerais à achever m'avait découragé, ou si d'autres motifs agissaient sur moi, mais j'étais dans une disposition si douloureuse qu'écrire m'était impossible. Depuis trois ou quatre jours j'ai repris courage, et je me trouve mieux. J'espère avoir achevé cette tragédie à laquelle vous voulez bien vous intéresser, pour le temps vers lequel je compte aller à Lausanne, c'est-à-dire dans quinze jours à peu près. Votre plan de la corriger à Lausanne me serait très agréable ; mais pour la faire recevoir, il faut que j'aille à Paris. Une tragédie n'est jamais jouée que 18 mois ou deux ans après qu'elle a été reçue, de sorte qu'après sa reception j'aurai tout le temps de la corriger. Il faut d'ailleurs que j'aille passer quelque temps avec mon père. Je trouve ses lettres tristes, et je suis inquiet et de sa santé et de ses affaires, qui ne sont pas terminées et qui peut-être recommenceront d'une manière fâcheuse.

Savez-vous que faire une tragédie n'est pas au moins pour moi une chose bonne pour le bonheur? Il faut se mettre dans des situations qui jettent dans l'esprit une mélancolie qu'on porte ensuite partout avec soi. J'ai su par Mme de Nassau que vous aviez lu et lui aviez prêté la *Guerre de 30 ans*, dans laquelle au reste vous n'avez eu que peu de détails sur la vie et le caractère de Wallenstein. Je suis resté assez fidèle à l'histoire quant aux événements, mais j'ai été obligé de changer un peu le caractère pour qu'on pût s'y intéresser.

Que fait le ménage d'Halville ; on disait qu'ils feraient une course à Genève. Mais je n'en ai pas entendu parler depuis. On répète ici à force la comédie de M. de Sabran qu'on jouera mardi prochain en huit et tout le monde se dispersera d'abord après.

Adieu, chère cousine, si je n'étais pas à mon 5me acte, c'est-à-dire entouré de morts et de mourants et de gens dispersés, je vous écrirais plus sagement. Mais je ne vous en aime pas moins avec toute la tendresse possible, tout triste que je suis.

LXXXIII

A MADAME LA COMTESSE DE NASSAU, NÉE DE CHANDIEU

Coppet, ce 26 novembre 1807.

Mille grâces, ma chère tante, des bons arrangements que vous voulez bien faire pour que je puisse loger chez vous, pendant le temps que je passerai à Lausanne. Malheureusement mon séjour y sera très court. La santé de mon père est très chancelante, à ce que m'écrit Marianne, et quoique je la connaisse comme assez disposée à l'exagération, ce qu'elle me mande m'inquiète et jette dans mon esprit une teinte sombre dont je ne puis pas me distraire. L'exemple de M. Diodati [1] m'a donné des craintes sur le danger des moindres maladies à un âge bien moins avancé que celui de mon père. Enfin il me désire beaucoup et je lui ai promis d'être auprès de lui dans le commencement de décembre.

La mort et le testament de M. Diodati font l'objet des conversations de tout le monde. Pictet Diodati que vous connaissez, a pour sa part environ 150,000 fr. courant, ce qui lui fait assez de plaisir. Toute la famille Diodati se trouve relevée par cette fortune qui lui arrive.

Ma tragédie est à peu près achevée. Je n'ai plus

---

[1] D'une famille italienne dont un des membres avait embrassé le protestantisme et s'était réfugié à Genève, lors des persécutions religieuses.

guère qu'une centaine de vers à faire. Ensuite je reviendrai à l'exposition que, tout en avançant, j'ai trouvée beaucoup moins claire que je ne l'avais cru d'abord. Il en est des expositions de tragédies comme des introductions qu'on ne peut faire convenables qu'après avoir achevé l'ouvrage. Le 5me acte est, de tous, celui qui m'a coûté le plus de peine. J'ai fait plus de vingt plans différents, et rejeté plus de 500 vers que j'avais faits. Je crois enfin, au jugement de ceux qui en ont entendu ce qui en est achevé, avoir trouvé le dénoûment le plus touchant et le plus naturel. Je serai charmé que vous vous fassiez lire cette tragédie, et je ne doute pas que M. de Loys ne s'en acquitte très bien. Vous ne la verrez pourtant pas encore dans toute la perfection à laquelle je veux la porter. Je la retravaillerai beaucoup, car ce n'est qu'à force de travail qu'on fait de bons vers. Heureusement que je ne redoute pas la peine dans ce genre, et que j'ai une obstination infatigable tant que je ne suis pas content.

On dit que Mme d'Halville est déjà dans son grand et vieux château. C'est vraiment dommage qu'avec tant de dispositions à faire l'agrément de la société, elle s'en voie éloignée probablement pour longtemps. Au reste le monde entier n'est à présent qu'une prison vaste, et tout ce qu'on peut souhaiter, c'est que cette prison soit le moins incommode possible.

On se prépare à jouer ici la comédie de M. de Sabran, où il y a de l'esprit, mais point d'intérêt, et quelques longueurs. Les acteurs sont assez bons et feront valoir. D'abord après cette représentation, tout le château se dispersera pour aller dans tous les coins de l'Europe.

LXXXIV

A MADEMOISELLE ROSALIE DE CONSTANT

Coppet, 24 novembre 1807.

Chère Rosalie, M. de Sabran se chargera volontiers de votre paquet pour Mme de Duras, si vous voulez le lui faire parvenir de manière à ce qu'il l'ait vendredi prochain. Il part samedi avec Mme de Recamier. J'espère vous embrasser dans le courant de la semaine prochaine. J'ai enfin terminé *Wallenstein :* et je le laisse reposer quelque temps, pour le corriger ensuite, car à présent je suis fatigué et ne puis plus tirer un vers de ma tête. Je me fais une véritable fête de vous voir.

Adieu.

LXXXV

A MADEMOISELLE ROSALIE DE CONSTANT

Brevans, ce 4 janvier 1808.

Il m'a été impossible, chère Rosalie, de répondre plus tôt à votre lettre du 17 décembre, et il m'est également impossible de vous dire ce qui excuse mon silence ; mais je m'empresse de profiter du premier moment de liberté dont je jouis pour vous remercier de votre lettre et vous dire tout le plaisir qu'elle m'a fait. Je vois qu'on a jugé mon *Wallenstein*, avec beaucoup de bienveillance. Mais ce qui me flatte bien plus que les éloges donnés à ce que je puis avoir de talent, c'est ce que vous me dites sur ce que vous appelez ma simplicité ou ma bonhommie. Je n'ai certes pas de quoi avoir des prétentions opposées, mais il y a tant de gens qui surmontent cette difficulté, que je suis bien aise d'avoir évité cet écueil. J'ai peut-être fait dans ma vie autant de mal qu'un méchant homme, mais ça a toujours été de peur d'en faire. Le résultat n'en vaut pas mieux, et je ne prétends pas même qu'il soit plus convenable ; mais de là vient peut-être l'espèce de bonté avec laquelle ceux qui m'ont connu m'ont jugé, et j'en tire au moins deux avantages : l'un de jouir de leur amitié, l'autre de guérir mieux qu'un autre les blessures que je fais. Je voudrais bien pourtant n'avoir plus rien à guérir, et il serait temps à 40 ans de prendre une marche plus digne et plus sûre. Si j'avais votre raison, chère Rose, cela me serait moins difficile. Je veux travailler à l'acquérir, et je voudrais qu'une fois vous m'accordassiez votre approbation aussi bien que votre amitié.

Je compte me remettre demain aux corrections de *Wallenstein*, et je tâcherai de les achever avant de partir pour Paris. Depuis que je vous ai quittée, je n'ai pas jeté les yeux sur cet ouvrage. Les mêmes raisons qui ont retardé cette lettre, m'ont empêché d'écrire à Mme de Nassau ; je compte réparer tout cela, le courrier prochain. En attendant, si vous la rencontrez, dites-lui, je vous prie, combien je l'aime et quelle fête je me fais de la revoir.

Merci du regret que vous me témoignez de n'avoir pas voulu me parler du sujet qui tient dans ma vie une si grande place, ou plutôt qui la tient tout entière, de manière que le reste ne sont que des épisodes arrachés à ce qui fait le fond d'un assez triste roman. Je ne devine pas les deux raisons qui vous ont empêchée de m'en parler. Vous me ferez plaisir de me les dire, car tout ce qui déplace entre nous des barrières qui ne doivent pas exister, me fait plaisir.

Mon père est plein de bontés pour moi : il m'en a donné de nombreuses preuves. Sa santé est bonne au fond, quoiqu'il souffre, et je puis me flatter qu'il trouve dans ma présence ici quelques distractions.

LXXXVI

A MADAME LA COMTESSE DE NASSAU, NÉE DE CHANDIEU

Dôle, ce 5 janvier 1808.

Voilà près d'un mois, ma chère tante, que je suis parti de Lausanne et je ne vous ai pas encore écrit, j'en suis plus étonné que vous. Vous en dire la cause exigerait de longs récits qu'une lettre ne comporte pas, et que je vous ferai un jour, si vous vous y intéressez, dans votre petit cabinet. J'ai eu durant ce mois des moments bien pénibles et des consolations bien inattendues. Maintenant je suis assez tranquille. Mon père quoique souffrant n'est pas, ce me semble, dans un état à inquiéter, je lui fais quelque bien, en diversifiant un peu sa vie dont la monotomie est peut-être son plus grand malheur. Je travaille à terminer à son insu, par quelques sacrifices de ma part, des procès qui l'agitent. Enfin je me flatte que le résultat de mon séjour près de lui aura été bon, et ce m'est une idée douce.

Je me suis remis depuis hier seulement aux corrections de ma tragédie, ce qui m'a empêché de vous en envoyer une copie comme je vous l'avais promis, ma chère tante, et comme je le désirais. La manière dont vous avez bien voulu en juger m'a fait un plaisir que je n'oublierai jamais. Votre approbation m'aurait été précieuse, mais j'ai cru voir dans votre impression mieux que de l'approbation. J'aime à croire que vous avez jugé ma pièce avec partialité, parce que tout ce que je désire c'est que vous soyez partiale parce que j'aime mieux une preuve de votre amitié qu'une de mon talent. Dès que j'aurai fait les corrections et surtout les abréviations indispensables, je vous enverrai une copie.

Voilà donc à la fois la reine d'Etrurie et le préfet de Dijon destitués. On a donné cinq jours à la première pour abdiquer et partir. Les troupes françaises restent en Prusse jusqu'au printemps. Quel superbe spectacle que le génie d'un grand homme ramenant l'espèce humaine aux vrais principes de la civilisation, depuis la Sprée jusqu'au Tage, et depuis la Vistule jusqu'au Zuiderzée ! Quoique depuis longtemps je ne m'occupe plus que de vers ou de recherches sur l'antiquité, je ne puis pas ne point jeter de temps en temps sur ce qui se passe, un coup d'œil d'étonnement et d'admiration ! Je voudrais seulement être auprès de vous pour en causer à mon aise. Ecrire fatigue mes yeux.

Qu'est-ce donc que cette députation suisse, chargée près de notre Empereur d'une mission très importante ? Je m'attends toujours pour votre pays à quelque changement qui sera sûrement avantageux : mais comme dans tous les changements il y a des choses qui froissent momentanément quelques intérêts, mes espérances sont mêlées de craintes.

J'ai écrit hier à Rosalie en réponse à une charmante lettre d'elle que j'avais reçue il y a longtemps, et je l'ai chargée de mille tendresses pour vous, ma chère tante. Elle n'aura pas le temps de s'en acquitter avant que cette lettre vous parvienne.

J'ignore quand je partirai d'ici. Je m'y trouve paisiblement, et je jouis d'une vie calme, sauf des chances de l'avenir qui sont orageuses pour tout le monde et pour moi plus que pour beaucoup de gens. Mais j'ai appris à dormir dans une barque battue des vagues, et le mal de mer m'est devenu une sensation si habituelle qu'elle ne m'empêche pas de penser à autre chose.

Adieu, ma chère tante. Malgré mon silence très excusable, je vous assure, quoiqu'il ne soit pas excusé, je vous conjure de me donner de vos nouvelles le plus tôt possible, et de les adresser ici. J'espère que Mlle Rieu se porte bien. Je lui ai voué une double amitié pour elle et pour vous, et j'espère qu'elle en a un peu pour moi. Mille et mille tendresses.

LXXXVII

A MADEMOISELLE ROSALIE DE CONSTANT

Paris, 12 février 1803.

J'ai trouvé ici, chère Rosalie, à mon arrivée, votre aimable lettre du 31 janvier. Je vous remercie de tout ce que vous me dites de bon sur le bonheur que j'ai eu de finir une partie des inquiétudes de mon père, j'en ai joui pour lui, et le plaisir que vous en avez, en a renouvelé ma jouissance.

Je ne puis rien vous dire encore de relatif à *Wallenstein*, il n'y a que trois jours que je suis ici ; j'ai trouvé chez mes amis beaucoup de bienveillance et chez tout le monde beaucoup de curiosité ; mais je n'ai encore montré ma pièce à personne ; je suis trop enroué pour la lire d'ici à quelques jours.

Ce sont les retranchements et les corrections que j'ai faites qui m'ont empêché de vous l'envoyer. Je n'en ai encore qu'une copie dans l'état où elle est à présent, et comme mon domestique est en même temps mon copiste, il faut qu'il ait eu le temps de ranger tout ce qu'une arrivée après une longue absence met en désordre, avant qu'il puisse reprendre ses fonctions plus littéraires.

Vous avez trouvé le moyen, chère Rosalie, de m'expliquer vos deux raisons pour ne pas me parler de ce qui nous a occupé si souvent tous d'eux, d'une manière qui me les rend un peu plus inintelligibles qu'elles ne l'étaient, du moins m'est-il impossible de deviner la 2º. Quant à la première je vous ai déjà dit que si dans ma manière il y avait eu je ne sais quel trouble qui eût pu vous sembler inattendu et même m'empêcher de vous défendre, dans un moment où vous vous mettiez en avant pour moi, ce trouble n'avait rien de commun avec les sentiments d'amitié, de reconnaissance, de tendresse qui n'ont fait que s'accroître depuis qu'une douce intimité s'est établie entre nous.

J'enverrai aujourd'hui même, à Mme de Duras, votre paquet qui m'est arrivé en très bon état. Quant à l'affaire de M. de Bons, il faut que j'aie renoué mes relations ici, que mon absence, et plus encore la situation d'une personne avec laquelle mon nom est toujours ostensiblement lié, ont plus interrompues que cela n'était encore arrivé. Je saisirai pourtant le premier moment et la première occasion.

J'attends une réponse de Mme de Nassau et j'espère qu'elle ne me traitera pas avec rigueur et ne me sacrifiera pas à sa paresse.

J'ai quitté mon père assez bien, ranimé par mon séjour de deux mois chez lui, espérant m'y revoir bientôt et m'ayant sur mille objets témoigné une tendresse extrême. Dieu veuille, comme sa santé me permet de l'espérer, que je le conserve encore longtemps. Quel trésor que la protection paternelle, même quand de certaines circonstances font croire parfois que les relations existantes ne sont pas en tout ce qu'elles doivent être.

Donnez-moi toujours des nouvelles de Charles et de Victor. Moi aussi je les regarde comme des frères et je serai bien heureux si, un jour, le ciel réunit toute cette famille errante.

Adieu, chère cousine, mille choses à Mme de Charrière, je vous aime et vous embrasse du fond de mon cœur.

LXXXVIII

A MADAME LA COMTESSE DE NASSAU, NÉE DE CHANDIEU

Paris, le 7 mars 1808.

Vous m'avez écrit, ma chère tante, le jour même où je vous écrivais de mon côté. Mais je ne veux pas tarder à vous répondre, je vous parlerai de tout ce qu'il y a de neuf à Paris. Vous m'y engagez par une considération toute puissante sur moi. Je veux que ma tante paraisse avec avantage dans le monde. Je n'excepte des nouvelles que je vous donnerai dans ma lettre que ce qui a rapport à la politique. Je ne m'en occupe point, et je ne sais rien de ce qui se passe dans ce genre-là. En revanche, je suis assidument le cours du Dr Gall [1].

---

[1] François Joseph Gall, né en 1758 à Tiefenbrunn, près de Pforzheim, mort en 1828, à Montrouge près de Paris, inventeur de la phrénologie.

C'est un homme de beaucoup d'esprit, qui a des connaissances très étendues, même pour un Allemand, et qui seraient incroyables pour un Français, et dont le système n'a ni les ridicules que les plaisants lui prêtent, ni les conséquences dangereuses que les dévots lui attribuent. Il est parfaitement indifférent pour la nature de l'âme qu'elle ait pour instrument cinq sens ou 27 organes, et si l'observation nous mène à croire qu'il y a en effet plusieurs organes, à l'aide desquels notre âme fait telle ou telle opération, comme elle voit à l'aide des yeux et entend à l'aide des oreilles, je ne vois pas en quoi ce changement dans la classification porterait atteinte à l'immortalité qu'on lui attribue. Cette découverte du Dr Gall consiste précisément en cela. Il prétend que les facultés sont divisées en un certain nombre, et ont des organes pour agir, organes qui produisent au dehors de certains symptômes auxquels il est possible de les reconnaître. Il en résulte une division nouvelle dans ce que l'on a nommé facultés intellectuelles. On les a divisées jusqu'à présent en mémoire, jugement, imagination ; mais ces qualités appartiennent également à toutes nos facultés et ne sont pas des degrés. Le premier degré est la faculté de se rappeler les impressions reçues, le second celui de les comparer et de les classer, le troisième celui de produire de pareilles impressions sans les avoir reçues. Il y a donc une mémoire, un jugement, une imagination pour chaque talent, et ces mémoires, ces imaginations, ces jugements d'espèces diverses n'ont aucun rapport les uns avec les autres, et peuvent exister les uns sans les autres. Ce qu'il faut nous appliquer à découvrir c'est le nombre, la nature et le signe particulier de chaque talent ou faculté que l'homme a reçue. C'est ce que le Dr Gall a essayé de faire, et a fait avec une grande apparence de succès, à beaucoup d'égards. Sa terminologie est encore mauvaise, et ce sont les imperfections de sa terminologie qui donnent naissance à la plupart des objections et des mauvaises plaisanteries qu'on lui oppose. Mais la découverte n'en existe pas moins, et sera certainement un grand pas dans la science de l'anatomie et dans la connaissance de l'homme. Le Dr Gall est tout étonné de la nation avec laquelle il a à faire, cette nation si ignorante et si positive, si insouciante à la fois et si intolérante, insouciante comme si elle ne s'intéressait à rien, intolérante comme si elle s'intéressait à tout. Plus je la considère, plus je la trouve à la fois comique et terrible. L'Arioste parle d'un chevalier qui avait été tué dans un combat, mais qui, ne s'étant pas aperçu de cet accident dans la chaleur de l'action, continuait à se battre, tout mort qu'il était. Il me semble que c'est l'histoire de mes chers compatriotes.

Je vous ai parlé plus au long peut-être du Dr Gall que vous n'auriez voulu. Mais c'est qu'il occupe actuellement tout le monde, j'ai dîné avec lui. C'est un homme extrêmement simple et même assez grossier. Il aime fort la bonne chère et accepte toutes les invitations qu'on lui fait. Mais comme il ne veut pas s'ennuyer de la conversation, il mène toujours avec lui un de ses disciples, nommé *Spurzheim*. On les place assez loin l'un de l'autre et ils se mettent à manger comme des diables. De temps en temps le Docteur s'ennuyant de son silence, appelle son camarade, qui lève la tête, et ils se mettent d'un bout de la table à l'autre à causer en allemand que personne ne comprend avec une volubilité prodigieuse. Puis ils retombent sur les plats et mangent avec un nouveau courage. Quand un voisin du Docteur lui dit une chose qui le frappe, il ne répond rien, mais il appelle son Spurzheim et lui parle toujours allemand. Voilà tout ce qu'on en tire quand on lui donne à dîner.

Il vient de paraître une pièce nouvelle, intitulée *l'Assemblée de famille*, qui a eu le plus grand succès. Il n'y a pas de mot pour rire, et les idées nouvelles y ont été soigneusement évitées. Mais il y a des madrigaux sur les roses de la jeunesse, des maximes de morale et de sensibilité, des tirades sur les plaisirs des champs, sur la corruption des hommes, sur les jouissances vraies, etc. Le public a applaudi avec transport à ces lieux communs, probablement comme à d'anciennes connaissances qu'il était charmé de rencontrer, à moins qu'on ne veuille croire que l'état des esprits est tel que toute idée morale paraît nouvelle, ce qui pourrait bien être. L'auteur est un ancien agent de change, qui a, dit-on, dépensé cent louis pour donner des billets aux amis chargés de l'applaudir. On ne dira pas de lui comme de l'abbé Pellegrin ; il dîne de l'autel et soupe du théâtre. S'il a souvent des succès pareils, il n'aura pas longtemps de quoi souper.

Vous avez la bonté de me demander des nouvelles du parti que j'ai pris relativement à ma tragédie. D'abord il y en a une douzaine de reçues, et elle ne pourrait être jouée que dans 18 mois. 2° malgré tous les retranchements que j'y ai faits, je n'ai pu l'empêcher d'être de 600 vers plus longue qu'aucune tragédie actuellement sur la scène et c'est une chose impossible à faire passer. Voyant donc que d'un côté on ne la représenterait pas cet hiver, et que de l'autre il fallait la refondre, car rien n'est plus dangereux que de faire des retranchements trop vite, parce que tout devient décousu et étranglé, je me suis décidé à la laisser reposer quelques mois. Cet intervalle me mettra à même de la juger plus impartialement, et par conséquent de mieux la corriger. Je me suis remis en attendant à la composition de l'ouvrage qui m'occupe depuis 23 ans, toutes les fois que je ne suis pas distrait par autre chose ; je l'avancerai beaucoup pendant les trois mois que je passerai ici, et j'espère être bien près de l'avoir achevé lorsque je l'interromprai de nouveau pour aller passer encore quelque temps avec mon père. C'est là que s'arrête toute certitude, dans mon avenir, et je sais bien ce que je désire, mais nullement ce que je ferai au-delà de cette époque, sinon que de Dôle j'irai sûrement vous voir.

Je n'ai aperçu ni M. ni Mme de Wildegg ni M. de Corcelles, ni personne de Lausanne. Mes yeux, quoique je ne puisse pas m'en plaindre plus qu'à l'ordinaire, me forcent à vivre peu dans le monde. Les lampes éblouissantes qu'on a adoptées partout les fatiguent, et après avoir passé quelques jours à les braver pour voir mes connaissances, je les laisse reposer par une retraite momentanée durant laquelle je me couche à 9 h. du soir. Si Mme de Wildegg a voulu s'amuser, elle a pu en trouver les occasions. Il y a beaucoup de bals et des mascarades tant publiques que particulières. La tristesse qui est au fond des cœurs n'empêche pas les masques sur les visages.

Je vous prie bien instamment, ma chère tante, de me donner des nouvelles de la santé de Mlle Rieu. Comme je vous l'ai dit souvent, je lui suis attaché et pour elle-même et pour vous ; c'est une chose tellement précieuse qu'un attachement si vif et si vrai.

Je suis, très fâché de l'orage que vous avez essuyé et des désastres de Vallombreuse. Il y a eu partout des ouragans. Le monde physique ne veut pas rester en arrière du monde moral. Quand j'entends ces vents furieux qui soufflent, on ne sait pourquoi, il me semble toujours que la nature est devenue folle. Je n'ai pas encore été à ma petite campagne, le cours du docteur Gall dont je vous ai déjà parlé me cloue ici. J'irai dès que ses leçons seront finies.

Ce pauvre Sévery[1] me fait une vraie peine. Il a hésité longtemps pour finir bien mal. C'est une noire loterie que la vie en général et chaque parti à prendre en particulier. Je n'adopte pourtant pas vos éloges du célibat. Aujourd'hui que la société m'ennuie assez pour qu'il me devienne pénible de chercher au dehors ce qui ne me fait plus de plaisir, je ne puis croire que la solitude d'un vieux garçon soit une chose douce, et pour moi qui ai, au dedans de moi-même, une sorte de public, devant lequel j'ai beaucoup de vanité, l'association subalterne,

---

[1] Wilhelm de Sévery, son cousin, qui venait de se marier.

qui a consolé M. de Corcelles me ferait rougir. Vous penserez peut-être que je suis relativement au mariage comme Arlequin pour ses dettes. Il aimait mieux les reconnaître toute sa vie que les payer une seule fois. C'est que, voyez-vous, tout le monde épousable est trop jeune pour moi, je crains de froisser des impressions vives, même en voulant les traiter avec douceur. Ce n'est pas assez de l'indulgence pour donner le bonheur à une âme jeune, dont on ne partage pas les intérêts ou les amusements; et cette barrière, entre soi et ma femme, fût-ce dans les plus petites choses, est une source de peines que je redoute.

Je voudrais bien, pour l'amour de Rosalie, pouvoir vous parler de *Trajan*, mais je ne l'ai pas vu et probablement ne le verrai pas. On dit que c'est horriblement ennuyeux. Les chevaux qui font une des parties les plus nouvelles de ce spectacle, ont dû, comme vous le sentez bien, être choisis plutôt sur leur sagesse que sur leur mine, et leurs qualités morales ont nui à leurs formes extérieures.

Adieu, ma chère tante. Vous m'avez fait un extrême plaisir par votre lettre. Il ne tient qu'à vous de me faire souvent un grand plaisir; c'est une jouissance qu'on n'a pas communément dans la vie. Je vous prie de l'exercer.

LXXXIX

A MADEMOISELLE ROSALIE DE CONSTANT

Brevans, ce 30 mai 1808.

Chère Rose, je comprends votre colère et je l'aurais à votre place. Aussi, loin de chercher à expliquer et à motiver, je ne veux répondre qu'à une phrase de votre lettre. Vous pensez que je devrais rester à Paris où l'on ne peut m'atteindre. Mais c'est précisément parce qu'on ne peut m'y atteindre sans danger que je trouve dur de profiter d'un malheur et d'une injustice réelle et, de plus, j'ai bien lieu de croire qu'avec la passion qu'on a pour Paris, on ne demande pas mieux que de prendre mon séjour pour prétexte d'une imprudence dont on espérerait quelque succès, et dont on excuserait les inconvénients, en m'en rendant responsable. J'ai essayé de ce moyen, il y a près de cinq ans ; il en est résulté le voyage de Weimar.

Vous verrez par la date de ma lettre que j'ai quitté Paris. C'est ici que la vôtre m'a été renvoyée. Quelques inquiétudes sur la santé de mon père m'ont fait hâter mon arrivée ici. Je ne sais pas encore combien de temps j'y resterai : mais j'y passerai vraisemblablement trois semaines, au moins.

J'achèverai ici de faire les deux derniers actes de *Wallenstein*. Je crois que la pièce aura beaucoup gagné à mes corrections. Le défaut le plus saillant, c'est que l'intérêt tournait au troisième acte et passait de Wallenstein sur lequel la curiosité était éveillée, à Alfred, pour y rester concentré jusqu'à la fin ; car Wallenstein n'agissait plus, il n'était là que pour être assassiné. Maintenant j'ai resserré les cinq actes de l'ancien plan dans quatre, sauf la mort de Wallenstein qui, comme de raison doit rester dans le 5ᵉ acte, et alors j'ai un acte entier pour faire agir mon conspirateur. Ce fils d'Artaban dont vous me parlez a en effet quelque rapport avec Alfred. Mais je crois, autant que j'en puis juger, vanité d'auteur à part, que ma pièce est mieux écrite qu'*Artaxercès*. Le mérite de celle-ci est dans un intérêt de curiosité très soutenu, qui fait passer par-dessus beaucoup de défauts de vraisemblance, et beaucoup de choses obscures et embrouillées. C'est un véritable phénomène que cette pièce, pour qui connaît l'auteur. Cet auteur est le plus médiocre et même le plus imbécile des hommes, tant dans sa personne, que dans ses ouvrages précédents ; et sa réputation est si bien établie à cet égard que tout le monde, sans exception, s'attendait à la chute de sa production que l'on supposait absurde et ridicule au dernier degré. Cette disposition n'a pas peu servi à sa réussite, parce que la haine n'avait pas cru nécessaire de s'en mêler et que tout le monde a jugé d'après le point de départ ; de sorte que tous les vers communs, où il y a du bon sens, ont paru admirables. Le défaut, c'est trop d'événements et la nécessité de les expliquer sans cesse, ce qui ôte la place que devraient occuper les développements des passions ou les beautés poétiques.

Vous verrez *Wallenstein* dans sa nouvelle forme. Je ne sais si vous serez contente de ce qu'Alfred y joue un beaucoup plus petit rôle. J'ai été forcé de sacrifier des scènes entières de Thécla et d'Alfred. Le public français aime beaucoup mieux les conspirations que les amours.

Je désire bien que Charles puisse revenir. Je crois qu'il y a des moyens, car je sais qu'il y a des exemples, mais ce n'est pas d'ici, mais de là où il est qu'il en peut juger.

Chère Rose, ce me sera un vrai bonheur que de vous savoir heureuse. Je vous assure que vous occupez dans mon cœur, et par goût, et par reconnaissance, et par la manière dont nous nous comprenons, une bien plus grande place que vous ne croyez. Je suis inquiet sur Victor. Les nouvelles qui viennent de son pays, ou plutôt les prétentions que l'on a sur son pays, sont très fâcheuses, et la perte entière de son maître est décidée à ce que je crains. Enfin, nous le reverrons, lui, ses enfants, sa femme et nous serons encore heureux d'être réunis et nous nous consolerons ensemble.

XC

A MADAME LA COMTESSE DE NASSAU,
NEE DE CHANDIEU

Brevans, près Dôle, ce 10 juin 1808.

J'espère, ma chère tante, être auprès de vous peu de jours après cette lettre. Je partirai d'ici du 20 au 22, je me fais une grande fête de vous revoir ; mais je ne veux pas moins vous dire auparavant combien votre lettre m'a fait plaisir.

Je mène ici une vie qui me paraît tour à tour très douce et un peu monotone, mon père paraît très heureux de ce que j'aime sa solitude, et sa santé est meilleure parce qu'il s'ennuie moins. Cela n'empêche pas quelquefois, je le dis tout bas et à ma tante, que je ne me laisse aller à désirer plus d'intérêt et de variété, mais ce désir passe de lui-même, et je me retrouve assez heureux ; personne ne s'en apercevant, ces oscillations de mon intérieur ne font de mal à personne. J'ai tant souffert et de tant de manières, que le repos seul est un bien pour moi, et lors même que je le méconnais un instant, j'y reviens bientôt.

J'éprouve un grand plaisir à penser que vous n'avez pas d'inquiétudes graves sur la santé de Mlle Rieu. Je ne saurais vous dire combien et avec quel intérêt j'unis mes vœux aux vôtres pour que vous la conserviez longtemps. Une affection éprouvée est un trésor tellement inestimable, et dans la vie rien ne la remplace. Ce qu'on acquiert ne dédommage jamais de ce qu'on a perdu, et les vides ne se remplissent jamais, quoiqu'ils se recouvrent quelquefois.

Je ne suis point étonné de ce que Rosalie vous voit le plus qu'elle peut ; j'en ferais autant à sa place. J'ai reçu d'elle une lettre mystérieuse, à laquelle il m'a été impossible de rien comprendre, et qui m'a fait l'effet des romans de Mme Radcliffe, pleins de spectres qu'on distingue à peine et d'ombres qui se glissent sans que l'on puisse les reconnaître. Il est vrai qu'après m'avoir écrit de la sorte, elle ajoute en finissant, puissiez-vous toujours ignorer ce qui m'inspire ce que je vous écrit. Jamais vœu ne fut mieux accompli que que celui-là ! Ne lui dites rien de ce que je vous mande. Elle y verrait une plaisanterie qui l'affligerait. Je me laisse aller en vous écrivant à tout ce qui me passe par la tête.

Adieu, chère tante ; d'aujourd'hui en huit, j'espère vous embrasser.

XCI

A MADAME LA COMTESSE DE NASSAU, NÉE DE CHANDIEU

Coppet, ce 12 juillet 1808.

Je suis arrivé ici, ma chère tante, après ma petite course dans les environs de Neuchâtel, où j'ai joui de la douceur de retrouver toute la bonté, toute la sensibilité, toute l'affection qui, je l'espère, sera bientôt d'une manière durable, le bonheur de toute ma vie. Je ne puis que vous répéter, en le confirmant, tout ce que je vous ai dit sur le caractère de la personne [1] dont je vous ai parlé. Il y a quelque chose de si pur, de si naturel, et de si doux, dans tout ce qu'elle dit, ou fait, que je ne suis jamais trois heures de suite avec elle, sans que toute mon existence devienne plus heureuse et plus calme. Et ce n'est pas un effet passager, ni le résultat d'une passion qui me trompe sur moi-même. C'est ce que j'ai éprouvé invariablement toutes les fois que je l'ai vue, depuis près de quatre ans, lors même que je ne pensais pas que notre avenir pût avoir rien de commun, et surtout depuis plus de huit mois où je l'ai vue presque sans interruption, dans la solitude la plus complète, et au milieu d'un état de santé qui aurait pu altérer sa douceur, si elle n'eût été inaltérable.

Après avoir joui pendant bien peu de moments de cette réunion qui a été trop courte, je suis venu ici, et je me trouve dans un atmosphère *tout différent* (sic). Ce n'est pas que je méconnaisse les qualités de la personne chez laquelle je suis, ou que je puisse cesser jamais de lui garder une affection profonde, qui survivrait même à une rupture inévitable. Mais la triste conviction que je ne puis pas la rendre heureuse, les nouveaux projets que cette conviction m'a suggérés, des engagements plus positifs que ces projets, approuvés par mon père et par vous, m'ont engagé à prendre la dissimulation que m'impose le désir de causer le moins de peine possible ; tout cela compose une situation tellement compliquée que j'en souffre de mille manières indéfinissables. Cependant la certitude qu'en abjurant cette dissimulation je ne ferai de bien à personne, et que pour faire aussi peu de mal que je le pourrai, il faut attendre en silence l'époque d'un départ qui ne peut pas être retardé au-delà de cet automne ou du commencement de l'hiver, cette certitude me soutient. Je suis convaincu que la véritable moralité est d'épargner le plus que l'on peut de la douleur,

---

[1] Charlotte de Hardenberg que Constant voulait épouser.

et que c'est un devoir de sacrifier à ce but, non seulement son propre bonheur, mais même, jusqu'à un certain degré, les apparences et l'opinion. Je sens parfaitement que si l'on connaissait mes doubles relations, on me reprocherait une sorte de duplicité, mais quand la vérité ne fait que du mal, il y a plus d'orgueil que de devoir à la dire. D'ailleurs, dans le fond, je ne sacrifie que moi. Il me serait plus doux et plus facile de m'unir tout de suite à la personne avec laquelle il est dans mon espoir de passer ma vie. Je trouverais chez mon père un asile qui me mettrait à l'abri de toute altércation fâcheuse ; et je serais heureux quelques mois plus tôt. Quel est donc mon motif, et comment ceux qui le connaîtraient pourraient-ils m'en faire un crime ? Ce motif n'est autre chose que du respect pour les liens passés, et l'abnégation de moi-même en faveur d'une affection que je veux ménager, si je le puis, même en prenant un nouveau genre de vie.

J'entre dans bien des détails avec vous, ma chère tante, sur ce qui ne regarde que moi. Vous êtes l'unique dépositaire de ma confiance, et je ne puis écrire ni parler qu'à vous. Supportez donc avec votre bonté ordinaire mes confidences peut-être trop diffuses, et dites-moi que vous m'aimez.

Je ne compte pas retourner à Lausanne aussitôt que je me le proposais. Je passerai ici environ 15 jours. Ce changement, qui me laissera pour le reste de l'été une plus libre disposition de mon temps, m'est aussi nécessaire pour conclure avec un libraire de Genève un arrangement relatif à l'impression de *Wallenstein* que je me suis décidé à publier comme imitation de l'allemand avec un essai sur l'art dramatique en Allemagne. J'espère avoir achevé ce travail dans deux mois, et le faire paraître vers le commencement de l'hiver.

Adieu, ma chère tante. S'il vient des lettres pour moi, faites-moi le plaisir de me les envoyer. Ecrivez-moi vous-même ; vous savez que je ne suis jamais plus heureux que lorsque je reçois les assurances de votre amitié. Il va sans dire que mes projets de séjour ici sont subordonnés à vos convenances ou au besoin quelconque que vous pourriez avoir de moi. Si par exemple Mlle Rieu retombait malade, vous ne doutez pas qu'au premier signe je n'accourusse auprès de vous. Je vous embrasse mille et mille fois.

XCII

A MADAME LA COMTESSE DE NASSAU, NÉE DE CHANDIEU

Coppet, ce 19 juillet 1808.

La date de votre lettre de hier étant déchirée, ma chère tante, je ne puis deviner si en me disant que vous comptiez recevoir ce jour-là une lettre de moi, vous m'annonciez que celle que je vous ai écrite fort à la hâte vendredi dernier ne vous est pas parvenue. Elle était à la vérité très courte et vous en annonçait pour le lendemain une autre que ma négociation avec Paschoud [1] pour *Wallenstein*, négociation qui me prit une matinée, m'empêcha de vous écrire. J'espère que vous avez bien pensé qu'il y avait eu quelque raison extérieure, car non seulement j'avais à vous remercier de votre bonne lettre, mais j'aime toujours à vous écrire, même quand j'ai à me plaindre de votre silence.

J'ai terminé avec Paschoud pour 2,000 fr. en argent et environ 25 louis en livres. Je ne me fais aucun scru-

[1] Éditeur de Genève.

pule de cette manière d'augmenter mes revenus. D'abord tout le monde le fait et ensuite il y a tant de manières d'être ruiné qu'on n'en doit, ce me semble, repousser aucune, le vol excepté, — encore bien des gens transigent-ils sur l'exception, — pour éviter ou retarder la ruine. Ce que vous me dites sur la pièce en elle-même est parfaitement juste. Je suis convaincu que si l'exécution répond à l'idée que j'en ai conçue, et il y a des moments où je m'en flatte, j'en ferai un ouvrage d'un genre neuf et d'un grand intérêt. J'ai déjà fait quelques morceaux dans lesquels je crois avoir très bien réussi. Mais il faut bien du travail pour varier les vers alexandrins dont le vice inhérent, même dans les meilleurs poètes, dans l'abbé Delille par exemple, est une monotonie excessive. J'irai surement à Lausanne avant la fin de ce mois ou au plus tard au commencement du mois prochain, et je voudrais bien être de vos courses. J'aime Wilhem de tout mon cœur. Si sa femme se remet, ce sera un grand bonheur pour eux que les tristes commencements de leur mariage, Le malheur donne lieu au développement de mille qualités dont on ne se doutait point l'un dans l'autre et dont on se sait gré toute la vie. Il est impossible de s'aimer et de s'estimer autant que cela est nécessaire pour la vie intime, quand on n'a pas été appelé à souffrir ensemble. Il est vrai que lorsque les qualités que le malheur devait développer n'existent pas, il y a l'effet contraire, et le malheur alors ne fait que du mal. Je crains qu'il n'en soit ainsi de M. et Mme de.....

Je suis bien fâché de ce que vous me marquez sur Mme de Senarclens[1]. Oui assurément ce sont les survivants qu'il faut plaindre, d'autant que je trouve que l'on n'est, quoiqu'on fasse, jamais content de sa conduite avec les morts. Je ne veux pas dire qu'on se fasse des reproches, mais il y a un degré d'intimité auquel

---

[1] Les de Senarclens, très ancienne famille du canton de Vaud.

la vie s'oppose; et il me semble toujours que si je revoyais un quart d'heure les âmes que j'ai perdues, je leur parlerais plus du fond du cœur que je ne l'ai fait dans les moments de plus grand abandon. La vie a quelque chose d'extérieur et de factice qui gêne toujours sans qu'on s'en aperçoive C'est une barrière que l'on ne franchit pas.

L'*Assemblée de famille* est une fort mauvaise pièce que de gros axiômes de morale ont fait réussir, parce que dans ce temps où personne n'applique la morale, on est bien aise de la voir réduite en pilules qu'on espère toujours faire avaler à son voisin, bien sûr que l'on est de ne pas les avaler soi-même. Je crois que les Français aiment les maximes de morale dans la bouche des autres, parce qu'ils considèrent ceux qui les débitent comme des dupes à venir.

Vous avez eu la bonté, ma chère tante, de me faire tenir trois lettres, deux de Neuchâtel, une de mon père. Mais je ne serais point étonné que les ports en fussent considérables, car chacune en contenait d'autres. Au reste *Wallenstein* me met en état de subvenir à mes frais de correspondance.

Adieu, ma chère tante. Je désire que vous receviez bientôt quelque chose pour moi, parce que la bonté que vous avez de m'envoyer mes lettres me vaut toujours quelques mots de vous qui me font autant et plus de plaisir que le reste du paquet. Si pourtant vous ne recevez rien, ne vous laissez pas aller à ne pas m'écrire. Vos lettres sont un des grands bonheurs de ma vie.

XCIII

A MADAME LA COMTESSE DE NASSAU, NÉE DE CHANDIEU

Ce 22 juillet 1808.

Je suis charmé, ma chère tante, que vous ayez vu la personne[1] dont je vous avais si souvent parlé, et sous des rapports si intéressants pour moi. Tout ce que je désire dans la vie, c'est de pouvoir recevoir vos impressions, les comparer avec les miennes, et agir de la manière qui me vaudra le plus votre approbation. Je ne serais pas content de moi si je me sentais en opposition avec vous sur quelque chose. Je désire donc bien vraiment que vous me disiez avec une complète franchise votre opinion sur cette personne. La mienne sans doute est fixée sur plusieurs points importants. Je n'ai jamais vu un caractère plus constant et plus désintéressé dans ses affections, plus de pureté et d'élévation dans l'âme, et en même temps une sensibilité plus profonde, avec une absence totale d'affectation de sensibilité, plus de noblesse sous les rapports de fortune, avec plus d'ordre, enfin une douceur telle qu'elle me donne toujours un sentiment de bien-être, au bout de quelques heures, Cependant une curiosité naturelle pour ce qui intéresse beaucoup me fait souhaiter de savoir de vous complètement ce que vous en pensez, et je vous supplie de m'en écrire, avec détail, et en disant bien exactement

---

[1] Mme de Hardenberg.

quelle impression vous avez reçue, et quelles vous recevrez par une connaissance plus approfondie. Je regarde comme un grand bonheur que vous la voyiez, et je désire même que vous la voyiez sans moi et un peu longtemps. Je sais par mon expérience et par celle de beaucoup de gens, dans les relations moins intimes, qu'elle pénètre par un certain charme dans le cœur, et qu'on l'aime toujours davantage plus on la voit.

Je voudrais bien, chère tante, ai-je besoin de vous le dire, aller tout de suite à Lausanne ; je ne puis d'ici à quelques jours, et je ne sais, si alors je serai à même de vous aider dans les politesses que l'extrême bonté que vous avez pour moi vous suggère. Vous fâcherez-vous de ce que je vous dis que je ne le puis, quand, en apparence, il ne me faut que ma volonté pour être libre comme l'air ? Vous savez ma situation, vous savez mon désir et quelle marche je me suis tracée. La bouleverser, faire un éclat, qui ferait parler toute la terre sur moi et sur deux personnes, dont je voudrais ne voir aucune compromise. Et tout cela pour deux ou trois jours, quand tout s'arrange paisiblement, je suis sûr que vous-même ne me le conseilleriez pas.

Adieu, chère tante, je vous verrai bientôt, pour plusieurs jours. J'attends de vos nouvelles avec une extrême impatience et je vous aime de tout mon cœur.

Je sais que je n'ai pas besoin de vous recommander le secret sur tout, avec tout le monde, y compris Rosalie ; et je vous demande déjà pardon de cette inutile phrase.

Ne trouvez-vous pas que c'est déjà un trait de caractère bien remarquable pour une femme que de comprendre assez ma situation pour me laisser ici sans se plaindre avec une entière confiance, et cela, quand un doute sur mon sentiment l'a mise il y a six mois à la mort ?

N'aviez-vous pas reçu ma lettre de mardi dernier ?

XCIV

A MADAME LA COMTESSE DE NASSAU, NÉE DE CHANDIEU

Coppet, ce 23 juillet 1808.

Je ne sais, ma chère tante, si je me suis bien expliqué hier sur les raisons qui m'empêchent d'aller à Lausanne aussitôt que je le voudrais. Je suis certain, que si je parviens à rendre clairement ce que j'éprouve, vous me comprendrez et m'approuverez. Si je voulais rester dans les relations où je suis aujourd'hui, je pourrais tâcher de les plier à ce qui m'est commode et agréable, et je me mettrais au-dessus d'une exigence que je forcerais bien à se plier à ma volonté. Mais en agissant de la sorte, j'aurais l'air d'indiquer les conditions auxquelles je consentirais à rester dans ces relations, et c'est un genre de mauvaise foi qui me répugne. Ne voulant pas prendre ce parti, j'en pourrais prendre un autre non moins facile. Ce serait d'inventer des prétextes de départ, mais ce mensonge me répugne aussi. Il ne me resterait donc qu'à dire pourquoi je hâte un voyage que j'ai annoncé vouloir faire dans une quinzaine de jours. Cela, je ne peux le dire que pour une rupture complète, et c'est cette rupture dont l'époque me paraîtrait mal choisie. Je ne veux donc pas me mettre à mon aise dans une position où je ne veux pas rester. C'est une bizarre délicatesse peut-être, mais c'est un scrupule que je ne puis vaincre. Je ne veux pas qu'une personne puisse croire qu'en cédant à ma volonté, elle acquiert des droits et compter ainsi sur moi, quand l'avenir doit être tout différent. J'aime mieux me priver de ce qui me ferait un grand plaisir. Je sais que je n'y gagnerais rien dans l'opinion. Mais ma conscience en sera plus satisfaite, et c'est tout ce que je puis espérer.

Je ne vous ai pas assez dit, chère tante, combien je suis pénétré de ce que vous me disiez sur votre désir que vos *dames* ne s'ennuyassent pas, et sur ce que vous aviez fait pour cela. En lisant votre phrase : Je me mets en quatre pour leur procurer quelque amusement, les larmes me sont venues de reconnaissance et de tendresse. Je ne croyais pas que je pusse me sentir encore plus intimement lié à vous, et je trouve que c'est un bienfait du ciel, que d'avoir rencontré cette occasion de vous aimer encore davantage. Car c'est un des grands bonheurs de ma vie que de vous aimer.

Adieu, ma chère tante, j'attends impatiemment votre lettre de lundi et je vous embrasse mille, mille et mille fois.

XCV

A MADAME LA COMTESSE DE NASSAU, NÉE DE CHANDIEU

Coppet, ce 26 juillet 1808.

Je ne saurais vous exprimer, ma chère tante, le plaisir extrême que m'a fait votre bonne lettre. L'impression que vous avez reçue, l'intérêt que vous avez bien voulu mettre à me détailler cette impression, tout enfin, et surtout la nouvelle source de confiance qui s'est ouverte pour moi, m'a comblé de plus de joie que je n'en avais éprouvé depuis longtemps. Vous avez trouvé bizarre que je vous demandasse une description d'une personne que je dois être censé connaître intimement ; mais d'abord j'avais un besoin de cœur de trouver en vous pour cette personne la bienveillance qu'elle mérite, j'aurais souffert si nous n'avions pas senti de même à son égard. Ensuite, je vous le dirai franchement, je désirais m'assurer que je ne me faisais pas illusion. Son extrême douceur, le bonheur d'être aimé, et l'excessif besoin de repos que je ressens depuis tant d'années me semblaient pouvoir me disposer à une prévention favorable. Tout ce qui n'est pas orageux a droit à me plaire, et tout ce que vous me dites m'a fait un grand bien en me prouvant que j'avais raison dans tout ce que je sentais. Je vous dois donc un sentiment fort doux et qui m'était bien nécessaire, dans le pressentiment que j'ai des orages qui vont peut-être commencer. Cette arrivée et un séjour de quinze jours ici me paraissent difficilement ne pas devoir produire quelque explication ; j'en souffrirai, mais mon avenir est fixé, et je ne m'effraye pas d'une situation dans laquelle l'une et l'autre alternative me conduira à un port assuré. Il est dans ma volonté de passer cet été paisiblement et de ne prendre de liens que lorsque la personne avec qui je suis aura les distractions dont elle a besoin. Mais si je me vois forcé à agir autrement comme ce ne sera pas ma faute, je m'y résignerai, et j'y gagnerai autant sous un rapport que j'y perdrai dans un autre, car j'ai le cœur oppressé de mon silence. Les choses amères m'irritent, mais elles me font encore bien moins de mal que les choses douces ; et si quelque grande crise me jetait hors de ma situation, je tâcherais de n'envisager que le bon côté de la chose. Je me crois à présent un devoir. Je crois avoir le dépôt du bonheur d'une autre, et d'une personne dont je puis faire le bonheur. Avec ce sentiment, il n'y a rien que je ne supporte et que je ne brave, surtout avec la confiance intime que j'ai qu'il y a une puissance bienfaisante qui me protègera quand je ne voudrai faire que le bien.

Je ne puis rien vous dire encore des voyageuses, ni de l'effet de leur voyage. Je sais qu'elles sont arrivées en bonne santé, et j'ai écrit et reçu une réponse, je parlerai demain matin ici de leur arrivée. Le reste, c'est-à-dire ce qui se passera immédiatement après, est dans les mains de la Providence. Comme je ne veux pas dire un mot qui ne soit vrai, ni prendre aucun engagement que je ne veuille pas taire, je ne sais rien prévoir et j'attends tout avec calme. Peut-être n'arrivera-t-il rien. Ces dames restent à Genève une douzaine de jours. J'irai sûrement les voir. J'avais reçu ce matin une lettre de Lausanne où l'on me parlait de toutes vos bontés et surtout de votre amitié avec une profonde reconnaissance. Je n'avais pas besoin qu'on me l'écrivît pour en être sûr.

Rosalie m'a écrit et m'a demandé en post-scriptum qui étaient ces dames. Elle ne les avait pas encore vues. Je ne sais ce que fera la tante qui sûrement, si elle vient ici, m'examinera avec curiosité. Il faut se tirer de tout dans la vie. Jamais il n'y eut une situation plus bizarrement travaillée que la mienne. Heureusement que j'entrevois le moment où elle redeviendra simple, et que ce qui peut arriver de pis ne servirait qu'à la simplifier plus tôt.

J'aimais beaucoup Mlle Rieu comme vous le savez; mais vous sentez bien que je l'aime encore davantage. Je ne vous charge pas de le lui dire: il faudrait lui dire pourquoi.

Je ne suis pas du tout de votre avis sur l'ennui que vous craignez pour *nous* (je dis déjà nous, comme vous voyez) si *nous nous* fixons en Suisse. D'abord nous serons près de vous, et je suis sûr qu'elle en sera aussi heureuse que moi. Ensuite nous serons ensemble, et nous en serons très heureux, enfin je serai en repos, et c'est là ce que je désire le plus vivement.

Je pense quelquefois qu'une fois tranquille, je serai bien étonné de toute la peine que je me serai donnée pour une chose que tant d'autres trouveraient si facile. C'est que toutes les difficultés sont dans le cœur.

Adieu, ma chère tante, je vous écrirai peut-être demain, sûrement vendredi. Vous savez combien vos lettres me donnent de bonheur, je vous aime actuellement, outre sous les rapports sous lesquels je vous ai toujours aimée, comme la confidente de toutes mes pensées et de tous mes sentiments, et ce nouveau rapport m'est bien doux.

XCVI

A MADAME LA COMTESSE DE NASSAU, NÉE DE CHANDIEU

Coppet, ce 26 juillet 1808.

Il m'est revenu dans la tête, ma chère tante, une petite chose que je veux vous dire et à laquelle j'ai pensé trop tard pour l'insérer dans la lettre que je viens de finir et d'envoyer à la poste. Il serait très possible que Mme de Charrière[1] et par elle Rosalie devinassent très vaguement sans doute, mais pourtant d'une manière qui pourrait vous surprendre, une partie de mes intentions et de mes projets. Alors vous me soupçonneriez d'avoir fait comme beaucoup de gens qui recommandent avec instance qu'on leur garde le secret de ce qu'ils disent et qui ensuite n'ont rien de plus pressé que de

---

[1] Sa tante.

faire la même confidence à d'autres, de sorte que ceux qui sont fidèles à leur recommandation se trouvent avoir prodigué leur discrétion en pure perte. Voici donc pourquoi Rosalie et Mme de Charrière pourraient conjecturer quelque chose. Il y a un an à peu près, lorsque rien ne semblait favoriser aucune espérance, que je dis à Mme de Charrière qu'il y avait une personne que j'avais connue en Allemagne, que je regrettais fort de ne pouvoir épouser et comme je n'avais aucune idée que la chose pût se réaliser, je lui dis en quatre phrases, sans nommer personne, la situation de Mme D[1]. Je crois qu'elle n'y fit pas grande attention, et nous n'en avons jamais reparlé depuis. Mais votre bienveillance et la rencontre qu'elle a faite de Mme D. chez vous, pourraient lui rappeler ce fait. Ajoutez à cela qu'il y a six ou sept ans que Rosalie m'ayant parlé dans une de ses lettres d'Auguste et du séjour qu'il avait fait à Brunswick, je la chargeai de s'informer de lui s'il n'avait pas rencontré Mme D., que je lui désignai, dont je fis l'histoire et que j'ajoutai avoir beaucoup aimée il y avait plusieurs années. Rosalie fit ma commission et me transcrivit les détails qu'elle pût recueillir. Enfin dans mon dernier petit séjour à Lausanne, m'étant mis à parler de bonheur, je lui dis qu'il y avait une personne que je n'avais jamais pu voir trois heures de suite sans que toutes mes impressions pénibles ne se dissipassent, et à laquelle je devais des moments tellement heureux par le calme dont j'avais joui et le charme que je lui trouvais, que je me souvenais d'avoir regardé ces moments comme des dédommagements de toutes les contrariétés de ma vie. Vous voyez, ma chère tante, que si Mme de Charrière et Rosalie mettent ensemble toutes ces petites choses, elles pourront arriver à conjecturer non pas ce qui est, mais je ne sais quoi qui eût avec ce qui est une fausse ressemblance ; et pour que vous ne m'accusassiez pas de ne

---

[1] Mme Dutertre, (Charlotte de Hardenberg).

pas savoir garder mes propres secrets, je vous en préviens. Au reste, j'ai toujours remarqué que des conjectures ont la faculté de se consumer elles-mêmes, quand on ne les encourage ou ne les combat. C'est un effort tellement contre nature dans chacun que de s'occuper d'un autre, qu'il faut qu'il soit soutenu, soit par la contradiction, soit par de nouvelles découvertes à faire.

Je relis ma phrase et je trouve bien impertinent à moi de dire de la sorte que l'on n'est pas disposé à s'occuper des autres, tandis que je vous occupe impitoyablement de moi depuis si longtemps. Mais c'est que vous faites exception à tout, tant pour ce que vous êtes pour moi, que par le sentiment que j'ai pour vous, et je vous mets en dehors de la nature humaine ordinaire pour pouvoir continuer à en médire, ce qui, comme vous savez, ma chère tante, a toujours bon air.

Je finis pour que cette seconde lettre parte, et je n'ai que le temps de vous embrasser.

XCVII

A MADAME LA COMTESSE DE NASSAU, NÉE DE CHANDIEU

Ce 2 août 1808.

Je ne suis pas entré, ma chère tante, dans de grands détails sur l'effet de la nouvelle que j'ai eu à annoncer, parce qu'il n'est résulté de cette nouvelle qu'une conversation comme nous en avons sans cesse, sans qu'il s'ensuive rien d'ostensible. J'évite le plus que je peux de causer de la peine inutilement, et je n'ai plus aucun motif pour me condamner à en faire. Quand je n'avais pas la certitude d'arranger ma vie, je mettais de la violence à ce que je disais, parce que j'avais l'agitation de la lutte, et que je m'irritais de ma propre faiblesse. Actuellement que non seulement la chose est faite, mais l'époque fixée, je me reprocherais toute dureté, toute impatience, et je suis tellement maître de mes mouvements, que toute cette alternative de souffrance et de fatigue qui compose les situations mal arrangées se passe au-dedans de moi. Nous causerons longuement samedi. Je vous dirai quels sont mes plans, si toutefois ce n'est pas vous le redire ! Car à l'exception d'une petite chose qui n'est pas encore décidée, rien n'est changé. Mais enfin, chère tante, puisque vous vous y intéressez assez pour me permettre de rabâcher sans cesse, je surmonterai l'espèce de honte que j'ai toujours en parlant longtemps de moi.

La tante [1] est venue dîner ici avec sa fille et son gendre. Elle a été très parlante et fort bien reçue. Nous avons causé sur mes affaires à bâtons rompues et sans suite ; mais elle m'a témoigné beaucoup d'amitié, beaucoup d'intérêt, ce qui m'a été agréable, comme me représentant l'opinion de toute une famille nombreuse et distinguée, et surtout m'a fait plaisir en s'exprimant d'une manière sentie et conforme à la mienne sur le caractère de sa nièce. Je l'ai bien étudié ce caractère, et je l'ai vu développé par une succession de circonstances orageuses et diverses ; je n'ai jamais vu une seule chose que je désirasse n'y pas être, et ce qui paraîtrait à d'autres yeux des inconséquences de cœur, je veux dire une alternative de résolutions dictées par le désir d'être heureuse, et troublées par des incertitudes qui viennent d'un excès de délicatesse et de bonté, ne font que me donner des occasions de mieux le comprendre et de l'ai-

---

[1] Était tante de Charlotte de Hardenberg, probablement la princesse de Hardenberg, mère du ministre prussien au Congrès de Vienne.

mer davantage. J'avais d'ailleurs besoin, pour être compris moi-même de quelqu'un qui éprouvât ainsi que moi, et d'une manière aussi variée, tous les scrupules du cœur. Si j'avais rencontré une personne comme il y en a tant qui réduisit tout à un dilemme bien net et bien simple, qui dit, comme la tante, il faut qu'une porte soit ouverte ou fermée, j'aurais plus vite peut-être atteint en apparence une situation tranquille, mais elle aurait probablement été empoisonnée pour toujours.

Je ne puis rien répondre à ce que vous me dites sur ce que je puis être mal jugé, ma chère tante. Sans doute, j'aimerais mieux être jugé favorablement, mais je ne puis acheter cet avantage plus qu'il ne vaut. Je puis déclarer devant Dieu et ma conscience que dans tout ce que j'ai fait je n'ai jamais eu que de bons motifs. Il faut bien que je ne me trompe pas, car dès que j'ai mis assez d'intérêt à bien expliquer ma conduite à quelqu'un, je l'ai vue comprise et appréciée. Je crois et je souhaite que des circonstances plus simples fassent disparaître des apparences qui me blessent quelquefois. Cependant avec mon propre témoignage et le bonheur de ce qui m'entourera, je me sens de force à tout supporter en fait de jugements erronés, et surtout je suis bien décidé à ne rien faire pour l'opinion qui soit contraire à ce que je crois moral et sensible au fond.

Adieu, chère et bonne tante. Je me fais une fête de vous embrasser samedi. Il y a mille choses qu'on ne dit pas par lettre, non que l'on veuille dissimuler, mais parce que le dialogue les amène et avec vous plus qu'avec personne, puisque je suis toujours d'autant plus heureux que je vous montre davantage le fond de mon cœur.

Mille choses à l'excellente Mlle Rieu.

XCVIII

A MADAME LA COMTESSE DE NASSAU, NÉE DE CHANDIEU

5 août, 1808.

Je ne vous écris, ma chère tante, qu'un tout petit mot, je partirai demain pour Lausanne, mais je vois que j'y arriverai assez tard, et je ne voudrais pas que vous changeassiez pour m'attendre la moindre chose à vos projets naturels. Si j'arrive assez tôt pour aller finir avec vous la journée, j'en serai bien heureux. Sinon, je n'ai pas besoin de vous dire que mon premier soin sera d'aller vous voir et causer avec vous dimanche matin.

Ce que vous me dites sur moi est extrêmement vrai ; mais la cause que vous alléguez y entre sûrement aussi pour beaucoup. Il y a bien des années qu'une partie de mon âme n'est occupée que d'une seule idée et que je ne puis donner ni à moi-même ni aux autres que ce qui en reste, qui n'en fait sûrement pas la moitié. C'est pour cela qu'en projets, en entreprises, en compositions littéraires, enfin, en tout je n'ai jamais rien achevé. Nous causerons, bien à fond j'espère, je n'ai pas un sentiment au fond de mon âme que j'aie à cacher, et si j'ai à ajouter à ce que je vous ai déjà dit, vous verrez que ce sont des choses qui me justifient dans ce qu'il y a en apparence de bizarre en moi. Je m'attends bien à quelques tracasseries à Lausanne. Mais, j'ai pour les esquiver la patience au présent, l'espoir dans l'avenir, et un inexpugnable silence. Adieu, chère chère tante.

XCIX

A MADAME LA COMTESSE DE NASSAU, NÉE DE CHANDIEU

Août 1808.

Je comptais et je compte encore aller chez vous, ma chère tante, dans une demi-heure. Je viens de recevoir de la bonne Mme de Charrière, une invitation pour dîner aujourd'hui. Mais je vous verrai ce matin, et *ces dames*[1] m'ont écrit pour me demander si elles pouvaient vous faire visite après une promenade qu'elles comptent faire à la Chablière. Je dînerai peut-être avec elles pour les y mener; dans tous les cas vous voyez que votre désir de les voir s'accorde parfaitement avec leurs projets. Dans une demi heure au plus tard au reste, nous en causerons.

Adieu, jusque là, chère tante.

C

A MADAME LA COMTESSE DE NASSAU, NÉE DE CHANDIEU

Août 1808.

J'ai tellement mené promener mes dames, ma chère tante, que je n'ai pu comme je l'espérais vous aller voir

---

[1] Charlotte de Hardenberg et sa tante.

à la fin de la journée. Et la *mienne* [1] qui désirait aussi beaucoup prendre congé de vous, a été obligée de renoncer à cause de sa tante qui était horriblement fatiguée, et qui ne veut plus que personne sorte de chez elle quand elle ne sort pas. Voici un billet qui vous exprimera une partie de ses sentiments et de ses regrets. Elles partent ce matin pour Yverdon. Je les accompagne un bout de chemin, mais je serai de retour ce soir, et je vous verrai sûrement demain. J'en ai, je vous assure et le besoin et le désir, je vous embrasse en attendant comme je vous aime.

CI

A MADAME LA COMTESSE DE NASSAU, NÉE DE CHANDIEU

Ce samedi (27 août 1808).

Mille grâces, ma chère et bonne tante, et de la lettre que vous m'avez envoyée et de celle que vous avez eu la bonté d'y joindre. Je me flatte toujours de vous aller voir la semaine prochaine ou au plus tard l'autre semaine. Mme de H. attend son frère avec impatience et l'arrivée de quelques nouvelles de Paris avec un peu d'inquiétude, et comme elle doit m'écrire ici le résultat de son attente par l'un des premiers courriers prochains, j'attends moi-même que j'aie reçu sa lettre pour faire une course à Lausanne. Vous me feriez grand plaisir de me mander avec un peu de détail le besoin que vous

---

[1] Mme Dutertre, née de Hardenberg.

avez de moi, et quels services je pourrais vous rendre dans l'affaire de M. Dayrolles, et je désire que, dans la lettre où vous me manderez ces détails, vous ne me parliez point de ce qui nous intéresse à un autre égard. La fin de ma bizarre situation approchant, je voudrais éprouver et faire éprouver le moins de peine possible, il n'y en aura, je le crains, toujours que trop. Enfin, ce n'est plus mon bonheur seul qui y est intéressé, c'est celui d'une autre, d'une autre que j'aime du fond du cœur, et qui le mérite, et le sentiment de ce que je lui dois me donne une force que mon propre intérêt ne m'avait jamais donnée.

Je persiste à n'être pas de votre avis sur les enfants à venir. Mais je n'en parle plus, car, comme dit Corneille :

> pour être approuvés,
> De semblables projets doivent être achevés.

Que vous êtes bonne de répondre si vite et si obligeamment aux lettres venues de Berne ! Au reste je n'étais coupable en rien, et l'on n'a pas eu l'esprit de faire prendre mes lettres à la poste.

Que de nouvelles viennent de toutes parts, et que de nouvelles encore s'annoncent ! La tête tourne du présent et de l'avenir. Mme de Sévery est-elle accouchée ? Je m'intéresse vivement à ce ménage. Mandez-moi ce qui leur arrive, je vous en supplie, ma chère tante, et rappelez-moi à leur souvenir.

Je voudrais bien saisir Mlle Rieu à son passage. Vous savez que je l'aime pour elle et pour vous.

Adieu, chère tante, je vous embrasse mille et mille fois.

CII

A MADAME LA COMTESSE DE NASSAU,
NÉE DE CHANDIEU

Ce 2 août (1808).

Mon père m'écrit, ma chère tante, dans la lettre que vous m'avez envoyée, qu'il sera probablement à Lausanne dans les premiers jours de septembre. Cette nouvelle me fait grand plaisir, comme me prouvant sa bonne santé. J'attends qu'il m'annonce son arrivée pour aller le rejoindre. Je serai donc près de vous, je suppose, vers le commencement de la semaine prochaine, au plus tard.

Je ne vous demandais pas de m'écrire sur l'affaire Dayrolles des détails que je prévoyais, comme en effet vous me le mandez, devoir toujours être incomplets et fatigants pour vous à développer. Je vous priais seulement de me mander quand vous croyiez avoir précisément besoin de moi, pour que j'arrangeasse en conséquence mon retour. Je n'ai point d'affaires, et jamais les projets que je puis former, et qui, dans ma position actuelle ne portent que sur des choses très peu signifiantes, n'entreront en balance avec le bonheur que j'aurais à vous être utile...

Ce que vous me dites sur les souvenirs est bien vrai. Ils reviennent quelquefois sur nous avec une force que toute notre raison ne peut supporter. J'ai, à ma campagne près de Paris, une énorme quantité de lettres d'époques très reculées. Toutes les fois que j'y vais, je me sens entraîné malgré moi à les relire. Et peu à peu je sens mon âme se remplir tellement du passé que tous les objets tournent devant moi. Les morts me paraissent plus vivants que les vivants. Le passé m'assiège et je sens que j'ai avec ce qui n'est plus une communication beaucoup plus intime qu'avec ce qui est. C'est une sorte de folie douloureuse à la fois et attrayante dont je ne sors qu'avec effort, et qui laisse après elle une tristesse et un découragement inexprimables.

Adieu, ma chère tante. Je sens qu'on est heureux d'aimer, car j'ai beaucoup de bonheur en vous aimant. Ecrivez-moi tout de suite, je vous prie. Comme je tiens beaucoup à vos lettres et à ce qu'elles ne se perdent pas, je resterai ici de pied ferme jusqu'à vendredi pour les recevoir, même dans le cas où je recevrais la nouvelle de l'arrivée de mon père. Ainsi, je vous en prie, écrivez-moi par le courrier de jeudi.

Je vous embrasse mille et mille fois.

CIII

A MADAME LA COMTESSE DE NASSAU,
NÉE DE CHANDIEU

Ce samedi (septembre 1808).

Je n'ai pu vous écrire hier, chère tante, ayant passé toute la journée depuis le matin à Genève, pour convenir avec Paschoud de l'impression de mon *Wallenstein*, qui va être mise en train, dans les premiers jours de la semaine prochaine. J'ai pesté contre ce contretemps, car je n'ai pas de plus grand plaisir que de vous écrire, parce que j'aime à causer avec vous, et qu'en vous écrivant je me flatte à présent d'obtenir une réponse. Je vous supplie de ne pas perdre la bonne habitude que vous avez prise, et de continuer à rendre pour moi les jours du courrier de Suisse des jours d'espérance et de bonheur.

Mon père me mande que sa cure a été interrompue parce que son médecin a été enlevé subitement par ordre de la police, et envoyé de brigade en brigade jusqu'à la frontière suisse. Mon père attribue cette rigueur à la jalousie des autres médecins. Un homme, venant du Jura, m'a dit qu'on croyait que le déporté était un espion : mais je ne pense pas que l'on traite les espions aussi sévèrement. On ne voudra pas décourager le zèle d'une espèce aussi nécessaire. Mon père, du reste, est bien pour le fond de sa santé, à ce qu'il me marque. Peut-être, est-ce un bien, à 82 ans, que de ne pas vouloir faire une cure à fond, qui toujours ébranle le tempérament. J'en avais quelque inquiétude, et puisque la Providence a décidé, je veux croire que c'est un bien. Il n'est point du tout question, dans la lettre de mon père, de Louise et des tracasseries auxquelles son projet de voyage avait donné lieu. Mais, il ne paraît pas mécontent de moi, et c'est tout ce que je désire.

Il paraît que les Demoiselles de Lausanne ont pris le mors aux dents. Elles ont vu toute une génération s'user dans le célibat, et ne veulent pas courir cette chance. Ce musicien qu'épouse Mlle de Mezeri s'appelle Valentin. La famille est de Genève à ce qu'on m'a dit, et son père est horloger. On prétend qu'il s'est beaucoup mêlé de la révolution genevoise, ce dont on lui sait plus mauvais gré que de la bassesse de son origine. Votre lettre me ferait croire que Wilhelmine [1] est arrivée. Mme Cazenove que j'ai vue hier ne m'a semblé pas le savoir...

Dès que j'aurai mis en activité l'impression de *Wallenstein*, je partirai pour aller vous revoir. Mes affai-

---

[1] Une de ses cousines.

res se simplifieront beaucoup d'ici là à ce que je puis prévoir, je me laisse conduire en grande partie par la destinée, parce que je crois qu'elle est présidée par une intelligence bienveillante : et depuis quelque temps, je trouve qu'elle me conduit aussi bien, peut-être mieux que je n'aurais pu espérer. Vous trouverez cette phrase un peu mystique, ma chère tante. Il y a pourtant, je vous assure, moins de mysticisme en moi que de fatigue, et de sentiment que je n'ai pas su arranger ma vie. Mes bonnes qualités ont souvent tourné contre moi. Mes projets m'ont harassé sans que je sois parvenu à les exécuter, et ce n'est que depuis que je me suis dit que, sans renoncer à examiner ce qu'il y avait à faire, il fallait s'en remettre aux événements pour l'époque et la manière, que j'ai trouvé que j'approchais de mon but, et que de plus j'avais en chemin quelque repos. Je crois fermement que je touche au moment de prendre le genre de vie qui me convient. Plus je pénètre dans le caractère de la personne que vous connaissez, plus j'acquiers la conviction que si je l'avais fait faire pour moi je ne pourrais pas avoir mieux réussi pour mon bonheur. Je pourrais encore vous en citer des preuves, qui seraient trop longues à écrire, mais qui, j'en suis sûr, vous toucheront...

J'ai rencontré hier à Genève une Mme d'Aguesseau que vous avez vue à Lausanne, il y a 15 ans, avec ses deux filles dont une est morte. La mère l'a remplacée par une fille naturelle qu'elle s'est fait faire par un anglais, nommé Lord Mor... et qu'elle a élevée auprès d'elle sous le nom de Géorgina. Mme D'Aguesseau, qui était en 1793 assez sèche et assez impertinente, m'a paru avoir conservé ces qualités, renforcées par les années.

Mme D. T. étant partie de Neuchâtel, ou devant en partir incessamment, elle m'a prié de lui faire parvenir les lettres qui pourraient arriver pour elle après son départ : et ne voulant pas que l'aubergiste y mêlât mon nom, j'ai pris la liberté, ma chère tante, de lui dire de les adresser à M. Joseph Audouin, chez Mme de Nassau. Vous voyez que j'use trop amplement de votre extrême bonté. Si vous en recevez quelqu'une, je vous prie de me l'envoyer ici. Grâces au ciel, le moment approche où je n'aurai plus à vous donner tous ces embarras que vous me pardonnez avec tant d'amitié, mais dont je rougis pourtant, tout en vous les causant avec une indiscrétion toujours renaissante.

Adieu, ma chère tante je vous aime bien tendrement. Mon projet favori est de vivre bientôt auprès de vous. Il ne manquera rien à mon bonheur si je puis espérer que vous y trouverez la moitié autant de plaisir que moi.

Mille et mille choses à Mlle Rieu.

CIV

A MADAME LA COMTESSE DE NASSAU, NÉE DE CHANDIEU

Ce 20 septembre 1808.

Mille remerciements, ma chère tante, de votre bonne et aimable lettre. Vous m'avez tellement gâté par vos bontés que je me suis déjà inquiété lundi de ne rien avoir de vous, et j'aurais été tout à fait alarmé si ce courrier-ci ne m'eût rien apporté de plus. Je mets dans ce moment des notes à la fin de *Wallenstein*. C'est la dernière opération que j'aie à y faire, et je l'aurai terminé dans peu de jours. Les réflexions préliminaires sur le théâtre allemand sont aussi à peu près achevées. Je me suis laissé aller à dire là-dessus tout ce qui se présentait à moi, sans m'être fait un plan d'avance.

C'est la première fois que j'avais traité le public si librement. Cependant je crois que la chose a tout aussi bien réussi que si je m'étais donné plus de peine. Il y a tant de choses neuves à dire sur la littérature de nos voisins, grâce à notre profonde et superbe ignorance de tout ce qui n'est pas nous, que pour peu qu'on dise une petite partie de ce qui est, on a l'air d'avoir fait des découvertes. L'ignorance serait le caractère distinctif des Français, si la fatuité ne l'était pas.

Oui, sûrement, le capitaine Bird vaut mieux que le musicien Valentin, et vous verrez que Wilhelmine[1] aura fait un bon mariage par comparaison. Tout dépend dans la vie du point de départ. Si on regarde en haut, on se trouve placé trop bas ; mais il n'y a qu'à regarder en bas, et l'on est tout supris d'être placé si haut. Cela me rappelle le mot d'un homme à qui on reprochait d'être orgueilleux. Je suis modeste, répondit-il, quand je me juge, mais je suis fier quand je me compare.

Dites, je vous prie, mille choses de ma part à Sévery. Si j'ai mis en train mon impression, je tâcherai de faire dans la semaine prochaine une course à Lausanne, et je le prierai alors de me présenter à Anna[2], que j'aborderai avec moins de timidité, à présent que je saurai comment l'appeler. Mais je ne puis m'éloigner avant d'avoir vu une feuille imprimée, parce que le libraire, que j'ai déjà fait beaucoup attendre, menace sans cesse d'entreprendre un autre ouvrage, ce qui ferait aller le mien beaucoup plus lentement, et j'ai mille raisons de tâcher d'en avoir fini le plus tôt possible.

J'ai vu hier, par hasard, un extrait de la gazette de Londres que je ne sais pas qui avait reçue. Le 27 août,

---

[1] Elle était fille de Guillaume-Anne, baron de Constant Rebecque, seigneur de Villars-Mendras, qui mourut commandant des provinces de Liège et de Limbourg, et de Constance de Lynden. Son mariage la brouilla avec toute sa famille.

[2] Fille de Willhelm de Charrière de Sévery, qui venait de naître.

les Anglais ont débarqué à Lisbonne. Le général Junot les a fait attaquer par six mille hommes que commandaient deux généraux de division. Ces six mille hommes ont été battus et se sont retirés avec une perte de 1,400 hommes. Le général Junot est sorti du fort Saint-Julien avec 14,000 hommes qu'il commandait. Il a attaqué avec une grande bravoure, mais la supériorité du nombre a trompé les efforts de son courage. Il a été forcé de se replier après avoir perdu 3,500 des siens, et au moment où le paquebot, qui a porté cette nouvelle en Angleterre, quittait Lisbonne, le général Kellermann était dans le camp anglais pour traiter de la capitulation. Je connais Junot, qui est l'homme le plus courageux possible Il faut qu'il ait été réduit à de grandes extrémités pour s'être rendu. Voilà toutes les côtes d'Espagne ouvertes aux Anglais, y compris le Portugal, et nous sommes resserrés dans un bien petit espace, depuis Vittoria jusqu'à la frontière de France. Il faut le génie de l'Empereur pour ne pas désespérer de reconquérir ce vaste pays, mais ce génie est fait pour maîtriser les événements.

Adieu, chère tante, je me remets à mes notes, mais j'ai, je vous assure, bien plus de plaisir à vous écrire qu'à griffonner pour le public. Je vous embrasse mille et mille fois avec tendresse et reconnaissance, bonheur de vous aimer et de compter sur votre amitié.

CV

A MADAME LA COMTESSE DE NASSAU, NÉE DE CHANDIEU

Ce 24 septembre 1808.

Vous me ferez bien plaisir, ma chère tante, de m'envoyer le paquet ou la lettre arrivée pour moi. Je ne devine pas d'où il peut venir, mais j'ai dans l'esprit une sorte d'inquiétude qui ne me permet pas de savoir qu'il y a quelque part pour moi une lettre, sans la faire venir le plus tôt possible.

On m'a dit en effet que le petit d'Arlens [1] (on dit qu'il est aussi grand que moi, mais je l'appelle petit pour me faire jeune) est d'une figure assez agréable, un peu taciturne, mais très convenable dans sa réserve. Je ne suis pas étonné qu'on l'ait trouvé peu parlant. Un homme qui arrive du pays d'où il revient, c'est aujourd'hui comme s'il venait du bout du monde, et il doit être assommé de toutes les questions qu'on lui fait. S'il passe l'hiver à Lausanne, quelqu'une de ces demoiselles qui commencent à défiler d'une si fâcheuse manière dans le recrutement des musiciens, ne trouvera-t-elle pas le moyen de s'en emparer ? Cela serait presqu'aussi romanesque, puisqu'il n'a que 19 ans. Il y aurait la même résistance de la part des parents, ce qui rehausse l'intérêt et cela serait pour la suite moins embarrassant. C'est une idée que je ferais circuler si j'étais sur les lieux. Ne la confiez pourtant pas à d'Arlens qui ne m'en saurait pas bon gré.

Mes notes ne sont pas encore tout à fait achevées. Mais *Wallenstein* est envoyé à Paschoud, et j'en aurai, j'espère, sous peu de jours, la première épreuve. Je ne sais pas s'il ne m'arrivera pas ce qui arrive presque toujours aux auteurs qui ont fait des changements à leurs ouvrages, c'est que ceux qui les connaissaient auparavant leur disent que le premier jet valait mieux. C'est une manière de concilier la politesse avec la critique, et de ne pas louer ce qui est, en préférant ce qui était. Au reste, j'en prendrai bien mon parti. Je n'ai jamais été fort sensible aux critiques, et plus je vois les individus qui composent le public, moins je respecte un public composé de la sorte. L'Arioste ra-

---

[1] Fils de Constance d'Arlens, (née Constant d'Hermenches), cousine de Mme de Staël.

conte qu'un de ses chevaliers fut tué dans un combat, mais il avait tellement l'habitude de se battre, que tout mort qu'il était, il continuait encore. Je suis comme cela pour la littérature. J'ai beaucoup désiré la gloire littéraire, et ce désir m'a fait prendre l'habitude de travailler. A présent je ne désire plus guère le succès, mais je travaille par habitude.

Je travaillerais mieux encore si je n'avais pas cent mille idées qui se croisent dans ma tête. Je vois s'approcher le moment où ma vie doit s'arranger, et elle ne peut s'arranger que par une espèce de crise qui plane sur moi comme un nuage. Je suis plus content que jamais de la personne que vous connaissez. Elle vient de me donner une preuve d'affection que je n'aurais espérée d'aucune femme, puisqu'il s'agissait de passer un temps qu'elle peut croire indéfini, dans une solitude très monotone ; elle l'a fait, sur un simple désir de ma part, tandis qu'elle pourrait opposer mille raisonnements très plausibles, pour rester et s'amuser où elle aurait voulu. Mais au milieu de la joie que j'éprouve, je sens de la peine et de la peur, de la surprise et de la douleur que je vais causer à d'autres qui ont aussi mille bonnes qualités et un attachement sincère pour moi. La destinée, la Providence me guideront, et tout ira mieux que je ne le prévois encore.

Adieu, chère tante, je suis retombé dans une suite de réflexions tristes. Je vais me remettre à mes notes pour les écarter. Je vous aime bien profondément.

CVI

A MADAME LA COMTESSE DE NASSAU, NÉE DE CHANDIEU

Ce 21 octobre 1808.

J'ai été hier faire une visite à mon cousin de Loys. Je l'ai trouvé fort aimable, et je sais, par tout ce qui m'en est revenu, ma chère tante, qu'il se fait beaucoup aimer à Genève, et que le professeur Prévost en dit infiniment de bien.

Je n'ai pas été aussi content du résultat de mon voyage, relativement à l'impression de *Wallenstein*. Paschoud, qui est l'homme du monde le plus actif en démonstrations, est en même temps celui qui tient le moins ce qu'il promet, et qui manque le plus effrontément de parole, du moins dans ce qui a rapport à la célérité à laquelle il s'engage tant qu'on veut. J'espère pourtant qu'à force de le menacer de l'abandonner au milieu de l'impression si elle n'est pas terminée à l'époque que j'ai fixée, je lui ferai assez de peur pour qu'il surmonte sa négligence. Ces retards me dérangent sous plus d'un rapport, et pourraient, s'ils se prolongeaient, me déranger d'une manière fort embarrassante.

Je suis fâché de n'être pas de votre avis, ma chère tante, sur la comédie[1] qu'on va jouer ici. J'ai fait ce que j'ai pu pour me dispenser d'y prendre un rôle. Mais il m'a été impossible de déranger dix à douze per-

[1] La Sunamite, comédie de Mme de Staël.

sonnes qui pendant mon absence avaient déjà appris les leurs. D'ailleurs votre raisonnement ne me paraît pas juste, c'est précisément parce que je ne suis pas destiné à demeurer toujours dans ma situation actuelle que je puis avoir plus de complaisance, parce que ma complaisance ne peut pas être interprétée comme un calcul. Il sera bien clair que je n'ai eu d'autre but que de faire plaisir, et je désire tellement ne changer à mes sentiments que ce qui est indispensable pour simplifier une position qui me disconvenait, que toutes les preuves d'amitié que je pourrai donner d'ailleurs, seront pour moi un plaisir. Je suis sûr que vous concevrez ma manière de sentir à cet égard, ou du moins que je vous la ferai concevoir, quand nous en causerons ensemble. Je n'ai jamais eu le chagrin de trouver votre cœur et le mien d'avis différent.

Que dites-vous du duc de Weimar qui donne à notre Empereur une chasse au lièvre sur le plateau de Iéna, c'est-à-dire là où le roi de Prusse, au service duquel il a passé toute sa vie, a été battu et a perdu sa couronne, car ce qu'on lui en a laissé provisoirement ne vaut pas la peine d'en parler. On a nommé le siècle de Louis XIV le grand siècle, le XVIIIe siècle, le siècle éclairé, on pourra nommer le XIXe siècle, le siècle souple. Il paraît, ou pour mieux dire il est sûr, que notre Empereur va prendre le commandement de ses troupes à Bayonne. Il y aura 300,000 hommes divisés en trois corps d'armée. L'un s'emparera des côtes, et les deux autres balayeront le pays en différents sens. En attendant, les troupes souffrent un peu de la saison, et même des insurgés qui profitent du temps où les Français ne sont pas encore en force pour les harceler.

On dit les Anglais à Constantinople. Ils se multiplient d'une manière étonnante.

Adieu, ma chère tante, je reçois à l'instant votre petite lettre et je me hâte d'ajouter au bas de celle-ci que j'ai reçu toutes celles dont vous me parlez.

Je vous embrasse mille et mille fois.

CVII

A MADAME LA COMTESSE DE NASSAU, NÉE DE CHANDIEU

Ce 25 octobre 1808.

La personne dont vous me parlez, ma chère tante, ne peut plus ne pas sortir de sa situation quand elle le voudrait, et par conséquent je vous garantis qu'elle en sortira. Elle sera même obligée d'en sortir incessamment, pour éviter une apparence de fausseté qui lui ferait un tort irréparable. Je sens, car je veux quitter cette manière de parler de moi-même à la troisième personne, ce qui pourrait vous faire croire que je parle d'une autre, qui vaut beaucoup mieux que moi, je sens qu'en ajournant plus longtemps, j'ai l'air de profiter de cette maison jusqu'à ce que mes affaires soient arrangées, et que je vais contre mon propre but, qui est de conserver, s'il est possible, l'estime ou l'amitié de la personne à laquelle j'ai si longtemps consacré ma vie. Il ne me reste que peu de jours pour me laver de ma longue dissimulation, qui, jusqu'à présent, pouvait être excusable, parce qu'elle était motivée par l'intérêt d'une autre, mais qui deviendrait une faiblesse sans aucune excuse. Je vous conterai tout la semaine prochaine qui ne se passera pas, j'espère, sans que je vous embrasse, et je vous consulterai, mais je suis sûr que vous serez de mon avis. Je ne nie point que je n'éprouve une grande douleur, je connais l'orage qui s'élève dans mon cœur et qui me bouleverse, mais le sort en est jeté, et comme je n'étais pas heureux avant d'avoir changé de situation, j'ai quelque chance pour l'être davantage après. Si je le mérite, je le serai, car la personne qui est à Dôle me donne tous les jours des preuves plus touchantes d'un dévouement, d'une affection, d'une bonté sans bornes. Je vous montrerai une lettre qui vous paraîtra, je le pense, étonnante dans ce genre-là.

Adieu, ma chère tante. Je vous embrasse et vous aime avec ardeur. S'il vient pour moi des lettres, veuillez toujours me les envoyer, je n'irai je pense à Lausanne qu'à la fin de l'autre semaine.

CVIII

A MADAME LA COMTESSE DE NASSAU NÉE DE CHANDIEU

Ce 5 novembre 1808.

Me voici enfin libre de toutes mes entreprises comiques, sauf *Wallenstein* que j'imprime à force, ma chère tante, et qui, s'il va du train dont il doit aller, sera achevé plus tôt que je n'espérais. Je ne vous parlerai point du spectacle qui a eu lieu. Etant acteur, je ne pouvais guère juger de l'effet, et ayant joué dans la dernière scène de la dernière pièce, j'étais à me déshabiller pendant que tout le monde s'en allait, de sorte que je n'ai vu aucun des spectateurs ; mais on m'a dit qu'il y en avait de Lausanne, de sorte qu'ils pourront vous en rendre compte. Je n'avais fait tout cela que par complaisance, et je suis satisfait, par cela seul que la chose est passée. Il y avait de grandes beautés dans la *Sunamite*, et une observation des mœurs et des opinions hébraïques qui donnait à cet ouvrage une couleur locale très frappante. Il ne me reste de ma dignité de prophète qu'un torticoli, qui passera, j'espère, comme mes autres attributs ; mais qui en attendant rend tous mes mouvements pénibles et m'empêcherait d'écrire à tout autre qu'à vous, ma chère tante.

Au reste, ce n'est que pour me faire plaisir, en obtenant de vous des réponses, que je vous écris. J'ai trop de choses à vous dire pour entreprendre de vous en rendre compte dans une lettre, et Paschoud m'interrompt toutes les deux heures en m'envoyant des épreuves à corriger. Ce n'est donc que pour que vous sachiez que je ne suis pas mort, que je vous aime, et qu'au milieu de beaucoup de ballottements intérieurs, qui n'influent que sur mes sensations, non sur mes projets, que je regarde tous les jours comme plus sacrés et plus raisonnables, je persiste dans l'avenir que le ciel et mes efforts m'ont tracé ; ce n'est que pour cela que je vous écris. Je me suis fait un plan que je suivrai, et dans lequel je cherche surtout à éviter un air de mauvaise foi, dont ce que j'appelle bonté de cœur et ce que d'autres peut-être appelleraient faiblesse, menace de me donner l'apparence. Pour que je réussisse, il faudra que, même lorsque toute ma vie sera arrangée, les personnes qui ont été dans ma confiance, (il n'y en a que deux), vous et mon père, me gardent le secret sur la confidence que je vous ai faite.

Mon père est bien, à ce qu'on m'écrit de Dôle. Il m'attend, et je compte y être à la fin de ce mois. Ensuite, il est bien probable, et tout à fait dans mes intentions, que je passerai une grande partie de l'hiver à Lausanne. On dit Paris peu agréable actuellement et je le conçois. La gravité des circonstances en rend même le séjour assez contraint ; et, quoique j'aie toute autre chose en tête qu'une politique dont je me suis complètement désintéressé, j'aime autant vivre paisible, sans avoir besoin de veiller sur toutes mes paroles, et sans avoir à craindre que l'on me prête celles que je ne dis pas, ou qu'on change le sens naturel de celles que je dirais.

Adieu, ma chère tante. Je désire bien avoir quelques mots de vous lundi. Je vous embrasse mille et mille fois.

CIX

A MADAME LA COMTESSE DE NASSAU, NÉE DE CHANDIEU

Ce 19 novembre 1808.

J'ai enfin reçu et achevé de corriger, ma chère tante, la dernière feuille de mon *Wallenstein*. La tête me tourne d'hémistiches. La fin, qui ne m'avait jamais plu, m'a donné une peine prodigieuse et je l'ai refaite encore une fois après l'avoir envoyée à l'impression. Je suis tout étonné moi-même d'avoir pu mettre et de mettre encore tant d'importance à mes vers, tandis que je n'en ai jamais mis à ce que j'écrivais en prose. En réfléchissant à cette différence, je me suis demandé pourquoi l'amour-propre m'avait pris au moment où je m'étais mis à faire des vers, et en général pourquoi les poètes étaient de tous les auteurs les plus sensibles à la critique. C'est qu'un écrivain en prose a une ressource que sa vanité ne laisse pas échapper ; quand on l'attaque sur le style, il attribue la critique à des opinions différentes des siennes, ou s'il est réduit à convenir de ses fautes d'expression, il se réfugie dans le mérite de la pensée. Mais un pauvre poète n'a plus rien s'il est attaqué sur les vers. Il les défend comme son tout.

J'espère que l'intérêt que j'y mets à présent s'amortira dans la suite, sans quoi je ne laisserais pas que d'être assez ridicule. Quand une expression que je crois mauvaise me revient ou que je me reproche une rime ingrate, je ne pense plus à autre chose, et je passe six heures de suite pour en trouver une autre.

Tout sera terminé et tiré la semaine prochaine. Je crois donc que de dimanche en huit je souperai avec vous, ma chère tante. Je n'aurai pas encore d'exemplaire de *Wallenstein*, parce que le libraire, craignant une contrefaçon, ne veut en laisser sortir aucune de la boutique avant que l'édition ne soit arrivée et n'ait été mise en vente à Paris. Tout au plus, j'aurai mon exemplaire à moi tout raturé, mais au bout de quinze jours il m'en remettra et je pourrai en donner si je suis encore en Suisse ou en faire donner si je suis parti.

Mes yeux sont assez fatigués d'avoir corrigé des épreuves. Ils se remettront, j'espère, par le repos. Je me réjouis bien de causer à fond avec vous, ma chère tante. Il y a longtemps que je m'en fais une fête, et que ce diable d'imprimeur me retient. Mais enfin tout vient à point à qui peut attendre.

C'est une chose que j'ai eu bien de la peine à mettre dans la tête de mon père avec lequel j'ai eu une correspondance empreinte de toute l'agitation de son caractère. Cependant, malgré qu'on me reproche de la faiblesse, je crois l'avoir convaincu, mais parce qu'il a vu en moi une détermination positive. Je vous conterai tout cela.

Continuez à m'écrire. J'espère mercredi pouvoir vous mander de ne plus le faire. Je vais à Genève pour tout terminer.

CX

A MADAME LA COMTESSE DE NASSAU,
NÉE DE CHANDIEU

Genève, ce 5 décembre 1808.

J'ai reçu, ma chère tante, la lettre que vous avez bien voulu m'envoyer. Il me serait fort agréable dans le cas où, comme je le pense, il en arriverait encore une par le courrier de demain de l'avoir avant mon départ que je retarde de quelques heures exprès pour cela. Si donc vous avez la bonté de me la faire venir par le courrier de demain, vous me ferez le plus grand plaisir. Comme je profite d'une occasion pour vous faire tenir ceci assez tôt pour que votre réponse puisse partir par le courrier de demain soir, je ne puis écrire plus longtemps. Vous savez combien je vous suis attaché et quel plaisir j'aurais à vous écrire plus longtemps. Je suis toujours plus content d'une personne à Brevans et toujours plus mécontent d'une autre.

Mille tendresses.

Trois livres de francs au porteur si la lettre est remise avant sept heures, sinon rien.

CXI

A MADAME LA COMTESSE DE NASSAU,
NÉE DE CHANDIEU

6 décembre 1808.

Je vous ai écrit hier un mot, ma chère tante, et après l'avoir expédié, j'ai réfléchi que probablement il serait inutile et que lors même que vous auriez reçu pour moi quelque lettre, ma prière de me l'envoyer par le courrier d'aujourd'hui aurait toujours été trop tardive. Mais ce misérable Paschoud, qui ne peut terminer avec moi que vendredi, me retenant encore ici jusqu'à vendredi soir ou samedi matin, faites-moi la grâce de m'envoyer ce que vous recevriez pour moi par le courrier de jeudi, pour la dernière fois.

Je serai, j'espère, samedi soir ou dimanche matin à Brevans. J'entrevois le port ; mais je vais d'écueil en écueil, et j'ai encore deux ou trois pointes de rocher à traverser. Le repos, si repos il y a, me sera une sensation très inusitée.

J'ai fait la commission de Mlle Rieu auprès de Paschoud.

Adieu, chère tante. Je vous embrasse tendrement et je suis impatient de vous écrire de Brevans, à vous la seule personne qui sachiez toute la situation de mon cœur.

CXII

A MADAME LA COMTESSE DE NASSAU NÉE DE CHANDIEU

Brevans, ce 15 décembre 1808.

Je suis arrivé ici, ma chère tante, à travers des neiges telles que je n'en avais jamais vues. J'ai versé en traîneau. J'ai mis quatre jours à venir, avec huit chevaux, et une quantité d'hommes pour déblayer la route. Enfin me voici, fort allégé d'argent mais bien content de m'être tiré de ces affreux chemins. J'ai trouvé ma prisonnière assez bien portante, et toujours aimante, toujours douce, et disposée à faire tout ce qui pouvait m'être agréable. Mon père ne m'a rien dit de mes projets, et je les exécuterai sans rencontrer en lui aucune opposition.

Je touche donc au terme vers lequel j'ai tendu avec tant de constance et d'efforts depuis si longtemps. Il y a des moments où j'en suis heureux. Il y a dans Mᵐᵉ D. une douceur, un abandon, une simplicité de sentiments qui répand du calme dans mon âme. Mais souvent aussi des souvenirs m'assiègent, mon cœur se ressent d'une longue habitude et les racines qu'il faut arracher sont profondes et saignent secrètement. J'espère dans le temps, dans les événements, dans je ne sais quelle puissance inconnue qui quelquefois a paru me protéger. Je n'aurai plus à lutter contre le public, contre une situation fausse et agitée, contre un mouvement qui me fatiguait. Je n'aurai plus à rougir d'une dissimulation qui me dégradait à mes propres yeux. Il n'y aura plus dans ma situation de pénible que des sentiments qu'il sera de mon devoir de cacher, et qui, par cela même qu'ils seront cachés, s'useront peut-être. Je travaillerai pour le bonheur d'une autre, et en le faisant, j'y trouverai le mien, autant que je suis encore susceptible de le trouver dans ce monde.

Ma vie a été fatalement arrangée, sans que j'aie droit de m'en plaindre. Je m'en sentais fort malheureux et je ne suis plus que mélancolique. L'ordre, même triste, vaut mieux qu'un état convulsif et l'abattement ressemble au repos. Je demande seulement au ciel de n'avoir fait de mal à personne. Je crois qu'avec la résignation qui est l'habitude de mon âme et la mobilité qui est à la fois le défaut et la ressource de mon caractère, je me tirerai toujours, tant bien que mal, de ce qui m'est personnel.

Ne vous étonnez pas du style un peu sombre de ma lettre. Il y a deux heures que je vous aurais écrit plus gaiement, et dans deux heures peut-être ma disposition sera toute autre. Brevans a toujours pour moi une influence triste. Depuis que le mouvement qui m'avait réentraîné vers mon père, et que je nourrissais avec complaisance, a été détruit par des choses sur lesquelles je n'ai pu que me faire illusion, il n'y a ici pour moi que de la gêne. J'ai peut-être trop le funeste talent de taire les faits, mais je ne sais feindre aucun sentiment, et il en résulte une contrainte que rien dans mon père ne tend à faire disparaître.

Le jour de mon départ n'est point encore fixé. Mais je le déterminerai aujourd'hui. Ce sera un point de plus de gagné. La vie est raboteuse, et les cahots me fatiguent. J'en rencontre dans le bien que je veux faire autant que d'autres pourraient en rencontrer dans le mal.

Adieu, ma chère tante. Je souhaite bien vous revoir sous peu de temps, et me trouver heureux, comme il me semble quelquefois que la nature m'avait fait pour l'être.

Je vous embrasse bien tendrement.

CXIII

A MADAME LA COMTESSE DE NASSAU
NÉE DE CHANDIEU

Brevans, ce 3 janvier 1809.

J'ai reçu, ma chère tante, votre petite lettre, et quoique ma main brûlée soit à peine en état de tenir la plume, comme vous vous en apercevrez à mon écriture, je ne veux pas partir d'ici sans vous écrire quelques mots. Je renvoie à une autre lettre de vous parler de tout ce qui peut vous intéresser. Celle-ci n'est destinée qu'à vous dire qu'après quinze jours de souffrances plus vives que je n'en avais jamais éprouvé, je puis me considérer comme guéri, et que je pars demain pour Paris où je serai à la fin de la semaine. C'est alors que toute ma vie prendra une direction décisive et j'espère stable. *Wallenstein* sera mis en vente vers le 10 ou le 15. Depuis que je suis ici toute idée littéraire est tellement sortie de ma tête que je n'ai de cette pièce qu'un souvenir très étranger. J'espère y prendre quelque intérêt quand le public s'en occupera, s'il s'en occupe. Mais pendant les quinze jours que j'ai été manchot, j'ai découvert, à mon grand regret, qu'il n'y avait pas un de nos membres qui ne nous fût nécessaire, ce qui m'inquiète, car il est bien difficile de les conserver tous intacts et je me trouve embarrassé de tant de choses à garder.

Ma main se fatigue et commence à me faire mal.

Je finis donc, ma chère tante, et je vous écrirai de Paris[1].

Mille tendresses.

CXIV

A MADAME LA COMTESSE DE NASSAU, NÉE DE CHANDIEU

Paris, ce 22 janvier 1809.

Me voici dans la grande ville, ma chère tante, tout étonné, après tant de temps passé dans la retraite, de me retrouver au milieu de tant de bruit. Ma main n'est pas encore tout à fait guérie, et je n'écris qu'avec peine. Cependant elle commence à se remettre. La nécessité de m'en servir dans le monde la force à se tirer d'affaire, et comme il arrive toujours, la nécessité lui donne de la force. *Wallenstein* a tardé longtemps à arriver. Il est enfin ici et sera livré au public le 26 de ce mois. On en est assez curieux ; moi j'en suis assez désintéressé. L'amour-propre prendra peut-être sa revanche quand les critiques commenceront.

M. de Châteaubriand va donner dans deux mois son nouvel ouvrage sur les *Martyrs*. Je suis très curieux de ce livre. Dieu veuille que les succès de ses beautés ne lui aient pas fait exagérer ces beautés !

Je ne vous parle pas de mes affaires, parce jusqu'à présent je ne saurais que vous en dire. Elles vont leur train paisiblement, et s'acheminent au terme qu'elles

---

[1] C'est à Brevans où il séjourna trois semaines que B. Constant épousa Mme de Hardenberg.

doivent atteindre. J'ai fait un petit séjour à ma campagne que j'ai vue maintenant sous un autre point de vue et qui *nous* sera j'espère un très doux asile. Mais il y a encore quelques petits obstacles à vaincre, et de part et d'autre des peines de cœur à surmonter. Je les combats plus en les taisant qu'en luttant contre. Je les regarde comme une maladie dont les accès passeront, et pendant laquelle il faut se tenir tranquille, jusqu'à ce que la santé revienne. Du reste, comme caractère, comme sentiments, comme cœur, comme affection, je suis toujours plus content, et je crois qu'on l'est de moi.

J'ai passé assez tristement mon temps chez mon père. J'ai acquis plus que jamais la certitude d'un but, non pas en lui, mais dans ses alentours qui le font agir, et ce but passe toutes les bornes. Si je disais tout ce que j'ai fait, on verrait que j'ai excédé mes moyens d'une manière qui paraîtrait folle. Je n'y ai rien gagné, sinon d'encourager à exiger plus que je ne pouvais. Je n'ai obtenu ni contentement réel ni confiance. Je ne parle pas de mon père même, mais dans des tristes relations il ne peut être que dominé, et il l'est d'une manière qui le fait souffrir lui-même autant que moi, et j'éprouve que le sentiment d'avoir fait mon devoir, s'il suffit pour le calme, ne suffit pas pour le bonheur.

Voulez-vous, ma chère tante, que je vous envoie les *Martyrs* de M. de Châteaubriand, dès qu'ils paraîtront ? Je me rappelle que vous avez eu quelque plaisir à lire son *Génie du Christianisme* et quoique je ne puisse pas m'attribuer celui que vous feront les *Martyrs*, j'en aurai à être au moins l'intermédiaire de celui que vous éprouverez.

Ne parlez pas même à Rosalie de ce que je vous écris sur mon père. Il y a des chagrins qui ne veulent que du silence. Adieu, ma chère tante. Je vous embrasse tendrement.

CXV

A MADEMOISELLE ROSALIE DE CONSTANT

Paris, le 27 janvier 1809.

J'ai été assez longtemps sans vous écrire, chère Rosalie. L'accident, que j'avais éprouvé, avait laissé ma main droite dans un tel état de faiblesse que je ne pouvais écrire, sans beaucoup de peine. Je ne me remets même qu'assez lentement. Je suis obligé de porter encore un gant à cette main, et je ne puis rien soulever sans douleur. Le mal se fait vite et se guérit lentement.

J'ai quitté mon père il y a environ trois semaines. Le renvoi de la lettre qu'il avait adressée à Mme de Charrière a paru lui faire de la peine. Je ne suis pas entré avec lui dans tous les détails de cette triste affaire, par une sorte de défiance envers moi qui m'a glacé. Pendant les trois semaines que j'ai passées chez lui en dernier lieu, nous n'avons plus parlé du fond du cœur. Il m'en est resté une impression triste ; mais c'est la vie. Elle est une alternative de déchirements ou de douleurs sourdes, et quand l'impatience de la jeunesse est passée, ce sont encore celles-ci qu'on préfère.

M. de Châteaubriand va publier les *Martyrs*. On en dit des merveilles : je les attends avec impatience. C'est certainement le premier écrivain de notre siècle ; mais il pourrait bien être entraîné à exagérer ses défauts, parce que c'est en partie à quelques-uns de ses défauts qu'il doit ses succès. D'ailleurs il y a toujours des gens disposés à se dédommager par leur sévérité contre un second ouvrage des éloges donnés au premier.

Je ne vous parlerai point de moi, chère Rose, dans cette lettre; si ce n'est pas réserve, c'est tristesse. Il y a des choses qui me font mal. Ce n'est pas ma situation extérieure ; c'est ma disposition intérieure qui me décourage. J'ai au cœur une blessure profonde, et lors même que l'extérieur sera cicatrisé, la douleur restera probablement toujours. Il me paraît impossible que je sois heureux ; les autres m'ont méconnu. Il ne faut pas que je le leur reproche, car je me suis méconnu moi-même. Oh! si j'avais connu d'assez bonne heure, quelqu'un qui voulût me rendre heureux, au lieu de me regarder seulement comme fait pour être une partie de son bonheur; mais tout arrive trop tard dans la vie. Quand le cœur est susceptible de bonheur, le bonheur n'y est pas ; quand le bonheur vient, le cœur n'y est plus.

Avez-vous des nouvelles de Charles? Donnez-m'en : Malgré vos reproches, je le répète, c'est à vos frères à relever la famille. Je ne lui ferai pas de tort, je lui ferai peut-être honneur, çà et là ; mais je suis trop souffrant pour que ma vie soit autre chose que de la peine ou du sommeil. Que fait Victor? Il me semble que son pays se réorganise. Peut-être sa carrière s'améliorera-t-elle. Donnez-moi de ses nouvelles, je vous prie.

Donnez-moi surtout des vôtres. Nous n'avons pas été en confiance et nous nous sommes trop peu vus, cet été. Peut-être nous verrons-nous davantage. Je voudrais que mon amitié pour vous que je sens si vive et si tendre vous fût au moins bonne à quelque chose. Dites bien des choses à ma tante. Voilà donc Antoinette[1] mariée. Je ne sais rien des chagrins de la famille. Mme de Nassau ne m'en a rien écrit. Je suppose

---

[1] Une cousine de B. C., qu'on avait voulu lui faire épouser en 1806.

seulement d'après votre lettre, que ce mariage déplaît aux parents. Mme de Loys aurait mieux aimé Adolphe. Antoinette aura du moins le plaisir d'avoir choisi, ce qui est toujours une satisfaction momentanée. Laure[1] se marie-t-elle ?

Adieu, chère cousine, je vous aime tendrement, et quoique je sente que je sois un impatientant personnage, je vous prie de m'aimer et de me répondre.

CXVI

A MADAME LA COMTESSE DE NASSAU, NÉE DE CHANDIEU

Paris, le 12 mars 1809.

J'ai laissé passer quelque temps sans vous écrire, ma chère tante, non que je n'en eusse envie tous les jours, mais parce que je ne voudrais pas vous écrire sans vous parler à cœur ouvert de toutes mes affaires, et que deux raisons m'arrêtent. La première, c'est que je ne pourrais rien dire de positif, quoique la chose soit plus décidée et plus inévitable que jamais ; et la seconde, c'est que, devant le secret à d'autres, non vis à vis de vous, mais vis à vis du public, il est impossible d'écrire là-dessus, toutes les lettres étant lues par de très honnêtes gens, mais que cependant je ne puis pas mettre dans ma confidence. Je ne veux pourtant pas, faute de pouvoir vous parler d'une chose, prendre le

---

[1] Laure de Cottens, fille de Constance d'Arlens. Châteaubriand parle d'elle dans ses Mémoires d'Outre-Tombe. (Séjour à Lausanne, 4e vol. p. 327).

triste parti de me condamner à ne vous parler de rien du tout.

Si attirer l'attention du public est un succès pour un ouvrage, *Wallenstein* a joui de ce succès, autant qu'il est possible. Il a été amèrement et selon moi, injustement critiqué dans quelques journaux, et tolérablement défendu dans d'autres. Le *Publiciste* est le seul qui ait touché le vrai point de la question, quant au fond de la dispute entre les théâtres allemands et français. Du reste l'édition est à peu près épuisée. Mon libraire veut en faire une autre cet été. J'y ajouterai peut-être quelques développements, et quelques idées qui manquent à la préface. Mais je ne ferai aucune réponse aux critiques, ni même aucune mention d'elles. J'aurais pu prolonger la lutte indéfiniment et occuper longtemps le public de mon ouvrage et de moi. J'ai trouvé que ce n'était pas la peine, et ma paresse est venue fortifier en moi cette apparente modération. C'est toujours de ses défauts qu'on tire ses qualités, et c'est une source abondante.

J'ai appris que M. de Brenles [1] ferait un voyage à Nice. Les tentatives qu'il a faites pour conserver l'amitié de Mme de Montolieu n'ont donc pas réussi. C'est un malheureux sentiment que celui qui ne peut se changer qu'en haine ; mais c'est le sort commun, et l'on a beau s'y prendre de toutes les manières, la souffrance n'en est que plus longue et le résultat est le même à la fin. Je ne crois pas que le bonheur des gens d'esprit soit difficile à faire, surtout lorsqu'ils ont été un peu battus par la vie et qu'ils ne sont plus dans la jeunesse. Il est vrai que pour eux la jeunesse se prolonge assez. Mais ils arrivent pourtant à son terme, et alors le repos leur devient tellement nécessaire que pourvu qu'on les laisse en jouir, et qu'on partage les goûts qui peuvent leur rester, ils exigent beaucoup

---

[1] M. de Brenles, amant de Mme de Montolieu, venait d'épouser une demoiselle de Grancy.

moins d'efforts et de qualités brillantes que d'autres ; Caroline de Grancy ne m'aurait pas séduit cependant. Elle a quelque chose de vif sans idées, et de remuant sans intérêt qui ne me semble pas agréable. Mais on ne peut jamais juger de ce qu'est une personne dans l'intimité par ce qu'elle est dans le monde. Il y a dans la nécessité de parler sans avoir rien à dire quelque chose qui change tout à fait et les manières et l'esprit. La communauté des intérêts et l'habitude sont des éléments de conversation qui n'existent pas pour les étrangers ; le souvenir de la veille fournit au lendemain. Enfin l'on s'en tire et je ne doute pas que ce ne soit le cas de M. de Brenles.

Je vous apporterai les *Martyrs* dans le courant du printemps. Ils n'ont pas encore paru ; mais je suppose qu'on les aura dans peu de jours. Les amis en disent un bien extrême. On prétendra sûrement que le premier ouvrage valait mieux : c'est toujours ce qu'on affirme quand un auteur en publie un second. C'est une manière de le louer sans perdre l'occasion de lui déplaire, et de la sorte cela réunit tous les avantages. Nous en causerons ensemble dans votre cabinet, je m'en fais une grande fête. S'il plaît à Dieu, tout ce qu'il y a encore d'agité dans ma situation sera passé, et je me reposerai tranquillement sur un cœur qui m'aime, et qui chaque jour depuis trois ans me donne des preuves nouvelles et de dévouement et d'affection.

Adieu, ma chère tante, je vous remercie encore une fois de votre si bonne et si aimable lettre, et je vous embrasse tendrement.

CXVII

A MADEMOISELLE ROSALIE DE CONSTANT

Paris, le 25 mars 1809.

Oui, j'ai été bien longtemps sans vous répondre, chère Rosalie. Ce n'était pas par indifférence, je vous assure. J'étais dans une disposition triste et je ne parvenais à la dissiper qu'en me forçant à travailler ; de sorte que je craignais d'interrompre le travail qui m'occupait. J'ai de la sorte et pour la même raison négligé aussi Mme de Nassau qui, comme vous, a bien voulu s'en inquiéter et m'écrire. Les preuves de votre amitié me sont bien précieuses, chère cousine. Je compte beaucoup sur cette amitié pour mon avenir, et peut-être serai-je une fois à même d'en jouir et d'en profiter.

Le voyage de mon père m'est parfaitement étranger, et j'ai tâché sous le rapport du sentiment comme sous le rapport du fait qu'il me fût parfaitement indifférent. Pour la première fois de ma vie, ce sentiment d'avoir fait mon devoir m'a tout à fait calmé sur les conséquences, et je ne mets aucune importance à ce que ceux-mêmes pour qui j'ai négligé les considérations qui m'étaient personnelles, me rendent justice. Je ne souffre plus de leur mécontentement s'il existe, et je suis étonné moi-même de n'y pas attacher plus d'importance. Autrefois, l'idée que l'on pouvait être mécontent de moi, à tort ou a raison, me poursuivait comme un spectre. On a tant abusé de cette susceptibilité qu'on l'a usée. J'ai vu qu'il n'y avait d'asile qu'en soi-même. On a beau reculer devant les autres, ils prennent toujours occasion d'avancer davantage et il vient un moment où l'on ne peut plus reculer. Je ne prévois pas comment mon père s'arrangera à Lausanne ; il y sera au reste trop peu de temps pour que la difficulté l'embarrasse beaucoup ; mais je n'y serai pas encore, de sorte que je n'ai pas même à délibérer sur ce que j'aurai à faire. Il ne m'a pas parlé de son voyage dans ses dernières lettres, ainsi je n'ai pas eu à lui répondre ni à le conseiller, sur ce point, ce dont j'ai été charmé.

Vous êtes bien bonne de me parler avec tant de détails de l'effet de *Wallenstein* à Lausanne. Je commence à croire que même ici il a surmonté les obstacles qui avaient retardé son succès. J'en entends parler plus et mieux que dans les premiers temps. Il a paru dans les journaux, surtout dans le *Courrier des spectacles*, des articles très favorables, et l'édition est épuisée, car Paschoud me presse de travailler à une seconde.

Je vois que votre raison ne me pardonne pas ma faiblesse, si faiblesse il y a, en faveur de ce qu'on nomme superstition. Ce n'est après tout que la religion appliquée, identifiée avec chaque circonstance et animant la vie, qui sans elle ou même avec une religion moins applicable, est si petite et si sèche.

L'ouvrage de M. de Chateaubriand a paru. Le plan en est mauvais, quelques détails en sont superbes ; mais en tout il a trompé mon attente, et autant que j'en puis juger, celle de tout le monde. Cependant le succès sera proclamé et paraîtra constaté, parce que les journaux pourront extraire mille morceaux brillants, qui justifieront les plus grands éloges.

Bernardin de Saint-Pierre dont vous me parlez est bien certainement le fondateur de l'école de Châteaubriand ; mais je n'ai appelé celui-ci que le premier écrivain du XIXe siècle. Bernardin de Saint-Pierre n'a écrit que dans le XVIIIe et n'écrit plus du reste, comme on vous l'a dit, c'est un homme dont le caractère personnel n'est pas aussi aimable ni aussi estimable que ses écrits le feraient supposer.

Adieu, chère Rosalie. Si par hasard l'arrivée de mon père occasionne quelques débats de famille, je vous prie de faire que mon nom n'y soit pas prononcé. Je vous embrasse et vous remercie de votre amitié que je vous rends bien.

CXVIII

A MADAME LA COMTESSE DE NASSAU, NÉE DE CHANDIEU

Paris, le 30 mars 1809.

Je vous remercie, ma chère tante, de vos deux excellentes lettres, qui se sont succédées de manière à me faire un plaisir bien vif, et qui m'ont rendu un courage et une espérence de bonheur, que la fatigue de mon propre caractère ne m'ôte que trop souvent.

Vous paraissez attribuer les lenteurs que mes affaires éprouvent à ma propre volonté. Ce n'est point cependant à moi qu'elles tiennent actuellement. Tout est réglé, fixé, et je touche, je l'espère, au moment où tout ce qu'il y a de compliqué disparaîtra, je n'attends que notre départ de Paris, départ pour lequel je suis prêt dès aujourd'hui et que je presse le plus que je peux ; il n'est retardé que par les arrangements matériels. Mais ces arrangements ont cela de désagréable que pour les faciliter la continuation du secret gardé depuis si longtemps est plus nécessaire que jamais. C'est pour cela que je suis d'une extrême impatience que ce départ ait lieu. Une fois partis, nous avons tout combiné de la manière qui nous a paru la meilleure et la plus délicate comme sentiment. Vous en serez instruite, ma chère tante, par moi-même probablement, et je crois que vous rendrez justice à mes motifs, et surtout que vous aimerez la délicatesse avec laquelle on s'est prêté à tout ce que j'ai pu désirer pour faire le moins de mal et causer le moins de peine possible. Jusqu'alors, soyez seule la confidente de mes espérances, et croyez au plaisir que j'ai à vous les confier.

Je voudrais bien être à même d'acheter la Chablière ; mais il m'arrive comme à bien des gens qui ne peuvent reprendre ce qu'ils auraient pu garder. Ma fortune n'est et ne sera point assez considérable pour avoir une campagne qui ne rapporterait que le 2 p 0/0, surtout s'il fallait payer le 6 de 70,000 francs, que je ne pourrais pas rembourser.

Mon libraire me presse de m'occuper d'une seconde édition de *Wallenstein* ; je la publierai, je suppose, au commencement de l'hiver prochain. L'intérêt qu'y met le libraire me prouve au moins que la vente a été bien. Je trouve parfaitement justes vos observations sur les réponses aux critiques. Je ne saurais comment prendre la plume pour dire au public qu'un ouvrage de moi est bon, je sais par expérience combien je mets peu d'intérêt aux querelles des auteurs, et je me doute qu'on doit me traiter comme je traite les autres. Ce n'est pas que je n'eusse grande envie de réclamer une exception, si je croyais pouvoir l'obtenir.

Nous avons ici un M. Azais qui donne des leçons sur le système de l'Univers. J'ai été à la première. Il a commencé par cette phrase: « L'Univers va être dévoilé aux yeux des hommes. Cette promesse vous paraîtra téméraire ; mais pourquoi ne vous dirais-je pas avec simplicité ce que je vais faire ? » — C'est un homme qui prétend tout expliquer, physique, morale, métaphysique, religion, et qui dit que si après qu'il aura exposé son système, il reste un seul de ses auditeurs qui ne soit pas convaincu non seulement sur l'ensemble, mais sur chaque détail, ou s'il en reste un seul qui prétend ne l'avoir pas compris dans une seule de ces parties, il déclare lui-même son système faux. Il a adressé une lettre à l'Empereur, imprimée, dans laquelle il lui écrit : « Vous avez conquis la force ; j'ai conquis la vérité, votre mission est de faire triompher ma vérité, en lui prêtant l'appui de votre force.» — Une conviction si ferme et qui paraît de si bonne foi, est un phénomène en France et dans l'année 1809.

L'œuvre de M. de Chateaubriand a paru. Il a selon moi un grand défaut qui tient au genre, c'est d'être ennuyeux. Cette prose toujours pompeuse, et qui n'est pas comme dans le Génie du Christianisme, interrompue par des morceaux de raisonnement bons ou mauvais, mais qui mettaient du moins de la diversité dans le style, cette prose, dis-je, constamment pompeuse, est une musique belle et bruyante, mais si monotone qu'on a peine à ne pas s'endormir en l'admirant. Il y a des morceaux superbes ; je ne connais pas l'ouvrage en entier. Le Paradis des Chrétiens est imité de Milton et a tous les défauts de l'original. Enfin, après avoir crié le premier contre ceux qui disaient que le premier ouvrage de M. de Chateaubriand valait mieux, je suis forcé de me ranger à cet avis, preuve de plus de ce que chaque jour prouve, c'est qu'il ne faut répondre de rien dans ce monde.

Adieu, ma chère tante, je vous reverrai bientôt, j'espère. Mais je crois cependant que je pourrais recevoir encore une lettre de vous, si vous aviez la bonté de m'écrire tout de suite. Ce serait un plaisir de plus que j'aurais avant mon départ.

Je vous embrasse mille et mille fois.

CXIX

A MADAME LA COMTESSE DE NASSAU
NÉE DE CHANDIEU

Paris, 14 avril 1809.

Si ma lettre vous a fait quelque plaisir, ma chère tante, j'en ai été bien récompensé par celui que la vôtre m'a causé ; et j'y ai été si sensible que, quoique je sois très près de mon départ, je veux essayer de m'en procurer encore une, en vous écrivant tout de suite, et en vous priant de me répondre à lettre vue, sans quoi je ne suis plus à même de recevoir votre lettre ici.

Je compte me mettre en route avant la fin du mois, si toutefois je reçois la nouvelle que mon père et Louise ont quitté Lausanne où, soit dit entre nous, je n'ai aucune envie de les rencontrer. Je ne veux assurément point tourmenter cette jeune fille, et aucun chagrin ne lui viendra de moi, mais l'occasion de ne pas être en présence au milieu de ma famille se présentant naturellement, je ne me crois point coupable d'en profiter. Je n'ai plus du tout le mouvement de cœur qui me rendait faciles toutes les résignations qu'exigeait mon père. On a détruit mon sentiment, non pas en lui demandant trop, car je ne sais pas ce que j'aurais refusé, si l'on s'y fût pris avec tendresse ; mais en méconnaissant toujours ce que je faisais, et en conservant au milieu de mes sacrifices et de mes preuves de déférence et de dévouement un ton d'insinuation et de mécontentement qui a fini par m'aliéner tout à fait. On ne s'en apercevra ni à ma conduite ni à mon langage ; mais j'éviterai les entrevues, et j'opposerai aux réquisitions l'impossibilité. Il en résultera qu'on ne m'écrira pas plus de choses désagréables sur mes refus, que l'on ne m'en écrivit sur mes soumissions, et tout reviendra au même. Mon cœur est tranquille parce que mon sentiment est changé, et je ne crains les reproches et les faux jugements que lorsqu'ils pénètrent jusqu'à mon cœur. Je vous prie donc, ma chère tante, de m'écrire aussitôt que vous aurez cette lettre, pour que je sache si mon père est reparti. Je n'ai rien reçu de lui depuis qu'il a quitté Dôle ; et comme en m'écrivant au moment de se mettre en route, il ne me donnait point de détails sur son voyage, et ne me disait pas où mes lettres le trouveraient, je n'ai pas pu lui répondre, et j'attends de ses nouvelles pour que notre correspondance recommence.

J'espère que vous vous trompez, ma chère tante, sur le résultat de la conduite que je me suis prescrite relativement à un autre objet. Je crois à la puissance de la raison et de l'amitié, surtout sur un esprit fort étendu et sur un cœur essentiellement bon. Je serais très malheureux de me tromper, car il y aura toujours dans mon âme une tendresse profonde, et qui peut-être paraîtrait inconciliable avec ma résolution, si quelque chose était inconciliable, dans les nombreuses complications de la vie et du cœur humain. L'incertitude sur le succès de la marche que j'ai adoptée, et sur le fruit de tant d'efforts et d'un désir si sincère de conserver une amitié digne de tous deux, cette incertitude est la seule chose qui trouble mon bonheur et quelquefois elle le trouble violemment. Le ciel et mon affection me tireront de là et me feront réussir à être compris, jugé, connu pour ce que je suis, et par là même, j'ose l'espérer, aimé comme je crois mériter de l'être.

Je n'ai plus entendu M. Azaïs. Je n'ai pas voulu m'abonner à son cours, et je n'ai pas mis assez de soin à me procurer des billets. Ceux qui le suivent disent que ses leçons improvisées valent mieux que ses discours écrits ; mais que son système n'a de remarquable que l'assurance de l'auteur.

Chateaubriand a peu de succès. Il m'a envoyé son livre, ce qui fait que j'en ai deux exemplaires. L'ouvrage est ennuyeux et affecté. On n'y voit point ce qui serait la qualité la plus nécessaire à un ouvrage de ce genre, une conviction profonde de la religion qu'il veut faire triompher. La mythologie chrétienne est une pitoyable imitation qui n'a pas même le mérite de l'originalité. Il y a cependant des descriptions très belles et quelques mots de sensibilité, plus vraie qu'on ne pourrait s'y attendre au milieu d'une telle affectation.

Adieu, ma chère tante. Je vais demain revoir ma pauvre campagne, et y passer deux ou trois jours. Je me fais une grande fête de vous embrasser, et de causer avec vous. En attendant, je vous embrasse en idée et je vous aime de tout mon cœur.

CXX

A MADAME LA COMTESSE DE NASSAU,
NÉE DE CHANDIEU

le 1er mai 1809.

J'ai reçu, ma chère tante, votre bonne lettre du 20. Les arrangements qui précèdent toujours un départ m'ont empêché de vous répondre tout de suite, et m'empêchent encore de vous écrire longuement. Je ne sais pas encore si je vous verrai peu de jours après cette lettre, ou si je ferai quelque séjour chez mon père. Cela dépend de certaines circonstances qui ne dépendent pas de moi. Ce qu'il y a de sûr, c'est que je ne puis assez vous dire quelle bonté, quelle générosité, quel héroïsme de dévouement j'ai rencontré dans la personne que vous connaissez. C'est une absence d'égoïsme, de vanité, de tout calcul personnel qui est au-dessus de la nature humaine. Je vous en raconterai tous les détails, quand j'aurai atteint le port vers lequel je vogue. J'y marche directement à présent ; mais il y a encore un banc à traverser. Nous prenons le parti le plus doux, le plus généreux, le plus délicat. Je ne réponds pas qu'il n'en résulte pas de peine momenmentanée ; mais avec deux consciences tranquilles et deux cœurs qui s'aiment, on se tire de bien des choses. Je vous recommande peut-être avec trop d'insistance un secret que vous avez la bonté de garder depuis si longtemps ; mais il est plus important que jamais, car il est indispensable pour ne pas rendre notre délicatesse même l'ironie la plus amère.

Je suis trop occupé de tout ceci pour vous parler d'autre chose.

Adieu, ma chère tante. Nous aurons bientôt, j'espère, le temps de causer avec calme et avec bonheur. Votre amitié est une des grandes espérances de ma vie. Je vous embrasse mille et mille fois.

CXXI

A MADAME LA COMTESSE DE NASSAU, NÉE DE CHANDIEU

Coppet, le 13 mai 1809.

Vous serez étonnée, j'en suis sûr, ma chère tante, de recevoir une lettre de moi datée d'ici, pendant que vous me croyez encore à Paris ou en route. Mais cette date ne tient pas, comme vous le supposerez d'abord, au renversement de mes projets, mais à leur exécution. Non seulement ils sont exécutés, mais ils le sont à la connaissance de la personne intéressée, et j'ai obtenu la conservation de son amitié, à laquelle vous savez que je mettais beaucoup de prix, en m'engageant à cacher encore quelque temps que j'ai d'autres liens, et en lui laissant des moyens de préparer le public à considérer la dissolution des nôtres comme un effet de sa volonté. La poste est sur le point de partir de sorte que je renvoie à mardi tous les détails. Je vous prie de garder pour vous seule absolument tout ce que je vous mande ; je me suis engagé sur ma parole d'honneur, à ce que la chose restât secrète et je ne vous en aurais pas parlé, même à vous, ma chère tante, si je ne vous regardais comme moi-même. Ainsi vous me donneriez, en parlant à qui que se fût, un tort d'autant plus odieux, qu'après les premiers moments je n'ai eu qu'à me louer de la modération et de l'amitié d'une personne que ma faiblesse m'avait fait avoir le tort de tromper. La première lettre que vous recevrez de moi sera longue et détaillée. Elle contiendra tout ce qui a rapport à la situation de Mme de Hardenberg, c'est encore le nom qu'elle porte, afin que si quelque chose d'approchant de la vérité, ou quelques bruits plus ou moins défigurés perçaient dans le public, vous eussiez la possibilité, comme vous auriez la bonté de les rectifier. Mon désir de ne pas violer les droits d'une ancienne amitié, et de causer le moins de douleur possible, m'a fait prendre une route détournée. J'ai réussi dans ce que je voulais, et je me console des petits inconvénients qui pourraient être inséparables de cette route, par la certitude que j'ai encore acquise depuis que tout autre aurait fait du mal. Mme de H. m'a secondé avec tout le dévouement d'une affection profonde et toute la délicatesse d'une sensibilité vraie. Elle s'est offerte et résignée à subir des privations et à supporter une situation difficile pour ne causer la douleur de personne. Je lui dois et tout le bonheur dont j'espère jouir avec elle, et tout le repos que je désirais depuis longtemps.

Vous pourriez, ma chère tante, me faire un bien vif plaisir. Mme de H. ne vous écrira pas la première, par une réserve assez naturelle, et parce que, s'étant engagée au silence, elle ne se croira pas le droit de le rompre même avec vous, malgré l'amitié que vous avez bien voulu lui témoigner. Un mot de vous, adressé directement à elle, lui causerait, je suis sûr, autant de joie que de surprise, et elle y aurait une preuve de plus de mes sentiments pour elle, qui depuis trois ans, n'ont fait qu'augmenter. Adressez à Mme la comtesse de Hardenberg à Sécheron, Genève [1].

Adieu, ma chère tante. Mardi je vous écrirai, mais je vous supplie de me donner un signe de vie et de m'annoncer la réception de cette lettre. Je vous embrasse mille et mille fois.

CXXII

A MADAME LA COMTESSE DE NASSAU, NÉE DE CHANDIEU

Le 16 mai 1809.

Je commence malgré moi, ma lettre si tard, ma chère tante, qu'il me sera difficile d'entrer dans tous

---

[1] En juillet 1777, lorsque l'empereur Joseph II avait passé à Genève sous le nom de comte de Falkenstein, il était descendu non pas en ville, mais à cette même auberge de Sécheron afin d'échapper à la curiosité des Genevois.

les détails que je vous avais promis par ma lettre de lundi. En voici les principaux. Vous avez vu ma situation et mes projets l'été dernier. Vous avez lu avec quelle inconcevable abnégation d'elle-même la femme que j'aimais a passé trois mois entiers seule à Brevans. Vous avez vu comme je m'agitais pour sortir le moins violemment possible d'un lien qui ne donnait du bonheur ni à moi ni aux autres. Mon père nous a tirés d'embarras, et son autorité ne nous a pas moins servis contre nous-mêmes que son zèle contre les obstacles extérieurs. Nous nous sommes mariés secrètement chez lui devant un ministre protestant. Depuis ce moment, nous ne nous sommes occupés que de la manière de déclarer notre union, sans exposer personne à un éclat toujours fâcheux ; et ma femme m'a offert de se charger elle-même d'adoucir cette nouvelle, en offrant à la personne qu'elle pouvait affliger, de tenir notre union secrète, aussi longtemps que la publicité pourrait être douloureuse pour son sentiment ou même désagréable comme amour-propre. Elle a parfaitement réussi dans sa négociation, et nous nous sommes raccommodés, Mme de S. et moi, aux conditions qui avaient été proposées. Malheureusement, car il y a toujours un petit rabat-joie dans toutes les affaires humaines, ces conditions étaient beaucoup plus étendues que je ne l'avais voulu. Charlotte a promis qu'elle irait en Allemagne, et que rien ne serait déclaré d'ici au départ de Mme de S. pour l'Amérique. Il résulte de cet engagement deux inconvénients que je mets toute mon intelligence à prévenir. Le premier, c'est une situation bizarre et gênée pendant longtemps. Celui-là, si on me laisse faire, et que je puisse y travailler librement, avec douceur et fermeté, je me crois sûr de le surmonter assez vite. Le second qui est beaucoup plus grand et qui de plus complique le premier, c'est que Charlotte a éprouvé ce qu'on éprouve toujours quand on fait un grand effort : l'âme, soutenue dans le moment par l'effort même, retombe sans force quand la chose est faite. Elle est triste de ce qu'elle a promis et, pour la première fois depuis que je la connais, se prête difficilement à ce que je lui conseille, non par opposition, mais par une sorte de fatigue et de douleur qui ne lui permet plus qu'une résignation passive, au lieu de la résignation active qu'elle a déployée si souvent. De là vient ce séjour à Sécheron, qui devait ne pas se prolonger un jour après la conversation où tout a été révélé. Il était convenu qu'elle irait à Berne, où elle a des connaissances intimes. Au lieu de cela elle reste sans projet, mais uniquement parce qu'elle a l'horreur de tout mouvement. Comme elle vit absolument seule, sa voiture toujours chargée, je ne crois pas que son séjour fasse un très mauvais effet. D'ailleurs ce qui a été dit l'a été, et quelques jours de plus n'y ajouteront rien. Mais cela me donne aux yeux d'une autre personne l'air de manquer dès le premier moment à une parole d'honneur et à un traité solennel. Voilà en peu des mots, ma chère tante, ce qui s'est passé et ce qui est. Au milieu des épines de la situation présente, je sens néanmoins un grand repos de ce que le plus fort est fait. La nécessité fera le reste.

Deux mots maintenant sur la situation et l'histoire de Charlotte, pour que vous puissiez éclaircir les faits qui se trouveraient défigurés. Charlotte a épousé à 16 ans un homme de 50 ans environ. Sa famille et son père qui vivait alors ont voulu deux ans après ce mariage qu'il fût rompu, et elle est redevenue libre et a vécu ainsi, le plus souvent chez son père, jusqu'à la mort de celui-ci. Après cet événement elle a épousé un comte Dutertre, émigré, qui avait vécu chez M. de Hardenberg, et elle est revenue avec lui en France, quand les émigrés ont pu y rentrer. A son arrivée dans son pays, M. Dutertre a voulu faire valider son mariage qui, ayant été célébré en pays étranger et devant un ministre protestant, était nul aux yeux de la religion catholique, et pour les lois françaises. Il n'a trouvé aucun prêtre qui voulût bénir un mariage avec une femme qui avait été divorcée. Et les prêtres lui ont déclaré, non seulement qu'ils ne béniraient pas ce mariage, mais qu'il était lui, en état de péché mortel, et ne pouvait ni obtenir l'absolution, ni communier, ni approcher sans sacrilège d'aucune des cérémonies de l'église. Après beaucoup de tentatives pour obtenir des dispenses, M. Dutertre, à la sollicitation des comtes de Hardenberg qui ne voulaient pas que leur sœur vécût avec un homme dont les lois françaises et la religion empêchaient que le mariage fût jamais regardé comme légal, a demandé à l'Archevêque de Paris, et au Tribunal ecclésiastique, juge compétent de ces matières, de prononcer sur la validité ou l'invalidité de son mariage, et la nullité a été prononcée. Le premier mari est mort. Voilà en peu de lignes les faits tels qu'ils sont, et dont j'ai les preuves en main.

Vous pensez, ma chère tante, qu'après la parole d'honneur que nous avons donnée, le secret est très important à garder. Je ne sais comment mon père, à qui je n'ai pas encore écrit, jugera le parti que nous avons pris. Il m'a beaucoup pressé, pendant mon séjour à Paris, de déclarer mon mariage ; mais je me félicite de ne l'avoir pas fait, parce que je crois, dans ma conscience, avoir prévenu par ma présence beaucoup d'éclat et peut-être de malheur. Quant aux difficultés de ma situation actuelle, je trouve qu'elles ne sont rien en comparaison de celles qui existaient ; et de manière ou d'autre elles seront levées.

Je ne sais pas encore exactement quand j'irai à Lausanne, quoique j'aie une grande impatience de vous embrasser. Je vous supplie de me répondre, ma chère tante. Je vous remercie d'avoir écrit à Charlotte avec laquelle j'étais quand elle a reçu votre lettre, qui lui a donné une sensation bien douce. Elle vous répondra aujourd'hui ou demain.

Adieu, ma chère tante, je vous embrasse bien tendrement.

CXXIII

A MADAME LA COMTESSE DE NASSAU,
NÉE DE CHANDIEU

Le 17 mai 1809.

Je m'adresse toujours à vous dans mes embarras et dans la suite de ce que vous comparez à un roman de Mme Radcliffe, ma chère tante. Vous aurez reçu hier mes huit pages qui contenaient l'abrégé de mon histoire et l'exposé de ma situation. Cette situation, pour se simplifier, a besoin surtout que la femme que j'aime et à qui je dois protection et bonne — (le mot manque dans l'original), se place de manière à pouvoir attendre convenablement la fin du mystère qui couvre encore nos liens. Elle désire avoir un appartement à Lausanne, et n'attend pour y aller que la certitude de ne pas aller dans une auberge, ayant pris, par la vie que je lui ai fait mener depuis que nous sommes unis, une véritable horreur pour les auberges. J'espère que vous voudrez bien me rendre ce petit service, chère tante, et lui indiquer où elle pourra débarquer, en arrivant, elle, une femme de chambre et un domestique. Le prix importe peu, car dans ce moment ce n'est pas de quelques écus de plus ou de moins qu'il s'agit; mais de lui donner le courage de quitter Sécheron. Une fois à Lausanne, tout s'éclaircira. Je vous demanderai d'ailleurs vos conseils, et vous dirigerez ce que je dois faire. Jusqu'au départ de Sécheron, je suis sur les épines ; car si, comme je le crains quelquefois, l'espèce de réconciliation que j'étais parvenu à opérer ne dure pas, je veux en déclarant nos liens ne pas être hors de ma famille. Je me suis mis par ma faiblesse dans une grande perplexité ; mais, grâce au ciel, il y a nécessité d'en sortir, et je ne veux pas risquer, en faisant de nouveaux sacrifices, de blesser un cœur qui est tout à moi, et d'aliéner une affection dont on m'a donné des preuves angéliques. Ceux qui m'ont plaint de ma situation antérieure doivent être bien aises que j'en sois sorti et que je sois rendu à des devoirs, et à la liberté de voir mes parents et mes amis, et savoir gré à la personne qui s'est sacrifiée à mon bonheur et pliée à des privations de tous les genres depuis trois années.

Répondez-moi, s'il vous plaît, ma chère tante, par le courrier de demain, et marquez-moi que vous avez trouvé l'appartement que je désire ; cela ne doit pas faire de difficulté. J'attends votre réponse pour faire partir de Sécheron l'ange qui assure mon bonheur.

Comme il y a mille appartements à trouver à Lausanne, je ne voudrais pas que vous vous donnassiez la peine d'en chercher un. Il suffit, chère tante, que vous ayez la bonté de lui en indiquer un à son arrivée.

CXXIV

A MADAME LA COMTESSE DE NASSAU, NÉE DE CHANDIEU

Ce 20 mai 1809.

Je me hâte de répondre, ma chère tante, à votre lettre d'hier, où j'ai vu avec reconnaissance tout votre intérêt pour moi. Je vous réponds après m'être concerté avec ma femme qui partage à la fois et mes sentiments pour vous et ma manière de voir sur nos affaires telle que je vais vous l'exposer.

Rien de plus vrai que ce que vous dites sur l'inconvénient de son séjour à Sécheron. Elle va en partir. Rien de plus vrai encore que ce que vous dites sur les inconvenients de son séjour à Lausanne, avec le secret gardé sur nos liens. Enfin vous avez parfaitement raison sur les difficultés d'un voyage en Allemagne. Ces difficultés n'existeraient pas que je ne consentirais pas à me séparer d'un être que j'aime autant pour un temps indéterminé. Nous sommes donc d'accord sur bien des points.

Reste à savoir si je puis déclarer tout de suite mon mariage; présenter ma femme à ma famille dès aujourd'hui, et établir une lutte ouverte avec Mme de S., tandis que si j'avais voulu prendre ce moyen, il était plus simple et même plus doux de déclarer mon mariage de Paris. Là-dessus Charlotte est de mon avis. Nous avons donné notre parole d'honneur pour un temps qu'il est possible d'abréger beaucoup, et nous devons la tenir.

Nous devons la tenir, d'abord parce qu'il faut tenir sa parole d'honneur quand on l'a donnée ; ensuite parce que deux personnes qui ont vécu 15 ans dans une intimité complète, n'ont jamais qu'à perdre en se mettant en guerre, et que si Mme de S. et moi nous nous mettions à nous attaquer mutuellement, nous donnerions au public un si odieux spectacle, surtout moi étant à Lausanne et elle à Coppet, que nous ne nous en relèverions pas. Enfin, parce que le parti que j'ai pris d'amener ma femme ici, pour faire connaître à Mme de S. mon mariage, parti que j'ai pris parce que combiné avec le secret et un peu de temps, il m'a paru le plus doux, deviendrait une action infâme, si après avoir donné ma parole, je paraissais n'être venu ici que pour la braver. Cette dernière dureté, jointe à une longue dissimulation, mériterait, je le dis dans ma conscience, l'horreur du public et me l'attirerait, et je serais tellement convaincu que j'en suis digne que je ne crois pas que je survécusse à l'opinion que je prendrais de moi-même.

Je passe assez volontiers condamnation sur mon caractère. Quand Mme de S. m'accuse de dureté et de perfidie, je ne me défends pas ; quand vous m'accusez de faiblesse, je ne me défends pas non plus ; cependant je crois, à beaucoup d'égards, ces deux accusations fort exagérées. Je mets un prix extrême à votre amitié. J'espère la conserver parce que je suis sûr que je la mériterai. Mon plan, d'ailleurs, est assez conforme aux vôtres, à quelques modifications près. Mais je ne puis consentir à violer ma parole dix jours après l'avoir donnée ; et puisque je sacrifie à ce scrupule le bonheur que je goûte à chaque instant dans la société de ma femme, il faut qu'il soit bien profond et me paraisse bien sacré. Mais, me direz-vous, si ton père ou moi nous ébruitons ce secret ?... Mon père ne l'ébruitera pas, il s'y est engagé. Vous, ma chère tante, je vous l'ai confié comme à moi-même, et vous n'en disposerez pas sans mon consentement, surtout le séjour de ma femme étant retranché de mon plan. Si cela arrivait malgré moi, je ne sais pas ce que je ferais, mais je sens que je me regarderais comme déshonoré, et que mon bonheur et par conséquent celui de ma femme serait détruit à jamais. Je n'imagine pas de plus grand malheur, d'autant plus que je suis témoin de l'effet qu'a déjà produit sur Mme de S. ce qu'elle sait, et qu'un coup nouveau et si rapproché pourrait me préparer des remords contre lesquels je n'aurais d'aide que dans la tombe.

Je regarde le point comme suffisamment expliqué, et je vous demande en conséquence un secret absolu. Je vous demande même pour l'avenir de ne jamais dire que vous ayez été instruite par moi, car en vous instruisant j'ai manqué à ma parole, parce que je vous aime si tendrement que je ne puis rien vous cacher. Maintenant voici notre plan dont ma douce Charlotte est convenue aussi bien que moi.

Elle va partir de Sécheron et faire un voyage en Suisse, ce qui n'est point étonnant pour une étrangère, dans cette saison. Elle passera par Lausanne où elle ne verra que vous et ne s'arrêtera point. Personne n'a parlé d'elle à Sécheron. Au bout d'un mois ou six semaines, elle se rendra chez mon père où j'irai aussitôt la rejoindre, et c'est de là que de suite nous déclarerons notre union. Son absence et les réflexions que je ferai faire à Mme de S. l'empêcheront de se plaindre; je n'aurai pas faussé ma parole et tout s'arrangera sans que j'aie combiné, comme j'aurais l'air de l'avoir fait, si je m'établissais à Lausanne à présent, tout ce qu'il y a de faux, de dur et d'insultant envers une amie de quinze années.

Je vous supplie, chère tante, de me donner votre approbation. Je vous remercie de votre amitié qui est un trésor pour moi dans la vie. Je vous demande pardon d'avoir alarmé cette amitié par mes dernières lettres, et j'espère que celle-ci vous satisfera tout à fait.

Je pourrais ajouter mille considérations, l'inconvénient d'exposer une femme, au moment de son arrivée, à tous les désagréments d'une lutte avec Mme de S. et tous ses amis, et mille autres choses. Le temps me presse, et je m'en remets à votre esprit pour sentir toutes choses.

J'attends votre réponse avec impatience et je vous embrasse tendrement.

CXXV

A MADAME LA COMTESSE DE NASSAU
NÉE DE CHANDIEU

Ce 24 mai 1809.

Je suis bien loin, ma chère tante, de me plaindre de la bonté avec laquelle vous voulez bien vous exprimer vivement et franchement sur mes intérêts. C'est une trop douce preuve de celui que vous mettez à votre pauvre neveu, pour qu'il ne s'en félicite pas. D'ailleurs, comme je vous l'ai mandé, sur tous les points, je trouve que vous avez raison, excepté sur l'idée de nous établir ma femme et moi à Lausanne, dans les premiers moments où le mécontentement de Mme de S. attirera sur nous l'attention publique. Mais loin de penser à temporiser encore, je sens à chaque minute davantage la nécessité d'en finir ; et pour arriver à ce but, j'ai retranché de mon plan la course de ma femme soit à Lausanne soit à Berne. Elle va droit chez mon père, je l'y rejoins, et ce sera de là que mon mariage sera déclaré. Cette marche a l'avantage de faire qu'il ne sera point question dans le public du mystère que nous avons apporté dans notre uuion dans les premiers moments ; au lieu que si nous le déclarions d'ici, il faudrait convenir de ce mystère qui serait mal interprété. Pendant le très court espace de temps qui s'écoulera encore avant cette déclaration, je travaille à convaincre Mme de S. de l'impossibilité de garder un pareil secret. Mon plus fort argument est que beaucoup de gens le savent ou s'en doutent. Je voudrais, si vous n'y trouvez pas d'inconvénient pour vous-même, ma chère tante, que vous m'écrivissiez une lettre dans laquelle vous en parussiez instruite, mais par mon père. A la réserve de cette circonstance qui est nécessaire pour qu'on ne me fasse pas un crime de ma confiance en vous, vous pourriez m'y dire toutes les raisons que vous avez si bien développées dans votre première lettre, sauf ce qui serait personnel à Mme de S. Une preuve telle que vous êtes informée et que par conséquent le secret ne dépend plus de moi, serait un des moyens les plus efficaces d'amener Mme de S. à ne plus réclamer l'imprudente promesse que la bonté de Charlotte lui a arrachée, et peut-être que par votre seule lettre tout serait fini. Le seul mot que je vous demande est de commencer votre lettre par cette phrase : « J'ai été bien étonnée, mon cher ami, de ce que ton père me mande. Il m'écrit que tu t'es marié chez lui avec une personne recommandable sous tous les rapports, que tu avais promis de déclarer ton mariage après en avoir instruit une personne que cela peut intéresser. Mais que tout à coup, après avoir mené ta femme jusqu'à Genève, tu lui mandes que tu veux par ménagement tenir encore ce mariage secret pour un temps beaucoup plus long. Ton père est très affligé d'une pareille résolution, et je n'en suis pas surprise. Réfléchis, etc... »

Vous sentez, ma chère tante, que je ne vous demande ce service que dans le cas où vous n'auriez aucune répugnance à me le rendre. Le temps presse : je crois que l'on a parlé à Lausanne de l'arrivée de ma femme à Sécheron. Enfin tout doit être et tout sera simple et clair, d'ici à 15 jours.

Vous avez l'air de croire deux choses qui me peinent ? L'une que je n'ai épousé Charlotte que parce qu'elle a consenti au secret ; l'autre qu'elle a agi légèrement en y consentant. Quant à la première, je vous jure que je ne connais pas un être sur la terre que j'estime, que je respecte, que j'aime autant que Charlotte, et que l'on m'offrirait les trésors du Pérou, la jeunesse d'Hébé et la beauté de la Vénus de Médicis, que je préférerais Charlotte. Quant à la seconde elle n'a point consenti d'avance au secret. Quand nous nous sommes mariés chez mon père, il était convenu que nous le déclarerions presque tout de suite et ce n'a été que parce que mon excellente Charlotte a vu combien de le déclarer par écrit m'inquiétait, à cause de la peine que je craignais de faire, qu'elle s'est prêtée avec une douceur angélique à prolonger cette fâcheuse situation, dont elle éprouvait une grande peine. C'est donc à moi seul qu'on peut faire un reproche, et ma femme a été victime et non complice de mes retards.

Il y a encore un mot dans votre lettre sur lequel je veux m'expliquer. Vous avez l'air de croire qu'il y a quelque chose de mystérieux dans ce que je vous ai dit de ma correspondance avec mon père. Ce que je vous en ait dit est exactement vrai. Je lui ai écrit le 17, je n'en ai pas de réponse; mais comme il a gardé le secret jusqu'à présent, je suis sûr qu'il le garderait tant que je voudrais. Mais vous voyez que je ne songe pas à le prolonger; bien au contraire: je travaille sans cesse à diminuer l'éclat qu'une certaine personne pourra faire. Mais je n'attendrai pas plus de 15 jours quelque éclat qui puisse en résulter.

Je compte vous voir lundi, ma chère tante. Nous causerons alors. Si dans l'intervalle vous m'écrivez la lettre ostensible, ce sera un grand pas de fait.

Je vous embrasse mille et mille fois.

CXXVI

A MADAME LA COMTESSE DE NASSAU, NÉE DE CHANDIEU

Lyon, 9 juin 1809.

Vous ne vous étonnerez malheureusement pas, ma chère tante, si je vous mande que mes projets ont encore été un peu modifiés. L'angélique caractère de ma femme n'a pas voulu consentir à un éclat immédiat qu'elle voyait malgré moi qui m'aurait fait de la peine. Mais nous avons pourtant fait de grands pas vers la stabilité et le repos que je lui dois et auxquels j'aspire. Ne dites rien sur moi à Lausanne que je ne vous aie revue, et que je ne vous aie tout expliqué. Laissez tomber les commérages qui pourraient s'être élevés. Tout s'éclaircira naturellement, et plus la chose longe, moins j'en souffrirai, au moins à la fois. Je suis avec Charlotte[1]. et j'ai plus que jamais des motifs de l'aimer avec passion. L'amie que j'ai voulu ne blesser que le moins possible est aussi, sous bien des rapports, bonne et généreuse. Je remets à notre réunion les détails que la nécessité de faire partir ma lettre me force à supprimer aujourd'hui. Comme vous avez de l'amitié pour moi, il suffit que je vous dise qu'à présent tout va mieux que je ne l'espérais. Je vous embrasse tendrement, et vous prie de ne pas vous donner la peine de

---

[1] Il dit être à Lyon avec Charlotte ; elle ne fit que traverser cette ville, si elle y vint. D'autres documents semblent donner un démenti à cette assertion.

me répondre, parce que je crois que je ne serai pas ici pour l'arrivée de votre lettre, et que d'ailleurs j'aurai le bonheur de vous voir incessamment.

CXXVII

A MADAME LA COMTESSE DE NASSAU, NÉE DE CHANDIEU

Lyon, 2 juillet 1809.

Il y assez longtemps que je ne vous ai écrit, ma chère tante. Depuis que je vous ai quittée, j'ai cherché à sortir d'une situation que j'avais vue décisive, et dans laquelle j'ai vu que je ne pouvais me maintenir, et je me suis efforcé de prendre un poste où je pusse regarder autour de moi, et voir la route que j'avais à suivre. Les difficultés que je rencontre doivent paraître bizarres ou même incroyables, puisque l'on doit penser, au premier coup d'œil, qu'il suffirait de ma volonté pour les vaincre. Cependant, si je pouvais causer avec vous, je suis persuadé que vous n'en jugeriez plus ainsi. Moi-même, j'apprends comme une découverte assez triste ce que peut une volonté déterminée qui met en usage tous les moyens, sans exception, fortune, enfants, amis, subalternes, douleur, violence, etc. et qui est accompagnée par un genre d'affection qui empêche que l'on ne puisse l'irriter ni se défendre complètement et avec toutes ses forces. Cependant comme, grâce à Dieu, ma vie et mes devoirs sont tracés, je triompherai. Je dois au Ciel de m'avoir donné une femme dont l'esprit est capable de tout partager. Mon père, je n'en doute pas, me secondera puissamment. Ce que j'ai découvert par des expériences réitérées et surtout par une dernière, c'est que j'étais beaucoup plus fort en présence qu'en absence, et cette conviction m'a fait apporter à mes projets de grands changements. Au lieu de vouloir adoucir la publication de mes liens par un voyage dans lequel je serais suivi et ramené peut-être par les dangers et les éclats volontaires auxquels on s'exposerait, c'est pendant que je serai avec la personne que je veux conserver, si je puis, comme amie, en la quittant sous d'autres rapports, que je désire que tout se déclare. Il m'a pris un sentiment de force qui vient peut-être de l'espèce de honte que j'ai éprouvée plusieurs fois, en me sauvant comme un écolier. Je lutterai en présence, et comme j'ai de mon côté la raison, le droit et le devoir, je ne suis pas en peine du résultat de la lutte. Je suppose qu'elle commencera à mon retour dans vos environs. Le moment dépend de mon père à qui j'ai laissé pleine liberté d'agir et qui, je n'en doute point, ne tardera guère. Je vous écrirai alors, ma chère tante, et j'aurai recours à vous pour réfuter des bruits que des amis, devenus ennemis, pourront répandre. Je vous répète que je ne serai point étonné si vous trouvez que je pousse les ménagements à un point excessif. Mais, je vous le jure, vous ne pouvez juger de mes motifs qui ont encore été fortifiés par tout ce qui s'est passé depuis un mois. Au moins doit-il vous être prouvé que je ne puis agir ainsi par calcul ; car je sacrifie ma fortune que je diminue par des voyages, et à une existence si orageuse et si agitée, je sacrifie des moments qu'il me serait bien plus doux de passer dans le calme, chez moi, ou auprès de vous, avec une femme que j'aime tous les jours davantage. Je me condamne, non-seulement à entendre des reproches perpétuels dont l'amertume est à la vérité diminuée par leur injustice même, mais encore à voir sur le visage de tout ce qui m'entoure une empreinte de désapprobation de ce qu'ils nomment dureté. Lorsque j'étais libre et que je restais dans une situation équivoque, on a pu croire, malgré ce que je disais, que j'avais un but intéressé ; mais à présent que je ne puis avoir ce but, je ne puis craindre qu'on ne me rende pas justice.

Ma femme est à Paris, au milieu des amis qu'elle y a depuis longtemps, et n'attendant que la nouvelle de la déclaration de mon mariage pour aller s'établir dans ma campagne où je ne tarderai pas à l'y rejoindre. Nous avons pensé qu'il valait mieux pour une femme ne pas être au milieu d'un pays qu'une autre femme peut-être occupera d'elle momentanément. D'ailleurs elle a reçu des nouvelles de sa famille d'Allemagne, et j'ai tout lieu d'être content et flatté de leurs dispositions à mon égard. Mais ce dont je suis chaque jour plus content et plus heureux, c'est du caractère angélique de cette femme. Notre séparation a été très douloureuse [1]. Cependant sa raison était convaincue et sa confiance ne s'est point démentie, et son affection, éprouvée depuis deux ans, ne s'est point diminuée. Je ne demande au ciel d'autre grâce que de lui donner bientôt tout le bonheur qu'elle mérite.

Comme pour adoucir l'effet de la nouvelle qui va se répandre, je désire qu'elle paraisse venir de mon père, je vous prie de ne rien dire de positif. Mais comme en même temps plus les conjectures relatives à mon mariage seront ébruitées, ainsi que mes motifs de ménagement pour l'avoir tenu secret, plus il y aura pour moi la nécessité que je désire de le déclarer, je ne vous recommande le secret, ma chère tante, que sur la confidence du fait Quant au reste, dites plutôt que vous le croyez, que je vous ai déjà préparée, que je vous ai annoncé que j'aurais bientôt quelque chose d'essentiel pour moi à vous confier, que vous avez connu la personne. Racontez ce qui a rapport à l'annulation de son mariage, à notre liaison depuis 16 ans, enfin je m'en remets à votre

---

[1] Ils s'étaient quittés à Dôle.

esprit, à votre amitié, à votre bonté, pour dire à cet égard ce qu'il y aura de mieux. C'est un acte de justice autant que d'affection pour moi ; et plus on en parlera, si cela ne semble pas venir de moi, plus je pourrai, sans dureté, montrer la nécessité de placer une femme, dont je dois être le protecteur, dans une situation convenable. Je vous demande de m'accabler, dans une lettre, des puissantes raisons que vous m'avez déjà alléguées. Mais, ne m'écrivez, chère tante, que lorsque je vous aurai écrit de nouveau, de Genève, où je serai bientôt. Adieu jusqu'alors. Vous voyez qu'il m'est doux de vous devoir en grande partie ce qui doit faire tout mon bonheur. Je vous embrasse mille et mille fois.

CXXVIII

A MADAME LA COMTESSE DE NASSAU, NÉE DE CHANDIEU

Coppet, ce 12 juillet 1809.

Votre lettre adressée à Lyon, ma chère tante, m'est parvenue ici je ne sais comment. Je me hâte d'y répondre en peu de mots, me référant sur le fonds de la question à celle que je vous ai écrite hier. Sans aucun doute, je veux me réunir à ma femme le plus tôt possible. C'est encore bien plus un besoin de mon cœur que tout autre motif : chaque minute que je passe loin d'elle est une vraie douleur pour moi ; et tout ce que j'ai fait, tout ce que je fais encore est une preuve de la profondeur de mon sentiment et de la sincérité de mes intentions. Si je ne l'avais pas voulu, je ne vous aurais pas écrit et à mon père comme je l'ai fait. Je vous certifie que, si vous me secondez, je ne serai pas plus de 15 jours séparé d'elle. Et tel est mon désir de la revoir et de ne plus la quitter que je vous remercie de la lettre que je viens de recevoir quelque dure qu'elle soit.

Après vous avoir dit tout cela, je vous répète que si l'on croit que j'ai provoqué une publicité contre laquelle ma femme avait donné ma parole d'honneur, très imprudemment à la vérité, mais très positivement, cela me fera dans un public très nombreux un tort non moins irréparable que ce que vous me reprochez. J'ajouterai qu'il est impossible de concevoir à quel point d'animosité sont montés les amis et même les enfants de Mme de S. et que si, je le puis, il vaut beaucoup mieux dénouer rapidement, mais doucement, que déchirer de manière à avoir toute ma vie des ennemis acharnés. Que ce que je vous dis ici reste entre nous, ma chère tante. Mais j'ai la conviction et la preuve que si je partais brusquement, le fils aîné de Mme de S. qui a 19 ans et qui adore sa mère, la revoyant dans l'état où mon dernier départ pour Dôle l'a jetée, irait jusqu'à se battre avec moi. J'ai eu quelques occasions de prouver que je n'ai pas de timidité dans ce genre : ainsi je ne rougis pas de dire qu'il me serait affreux d'avoir à tirer l'épée contre un enfant que j'ai presque vu naître ; et cependant, je vous le jure, quand il est venu me trouver à Dôle, je l'ai vu hors de lui, et s'il ne s'est permis aucun mot offensant, c'est qu'il l'avait promis à sa mère.

Tout ceci n'est point destiné à rejeter ce que vous me représentez ni à rien ajourner ; je désire au contraire que vous daigniez m'écrire encore de même, seulement en retranchant tout ce qui pourrait être injurieux pour une femme que je suis certain d'amener à du calme, sans la blesser. Je prends avec vous l'engagement d'être hors d'ici et avec ma femme dans le courant de ce mois. Je désire que mon mariage soit su, et sur votre lettre en réponse à celle-ci, je vous en écrirai une qui vous autorisera à en publier la nouvelle. Il me semble que pour ce mois vous pouvez l'expliquer par un dernier ménagement et par les explications bien naturelles avec une personne avec qui je suis lié depuis 15 ans.

Je m'en remets à votre justice, à votre amitié, et j'attends votre réponse.

Je vous embrasse mille et mille fois. Je rouvre ma lettre pour vous répéter que si l'on ignore que ce soit moi qui vous ai confié la chose, tout ira bien ; mais que vous ayant écrit, ma chère tante, de ne pas paraître instruite par moi, je me suis lié là-dessus, que j'ai parlé dans ce sens aux amis de Mme de S. et que je me regarderais comme tout à fait déshonoré si j'étais démenti sur ce point. Je le répète, mon intention a été bonne ; mais l'action de ratifier la promesse de tenir une chose secrète, et en même temps de la faire ébruiter, est susceptible d'être présentée sous un jour si odieux que je ne m'en relèverai pas.

CXXIX

A MADAME LA COMTESSE DE NASSAU, NÉE DE CHANDIEU

12 juillet 1809.

Je vous accable de lettres, chère et bonne tante. Mon père vient d'écrire à Mme de St. qu'il avait déclaré mon mariage à Lausanne, ainsi il est bien facile que ce qui a pu venir de vous passe pour être venu de lui. J'ai dit d'ailleurs à Mme de S. que je vous écrirai pour vous instruire de mon mariage, en vous éclairant sur mes motifs pour ne pas le notifier tout de suite officiellement et pour passer encore un peu de temps chez elle. Vous pouvez vous refuser au secret, et je parviendrai à calmer Mme de S. sur une chose faite. Je vous jure devant Dieu qu'il y a plus de devoir et de prudence et moins de faiblesse que vous ne le croyez dans ce que je fais. Je vous embrasse.

CXXX

A MADAME LA COMTESSE DE NASSAU NÉE DE CHANDIEU

Ce 13 juillet 1809.

Je veux essayer, ma chère tante, de vous rendre un compte exact de ma situation et de mes motifs pour ne pas en sortir aussi violemment et rapidement que mes amis le voudraient. Certes, ce n'est pas pour mon plaisir que j'y reste ; ma vie est un enfer, tandis qu'avec ma femme chaque moment est un plaisir.

Depuis que Mme de S. est instruite de ma situation, j'ai vu 1° que sa douleur était beaucoup plus violente, et plus profonde que je ne l'avais pensé, 2° que, par ma présence je pouvais la calmer et l'adoucir, au lieu que mon absence, j'en ai eu la preuve dans mon dernier voyage à Dôle, portait son ressentiment et sa peine à un point tel, que je ne pouvais répondre de rien ni pour elle ni pour moi. J'ai vu que si je m'éloignais sans son consentement, je serais suivi par ses amis, par ses fils, qui adorent leur mère et qui partagent toutes ses impressions. J'ai vu qu'il n'y avait aucun moyen d'empêcher que son ressentiment ainsi partagé n'amenât des scènes sanglantes entre ces deux jeunes gens et moi. Quoiqu'elle soit incapable de le vouloir, elle se livre à une telle violence qu'ils croiraient en se portant aux dernières extrémités, la servir, même malgré elle. Je ne crois pas mon courage suspect, et je puis dire en conséquence que toute affaire de ce genre avec des enfants que j'ai vu presque naître et élever, serait pour mon cœur quelque chose d'horrible. D'un autre côté, j'ai acquis la conviction qu'avec de la douceur et en présence je conduirais graduellement Mme de S. au point que je désire. Le passé le prouve. Je suis parvenu à lui faire apprendre la nouvelle du fait qui est après tout le plus important et à la calmer sur cet article. Mon but est maintenant que la chose se sache de manière à devenir irrévocable dans son esprit, sans que l'éclat que j'ai évité sur le premier point ait lieu pour le second. Pour cela je désire que la conviction de mon mariage et de mes motifs pour donner encore quelques jours à Mme de S. se répande et se fortifie dans tous les esprits. Dût cette conviction me faire tort momentanément, je préfère, cet inconvénient à l'affreuse nécessité de voir s'établir une lutte entre moi et une personne avec laquelle j'ai si longtemps vécu dans l'intimité. Quant aux bruits absurdes qui ont pu courir sur ma femme, du moment qu'elle est reconnue pour telle, ces bruits doivent tomber, et je vais de suite écrire aux diverses personnes qui ont pour moi de l'amitié, pour les mettre au fait et de mon mariage et de ma conduite et de mes motifs. Quand ce second but aura été atteint, et il l'est déjà plus qu'aux trois quarts, par la lettre de Constance et celle de mon père, le troisième pas sera de notifier mon mariage à mes amis de Paris. Enfin le quatrième d'aller rejoindre ma femme. Je vous observe qu'en supposant que dans ce dernier qui est l'important, je rencontre quelque opposition, je serai bien plus fort pour la combattre ou même pour m'en aller, quand le public sera préparé à sentir qu'étant marié, je dois vivre avec ma femme ; et ce que Mme de S. et ses amis pourront faire ou dire, fera bien moins d'impression que cela n'en aurait fait, quand l'éclat aurait eu lieu en même temps que la nouvelle de mon mariage. Quoique l'on puisse souvent être tenté, par impatience de tout briser et de se mettre en guerre ouverte, pour sortir d'une situation pénible, une lutte dans laquelle une personne avec laquelle l'on a eu les liens les plus étroits, se déchaîne contre nous et, nous force à l'attaquer pour nous défendre, a pour tous deux une foule d'inconvénients que l'on éviterait par calcul, quand le cœur n'y serait pour rien. Voilà, ma chère tante, mes motifs pour modifier jusqu'à un certain point les conseils que vous me donnez. Il m'en coûte de ne pas les suivre ponctuellement, non seulement parce que je voudrais qu'il n'y eût pas le plus léger nuage dans votre amitié pour moi, mais aussi, parce que je le répète, chaque moment que je passe loin d'une femme pour laquelle depuis trois ans mon sentiment n'a fait qu'augmenter, est une privation et un tourment.

Maintenant que je vous ai expliqué la ligne de conduite qui seule m'est possible à suivre, permettez-moi de vous dire ce que je désire que mes amis fassent pour moi. Je n'ai nullement le droit d'exiger d'eux la moindre chose ; mais il m'est au moins permis de souhaiter, et je le fais d'autant plus vivement que j'ai la conviction intime que ma conduite future, le bonheur que je donnerai à une femme que j'aime passionnément, la sincérité et la pureté de mes intentions les ramènera à moi, et qu'alors ils regretteraient de n'avoir pas secondé mes vues, et de m'avoir peut-être fait du mal en croyant me servir plus promptement. 1° Je n'irai point à Lausanne que mon affaire ne soit arrangée, et que je n'y ramène ma femme. Tout voyage antérieur serait déplacé, je le sens comme vous. 2° J'écrirai de suite à Mme de Charrière, à Rosalie, pour leur apprendre mon mariage et les motifs qui m'ont engagé à ne pas le publier tout de suite, et qui m'engagent encore à n'en informer que mes parents et mes amis intimes. Je désire que ces motifs soient connus, sans que je paraisse avoir provoqué la confidence qui s'en fera de l'un à l'autre dans tout le public. Je ne demande pas mieux que d'être blâmé de la marche que je suis, parce que ce blâme ne retombant que sur moi ne peut faire aucun tort à ma femme, et que je m'en relèverai par la suite. D'ailleurs, plus la chose circulera, même à mon désavantage momentané, plus je prouverai à Mme de S. qu'elle-même se fait tort en acceptant une chose qui nous nuit à tous deux, et je suis certain que je l'amènerai à une séparation amicale. 3° Mon père a écrit d'une manière nette et positive ; Mme de S. lui a répondu, ce qui m'a fait plaisir, parce que sa réponse constate ce qu'elle a nié à Constance, qu'elle sait mon mariage depuis deux mois. Mon père répondra, et de ce côté-là aussi, Mme de S. trouvera des motifs impérieux de céder sans éclat à la nécessité.

Voilà ce que je désire, ma chère tante ; je ne me plaindrai pas, si l'on agit autrement parce que je n'ai pas le droit ni la prétention de diriger ceux qui veulent bien m'aimer un peu. Mais plus ils se rapprocheront de ce que je désire, plus ils me feront du bien. Vous direz, peut-être, ma chère tante, que tout ceci est contre nature et ne peut durer. C'est précisément parce que cela ne peut durer que je choisis cette marche. Vous direz qu'il y a de la duplicité dans ma conduite ; mais avec une personne passionnée, la duplicité qui épargne de la peine me paraît valoir mieux que la franchise qui ferait plus de mal.

Il ne me reste plus qu'un mot à ajouter, ma chère tante. C'est que l'un de mes vœux les plus ardents est que, dans les discussions qui ne peuvent manquer d'avoir lieu, on dise le moins de choses possibles défavorables à Mme de S. Je ne pourrai empêcher qu'on ne juge sévèrement son insistance pour me retenir chez elle, et que, si elle se laisse entraîner à l'impétuosité de son caractère, elle ne se fasse du tort ; mais je voudrais au moins n'en être pas la cause volontaire, et tout ce qui lui nuit me fait mal.

Je me résume. Je désire que mon mariage soit connu, sans être publié par moi officiellement, et qu'il soit connu aussi que si je ne le publie pas de cette manière, c'est uniquement par ménagement pour Mme de S. Voilà en deux mots ce que je souhaite, et si mes vœux sont écoutés, je serai incessamment, ma chère tante, ce que vous désirez que je sois.

J'attends pour fermer cette lettre la réception de celle que je suppose recevoir de vous demain vendredi. Je réfléchis que je n'aurai peut-être pas le temps de répondre à ce que vous m'aurez écrit, la poste partant d'ici peu de temps après qu'elle est arrivée. Je fais donc partir celle-ci sans attendre ce que vous aurez peut-être eu la bonté de m'écrire. Je répète que ce que je demande à mes amis, lorsqu'il sera question de mon mariage, c'est de répondre que je suis marié, et qu'un dernier ménagement pour Mme de S. m'engage à ne pas le notifier officiellement, pendant le peu de jours que je reste encore avec elle.

CXXXI

A MADAME LA COMTESSE DE NASSAU, NÉE DE CHANDIEU

Ce 15 juillet 1809.

Je n'ai que le temps de vous écrire un mot, ma chère tante. J'écris longuement à Mme de Charrière, et je la prie de vous communiquer ma lettre. Vous y verrez ce que je crois devoir et pouvoir faire, et j'espère que vous en serez contente. Du reste, je me jette à vos pieds, de reconnaissance, pour ce que vous avez fait pour moi. C'est le plus grand service que l'amitié m'ait jamais rendu.

Je suis assuré maintenant, si Dieu ne croise mes projets, et si l'on ne fait de ma lettre à Mme de Charrière que l'usage que je demande, de sortir vite et avec douceur de ma situation, et de conserver l'amitié de Mme de S. Elle est infiniment plus douce et je n'ai dans ce moment qu'à me louer d'elle. Je finis pour achever ma lettre à Mme de Charrière.

Je vous embrasse mille fois.

CXXXII

A MADEMOISELLE ROSALIE DE CONSTANT

Ce 17 juillet 1809.

Chère cousine, j'ai été tellement pressé dans ces derniers temps, que je n'ai pu vous écrire directement, j'ai chargé à deux reprises Mme de Nassau et Mme de Charrière de plusieurs choses pour vous. Mais je veux m'exprimer moi-même, sur les marques d'attention que vous avez bien voulu me donner dans la circonstance la plus importante de ma vie. Je veux en même temps y joindre l'expression de mon désir que cet attachement qui m'est si précieux ne vous entraîne pas à être trop vive sur une personne avec laquelle une liaison de 15 ans m'a donné tant de rapports. Je dois souhaiter d'autant plus qu'elle soit à l'abri de tout jugement défavorable, que ma vie et la sienne sont séparées, et il n'y a plus maintenant dans mon cœur que des souvenirs de la tendresse et des sentiments doux pour elle. Je ne reviendrai pas sur un sujet sur lequel j'ai écrit hier à Mme de Nassau ; j'ajouterai seulement que maintenant que, grâce à vous et à elle, l'opinion a été rectifiée, sur le compte de ma femme, de cet être excellent auquel je dois appui, protection, réputation et bonheur, et que j'aime du fond de mon âme, il devient doublement inutile de mêler à toute cette affaire un autre nom.

Quoique je ne déclare pas officiellement et par lettre circulaire mon mariage à tout le monde, cependant la lettre détaillée que j'ai écrite à Mme de Charrière prouve assez que ce n'est aucun motif relatif à ma femme ou à moi, qui me porte à cette négligence des formes. Cette lettre suffit pour éclairer les personnes de ma famille, et si en adoptant cette route, j'ai pu conserver l'amitié d'une femme avec laquelle j'ai été lié 15 ans, et qui a de grandes et de nobles qualités, un beau talent et un esprit plein de grâce, je crois que l'avantage surpasse fort l'inconvénient.

Maintenant, chère Rosalie, j'aurai encore d'autres services à demander à votre amitié, outre ces deux plus grands que je vous ai déjà demandés. Le premier, de défendre ma femme, si par hasard on l'attaquait encore, et de me mettre à même de vous éclairer, s'il se répandait des bruits aussi absurdes que ceux que j'ai déjà réfutés ; le second, de ne rien dire contre Mme de S. qui, j'en suis convaincu, ne peut chercher à nuire ni à moi, ni à ce qui m'intéresse. Elle m'en donne sans cesse les assurances les plus positives avec de telles protestations et de tels serments qu'il ne faudrait plus croire à la nature humaine si elle y manquait, et que je la connais depuis trop longtemps pour l'en soupçonner le moins du monde ; mais outre ces deux services, je vous prie de me transmettre ce que vous saurez de ce qu'a écrit mon père. Je n'ai pu encore tirer cela bien au clair, et je lui ai écrit deux fois sans qu'il s'expliquât bien nettement sur la forme qu'il a donnée à la communication, quoiqu'il me répondît tout au long. Je suis sûr que le secret lui pesait depuis longtemps et avec raison, puisque la chose s'était faite chez lui et qu'il est sincèrement attaché à ma femme qu'il a vue seule à Brevan pendant trois mois. Faites-moi aussi le plaisir de réfuter un fait qui n'est pas très important, mais qui n'est pas vrai. Ma femme n'a point 60,000 fr. de rente, mais 12 à 15,000. Enfin, que fait et que dit Constance, que j'ai des raisons éloignées de croire mal pour moi ? Peut-être me trompai-je, car on ne m'a rien dit d'elle positivement, et si je me trompe, je serai bien aise d'être débarrassé pour ne pas être mal avec une personne de la famille. Ne lui témoignez pas que j'ai du doute à cet égard.

Je vous quitte, chère Rosalie, pour écrire à Mme de Nassau. Je serais bien fâché que son amitié pour moi s'altérât et comme je crois beaucoup à sa justice et à la force de la vérité, j'espère qu'elle me continuera son affection parce que je n'ai pas une pensée qui mérite le moindre blâme.

Répondez-moi bientôt, je vous prie. Si vous m'aimez un peu, attachez vos regards sur l'époque où je pourrai vivre beaucoup près de vous, et avec vous, avec une femme qui aura bientôt des droits à votre attachement et qu'il me sera doux de vous présenter comme cousine et comme amie. Vous devez bien sentir que dans l'état où en sont les choses, mon mariage connu de ma famille et de celle de ma femme, ne peut point ne pas simplifier ma situation. Ne vous inquiétez donc pas pour moi plus qu'il ne faut, et ne vous fâchez pas contre moi de votre inquiétude. Songez que j'aurai peut-être besoin de votre amitié. J'y compte tellement que lors même que vous me désapprouveriez, je n'y aurais pas moins recours.

J'espère mercredi une lettre de Mme de Charrière.

Vous, chère cousine, si vous n'aimez pas à m'écrire directement, adressez à Audouin, mon valet de chambre, mais ici et pas à Genève, ce qui est un retard de deux ou trois jours. Où est Mlle Bontems, je voudrais la voir ?

CXXXIII

A MADAME LA COMTESSE DE NASSAU,
NÉE DE CHANDIEU

Ce 22 juillet 1809.

Votre lettre de jeudi, ma chère tante, en me faisant entrevoir quelques difficultés au séjour de ma femme à Lausanne m'oblige à faire quelques changements à un plan qui m'avait paru tout simple, et par conséquent me dérange un peu. Cependant vous pouvez avoir raison, et je me conformerai à vos conseils à cet égard. Je serai incessamment dans une situation convenable, et j'ai ce bonheur particulier que la situation convenable est en même temps la plus douce, la seule douce pour mon cœur. Ma famille, c'est-à-dire Mme de Charrière, Rosalie, et vous surtout, ma chère tante, vous avez mis dans toute cette affaire une bonté active et soutenue, que je n'oublierai de ma vie, et qui a pénétré mon âme d'une inexprimable reconnaissance. Actuellement, comme vous le dites avec justesse, c'est à moi à faire le reste, et je le ferai. Je ne demande donc plus de ces lettres qui, par cela même que contenant des raisons évidentes, sont toujours la même chose, doivent vous ennuyer d'écrire. Tout ce qui est encore à faire doit venir de moi. Je recommande à votre justice et à votre amitié la réputation d'une femme qui n'est pas coupable de la situation compliquée où je me suis trouvé. Mon mariage est connu, je suis enchanté qu'il le soit. Mon séjour ici est bizarre, mais s'il peut me faire du tort, ce tort sera bientôt expliqué puisqu'il cessera bientôt, et je me borne à désirer, ce qui me paraît bien juste, qu'il ne fasse pas de tort à ma femme dont encore une fois ce n'est pas la faute. J'espère quand je la présenterai à ma famille qu'elle y trouvera ce qu'elle mérite, et ce que son caractère ne peut manquer de lui concilier. Vous la connaissez déjà, ma chère tante, et vous lui avez rendu un service important, en opposant votre autorité respectée à des propos que votre opinion seule pouvait réfuter. C'est un bienfait qui influera sur toute sa vie. J'écrirai le courrier prochain à Mme de Loys.

Adieu, ma chère tante. Mille pardons et mille grâces de toute la peine et l'agitation que je vous ai causées. Vous savez le prix que j'attache à votre affection. Eh bien ! j'y renonce si dans peu vous n'êtes pas contente de moi.

Si je n'entre pas dans plus de détails, ne croyez pas que je veuille faire aucun mystère, surtout à vous, à qui je dois plus que la vie dans cette circonstance, mais je suis abîmé de fatigue. J'ai à écrire à mon père et à ma femme, et enfin je rougis d'entretenir ceux que j'aime de tant d'efforts pour une chose simple, légitime, et que ma simple volonté semble devoir terminer ; mais je le répète, vous serez contente.

Je vous embrasse tendrement.

CXXX V

A MADEMOISELLE ROSALIE DE CONSTANT

Ce 22 juillet 1809.

Votre lettre m'a fait pleurer d'attendrissement et de reconnaissance, chère bonne Rosalie. Vous êtes pour moi la meilleure des amies, la plus tendre des sœurs. Je vous ai toujours aimée, mais de ce jour, je vous jure l'attachement le plus dévoué. Ma femme qui saura ce que votre excellente et courageuse amitié a fait pour nous et qui méritera votre affection, partagera tous mes sentiments. Je ne vous dis rien sur ma position. Je vois ce que je dois faire. Je ne veux vous parler en cet instant que de ce que j'éprouve pour vous. Je suis abîmé de mille fatigues de tout genre et j'ai des lettres nécessaires à écrire. Je recommande ma réputation, et ce qui m'est plus précieux mille fois, celle de ma femme à votre justice et à votre fermeté. Je vous promets que je justifierai ce que vous direz de bien de moi. J'écrirai à Constance, mardi prochain. Dites mille tendresses à Mme de Charrière. Dieu m'accordera de vous revoir bientôt tous et de ramener, au milieu de vous, l'ange qui m'a confié son sort et auquel je devrai de redevenir moi-même. Adieu, chère Rosalie ; laissez de côté ce qui regarde une autre personne. Peut-être y a-t-il des fautes de ma part, et s'il y a des torts de la sienne, qu'ils soient ensevelis dans le silence. Ce n'est pas à ses dépens que je voudrais me justifier.

Adieu, encore c'est un grand bonheur que d'avoir une amie telle que vous.

CXXXV

A MADAME LA COMTESSE DE NASSAU, NÉE DE CHANDIEU

Ce 25 juillet 1809.

Vous recevrez, ma chère tante, par la diligence un paquet de papiers, que je vous prie de garder pour moi. Ils me sont très importants. Ce sont tous mes titres de propriété de tout ce que j'ai au monde, et d'autres papiers de famille, mariage, procès, etc. Je vous les envoie pour ne pas les avoir toujours confondus avec d'autres moins essentiels. Je prendrai la liberté de vous envoyer encore d'autres paquets pareils, par les courriers suivants. Veuillez les mettre ensemble en lieu sûr. Vous êtes l'asile de mes titres pécuniaires comme de toutes les pensées de mon cœur. Ne dites rien de ces envois.

Vos conseils sont bons; ils seront suivis. Mon père, m'a joué un drôle de tour; Rosalie vous le dira. Je vous ai déjà mandé que je voyais tout ce que je devais faire et que je le ferais. Cela ne tient pas à huit jours, je n'en parle plus. Mais recevez mes remerciements tendres et sincères. Tout ce que l'amitié a pu, vous et Rosalie, l'avez fait. Le reste ne peut venir que de moi. Croyez que je le sens et que l'idée d'agir aussi suivant vos avis entre pour beaucoup dans mes désirs. J'attends une réponse de ma femme. Le port me sera doux après tant d'orages. Personne ne les connaît ces orages. Mais il n'en faut pas parler à présent.

Je suis bien aise que vous ne soyez pas tout à fait décidée contre un séjour plus ou moins prochain de ma femme et de moi à Lausanne. Si je le puis, je l'éviterai, d'après ce que vous m'avez dit précédemment, mais je n'en suis pas sûr.

Adieu, chère tante, je vous demande de la confiance, je la mérite, et votre amitié je l'apprécie. Je bénis le ciel d'avoir Charlotte, vous et Rosalie. Je vous embrasse mille et mille fois.

CXXXVI

A MADEMOISELLE ROSALIE DE CONSTANT

Ce 25 juillet 1809.

Vous me dispensez de vous écrire, chère Rosalie, parce que vous croyez que je suis fatigué, mais vous écrire me repose et votre amitié me fait du bien.

Les conseils que vous me donnez sont pleins de sagesse ; je les suivrai. L'époque peu éloignée, certainement, dépend de choses qui ne sont pas tout à fait en mon pouvoir. Mais croyez-moi, j'ai besoin physiquement autant que moralement de faire ce que vous dites. Jusque-là, croyez en moi. Ce n'est plus faible, ni dominé que je suis, je vous le jure ; ce qui causait ma faiblesse n'existe plus. On m'a forcé d'y substituer la prudence, et je calcule.

Rien de ceci à personne. Tout revient et tout est fâcheux ; mais aimez-moi, car je le mérite, et bientôt peut-être, j'en aurai besoin contre bien des haines.

Silence surtout avec Constance, silence absolu ! Elle redit tout, envenime tout. C'est un acharnement que je n'ai pas mérité. Je lui écris comme si je ne savais rien. Ne laissez rien remarquer, je vous en prie.

Mon père, le croiriez-vous, vient d'écrire une deuxième lettre ici, où il dit qu'il ne décide rien entre deux personnes qui l'intéressent également : Mme de S. et ma femme, et pas un mot sur ce que mon mariage, ayant été déclaré par Mme de Nassau, je ne puis le taire. Cette lettre a défait toute l'impression que mes soins avaient produite; mais n'en parlez pas non plus, c'est inutile et je ne veux pas affliger mon père. Ne vous impatientez pas, ne me grondez pas, je fais pour le mieux.

CXXXVII

A MADAME LA COMTESSE DE NASSAU, NÉE DE CHANDIEU

Ce 26 juillet 1800.

Je suis toujours partagé, ma chère tante, entre la crainte de vous assommer de mes lettres et le besoin de vous écrire, sans avoir rien à vous dire de nouveau. Le temps se passe et le moment de mon départ approche. J'attends des nouvelles de ma femme qui devait avoir fini ses affaires vers le 25 ; et je partirai dès que je la saurai prête à partir, ou même avant si son séjour à Paris se prolongeait contre mon attente ; car j'ai fixé un jour dans ma tête que je ne dépasserai pas, sauf à l'attendre chez mon père. Jusqu'à présent je n'ai aucune raison de craindre une prolongation de séjour, de sa part. Les dernières lettres que j'ai reçues, m'assuraient qu'elle mettrait dans ses arrangements la plus grande célérité, et la personne avec qui elle doit terminer n'était pas encore arrivée. J'entre dans ces détails, ma chère tante, parce que vous m'écrivez dans votre dernière lettre que ma femme aurait tort de ne pas se hâter de tout finir. Je suis de votre avis ; mais rien ne m'annonce qu'elle puisse avoir ce tort, et comme depuis qu'elle s'est consacrée à mon bonheur, d'une manière à laquelle les circonstances ne m'ont permis jusqu'à ce jour de répondre que bien imparfaitement, je ne lui ai pas vu l'apparence d'un tort, soit d'action, soit de sentiment, soit d'omission. Enfin quoi qu'il arrive, je serai chez mon père soit avec elle, soit avant elle, dans bien peu de temps.

Les commérages continuent dans divers sens plus absurdes les uns que les autres. Un M. de Loriol est arrivé à Genève et a dit qu'il avait passé la soirée avec vous, ma chère tante, et que vous lui aviez dit que j'allais me marier, mais que je ne l'étais point encore. Je ne vous redis cela, que pour vous prouver que ce qu'on dit est de mille couleurs, et n'a souvent aucun fondement. Même quand je devrais attendre seul à Brevans, je respirerais de me trouver dans une situation qui ne donne plus lieu à aucun commentaire. Ma seule répugnance à y précéder Charlotte, c'est la crainte d'être saisi par une impatience qui ajoute à l'agitation de mon père. Cependant, je ne mets pas ce motif en balance avec l'inconvénient de rester ici au-delà du temps fixé. Ainsi, ma chère tante, je puis vous garantir que dans peu, mes amis n'auront plus à se plaindre de quoi que ce soit dans ma conduite.

Adieu, ma chère tante, je vous embrasse mille et mille fois.

CXXXIX

A MADAME LA COMTESSE DE NASSAU, NÉE DE CHANDIEU

Ce 27 juillet 1809.

Que vous êtes bonne, ma chère tante ! Je n'ai pu assez vous le dire par ma lettre d'hier, écrite à la hâte, et je ne puis commencer celle-ci sans vous le répéter de toute manière. Mais quelque plaisir que me fasse votre vif et tendre intérêt, je suis peiné plus que je ne puis le dire de l'inquiétude que ma situation vous cause, et je me la reproche parce que je l'ai peut-être causée par l'espèce de silence que j'ai gardé sur mes projets. Je suis honteux d'en parler tant, et je me laisse toujours dominer par la crainte de fatiguer la tendresse de l'amitié par une occupation de moi qui me fatigue moi-même : de là la manière peut-être mystérieuse dont je me suis exprimé et qui vous a fait croire ma situation beaucoup plus violente qu'elle ne l'est. Je vais donc l'expliquer et vous verrez que tout va finir sans trouble, sans violence, au moins pendant que j'y serai, et sans que j'aie besoin de recourir à l'assistance que vous avez l'extrême bonté de m'offrir.

On ne saurait être plus convaincu que je ne le suis que je dois en finir bien vite. Mais des circonstances matérielles m'arrêtent pour un temps très court. 1° J'ai apporté ici tous mes manuscrits, fruit de tout ce que j'ai fait pendant toute ma vie. Si je partais subitement il faudrait, ou passer deux jours à faire des paquets, ce qui serait une source de douleurs réciproques très violentes, ou les laisser derrière moi, ce qui serait une perte irréparable. C'est pour cela que j'ai pris le parti de vous les envoyer successivement. J'aurais fait porter un second paquet si vous m'aviez annoncé la réception du premier. De la sorte je n'aurai que peu de chose à emporter, ce qui dans tous les cas me sera plus commode et rendra mon départ moins orageux. 2° Ma femme, lorsque nous nous sommes résignés à nous séparer momentanément cette fois-ci, a résolu, par mon conseil, de profiter de mon absence pour régler et finir des arrangements pécuniaires dans lesquels elle se conduit avec une générosité parfaite, et sur lesquels, par cette raison précisément, je ne veux pas influer, vu la personne que ces arrangements regardent.

Comme je n'ai pas épousé Charlotte pour sa fortune, je la laisse parfaitement la maîtresse à cet égard de faire tout ce que son frère lui dicte ; et pour qu'on ne puisse jamais croire que j'y ai influé, je ne suis pas fâché de ne pas assister à ces arrangements. Elle a indiqué pour l'époque où ils doivent avoir lieu le commencement du mois d'août, et je ne voudrais pas arriver à Paris avant qu'ils fussent terminés, de manière à ne pas en entendre parler. Si j'avais pu conduire tout de suite ma femme à Lausanne, j'aurais agi différemment et fini plus tôt ; mais ce que vous et Rosalie m'avez mandé à cet égard m'en ayant détourné, où irais-je d'ici au 15 août à peu près ou peut-être au 20 ou 25 ? A Lausanne, seul ? On m'y suivrait. A Dôle ? On m'y suivrait encore, et véritablement mon père est devenu si faible dans ses lettres que je ne serais pas tenté de prendre là mon champ de bataille. D'ailleurs, j'ai annoncé dès le 9 de mai que je venais passer trois mois, et qu'ensuite je retournerais à Paris. On s'y attend, et l'on ne veut autre chose, sinon que je ne devance pas cette époque, parce que l'ayant dit à beaucoup de gens, on y tient par amour-propre. Je suis donc à peu près sûr de partir sans lutte vers le 15 ou 20 d'août.

Vaut-il la peine de faire un éclat, quand peut-être tout finira doucement 15 jours plus tard ? Si, par impossible, je trouvais à mon départ, à cette époque, une opposition trop violente, et que je craignisse qu'on employât pour me retenir la menace de se faire du mal à soi-même, j'aurais un moyen sûr. Marianne m'écrira que mon père est malade, et rien alors ne pourra être allégué qui puisse me retenir loin d'un père de 80 ans. C'est en partie pour cela que je veux n'avoir que peu de choses à emporter, pour que je n'aie pas d'embarras à partir de suite, et de là, ma chère tante, les envois que j'ai commencés. Je ne vous nie point qu'il s'y joint toujours une secrète espérance qu'en menant la chose ainsi, il n'y aura pas un grand éclat. Cet éclat, je ne le dis qu'à vous, je ne le crains pas pour moi, mais pour ma femme. Je vous jure que je ne connais pas de meilleure et de plus pure créature sur la terre ; mais il y a des circonstances bizarres qui, développées avec animosité par une personne très vive et des amis très actifs, me seraient pénibles. Le petit commérage que je contiens par ma présence, est beaucoup moins fâcheux, ce me semble, que la guerre ouverte. D'ailleurs, ce commérage a déjà eu lieu, et actuellement je ne ferais qu'affronter les deux inconvénients à la fois. J'aurais dû partir tout de suite ; à présent l'étonnement de mon séjour a eu lieu : 15 jours de plus ne l'augmenteront guère. Ce qui est à dire a été dit. La guerre déclarée serait au contraire une explosion nouvelle, tandis que la maladie de mon père la préviendra. Une fois à Dôle je termine tout. Le pis-aller sera que l'éclat arrive ; mais comme il y a une grande chance de l'éviter, je crois devoir l'essayer.

Voilà en peu de mots mon projet. J'ai écrit à Marianne de m'écrire dans ce sens, et à ma femme de me mander le moment où elle aura fini ses affaires. Maintenant, réfléchissez et jugez. Je vous ai dit que je suivrai vos conseils. Désapprouvez-vous ma marche ? Si vous êtes positivement d'avis qu'il vaut mieux partir à tout prix, tout de suite, au risque d'une inimitié déclarée et à quelques égards méritée, dites-le moi. Mais si vous partagez ma manière de voir, j'en serai bien content.

Il n'y a qu'une chose importante : c'est que mon mariage ne passe pas pour être encore caché à Mme de S. Elle fait, je le sais, semblant de l'ignorer, et alors on peut m'accuser de tromperie, ce qui est pis que de la faiblesse. Mais il est constant qu'elle le sait depuis le 9 mai, et c'est là ce qu'il faut bien établir. Du reste qu'on me trouve faible de donner 15 jours à une liaison de 15 ans, tout cela se réparera quand, dans moins d'un mois, on me saura heureux avec ma femme.

Il m'est revenu une copie de la lettre que mon père a écrite à Mme de S. en réponse à sa première lettre. Je vous l'envoie en vous priant de ne pas dire que c'est de moi que vous la tenez. Elle sert à prouver que depuis un mois, Mme de S. sait mon mariage et que je ne reste pas chez elle en la trompant.

Maintenant, ma chère tante, je le répète, réfléchissez et jugez. Je me conformerai à vos avis, volontiers ; mais pesez bien et la brièveté du temps qui reste, et la simplicité des moyens. Plus je reste ici, plus j'ôte à Mme de S. la possibilité de se plaindre d'une chose qu'elle aura su il y a trois mois ; et elle paraîtra, si elle veut l'éclat, toujours plus déraisonnable de ce qu'enfin je vais rejoindre ma femme. Telle est ma conviction. Mais vous êtes plus sage que moi. Je vous respecte comme une mère et je vous aime comme une amie, ainsi répondez-moi franchement.

Adieu, ma chère tante. Avez-vous reçu mon premier paquet ? J'attends que vous me le mandiez pour vous en envoyer d'autres.

Tendresse, reconnaissance, attachement, dévouement pour la vie.

CXXXIX

A MADAME LA COMTESSE DE NASSAU, NÉE DE CHANDIEU

Ce 28 juillet 1809.

Je suis touché jusqu'aux larmes, chère tante, de votre intérêt. Je vous en remercie avec effusion de cœur. Je vous écrirai sans faute demain samedi, ayant trop peu de temps pour vous répondre aujourd'hui. La proposition que vous me faites n'est nullement nécessaire. Je pourrais partir d'ici très ouvertement, si j'y mettais une volonté décidée, et je n'ai aucune raison de craindre autre chose que de la douleur et du bruit. Mais demain je vous expliquerai la cause de mes retards, et je vous demanderai vos conseils, vous promettant d'avance que je les suivrai. Si je vous ai envoyé des papiers, c'est pour n'avoir pas tant de paquets à faire.

Je ne sais pas l'adresse de Mme de Loys; mais voici une lettre pour elle que je vous prie de lui faire tenir.

A demain, chère et excellente tante et protectrice. Je vous embrasse avec un cœur pénétré de tendresse et de reconnaissance.

CXL

A MADAME LA COMTESSE DE NASSAU, NÉE DE CHANDIEU

Ce 1er août 1809.

Je rends grâce au Ciel, ma chère tante, de m'avoir accordé en vous une amie qui comprend tout, qui entre dans toutes les nuances des situations, et dont on est toujours sûr, avec de la bonne foi, de se faire entendre. Il m'aurait été si dur d'être désapprouvé par vous, que j'aurais tout préféré à la peine que j'en aurais ressentie.

Mes projets étant les mêmes que le dernier courrier, je n'en parle plus; mais je réponds à différents articles de votre lettre.

Les troubles de Westphalie ont rendu les communications assez difficiles pour que la correspondance entre ma femme et sa famille ne soit pas très fréquente. Sa tante, que vous avez vue l'année passée, a annoncé à son retour mon mariage à ses frères, en les prévenant qu'il resterait secret, à cause de plusieurs arrangements à terminer. Depuis, je leur ai notifié mon mariage moi-même de Paris, il y a environ *un mois*[1]; je n'ai pas pu encore avoir de réponse d'eux; mais j'ai vu des lettres antérieures, dans lesquelles ils s'expriment sur moi de la manière la plus obligeante.

Je vous envoie un petit paquet de papiers. Le pre-

---

[1] Un mois? — B. C. était à Lyon le 2 juillet.

mier paquet que vous avez reçu, il y a huit jours, contient les titres pécuniaires. Mais je tiens aussi beaucoup au second, qui en contient aussi quelques-uns, et de plus quelques morceaux, dont la perte me serait tout à fait irréparable, et que je puis regarder comme des propriétés pécuniaires ; car il y en a un pour lequel, si je voulais le faire imprimer, un libraire m'a offert 8000 fr. comptant.

Ai-je besoin de vous dire que si vous allez à Genève, je serai heureux et bien heureux de vous voir à votre passage ici ? Sans doute, je vous avais envoyé ma lettre à Mme de Loys pour que vous la lussiez et je suis charmé que vous en ayez été contente.

Tout est fini, c'est-à-dire convenu avec l'homme dont vous me parlez. Les circonstances de la guerre ont retardé l'arrivée des capitaux qu'il doit recevoir et il faudra, si ce retard dure substituer à ce payement une obligation portant intérêt, ce qui est aussi une chose convenue, mais qui n'a pas encore été exécutée. Si ma femme était venue à Lausanne cela aurait pu se faire par procuration. Il y a cependant quelque avantage à ce que l'affaire se termine par elle-même, parce que tout en finira plus vite.

Adieu, ma chère tante, je vous enverrai peut-être demain, peut-être vendredi un troisième paquet. Je vous remercie encore du fond de mon cœur qui vous est tout dévoué, de toutes vos bontés si soutenues et si utiles. Il est de fait qu'en déclarant mon mariage et en prouvant ainsi que ma famille ne le désavouait pas, vous m'avez, au milieu des bruits qui couraient, rendu le plus important service. Je vous embrasse mille et mille fois.

CXLI

A MADAME LA COMTESSE DE NASSAU, NÉE DE CHANDIEU

Ce 7 août 1809.

Je ne me suis pas autrement ressenti, ma chère tante, de ma course et de mon refroidissement. J'en suis étonné, car j'avais eu dans le premier moment et même le lendemain un malaise qui me paraissait annoncer une maladie, mais il est tout à fait passé. Merci mille fois de l'inquiétude que vous me témoignez. Quelque fâché que je sois de vous l'avoir causée, je ne puis m'empêcher de jouir de cette nouvelle preuve de votre amitié.

J'espère que Mme de Charrière vous aura remis un gros paquet que je lui avais confié pour vous. C'est encore une des parties de mes œuvres, ce n'est pas la dernière. Elles sont dans un désordre extrême ; mais elles reposent en sûreté chez vous jusqu'à ce que je sois moi-même en repos, ce qui ne tardera pas. Accusez-m'en, je vous prie, la réception par un mot. Pardon et reconnaissance.

Je vous ai mandé tous mes projets, rien ne les fera varier. J'attends de pied ferme ici, en tâchant de travailler pour ne pas me dévorer d'impatience, et en lisant pour ne pas trop causer. J'ai reçu, comme je vous l'ai dit, une lettre de ma femme, après avoir eu quelque inquiétude de son silence de dix jours. Elle me mande que la personne avec qui elle a à faire sera à

Paris du 15 au 20, et qu'elle pourra partir dix jours après.

Quelque inconvénient qu'il y ait à mon séjour ici, jusque-là je ne saurais vraiment que lui substituer. Aller chez mon père pour y être tout seul, n'est ni utile ni agréable et lui-même n'en a pas grande envie. En même temps, je tiens beaucoup surtout pour Paris, à ce que nous soyons réunis chez lui, ma femme et moi, lorsque nous déclarerons notre mariage. Je désire que ce soit lui, qui, suivant l'usage français, soit chargé d'écrire les billets de communication que nous enverrons, en les ayant fait imprimer, de Dôle. La sanction paternelle a quelque chose de bon pour le public et que je ne veux pas négliger dans cette occasion.

L'époque de mon départ dépend donc en entier de l'arrivée de ma femme à Brevans. Cette arrivée ne peut pas tarder au-delà de ce mois ; jusqu'alors, il est inutile, ce me semble, de faire ou d'éprouver de la peine. Grâces au ciel et à vous, ma chère tante, mon sort est fixé. J'en éprouve une sorte de calme qui me soutient au milieu des sentiments pénibles dont quelquefois je suis poursuivi. Mais toute ma disposition me prouve que je pourrai encore être susceptible de bonheur, malgré les agitations qui ont usé ma vie.

Je ne vous en aurais pas écrit autant il y a trois jours. Le silence de ma femme me tourmentait. J'ai attaché mon cœur à son affection comme à mon dernier et à mon plus cher espoir. C'est une tendresse si douce et si éprouvée, un caractère si pur et si bon que j'y trouve tout ce que je désire; mais aussi si on me l'ôtait à présent, je crois qu'il ne me resterait ni force, ni courage, ni intérêt pour moi-même.

Adieu, ma chère tante, je passerai peut-être par Lausanne en allant à Brevans, j'aurais un bien vif désir de vous embrasser et un bien grand bonheur à vous dire combien je vous dois et combien je vous aime.

Je crois qu'il vaut mieux que vous ne parliez pas de mes projets en détail, si quelqu'un vous en parle. Il suffit de dire que je vous ai mandé, que je partirai sous peu pour Paris.

CXLII

A MADAME LA COMTESSE DE NASSAU, NÉE DE CHANDIEU

Vendredi 11 août 1809.

Je ne suis point étonné, chère tante, de vos inquiétudes sur mes retards possibles mais je vous assure qu'elles ne sont pas fondées. Je vous envoie une petite lettre que je viens de recevoir de ma femme. Vous y verrez que non-seulement je lui avais proposé de se réunir à moi tout de suite à Brevans, mais que j'avais tellement à cœur une réunion la plus prompte possible que j'avais engagé mon père même à lui écrire pour accélérer son arrivée. Vous verrez par sa réponse qu'elle ne pourra y être qu'à la fin du mois ou au commencement de l'autre. La longueur de ses affaires ne tient pas aux affaires mêmes, car, ainsi que je vous l'ai dit, tout est convenu ; mais à ce que la personne avec qui elles doivent être terminées ne sera à Paris que le 15 ou le 20. C'est là la cause de la prolongation du séjour que ma femme annonce et contre laquelle j'ai fait tout ce que j'ai pu.

Comment avez-vous pu voir dans ma lettre quelque chose qui vous fît croire que je laissasse entrer dans ma tête comme la possibilité la plus éloignée l'idée que mon mariage peut être annulé. Je n'ai rien à craindre à cet égard ; mais quand il y aurait toutes les forces de l'univers réunies, je ne me séparerais d'elle qu'en renonçant à la vie. Elle est tout mon bonheur, elle est tout mon bien, et chaque jour je suis uni à elle par des liens plus étroits et par une affection plus profonde. Ce mot *à présent* ne signifiait rien, je ne sais comment il s'était mis dans ma phrase ; mais je n'ai voulu dire autre chose, sinon qu'à présent plus que jamais avec tous les motifs de reconnaissance et de tendresse que j'ai pour elle, je place tout mon espoir à vivre avec elle et à la rendre heureuse.

Si je ne vais pas à ma campagne, c'est d'abord que ma campagne étant très près de Paris, j'aurais toujours l'air d'influer sur des arrangements dont je ne veux pas me mêler. En second lieu, parce que voulant retourner à Brévans, dès que Charlotte pourra y aller, ce serait faire un voyage d'autant plus inutile que je serais forcé de me tenir à l'écart. Enfin c'est que j'ai promis jusqu'au mois de septembre et que, toutes choses égales, il me semble que je dois tenir cette dernière promesse. Je persiste à croire qu'au milieu des bruits qui courent, mon séjour avec ma femme chez mon père est la meilleure réponse à ces bruits et j'en ai une telle conviction que je donnerais beaucoup pour hâter le moment de son arrivée. Vous voyez, ma chère tante, que je n'avais rien négligé pour cela.

Ces paquets que je vous ai envoyés, ma chère tante, contiennent, outre mes titres de propriété, beaucoup de travaux commencés ou achevés. Celui pour lequel on m'a offert 8000 francs est un ouvrage auquel je ne trouve pas que j'aie encore mis la dernière main. Je les publierai peut-être l'hiver prochain. Cela tiendra beaucoup et au temps que je pourrai encore lui donner et à l'achèvement d'un autre ouvrage que je finis et que je voudrais ne pas interrompre.

Je désire bien, ma chère tante, que vous soyez convaincue de la sincérité de mon désir de finir bientôt tout ce qui vous déplaît dans ma situation. D'après la lettre que je vous transmets et que je vous prie de me renvoyer, vous ne pouvez pas douter de ma sincérité à presser l'arrivée de ma femme et vous pensez bien que je ne la laisserai pas un jour seule à Brévans.

Je n'aurai pas le temps d'écrire aujourd'hui à Rosalie ; mais je lui écrirai sans faute demain.

Adieu, ma chère et bonne tante. Je vous aime et vous embrasse mille et mille fois.

CXLIII

A MADEMOISELLE ROSALIE DE CONSTANT

Ce 9 août 1809.

Constance a été ici, chère cousine ; nous ne nous sommes point parlé, si ce n'est pour nous dire bonjour et adieu. J'avais d'abord envie d'une explication, mais j'ai senti que si elle me répondait impertinemment, surtout sur une personne à laquelle je tiens beaucoup plus qu'à moi-même, je ne serais pas maître de moi, et je n'ai pas cherché à entamer une conversation qu'elle-même voulait éviter. Elle a eu avec la maîtresse du lieu de brusques conversations dont j'ai appris quelque chose. Son mari y assistait. Mais ce que je ne sais pas du tout, c'est ce qu'elle rapportera sur moi à Lausanne. Je ne doute pas que tout doucereusement, elle ne cherche à me nuire, et qu'elle ne dise une quantité de choses qui ne sont pas vraies. Vous me rendriez un grand service de m'en instruire, et vous pourrez compter que vous ne serez nommée en rien. M. d'Arlens m'a demandé si je vous avais vue. J'ai dit que j'avais été vous voir ainsi que Mme de Charrière à Vinzel, et la conversation en est restée là.

Au reste, chère Rosalie, ce qui m'importe encore plus que de savoir ce que dira Constance, c'est d'être assuré que ce qu'elle pourra dire ne vous donnera pas de fausses impressions sur mes sentiments et sur mes projets. Il n'y a rien de changé à ceux que je vous ai dits vendredi dernier. Je pars toujours au mois de septembre, et jusqu'alors, ma vie est uniforme et immobile. J'ai reçu de ma femme une longue lettre le lendemain du jour où vous m'avez vu inquiet de son silence.

Avez-vous remis mon paquet à Mme de Nassau ?

Ecrivez-moi, aimez-moi, fiez-vous à moi puisqu'il y va de mon propre bonheur, et croyez que je vous aime avec une profonde tendresse. Mille choses à ma bonne tante, je n'écris pas à Villars. J'ai appris que Constance lui avait écrit et qu'il lui avait répondu ; il faut bien que sa réponse ne fût pas de nature à servir sa méchanceté, puisqu'elle n'en a pas fait usage.

Ce 12.

Je n'ai pu envoyer cette lettre mercredi à la poste, parce que je me suis levé trop tard, et hier, parce que je voulais y ajouter diverses choses. Depuis notre entrevue, j'ai reçu une bonne lettre de ma femme, puis une petite. Elle ne pourra quitter Paris que dans le commencement de septembre. J'ai envoyé sa lettre à Mme de Nassau pour lui prouver que l'époque ne dépendait pas de moi. Mon père, à ma prière, avait écrit à Paris pour l'accélérer et je vous assure que rien ne la retardera.

Un sujet sur lequel il faut nous entendre, chère cousine, c'est ce que vous direz à Genève sur mon mariage, quand vous irez chez Mme de Châteauvieux. Vous savez ma situation, la parole qui me lie. Mme de S. dit à tout le monde que je ne suis pas encore marié, moi, je ne veux pas manquer à ma parole d'honneur. Vous, chère Rosalie, que direz-vous, quand vous serez ici ? Mon avis serait que vous ne parlassiez de la chose qu'à ceux qui sont déjà instruits, et qu'alors vous en parlassiez avec détail, et en confidence en disant toute la vérité, sans rien dire de fâcheux pour Mme de S. Cela est très facile. Vous pouvez établir et prouver qu'elle sait que je suis marié, que vu mes anciennes relations avec elle, je veux lui épargner le chagrin d'entendre parler d'une chose qui lui fait de la peine, qu'en conséquence je ne déclarerai mon mariage que lorsque nous ne serons plus dans ce pays-ci, mais qu'elle en est instruite et que je ne la trompe pas, ce que les Genevois pourraient soupçonner en voyant qu'elle parle comme d'une chose à faire d'une chose qu'à Lausanne on sait être faite. Mais je crois qu'il est essentiel que dans le public vous ne disiez rien à cet égard. Au reste, chère et bien chère cousine, je serai sur le point de partir quand vous arriverez. L'époque de mon départ, c'est-à-dire le jour dépend tout à fait de ma femme, mais ne peut pas dépasser les premiers jours de septembre.

Je suis bien ennuyeux, n'est-ce pas, moi et ma situation? mais je vous en supplie, ne vous fatiguez pas trop de moi. Il y a pourtant du bon au fond de mon cœur et un attachement si réel pour vous ; et puis je vous assure que tout sera réparé. Vous serez une fois bien aise de m'aimer et ce moment n'est pas loin.

CXLIV

A MADEMOISELLE ROSALIE DE CONSTANT

Ce 18 août 1809.

Oui, sûrement, chère Rosalie, je désire vous voir à votre passage, quand vous irez à Genève ; je le désire d'abord pour vous voir, et ensuite pour causer avec vous, sur ce que vous aurez à dire, si l'on vous parle de moi à Genève. Mme de Nassau doit vous avoir dit que je lui avais envoyé une lettre de ma femme qui prouve que s'il y a encore de ces retards qui vous désolent et qui me peinent beaucoup, ce n'est nullement ma faute. Ma femme est retenue à Paris jusqu'au commencement de septembre pour des arrangements que je n'ai pu lui persuader de renvoyer, parce qu'il est important qu'elle les termine et que d'ailleurs je n'ai pu entrer dans les détails de ma situation, dont je suis tellement fatigué que je n'ai plus la force d'écrire.

Cependant je n'ai cessé d'employer tous les raisonnements et toutes les prières pour lui faire sentir qu'il m'était important d'en finir le plus tôt possible, et je lui ai encore écrit hier dans ce sens.

Au reste, puisque j'aurai le plaisir de vous voir, je renvoie tout ce que j'ai à vous dire à ce moment. Marquez-moi où vous voulez que nous nous voyions. Je voudrais que ce fût pour quelques heures de suite, sans cela on se presse et on n'a pas son esprit à soi.

Avez-vous vu les d'Arlens ? Ils ne m'ont point écrit ici depuis leur départ. Ainsi il y a silence de tous les côtés. Répondez-moi, et donnez-moi un rendez-vous bien exact.

Je vous embrasse et vous aime bien tendrement.

Dites à Mme de Nassau que je ne lui ai pas écrit ces deux derniers courriers parce que je me fais scrupule de l'obliger à me répondre deux fois par semaine, mais je lui écrirai demain parce que ce m'est un besoin de lui écrire ; j'ai ici un véritable étouffement de cœur.

CXLV

A MADAME LA COMTESSE DE NASSAU.
NÉE DE CHANDIEU

Ce 19 août 1809.

J'avais écrit hier à Rosalie, ma chère tante, et je l'avais priée de vous dire que je ne vous avais pas écrit cette semaine, parce que je me faisais un véritable scrupule de vous obliger sans cesse à me répondre ; mais que cependant je ne résisterai pas plus longtemps au besoin que j'éprouve de vous écrire sans cesse. J'apprends par une lettre de Mme de Charrière que Rosalie est à Bussigny, de sorte qu'elle ne pourra pas faire ma commission auprès de vous, et que peut-être vous vous étonnerez de mon silence, et ne verrez pas un sacrifice et de la discrétion. Je vous écris donc à vous-même pour que vous sachiez que vous êtes une de mes pensées les plus constantes et votre amitié ma plus précieuse consolation ; j'en ai bien besoin, de consolation, ma chère tante. A tout ce que je souffre de cœur, et de l'effet que mon séjour peut faire, se joint et la douleur d'être méconnu, et une sorte d'inquiétude sur la personne à laquelle je voudrais faire, avant de la quitter, un peu de bien. Je trouve sa douleur plus constante e plus profonde, et sa santé même s'en ressent. C'est une situation très pénible que de n'avoir qu'un devoir, celui de rejoindre la femme que le ciel m'a donnée, et à laquelle je suis chaque jour plus uni par une affection sans bornes, fondée sur le goût, l'estime, la reconnaissance, et en même temps d'éprouver une pitié déchirante pour une autre, je suis convaincu au reste que ma présence lui fait plutôt du mal que du bien, et j'attends impatiemment la nouvelle du départ de ma femme pour Brevans. Les jours se passent et l'époque si désirée et si nécessaire ne peut être éloignée. Je ne cesse de lui écrire pour lui faire sentir l'importance de ne plus mettre de retard, et je suis toujours convaincu que nous serons réunis dans les premiers jours de septembre.

M#### de Charrière m'apprend qu'on me fait un tort d'une démarche que je n'avais faite que par calcul, mais dans laquelle il paraît que j'avais mal calculé. C'est une apparition que j'ai faite chez M. Hentsch[1]. Je m'étais dit que si je n'y allais pas, tandis que les 10 ou 12 personnes qui sont ici, y allaient on croirait que j'avais une sorte d'embarras et que je n'osais pas me montrer. On a interprété cette apparition d'une autre manière, tant il est vrai que quand on est dans une situation fausse on ne peut rien faire qui n'ait quelque inconvénient. Heureusement cela va finir, et je respirerai librement quand je pourrai me dire qu'il n'y a plus rien dans ma conduite qui vous déplaise.

Adieu, chère et bien chère tante, je vous embrasse e vous aime tendrement.

---

[1] Banquier genevois.

CXLVI

A MADAME LA COMTESSE DE NASSAU,
NÉE DE CHANDIEU

Ce 29 août 1809.

Vous ne doutez assurément pas, ma chère tante, que je n'aille dîner avec vous vendredi prochain et que je ne m'en réjouisse d'avance comme du plus grand plaisir dont j'ai joui depuis longtemps. Nous causerons de mes affaires, auxquelles vous voulez bien vous intéresser. Ce n'est pas que j'aie rien de nouveau à vous en dire. Mon départ est irrévocablement fixé, et je n'excéderai dans aucun cas le 15 septembre. Je serais parti beaucoup plus tôt, si j'avais pu faire arriver ma femme à Brévans. J'y ai fait tout ce qui était en mon pouvoir, et je l'ai priée, dans toutes mes dernières lettres, de me marquer l'époque fixe à laquelle elle partirait. Il y a assez longtemps que je n'ai reçue de lettres d'elle — longtemps suivant l'habitude qu'elle m'a donnée d'en recevoir presque toutes les semaines deux fois. Il y a douze jours que je n'ai rien ; mais je suppose que quelque lettre s'est perdue, d'autant que puisqu'elle vous a écrit le 17, il n'y avait rien de changé dans ses dispositions, ni dans ses projets. Je n'ai pu voir dans votre lettre ni dans celle de Rosalie, si vous alliez à Genève ou si vous ne veniez qu'à Nyon.

Il faudra que nous causions sur ce qu'il y aura de mieux à dire à Genève, relativement à mon mariage. Le jour de mon départ étant irrévocablement fixé, même quand je ne recevrais aucune nouvelle de ma femme, ce qui, je l'espère, est impossible d'ici là, et tout me promettant une séparation paisible, et par là même plus décente pour Mme de S. ainsi que pour moi, je désirerais fort éviter tout bruit qui renouvellerait des choses fâcheuses, et qui m'exposeraient à être accusé de manquer à ma parole. Je compte donc prier Rosalie, à qui sûrement on en parlera, de dire ce qui est exactement la vérité, savoir que j'ai promis à Mme de S. de ne pas déclarer mon mariage dans ce moment ci, mais qu'elle en est instruite, et qu'elle ne le nie que pour qu'on ne lui parle pas d'une chose qui lui est pénible. Je désire même qu'elle ne dise cela que comme une confidence qui dans sa bouche paraîtra très naturelle. Au reste, nous aurons le temps d'en parler vendredi tout à notre aise. Il serait utile que vous prissiez avec nous la lettre que mon père a écrite et dont vous avez une copie.

Je désire bien en avoir une de ma femme par le courier d'après demain parce que la nouvelle de son départ de Paris accélérerait encore ma marche et vous en seriez bien aise.

Adieu, ma chère tante, je me réjouis de vous embrasser et je le fais d'avance mille et mille fois.

Je n'écris pas à Rosalie, parce que je pense que ma lettre à vous, ma chère tante, lui servira de réponse.

CXLVII

A MADEMOISELLE ROSALIE DE CONSTANT

Ce vendredi soir, 1er septembre 1809.

J'espère que vous êtes arrivée heureusement à votre gîte, chère Rosalie. Je profite de l'occasion d'un homme que j'envoie à Genève porter des lettres pour m'informer de vous et vous dire encore combien j'ai eu de plaisir à passer avec vous quelques moments. Vous me ferez bien plaisir de me donner de vos nouvelles, tout simplement par la poste, pour que je sache si vous avez entendu parler sur mes affaires, qui vous en a parlé et ce qu'on vous en a dit. Je tiens beaucoup, ainsi que je vous l'ai dit et que vous avez paru penser que c'était le mieux, à ce qu'en public vous en parliez le moins possible et à ce que vis-à-vis de ceux à qui vous ne pourrez pas vous empêcher d'en parler, ce ne soit qu'en confidence, en disant, ce qui est vrai, que j'ai promis positivement à Mme de S. de ne pas déclarer la chose dans ce moment-ci, et que je me crois lié par ma parole, quelque désagréable que cela puisse m'être. Une raison sur laquelle je n'ai pas suffisamment insisté à dîner, c'est que ma pauvre femme au milieu de toutes les agitations auxquelles je l'ai condamnée et que je serai si heureux de réparer, a cru que le mieux était d'annoncer la chose comme devant se faire et non comme faite, pour diminuer la bizarrerie de cette situation. Or, s'il revenait par quelques-uns des Français qui sont à Genève, par les habitants de Saint-Jean par exemple, que la chose est faite, on ne concevrait pas à Paris la raison et de mon absence et de sa dissimulation. Ce n'est pas, chère Rose, qu'il n'y ait un autre écueil à éviter. Il serait fâcheux que dans votre silence il y eût quelque chose qui fît croire que vous ne parlez pas de cette affaire parce que vous ou ma famille en êtes mécontente. Je laisse à votre bon esprit et surtout à votre excellent cœur à naviguer entre ces deux écueils. J'ai vu que vous me compreniez et que vous m'aimiez, et si cela avait été possible, je vous en aurais encore aimée davantage.

Adieu, chère Rose, je voudrais bien que vous eussiez une fois besoin de moi, pour vous prouver à quel point je vous suis tendrement dévouée et pour la vie. Mille choses à ma tante.

CXLVIII

A MADAME LA COMTESSE DE NASSAU,
NÉE DE CHANDIEU

Ce 9 septembre 1809.

Je vous envoie un quatrième paquet, ma chère tante, pour qu'à mon départ tous mes trésors littéraires soient réunis chez vous, parce qu'étant décidé à ne pas passer l'hiver à Paris, je ne vois pas d'utilité à les traîner avec moi à Brevans, où il me suffit d'en prendre une partie pour le travail que je pourrai faire. Il est même possible que je vous envoie encore quelque chose, suivant qu'en arrangeant mes papiers, je verrai ce que j'aura besoin ou non d'emporter. Ne parlez pas de cet envoi, parce qu'on pourrait y voir une manière de déménager sans le dire, qui serait indigne de moi et tout à fait ridicule. Vous êtes la seule personne à qui j'aie quelquefois laissé voir l'embarras d'une situation qui va finir, et ce secret, que j'ai déposé dans votre sein, ne doit pas être profané par des yeux étrangers.

J'ai reçu de bonnes nouvelles de ma femme, bonnes personnellement, car la situation de Paris en général est triste. Elle me conseille fort de n'y pas aller et s'occupe d'avoir un passeport, opérations pour laquelle elle me demande mes conseils. Je lui ai dit ce qu'il fallait faire, et je suis sûr qu'elle ne rencontrera aucune difficulté ; mais cela pourra la retarder de huit ou dix jours. J'attends sa réponse ici, pour que ses lettres ne se croisent pas. Mais ce n'est qu'un retard de bien peu de jours.

J'ai fait une nouvelle tentative pour régler ce dont vous me parlez relativement à un objet pécuniaire. J'ai les moyens de tout finir ; mais comme je vous l'ai dit souvent, c'est une chose qui ne peut se traiter que par lettres, et avec un homme d'affaires, parce qu'il est inévitable qu'on y mette tantôt un mécontentement, tantôt une délicatesse qui trouble.

Adieu, chère tante, votre projet de Lausanne me tente fort et me serait bien doux à exécuter, je n'y vois pas de grands obstacles.

Je désire bien que mon nom ne soit pas prononcé d'ici à mon départ pour que je ne perde pas le fruit de tant d'efforts qui seraient d'autant plus tristes qu'ils auraient été inutiles.

CXLIX

A MADEMOISELLE ROSALIE DE CONSTANT

Ce 9 septembre 1809.

La manière dont vous avez dit mon mariage, chère Rosalie, chez Mme de Châteauvieux, m'a causé une grande peine et beaucoup de chagrins. Je parais tout à fait avoir manqué à ma parole d'honneur ; car on croit que je vous avais chargé de cette déclaration, et il est certain que, dans ce cas, je serais coupable d'une véritable perfidie, étant aussi responsable de ce que je ferais faire à d'autres que de ce que je ferais moi-même. Je sentais bien qu'ayant écrit la chose à quelques-unes de vos amies, vous ne pouviez pas la nier aux mêmes personnes, mais j'aurais bien désiré que vous ne la dissiez pas publiquement, et que vous engageassiez les gens à qui vous faisiez cette confidence de ne pas l'ébruiter inutilement. Le fils de Mme de S. qui a dîné avant-hier avec vous à Chouilly, a rapporté cette nouvelle, et je me vois soupçonné d'une tromperie très odieuse, non-seulement par Mme de St. mais par ses amis. Son agitation est telle que cela met des difficultés à mon départ, et si je ne parviens pas à rejeter la chose dans le silence où elle reposait depuis quelque temps, je n'aurais rien gagné à tous les ménagements que j'ai voulu avoir. Je ne saurais vous dire le désespoir où je suis. Voir son caractère si méconnu, ses intentions si défigurées, se voir accusé de perfidie, pour n'avoir pas pu prendre sur soi d'affliger, chère Rosalie, il y a là-dedans trop de douleur, pour qu'après tant d'autres douleurs, je résiste, si je ne parviens à apaiser des bruits que j'avais désiré épargner à Mme de S. Ne vous fâchez pas contre moi, chère cousine, vous connaissez mon cœur, aussi bien que ma situation, et je suis sûr que vous comprenez l'importance que je mets à ce que ma conduite soit loyale. Je dirai même que cela importe à ma position à Paris, puisque les amis de Mme de S. qui sont les miens, rapporteront dans ma société leur jugement sur la bonne ou la mauvaise foi qu'ils auront remarquée dans ma conduite. Ainsi donc, chère Rosalie, faites en sorte que pendant le temps que vous serez à Genève, on ne parle plus d'une chose que je me suis engagé, comme vous le savez, à ne pas déclarer. Cela m'est d'autant plus essentiel que vous détruiriez par la conduite contraire le fruit de tous les ménagements qui m'ont fait braver le blâme de mes amis, pour ne pas manquer à ce que je crois un devoir de sentiment.

Adieu, chère Rosalie. De Paris de bonnes nouvelles. Ma femme est tout ce que vous la peigniez : la meilleure, la plus sensible et la plus désintéressée des créatures humaines. Mais elle entre dans tout ce que j'éprouve, elle sait que nous n'avons plus que très peu de temps à être séparés, et que notre bonheur sera d'autant plus pur que j'aurai fait moins de peine. Croyez-moi, chère cousine, il n'y a ni faiblesse, ni indécision dans ma conduite, mais une sensibilité vague, et après une parole donnée, un devoir strict.

Je vous aime et vous embrasse tendrement et voudrais vous voir à votre passage.

CL

A MADEMOISELLE ROSALIE DE CONSTANT

Ce 13 septembre 1809.

Je suis bien fâché de ne pas vous voir à votre passage, chère Rosalie, j'aurais voulu vous expliquer comment il me semble que vous voyez trop en noir les ménagements que j'ai. Je suis sûr que lorsqu'une fois je serai parti, et je partirai incessamment, vous conviendrez vous-même que j'ai bien fait d'éviter des éclats toujours fâcheux, quand le sentiment n'y serait pour rien et je ne nie pas que l'amitié n'y soit pour quelque chose. Quant au retard, il n'est absolument pas causé par ma faute, il tient à ce que ma femme dans ses dernières lettres m'a fait contre son voyage des objections venant de la difficulté des passeports, difficulté que je crois nulle, mais qu'une femme s'exagère. Je lui ai répondu en lui donnant toutes les directions nécessaires, mais, quoique persuadé qu'elle ne rencontrera aucun des obstacles qu'elle craint, il faut que j'attende sa réponse. J'ai reçu de mon père une lettre qui me déplaît, par la manière dont il fait ressortir, quoiqu'avec beaucoup de protestations d'amitié, les dérangements que mon séjour chez lui occasionneront. Si je savais où me fixer cet hiver,(je ne suis pas sûr que Paris soit habitable, à cause de cette infâme garde nationale, les Herbages sont comme Paris, et Lausanne a les inconvénients du voisinage) je renoncerais au séjour que j'avais projeté de faire à Brevans.

Enfin le ciel décidera de tout ceci comme du reste.

Je voudrais seulement être réuni à ma femme, et cela du moins ne tardera pas.

Adieu, chère Rosalie. Mille choses à Mme de Charrière. Je la remercie de ses offres et je l'embrasse tendrement. Ne communiquez pas à Mme de Nassau votre découragement, qui d'abord n'est pas fondé, et qui en second lieu, lui ferait mal et à moi de la peine.

Croyez que je mérite l'affection que vous me témoignez et à laquelle je mets tant de prix, et par celle que j'éprouve et par les sentiments qui me dirigent.

CLI

A MADEMOISELLE ROSALIE DE CONSTANT

Ce 20 septembre 1809.

N'avez-vous pas reçu, chère Rosalie, une lettre de moi, qu'on a dû vous remettre à votre passage à Lyon jeudi dernier. Je l'avais confiée à M. Godefroy Polier [1], qui m'avait bien promis de la donner à Mlle Jrachsel, à l'adresse de laquelle je l'avais remise avec prière de vous la faire tenir. Je serais fâché que vous ne l'eussiez pas eue, non qu'elle fût intéressante en elle-même, mais parce que c'était un signe d'amitié, de reconnaissance et d'affection que je voulais vous donner, quelle que soit votre disposition pour moi, parce que je sais qu'au fond vous m'aimez, et que vous ne pouvez pas me juger comme vous le voudriez quelquefois, parce que vous avez, au fond, une telle justice qu'elle résiste, malgré vous, à toutes les apparences.

---

[1] De Polier, ancienne famille vaudoise.

Je vous proteste que tout s'arrange aussi bien que je pouvais l'espérer, au milieu des éléments hétérogènes et orageux sur lesquels j'étais embarqué. Je crois profondément que des commérages fugitifs et même une désapprobation sourde valent mieux que des éclats irréparables et une guerre éternelle. Ce n'est pas ma volonté qui a prolongé mon séjour ici et qui le prolonge encore d'un jour à l'autre. Ce retard qui ne peut durer tient à de l'incertitude sur les projets de ma femme, projets qui ne dépendent pas d'elle, mais de la facilité ou de la difficulté qu'elle trouvera à quitter Paris. Mais ce retard même, comme tout ce qui entre dans les vues que nous ne pouvons pénétrer, n'aura pas été sans avantage. Le peu de jours que j'ai donnés au-delà de ce que j'avais promis a plus adouci la disposition que tout ce que j'avais fait auparavant, et je vais partir d'ici sans violence, et peut-être ce qui est toujours bon, en y laissant des souvenirs assez doux.

J'ai su indirectement, que vous étiez assez bien avec Constance, ce dont je suis charmé, car je ne voudrais pour rien au monde mettre dans votre vie le plus petit chagrin. J'ai su de plus que vous ne vous parliez jamais de moi, ce qui est aussi très bien. Soit dit entre nous, car je vous prie de n'en pas ouvrir la bouche, ses lettres sont toujours plus amères et je ne le conçois pas, car je ne lui ai rien fait qui doive la rendre plus violente que la personne qui croit avoir à se plaindre, mais je l'aime trop peu pour ne pas lui pardonner de bon cœur.....

Je crois que mon père se tourmente à présent pour Charles, comme il se tourmentait pour Louise. Je voudrais, qu'à son âge, il ne se tourmentât pas, mais j'aurai au moins la consolation de faire tout ce qui lui fera plaisir.

Adieu, chère Rosalie, ma bonne sœur, je vous aime bien.

CLII

A MADAME LA COMTESSE DE NASSAU, NÉE DE CHANDIEU

Ce 26 septembre 1809.

J'ai fait, il y a deux jours, précisément ce que vous me conseillez, ma chère tante, j'ai écrit à mon père en réponse aux lettres que je vous ai envoyées, que d'un côté je ne voulais pas ne pas passer quelque temps avec lui et que l'état de sa santé me rendait le besoin de le soigner plus pressant, mais que de l'autre, il m'était impossible de m'établir avec ma femme et des domestiques dans la maison où malgré tous mes efforts, je ne pourrais pas ne pas le déranger. En conséquence je l'ai prié de charger quelqu'un de m'indiquer un appartement, soit à Dôle, soit près de lui à la campagne, où je m'établirais pour un ou deux mois.

J'ai reçu hier une lettre de ma femme. Elle a fait tous ses arrangements pour partir; elle me dit qu'elle m'écrira par le courrier prochain le jour de son départ et le mode de son voyage. J'attends sa lettre.

Je vous assure que mon séjour ici aura eu plus d'avantages que d'inconvénients, si comme je commence à l'espérer, il amène une amitié réelle à la place d'une liaison orageuse. Je crois bien que, si j'avais rompu plus violemment, j'aurais évité bien des propos, mais, indépendamment de la douleur horrible pour moi d'avoir à me défendre contre une personne dont j'aime à garder un bon souvenir, la lutte aurait toujours été fâcheuse. La rupture de 15 ans d'intimité est une chose qui fait toujours du tort quand elle est violente, et j'aurais souffert en deux sens et pour la personne que j'aurais eu à combattre et pour moi-même.

Je suis sûr que le bonheur dont on me verra jouir avec mon excellente femme et ses propres qualités, quand on la connaîtra personnellement ramèneront tout le monde, si toutefois il y a quelqu'un à ramener. Je vous dois d'avoir fait connaître ma situation, ce qui était le principal. Elle va incessamment devenir toute simple. L'avenir fera le reste, s'il plaît à Dieu, bien facilement.

Voici, ma chère taute, l'autorisation pour Vallombreuse.

Dès que j'aurai reçu des nouvelles de Paris, je vous écrirai le jour de mon départ. En attendant, vos lettres sont sûres de me trouver encore ici.

Je vous embrasse mille et mille fois.

CLIII

A MADEMOISELLE ROSALIE DE CONSTANT

Ce 27 septembre 1809.

Merci, chère Rosalie, de votre lettre et de l'envoi de celle de Charles et de Victor, j'envie leur satisfaction, je la partagerais bien vivement si j'étais près d'eux.

J'ai reçu de mon père des nouvelles qui m'ont inquiété sur sa santé et qui ont mis quelque difficulté à l'idée que j'avais de m'établir chez lui pendant quelque temps. Cependant je lui ai écrit ou plutôt à Marianne, pour leur proposer de louer un appartement à Dôle ou à la campagne près de Brevans pour y passer les premiers mois de l'hiver.

Je ne sais ce que je ferai ensuite. Cette diable de garde nationale me tourmente et jette une grande incertitude dans tous mes projets. On a tiré au sort dans mon village, et l'on a tiré pour moi. Heureusement que le sort m'a épargné, je n'aurais trop su comment m'en tirer. J'espère que j'en suis débarrassé pour quelque temps. Mais qui peut rien prévoir dans les circonstances actuelles?

Vous croyez à tort, chère Rosalie, qu'il y a des difficultés à mes affaires provenant du fond des choses. Il n'y en a aucune, tout est arrangé, la liberté est complète, et les arrangements, pécuniaires même, sont terminés. Les retards tiennent à des misères, que je ne puis mettre en ordre, parce que je n'y suis pas, et que vu la garde nationale et l'état des choses, je ne puis y aller. Mais ma femme m'annonce par le dernier courrier qu'elle m'écrira sous deux ou trois jours pour fixer le jour de son départ. J'attends sa lettre.

Le voyage d'Addisson est dans ses œuvres que je n'ai pas et que personne n'a que je sache. Il y a vingt ans que je ne l'ai lu ; je ne me souviens pas s'il est intitulé Voyage en Italie ou Lettres sur l'Italie, et j'ignore s'il est traduit. Voilà des renseignements exacts, n'est-ce pas?

Adieu, chère cousine, je vous aime et vous embrasse tendrement.

Bien des années plus tard, la note suivante fut mise par Rosalie au bas de cette lettre :

Il avait l'art de tromper tous ses partisans sans leur être pourtant infidèle et trompait Rosalie plus que tous les autres et celle-ci le jugeait faible et versatile, pour ne pas s'avouer dupe.

CLIV

A MADAME LA COMTESSE DE NASSAU,
NÉE DE CHANDIEU

Ce 3 octobre 1809.

Je vous envoie, ma chère tante, le papier que vous me demandez. J'espère l'avoir fait exactement suivant vos désirs.

Je suis bien honteux de la peine que je vais vous donner, mais je suis forcé de vous prier de me renvoyer les quatre paquets que je vous avais adressés, je fais les miens pour mon départ qui aura lieu à la fin de la semaine prochaine et je désire prendre tous ces paquets avec moi. Faites-moi le plaisir de me les envoyer l'un après l'autre, c'est à dire seulement un par le courrier de mercredi, n'importe lequel. Je craindrais que si vous les expédiiez tous en même temps, l'un ou l'autre ne s'égarât, et il serait beaucoup plus difficile d'en réclamer un sur quatre, que de faire vérifier la non-arrivée s'il n'y en a qu'un seul de mis à la poste à la fois. Je vous demande encore mille fois pardon de cette peine que je vous donne bien inutilement, et je suis désolé de l'avoir occasionnée par une précaution très inutile que j'avais prise. Vous avez été si bonne pour moi, dans des circonstances qui étaient propres à fatiguer toute autre bonté, que j'espère en votre indulgence.

Faites moi la grâce de ne point parler de mon prochain départ, parce que la satisfaction que mes amis en témoignent fait une douleur inutile à une personne à laquelle je n'en voudrais point faire, et il y a à Lausanne une cousine, Mme d'Arlens, soit dit entre nous, qui mande et exagère tout ce qui se dit. Je crois tout à fait être parvenu à ramener des sentiments doux dans le cœur d'une femme que je voudrais toujours conserver pour amie, et j'ai fait trop de sacrifice à cette espérance, pour ne pas désirer que ces derniers jours ici ne soient troublés par rien, si cela est possible. Je serai certainement, autant que ce mot est permis à l'homme, auprès de mon père dans moins de 15 jours ; je ne sais si j'y trouverai ma femme. Une personne de ses amis m'a écrit que sa santé n'était pas tout à fait bonne : elle m'avait annoncé une lettre que j'aurais dû recevoir, il y a deux ou trois courriers, je ne l'ai pas reçue. J'ai su par un tiers qu'elle était assez bien, il y a peu de jours. Cependant sur la première nouvelle, d'une indisposition possible, je lui ai mandé que pour peu qu'elle ne fût pas bien, je lui proposais de m'attendre à Paris, de ne pas faire un voyage seule, et que nous verrions ensuite à décider notre hiver. Je puis recevoir sa réponse avant mon départ, mais quand même je ne recevrais rien, je partirais tout de même à la fin de la semaine.

Adieu, ma chère tante, je vous embrasse mille fois.

Je croyais avoir fini tout mon papier, et je m'aperçois qu'il me reste une feuille blanche. J'en profite pour causer avec vous, parce ce que ce m'est un grand plaisir. Ce que vous me dites de Mme d'Halville me chagrine. Elle est trop bonne et trop heureuse, pour ne pas devoir se bien porter. La maladie qui se joint à d'autres maux est un grand mal, mais celle qui vient troubler une vie bien arrangée a l'air encore plus cruelle. Je pense qu'elle se remettra, il y a tant de ressources à cet âge.

J'ai reçu des lettres de mon père. Je me flatte que Marianne a exagéré son état ; je dirais que j'en suis sûr, si je ne craignais d'écrire des mots positifs qui, à l'âge de mon père, peuvent être si cruellement démentis. Il refuse absolument de permettre que nous nous établissions, ma femme et moi, hors de chez lui. Cela m'obligera, même dans le cas où elle y viendrait, à abréger mon séjour, et je prévois que, malgré les inconvénients de Paris, c'est là ou aux Herbages, que je passerai la plus grande partie de l'hiver.

Donnez-moi, je vous prie, des nouvelles de Sévery. Je sais qu'il a été très bien pour moi et a éprouvé un intérêt dont je lui suis d'autant plus reconnaissant que, ne lui ayant rien écrit, je n'avais pas le droit de m'y attendre ! J'espère qu'il est heureux, que la santé de sa femme s'est remise. Il a d'excellentes qualités qui valent mieux que celles qu'il n'a pas. Le bonheur, dit Châteaubriand, est dans les voies communes.

Pour cette fois je finis, parce qu'il ne faut pas abuser de votre patience, et je vous répète pour la millième fois, mais jamais assez, que je vous aime de toute mon âme.

CLV

A MADAME LA COMTESSE DE NASSAU, NÉE DE CHANDIEU

Ce 7 octobre 1809.

Non, ma chère tante, il n'y a rien de changé dans mes sentiments pour vous. Leur expression a pu être gênée, parce que je sentais que la prolongation de mon séjour ici n'entrait pas dans votre manière de voir, et que je trouvais que les motifs de retard qui se sont succédé sans que j'y ai été pour rien, avaient une apparence de prétexte qui me déplaisait à moi-même. Il en est résulté une certaine envie d'abréger ce qui avait rapport à ce sujet, une répugnance à répéter toujours les mêmes choses, et de là peut-être, un changement dont je ne me suis pas aperçu moi-même, et qui n'était pas dans mon cœur.

Je sentais que je ne profitais pas d'une chose que vous aviez faite pour moi, et qui m'inspirera toujours une éternelle reconnaissance, je veux dire la déclaration de mon mariage. Vous m'avez mis par cette déclaration et la protection que vous aviez accordée au parti que j'avais pris, dans une situation qui me donnait les moyens de lutter contre le ressentiment que je pouvais avoir excité. Mais en restant ici, je reperdais plus ou moins cette situation, et je me reprochais, non pas tant ce qui pouvait m'être personnel là-dedans, que de ne pas faire usage de ce que m'offrait votre généreuse amitié, j'en souffrais par attachement pour vous, et je me trouvais en quelque sorte coupable d'une sorte d'ingratitude, en n'étant pas tout de suite heureux, en suivant votre manière de voir, que sous tous les rapports, excepté un seul, s'accordait avec la mienne. Car je vous jure, que chaque jour que je passe loin de ma femme est autant de perdu pour mon bonheur, lors même qu'il n'y aurait pas d'autre inconvénient que l'absence.

Enfin, je trouvais qu'il y avait dans la manière de me juger, non pas en vous, mais dans le public, une injustice plus ou moins grande. Je reconnais tous les droits du mariage, et je n'ai pas besoin de les reconnaître comme droits, puisque je mets l'espérance qui me reste dans la jouissance des affections domestiques ; mais il y a pourtant, dans une liaison de 15 années, quelque chose qui creuse dans le cœur, et je n'aurais pas une grande opinion de la sensibilité de celui qui pourrait affliger une amie aussi ancienne, eût-il même à s'en plaindre, et qui se consolerait par la convenance de la douleur qu'il causerait.

Tout cela a peut-être produit dans mes lettres, à mon insu, je ne sais quelle gêne que votre pénétration, et j'aime à croire que c'est la pénétration du cœur, a découvert mieux que moi. D'ailleurs, j'avais toujours le sentiment que ma conduite, quelque motivée qu'elle pût être d'une part, et quelque involontaire qu'elle fût de l'autre, vous exposait à entendre des choses qui vous déplaisaient, et j'éprouvais de cette idée bien plus de peine que de tout le reste. Je dis que ma conduite était involontaire, et cela est vrai, car depuis le 22 juillet j'ai toujours eu la ferme résolution de partir aussitôt que ma femme aurait fixé son départ.

Voilà, quant à ce que j'ai éprouvé, précisément le fond de mon cœur. Il est possible qu'on assigne à mon long séjour mille causes diverses. Je puis attester devant Dieu que toutes celles qu'on tirerait ou du calcul ou de l'intérêt, ou de la crainte, ou d'un manque d'attachement pour une femme que j'ai choisie et obtenue à travers beaucoup de difficultés, sont absolument erronnées.

J'en viens à ce que vous dites sur le retard de ma femme elle-même, et je commence par vous dire que je ne puis pas plus que vous m'en rendre compte avec certitude. Il m'est impossible de penser qu'après trois ans d'une affection dont elle m'a donné d'indicibles preuves, après trois ans de soumission, de dévouement, de sacrifices, d'ennuis supportés pour moi, elle ait changé tout à coup, dans un moment où mes lettres et mes projets lui ont prouvé plus d'attachement que jamais, et où les lettres de vous, de Rosalie, de mon père, et d'autres, que je lui ai envoyées par extraits de Lausanne, l'ont convaincue que nos liens étaient connus, et que par conséquent, ce pour quoi elle a tant souffert non-seulement était atteint, mais ne pouvait pas même être défait, sans nous faire à tous deux, et surtout à elle, un tort irréparable. J'ai su, d'ailleurs, par des gens de Paris, qui ne connaissent pas l'intérêt que je puis y avoir, qu'elle avait vécu très retirée, et j'ai eu des preuves de l'importance qu'elle a mise à ne donner prise à aucun propos. Ses lettres aussi ont toujours respiré un véritable et doux attachement. Seulement depuis environ trois semaines qu'elle m'a écrit en propres termes : — Toutes mes affaires sont finies, je ne suis retenue par rien à Paris et je n'attends que ta réponse pour fixer le jour de mon départ — elle ne m'a plus rien dit de positif, m'a répété la même phrase et n'a point fixé le jour, je ne puis m'expliquer cela que parce que dès le commencement de ma proposition de venir à Brévans elle a cru y voir un reste de l'influence d'une autre femme, et m'a témoigné une grande crainte sur cette influence. Elle a peut-être pensé qu'à Brévans, n'étant qu'à 30 lieues d'ici, j'imaginerais de l'y laisser et de revenir faire une visite. Elle ne m'a rien écrit là-dessus ; mais j'ai démêlé dans ses lettres assez de découragement, et je suis tenté de supposer que le moment de son départ approchant, comme j'étais toujours ici, elle s'est laissée aller à une sorte de procrastination, mêlée de découragement, et voulant toujours fixer le jour, qu'elle aura attendu qu'elle l'eût fixé pour m'écrire. Il se pourrait aussi que quelques-uns des commérages qui ont circulé dans le pays lui fût revenu, et l'eût blessée. Enfin, d'aujourd'hui en 15 jours je serai près d'elle à Brévans ou à Paris, et je sortirai de cette ténébreuse incertitude qui me tourmente beaucoup. Le courrier d'aujourd'hui vient d'arriver pendant que je vous écris, et je n'ai point de lettres.

Je ne conçois pas, ma chère tante, ce que vous me marquez relativement à mes paquets. Le fourgon vient au moins deux fois par semaine et je crois quatre de Lausanne ici. C'est toujours par ce fourgon que je vous ai envoyé ces paquets, et ils vous sont toujours parvenus le lendemain. Au reste, pour vous éviter de la peine, j'écris à Meylan de s'en charger, d'en faire un seul paquet bien conditionné, et de me le faire parvenir par la diligence. S'il y avait des difficultés que je ne prévois pas, écrivez-moi, je vous prie, par la poste de demain, alors, j'enverrais un homme. Passer par Lausanne pour aller à Dôle est un détour de quinze lieues et de deux journées, et la santé de mon père, et le silence de ma femme, me poursuivent comme des spectres.

Ce silence est une raison pour que je ne fasse pas cette course ; sous un autre rapport, quelque plaisir que j'y trouvasse d'ailleurs, je ne me sens pas assez calme sur ce point pour parler à Mme Charrière et à Rosalie, comme si mon cœur était parfaitement à son aise et mes espérances sans nuage. Il n'y a qu'à vous, ma chère tante, que j'ouvre mon cœur, et avec vous cela me fait du bien, mais je souffrirais d'être forcé de dissimuler avec d'autres, et cependant je ne veux pas ajouter à ce qu'il y a de bizarre dans la situation, en confiant de nouveaux sujets ou d'étonnement ou d'inquiétude, qui peut-être ne sont pas fondés.

Je me console de ne pas faire ce petit voyage actuellement par l'espoir de vous voir cet hiver, quand toutes mes affaires seront arrangées, et elles le seront indubitablement d'ici à deux mois. Mon désir est toujours de passer quelque temps à Lausanne, une fois que je serai convenablement placé aux yeux du monde ; et je me reposerai délicieusement auprès de vous quand ces tribulations qui m'agitent et me deviennent chaque jour plus douloureuses seront terminées pour jamais.

J'ai dit positivement à la personne dont vous me parlez qu'arrivé à Paris je terminerais avec son notaire ; et cela sera fait sans délai ; je préfère de beaucoup cette manière. Elle voit dans l'arrangement de cette affaire une rupture définitive qui l'afflige et dont il est inutile de présenter l'idée, tandis que je pars dans 8 ou 10 jours. J'attends la réponse, à la dernière lettre à laquelle j'ai prié ma femme de me répondre, pour que je susse d'avance, si je la trouverais à Brevans. Cette réponse me parviendra au plus tard le 14. Je me mettrai en route aussitôt après, et même si rien ne me parvenait.

Pour cette fois, ma chère tante, vous ne direz pas que je suis bref. J'en suis aussi à la sixième page, et je ne vous ai parlé que de moi. De modestie, je devrais vous en écrire six autres, pour vous prouver que je ne suis pas uniquement occupé de mes affaires. Quelquefois je me perds dans l'indulgence des autres qui m'ont écouté avec tant de patience ; je trouve qu'on s'intéresse plus à moi que moi-même. C'est un grand malheur au reste de ne pas mettre assez d'intérêt à soi. On en mène plus mal sa vie et personne n'en sait gré.

Adieu, ma chère tante, pardon encore une fois de mon éternel bavardage. Au moins est-ce une preuve que je vous aime bien tendrement, car la confiance n'est pas mon défaut envers ceux qui n'ont pas des droits extrêmes à mon affection. J'espère que vous serez indulgente pour l'effet en faveur de la cause.

CLVI

A MADEMOISELLE ROSALIE DE CONSTANT

C. 14 octobre 1809.

Non, Rosalie, je ne garderai pas le silence ; je m'opposerai de toutes mes forces à la rupture d'une amitié qui a été dans plusieurs circonstances douloureuses la consolation et l'espérance de ma vie. Je vous supplierai sans cesse de me dire ce qui a pu vous donner l'impression qui vous a dicté votre avant-dernière lettre ; je ne me lasserai pas de vous répéter que le fait, ou le rapport ou le bruit, quel qu'il soit, qui a pu vous mettre dans une disposition telle pour moi, est une erreur, un mensonge, une perfidie, je ne sais laquelle, car il m'est impossible de deviner sa nature ou son auteur.

Je vous ai répondu avec une extrême irritation, je ne puis encore à présent vous peindre la surprise et la douleur que vous m'avez causées. Votre lettre est venue dans un moment où tout se réunissait pour me mettre hors de moi. Il y avait douze jours que je n'avais reçu de lettre de ma femme. Je ne savais pas si elle était en route, ni comment la rencontrer. Je ne pouvais donc pas partir, et, après un si long silence, je prévoyais des malheurs de tout genre. Ici, dans le moment où vous me dites que je me fais garder par complaisance, je voyais et j'en avais des preuves qui me sont irrécusables, la douleur la plus vive, quelquefois la plus injuste, mais certainement la plus vraie qui ait existé. Je ne puis répondre sur ce que Mme de N. m'a écrit que l'on disait quand je n'y étais pas. C'est-à-dire je n'ai pas de certitude physique à donner ; mais je ne croirais pas à la figure humaine si ce que j'ai vu était compatible avec ce qu'il me paraît qu' croit à Lausanne. J'ai vu mille lettres de Paris adressant des consolations comme à une personne très malheureuse ; j'ai vu hier M. Gautier de Tournés me dire, après une conversation avec elle, que je l'avais précipitée dans un abîme de maux, et que ni voyage, ni éloignement, ni intervalle de temps, ni de lieu ne l'en tireraient. Tout ce qui est ici, tout ce qui y vient, tout ce qui y était, me tient le même langage. Elle-même m'écrit de sa chambre à la mienne des billets dont un seul suffirait pour confondre tout ce que l'on affirme qu'elle dit. Mme d'Arlens qui peut-être est l'auteur de toute cette infamie, sait si bien que cela est faux, que ses lettres sont pleine d'invectives contre un homme qui a pu causer une telle douleur. Et c'est dans ce moment qu'on prétend que je la force à me tolérer chez elle, et que c'est pour du bien-être physique que j'y reste etc., etc. J'ai pu, chère Rosalie, être horriblement bouleversé de cette injustice imprévue, ma réponse à vous s'en est ressentie ; mais je vous demande de nouveau de m'expliquer ce qui a pu vous dicter votre première lettre. Je ne puis pas m'ôter l'idée que vous aurez du plaisir à vous convaincre que cette amitié qui ne peut pas être effacée en un jour de votre cœur, tandis qu'elle durera dans le mien toute ma vie, a été méritée par moi, sous tous les rapports. Ce n'est pas pour que vous éclairiez le public que j'ai besoin de vous désabuser. Ce qui est faux ne dure pas et, si je n'avais pas cette conviction je serais bien malheureux. En même temps qu'il paraît qu'à Lausanne on me représente comme un homme, non seulement faible, mais retenu par des motifs que je rougirais d'écrire, et qu'on me fait un crime de n'être pas parti sur le champ, et de n'avoir pas voulu une brouillerie ouverte, avec une personne dont le souvenir retentira dans mon cœur, quoiqu'elle puisse faire contre moi, à Paris beaucoup de gens me regardent comme un homme dur et ingrat, qui brise sans ménagement une liaison de 15 années. Je crois que tout cela passera ; je crois que ce qui me tient beaucoup plus à cœur, l'espèce d'impression sourde que Mme de Nassau m'écrit résulter pour ma femme même de mon séjour et de notre séparation prolongée, passera aussi ; car je prends Dieu à témoin qu'il n'y a rien que de pur dans mes intentions. Plus j'y pense, moins je puis concevoir ce qui a pu vous dicter votre dernière lettre. Je vous prie et j'exige au nom de notre ancienne amitié que vous me l'expliquiez. Vous regretteriez vous-même d'avoir blessé mon cœur qui vous était et qui vous sera, si vous le voulez encore, tout dévoué. Je retarde jusqu'à mardi mon départ pour ne pas m'éloigner sans avoir réfuté ce qui peut aliéner mes amis. Quand une fois je serai à cent cinquante lieues de vous, les explications seraient bien plus difficiles.

Je vous prie de ne point parler de cette lettre, je n'ai besoin d'aucune défense. C'est mon amitié pour vous qui me l'a dictée. C'est vous dont je veux le suffrage, parce que je le mérite. Ne dites rien à Mme d'Arlens, quelle que soit sa haine active, comme je ne l'aime pas, cela ne me fait rien.

Je pars mardi, par conséquent, si vous ne m'écrivez pas demain, je ne recevrai plus votre lettre.

Adieu, ma cousine, nos rapports futurs dépendront de vous. Il ne tient pas à moi que je ne puisse me livrer à l'amitié la plus tendre et à la reconnaissance qui encore remplit mon cœur.

CLVII

A MADEMOISELLE ROSALIE DE CONSTANT

Ce 18 octobre 1809.

Un mot avant de partir, chère Rosalie, mes paquets sont faits, mes chevaux commandés, je ne serai plus ici quand vous aurez cette lettre; mais je veux encore vous dire que je vous aime tendrement, que je conserve le souvenir le plus reconnaissant de toute l'affection que vous m'avez témoignée cet été, et que j'espère bientôt être à même de vous prouver tout ce que je ressens pour vous, et la vérité de mon sentiment.

Je vous prie, instamment, de ne pas dire un mot sur moi ni sur mon départ. Il y aurait quelque chose de peu délicat en moi, à laisser attaquer, n'y étant plus, une personne que j'ai ménagée en présence et chez laquelle je suis resté si longtemps. Je vous demande donc, et je vous prie de demander à Mme de Nassau de ma part, le plus profond silence. Je ne lui écris pas, mais je lui écrirai de Dôle.

La seule chose qui fasse exception à la prière de silence que je vous adresse, c'est le cas où l'on recommencerait à dire du mal de ma femme. Ce mal ne pourra venir que de Constance, et si vous voulez bien lui représenter qu'en se livrant à ses préventions ou à son animosité sur ce point, elle ferait recommencer une lutte qui serait pénible à Mme de St. elle-même, je crois que vous l'engagerez à ne point attaquer une personne qui mérite l'estime de tout le monde et l'amitié de ceux qui la connaissent, et qui depuis trois ans, et surtout depuis un, dans les situations les plus difficiles et les plus bizarres, celles qui auraient le plus fatigué la plupart des femmes, m'a témoigné un dévouement, une bonté, une affection, une soumission pour employer le seul mot qui rende l'idée, telle que je ne puis assez lui en savoir gré.

Il doit arriver à Lausanne une certaine Mme de Klost, de Berlin, femme assez agréable, qui a eu je ne sais quelle aventure, par un mariage avec un aventurier, qui l'a quittée et dont elle a divorcé. Elle ne connaît point ma femme. Mais elle a passé plusieurs jours chez Mme de St. qui lui a souvent parlé, qui l'a extrêmement caressée, et pour qui elle a conçu un enthousiasme très naturel. Il est possible que M^{mo} de St. lui ai parlé d'un sujet qui l'occupe fort, et que si l'on questionnait Mme de Klost comme allemande, elle crut faire plaisir ou témoigner son dévouement à Mme de St. en disant du mal d'une personnne qu'elle ne connaît point et n'a jamais vue. Ce serait surtout avec Constance qu'elle le ferait, M^{mo} de St. l'ayant recommandée à Constance. Ainsi, sans aller au-devant d'une chose, peut-être tout à fait imaginaire de ma part si vous remarquez quelque chose je vous prie d'y veiller, de faire sentir à Constance qu'elle compromet Mme de St. elle-même. Il sera très facile de faire taire M^{mo} de Klost, qui est assez timide à cause de ce qui lui est arrivé, et qui d'ailleurs a dit positivement qu'elle ne connaissait pas ma femme. Au reste, quand je dis la faire taire, il ne faut rien prévoir de pareil, ce ne pourrait être qu'un zèle inconsidéré pour M{ᵐᵉ} de St. et je ne dépose cette conjecture dans votre cœur, que parce que ce cœur est mon asile. Du reste, brûlez cette lettre, je serais fâché de faire tort à M{ᵐᵉ} de Klost que je soupçonne probablement tout à fait à tort. Dieu m'est témoin que je ne veux faire de mal à personne, et je vous demande de ne pas dire ce que je vous ai écrit sur cette pauvre femme, qui, dit-on, n'a été que malheureuse et nullement coupable.

Adieu, chère Rosalie. Quand vous recevrez ceci, je serai en route. Ecrivez-moi, non pas à Brevans où je ne m'arrêterai presque pas, mais à Paris, rue Neuve des Mathurins, n° 40. Et encore une fois, pardon si je me répète comme le plus ennuyeux des hommes. Ne dites absolument rien sur moi que vous n'ayez de mes nouvelles.

Je vous embrasse, vous remercie et vous aime.

CLVIII

A MADAME LA COMTESSE DE NASSAU, NÉE DE CHANDIEU

Ce 19 octobre 1809.

Je pars, ma chère tante, et je vous écris en montant en voiture, je me flatte, en partant, d'être parvenu, lentement peut-être, mais plus doucement, à faire le moins de peine possible à une personne à laquelle, quoique l'on dise, j'ai le malheur d'en avoir fait. Je ne veux pas me mettre en route sans vous remercier encore de l'amitié que vous m'avez témoignée, et qui, dans des moments douloureux et agités, m'a été d'un grand secours et d'une grande consolation. Permettez-moi, en partant, de vous prier encore de ne rien dire sur moi que je ne vous aie écrit en détail, ce que je ne puis faire que je n'aie revu ma femme. Les projets qui reposaient sur son arrivée à Brevans, et sur notre séjour auprès de mon père, sont nécessairement changés puisqu'elle n'y vient pas et m'attend à Paris. Je conduirai tout du mieux que je pourrai, selon mes lumières, et le plus difficile sera fait avant que vous ayez cette lettre puisque je serai parti. Mais je serais fâché que des bruits toujours pénibles recommençassent, pendant mon absence. J'ai fait tout ce qui a été en mon pouvoir pour amener une amitié nécessaire à mon bonheur après une liaison de 15 années ; et je ne serai parfaitement heureux que si j'y réussis.

Adieu, ma chère tante, recevez encore une fois mes tendres remerciements. Je vous écrirai de Dôle où je m'arrêterai bien peu de temps, si je trouve, comme je l'espère, mon père en bonne santé.

CLIX

A MADAME LA COMTESSE DE NASSAU, NÉE DE CHANDIEU

Octobre 1809.

Je rouvre ma lettre, pour ajouter trois choses, ma chère tante, 1° j'ai chargé mon notaire qui est en même temps celui de Mme de S. de relever de ses comptes toutes nos relations d'argent. Ce sera par lui, et dès que j'aurai sa note, que je m'acquitterai. Cela me sera facile puisqu'il a en mains des fonds à moi pour le double. 2° Je vous jure, par tout ce qu'il y a de plus sacré, que je n'ai pas une autre raison de ménagement que celle que je vous ai dite. Mme de S. ne peut rien dire contre moi qu'elle n'ait dit, et je ne reste que par les motifs que je vous ai expliqués. 3° Je vois par des extraits de lettres de Lausanne qu'on me reproche surtout de la tromperie. L'accusation est méritée de fait; mais la cause n'en est pas, je pense, désavantageuse à mon cœur, puisque j'ai dit mon mariage, il y a trois mois, je pouvais le dire au moment où il a été fait. Mme de S. d'ailleurs, se trompe sur l'époque, mais peu importe, puisque je l'ai dit. Ce n'est pas la crainte de ce qui pouvait en arriver qui m'a empêché de le dire plus tôt, c'est tout simplement la répugnance que j'éprouvais à faire de la peine à quelqu'un. J'ai ajourné, sans profit, d'un jour à l'autre. Adieu, chère tante.

CLX

A MADEMOISELLE ROSALIE DE CONSTANT

Herbages, ce 14 novembre 1809.

J'ai reçu votre lettre, chère et bien chère Rosalie; Cette lettre-ci n'est pas destinée à lui répondre. J'espère sous peu de jours vous écrire de manière à ce que vous soyez enfin satisfaite, et jusqu'alors ne dites pas même que vous ayez rien reçu de moi. Je vous écris sur un seul point de votre lettre. — Je pourrais, me dites-vous, et j'aurais pu depuis longtemps, me faire croire mieux, en articulant des faits, en nommant des personnes... si cela était nécessaire et si vous l'exigiez je le ferais. — Oui certes, chère cousine, cela est nécessaire. Je sens très bien ma situation, le mal que je fais et que je laisse faire, et la manière dont j'abuse d'une personne vraiment angélique, qui, malgré sa douceur, a plus d'une fois été malade de désespoir. Mais j'ai au fond du cœur je ne sais quelle sympathie funeste avec une autre personne, qui fait que, tant que je la croirai de bonne foi dans la douleur, ou dans son sentiment, je pourrai bien prendre un parti violent pour sortir d'une situation qui me pèse, mais je retomberai dans une sorte d'agonie qui me rend fou et déconcerte tout ce que j'ai fait et tout ce que d'autres ont fait pour moi. Si je pouvais découvrir l'apparence de duplicité, de mauvaise foi, de malveillance, le charme serait rompu. Dites donc au nom du ciel ce que vous savez. Il y a longtemps peut-être que si vous l'aviez fait, je serais dans une situation moins déplorable. Le secret le plus absolu vous sera gardé, je vous le jure.

Je ne puis finir, quoique je ne veuille entrer dans aucun détail, sans repousser l'infâme idée que je ne serais pas marié, et que je me serais joué de la sorte de la confiance et de l'amitié des personnes de ma famille qui me sont le plus respectable et le plus chère, je ne puis assez vous dire combien cette supposition me révolte, et je la ferai cesser. J'ajouterai qu'il serait bien injuste de faire un tort à la femme qui a uni son sort au mien, des sacrifices que je lui ai imposés. Elle en a souffert cruellement, et son courage est épuisé lors même que son dévouement ne l'est pas.

Je finis, chère cousine, en vous annonçant une lettre très prochaine, et en vous réitérant la demande que je vous ai faite plus haut. Adressez à Paris. J'espère que l'arrangement net et convenable ramènera Mme de N., au moins quant à l'opinion et au cœur ; pour le reste qu'elle agisse comme elle voudra. C'est son affection à laquelle je tiens, non son héritage.

LXCI

A MADAME LA COMTESSE DE NASSAU, NÉE DE CHANDIEU

Paris, ce 21 novembre 1809.

Je suis resté bien longtemps sans vous écrire, ma chère tante. Je vous demande pardon de ce dernier tribut payé à des souvenirs qui me tourmentent, et que les torts incroyables que la personne qui en est l'objet se donne dans le présent, ne peuvent effacer. Je sens combien j'aurais dû suivre vos conseils. J'ai lutté contre vous, contre mon intérêt évident, contre mon devoir manifeste. Je me suis bercé d'espérances toujours trompées, et laissé déchirer sans me défendre par la personne même pour qui je faisais ces inconcevables sacrifices. Le fruit en est d'être moins bien placé, et cependant je n'ai rien gagné comme adoucissement. Pendant que je laissais s'écouler le temps, j'acquiers, chaque jour, la preuve qu'on en a horriblement profité.

La lettre de Rosalie m'apprend qu'en profitant de mon absence pour désavouer publiquement mon mariage, on a attaqué mon bon cœur, ma probité, tout ce que je dois à ma famille, à vous qui avez eu la bonté de le notifier. On m'a fait passer pour un homme qui se jouait des lois, de la religion, de sa parole, de ses serments, de ses parents et de l'honneur.

Une lettre de mon père me prouve qu'en même temps on travaillait et on réussissait, car cette lettre est adressée à la personne en remerciement, à le détacher de moi par des offres généreuses pour ses autres enfants. Il écrit qu'il n'a jamais rien su de mes projets, qu'après coup. Heureusement, j'ai vingt lettres de lui antérieures à mon mariage, dans lesquelles il me sollicite de le conclure et arrange lui-même les mesures nécessaires avant même mon arrivée à Brevans. Je vous les envoie avec la copie qu'on m'a envoyée de sa dernière lettre, qui sans doute servira à faire croire que c'est à son insu et malgré lui, que s'est fait mon mariage.

Ces deux faits me font craindre qu'on ait fait beaucoup d'autres choses du même genre, et je ne saurais vous peindre quel désespoir me prend quand je pense que c'est moi qui, par ma folle confiance, ai livré l'être qui m'aimait, qui se fiait à moi, et, qui regardant sa réputation comme mon bien, a cru que je serais assez digne d'elle et de moi pour la défendre. Je sens que si je croyais lui avoir fait un tort irréparable, je ne supporterais pas la vie, et j'erre depuis ces nouvelles comme un insensé, ne dormant pas deux heures par nuit et ayant sans cesse une fièvre de douleur.

Enfin, ma chère tante, j'espère en la bonté divine et en vous, et en Rosalie et en ceux qui mettent quelque intérêt à ce que je ne meure pas dans le remords et la honte. Parlez, dites, faites ce que vous jugerez de mieux. Je ratifie tout, et je suivrai vos conseils, j'hésite sur le parti à prendre : je voudrais être à la fois à Lausanne et à Paris. A Lausanne pour répondre à tous les bruits infâmes qu'on répand peut-être pendant mon absence, ici pour laisser jouir ma femme de tous les amis qu'elle s'est faits, et qui se pressent autour d'elle pour lui témoigner leur plaisir que sa situation soit arrangée. D'ici à huit jours, j'aurai trouvé le moyen de concilier ces deux choses. Ne craignez plus, ma chère tante, ni faiblesse, ni désaveux, ni marche rétrograde. J'ai vu l'horreur de l'abîme où je m'entraînais et où, ce qui est pis, j'entraînais un ange qui m'a dévoué sa vie. La mienne toute entière sera consacrée à réparer le mal que j'ai fait.

Adieu, ma chère tante. Il faut que je vous croie une bonté céleste pour oser encore réclamer votre protection ; mais je n'ai pas au milieu des innombrables fautes que j'ai faites, un sentiment vraiment coupable à me reprocher. Et je sens que malgré ma duperie, je suis digne encore de ceux qui m'aiment et surtout de vous.

Adieu encore. Je vous embrasse avec une reconnaissance mêlée de regret d'avoir si mal profité de votre extrême amitié, j'espère pourtant que le ciel ne m'ôtera pas ce bien, il me reste aujourd'hui presque seul sur la terre. Réfutez bien l'idée que je ne sois pas marié. Cela doit être facile, car le contraire est si absurde à supposer. Il me semble que pour moi-même, il est inutile de mêler le nom de la personne de laquelle vient cette dénégation, parce qu'il devient honteux que j'aie l'air toujours poursuivi par cette personne. Il vaut mieux sans rechercher la source de ces bruits les rejeter avec la certitude que vous avez qu'ils ne sont pas fondés.

Adieu encore, chère tante.

CLXII

A MADAME LA COMTESSE DE NASSAU, NÉE DE CHANDIEU

23 novembre 1809.

Je vous ai écrit le courrier dernier, ma chère tante, pour vous envoyer la copie d'une lettre de mon père sur moi qui m'avait fort irrité contre une personne que j'accusais d'avoir sollicité cette lettre, j'ai eu depuis la certitude que la chose n'avait point été provoquée ainsi, de sorte que le sentiment que cette lettre avait fait naître, subsistant relativement à mon père, auquel je le cacherai pourtant, vu son âge et mes devoirs, ne peut porter sur la personne à qui la lettre est adressée. Je persiste donc toujours, ma chère tante, à désirer que si mon père a écrit à Lausanne des choses qui feraient croire qu'il a désapprouvé mon mariage, vous réfutiez cette opinion par les lettres dans lesquelles il me le conseille si fortement avant la célébration ; mais je souhaite qu'il ne soit fait aucune mention de la lettre adressée à Mme de St. ni de M^{mo} de Staël elle-même.

J'étais fort agité en vous écrivant avant-hier. Les craintes les plus exagérées sur l'opinion de ma famille, sur votre propre affection, que sais-je encore ? avaient bouleversé mon imagination. La société de mon ange de femme, l'amitié qu'on me témoigne ainsi qu'à elle, ont calmé cette effervescence à laquelle à 42 ans je devrais bien ne plus être exposé. Je crois que le bonheur est encore à ma portée : je n'ai donc plus que des sentiments doux, et je ne demande au ciel qu'une chose, c'est de les porter bientôt auprès de vous, et de vous retrouver avec l'affection qui est une si grande partie de mon bonheur.

CLXIII

A MADEMOISELLE ROSALIE DE CONSTANT

Paris, 27 novembre 1809.

J'ai été fort agité pendant quelques jours, chère Rosalie, et mes lettres à vous et à Mme de Nassau s'en sont ressenties. Je suis honteux de vous avoir fait partager son trouble, qui, dans le fond, n'avait de motifs que dans ma tête et dans l'exagération avec laquelle j'avais pris ce qu'on m'avait dit ou écrit sur ma situation. Accoutumé depuis 4 mois à entendre représenter ce que j'avais fait comme la chose la plus coupable, et me voyant de plus blâmé dans les deux sens, et pour ce que j'avais fait, et pour ce que je croyais devoir faire, j'avais laissé s'allumer ma tête et je voyais l'opinion, non seulement se prononcer contre moi, mais rejaillir même sur ma femme, à laquelle chaque jour, je voue plus de tendresse, d'estime, de reconnaissance et d'affection. De là, mes dernières lettres, surtout à Mme de Nassau, et l'idée où j'étais que mes amis, s'ils n'étaient pas trop fatigués d'une longue faiblesse, devaient encore une fois me défendre par tous les moyens. Depuis que je suis venu ici, la réalité a dissipé les chimères d'une imagination effarouchée. J'ai trouvé partout, et pour ma femme et pour moi, de la bienveillance. J'ai trouvé que l'on m'approuvait sous les deux points de vue, précisément sous lesquels on me blâme en Suisse. C'est-à-dire d'un côté sur mon mariage et de l'autre sur les égards que j'ai témoignés pour une ancienne liaison d'amitié. J'ai vu que les bruits répandus par l'irritation et le mécontentement, soit contre ma femme, soit contre moi, et plus ou moins écoutés à Genève et à Lausanne, où on ne la connaît point, ne sont pas même arrivés, et ne seraient pas écoutés un seul instant ici où nous avons tous deux des amis, et où elle a passé plusieurs années, de manière à être l'objet de l'estime et de l'affection générale. J'ai vu que l'opinion française, si contraire au divorce entre catholiques, avait la justice de ne pas condamner de même des protestants de se prévaloir d'une permission que leur religion leur donne. Enfin l'arrivée d'une partie de la famille de ma femme, venue ici avec la reine de Westphalie, m'a donné la démonstration que je n'avais rien perdu, par la complication de mes circonstances et la longueur des retards, dans la bienvieillance de cette famille. Tout cela a effacé les impressions pénibles qui me remplissaient, il y a quelques jours, et je voudrais seulement pouvoir faire passer à Genève et dans les environs un peu du calme qui y a succédé. Faute d'avoir cette puissance, je suppose que les lettres qui m'arriveront d'ici à peu de jours porteront encore des marques de l'agitation que j'avais reçue et rendue ; mais je tâcherai de ne plus en être de nouveau affecté, et je la laisserai se calmer en ne l'aggravant pas par mes propres efforts pour y mettre un terme.

Vous voyez, chère cousine, que je suis, ou dans le port ou bien près du port. La lettre de mon père sur moi que sans doute Mme de Nassau vous aura communiquée, m'a donné une secousse violente. Il est dur d'éprouver pour ce que l'on voudrait chérir les impressions que cette lettre a fait naître, mais ces impressions aussi sont domptées. Mon père ne s'en apercevra point, et ma conduite n'en sera en rien changée. Je désire que Mme de Nassau n'en parle pas, je suis sûr que l'opinion, si elle a été ébranlée, reviendra sur mon compte, quand il n'y a pas un fait et au fond du cœur pas une pensée condamnable. Il peut y avoir du bruit, des erreurs, des propos, mais le jugement définitif ne peut être douteux.

Adieu, chère Rosalie. Ma femme vous regarde, d'après ce que je lui ai dit, comme une sœur chérie. Elle sait tout ce que je vous dois, elle vous aime, et quand vous la connaîtrez, vous verrez qu'il est doux d'être aimé d'elle.

Je vous serre sur mon cœur.

CLXIV

A MADEMOISELLE ROSALIE DE CONSTANT

Paris, 9 décembre 1809.

Je suis bien fâché, chère Rosalie, que vous ne m'ayez pas écrit, comme vous vouliez le faire, d'après ma première lettre. Sans doute ma situation est meilleure qu'elle ne l'était alors. Mon mariage n'a jamais été nul, il n'a manqué que de quelques formalités qui sont si loin de le rendre non valable, que le Code civil dit formellement que l'absence de ces formalités expose les contractants à une amende, mais que le mariage conserve toute sa valeur. Ces formalités ont été omises, en partie, par la difficulté de les remplir, ma femme étant née en Angleterre, quoique Hanovrienne, et son extrait baptistaire étant impossible à se procurer dans un temps donné, et en partie à cause de mon désir de conserver alors le secret, par ménagement pour Mme de S., désir qui m'a empêché de suppléer à cet extrait baptistaire, comme je l'aurais pu, par un acte de notoriété qui aurait exigé le concours d'un assez grand nombre de témoins. Il n'y a donc aucun fondement à tout ce qu'on dit de la nullité de mon mariage. Il n'y en a pas plus à mon séjour aux Herbages sans ma femme, je l'y ai précédée de quelques jours, mais elle est venue m'y rejoindre. Mme de S. le sait si bien qu'elle m'en a parlé dans ses lettres. Enfin quant à l'homme[1] dont vous me

---

[1] M. Dutertre, deuxième mari de Charlotte de Hardenberg dont elle s'était séparée, l'Eglise n'ayant pas voulu reconnaître

parlez, depuis le mois d'août, il est à Saint-Omer et à Arras, et n'a pas mis le pied à Paris.

Ce n'est donc pas pour des faits, chère Rosalie, que je désirais ces détails. C'est mon cœur auquel ils auraient fait du bien. Certes je n'ai pas besoin qu'on m'exhorte à être heureux avec ma femme ou à la rendre heureuse ; je ne connais un peu de bonheur que depuis que je suis uni à elle. C'est un caractère à la fois si simple, si égal, si délicat, si reconnaissant, que lui faire plaisir est ce qu'il y a en même temps de plus facile et de plus doux. Mais il reste d'une liaison de 15 années, terrible, orageuse, mais profonde, des sources de douleur que les détails que j'implore peuvent seuls tarir. Vous ne savez pas, chère Rose, le bien que me font vos lettres, malgré les réticences, et le bien que m'en ferait une où je verrais enfin la vérité tout entière. Il y a des moments où des expressions de douleur déchirantes et acérées, des tableaux presque magiques, écrits dans un style qui retentit dans une âme qui a l'habitude d'y céder, reviennent tout à coup déchirer mon cœur et bouleverser ma tête. Au nom de Dieu, donnez-moi ces détails, je puis en avoir besoin, si ce fatal talent qui pour moi ressemble tant à la nature, vient de nouveau soulever mon âme. Donnez-les moi tout de suite. Pas une ligne ne sortira de mes mains, je ne révèlerai pas un seul fait, je brûlerai votre lettre à l'instant, je ne demande point des matériaux pour une apologie, je n'en ai pas besoin pour les autres. C'est contre mon misérable cœur, quelquefois ingouvernable, même au milieu de la tendresse et du bonheur que je goûterais sans interruption, si on me laissait tranquille. C'est contre ce cœur que je vous implore. Ne craignez ni de me blesser, ni de m'affliger ;

ce mariage d'un catholique avec une protestante divorcée d'un premier mari, M. de Marenholtz, mort, il est vrai, depuis un certain temps. — « Trois maris, c'est beaucoup, écrivait Rosalie à son frère Charles. Il y a une femme de l'Evangile qui en avait eu sept et qui paraît honnête femme ! » (12 avril 1810).

je ne puis être humilié par ce qui est injuste, je ne puis souffrir si vous me prouvez qu'on me trompe. C'est tout ce que je désire. Faites donc ce que je vous demande, j'ai toujours eu dans l'idée que c'était vous qui me sauveriez. Ne tardez pas à m'écrire. Je vous embrasse et vous aimerai toute ma vie.

CLXV

A MADAME LA COMTESSE DE NASSAU,
NÉE DE CHANDIEU

Paris, 4 janvier 1810.

Je viens, ma chère tante, vous annoncer que toutes mes affaires sont en règle, que j'ai déclaré mon mariage, que j'ai profité de la présence d'une partie de la famille de ma femme ici, pour suppléer aux pièces qui me manquaient, qu'enfin il n'y a plus rien à désirer sous ce rapport, sous lequel, au reste, il n'y avait rien à craindre auparavant, mon mariage n'ayant jamais été nul. Le comte de Furstenstein, ministre du roi de Westphalie et mari de la cousine de ma femme, m'a rendu le service de faire venir les papiers d'Allemagne. Cette rencontre qui m'a été utile, m'a aussi été agréable, en ce que j'ai refait connaissance avec une charmante cousine que j'avais vue, il y a seize ans. Ils nous ont fort invité à un voyage à Cassel, et il est probable que nous y irons l'année prochaine.

Après vous avoir fait part de cet événement, je voudrais causer avec vous sur des impressions que vous paraissez avoir reçues. Malgré ma confiance sans bornes en votre amitié, une chose me gêne toujours dans nos explications. Comme il est possible qu'on attribue fort à tort une partie du prix que je mets à votre opinion à des vues intéressées, je me sens moins libre dans mes efforts pour la conquérir, et je voudrais, ma chère tante, ne vous entretenir que de mon attachement tel qu'il est, sans but ni calcul.

Ma vie a prouvé, j'ose le dire, que je n'étais pas avide. Ma conduite dans ces derniers temps doit avoir complété cette démonstration. J'ai épousé une femme qui jouit de quelque fortune ; mais cette fortune est presque entièrement sur sa tête : elle ne peut disposer que de trente mille livres de France. Le reste, qui consiste en huit à neuf mille livres, retournerait à sa famille, si je la perdais. Je ne me suis point opposé à ce qu'elle sacrifiât une partie de sa fortune pour que son cœur fût plus à l'aise. Elle aurait voulu en sacrifier davantage que j'y aurais consenti. C'est pour elle que je l'ai épousée, et je serai toujours heureux avec elle.

Je viens de régler mes affaires pécuniaires avec Mme de S. ; tout est convenu à cet égard entre elle et moi ; tout s'est passé avec justice et noblesse, et tout sera terminé à notre première entrevue.

Je me demande donc ce qu'on peut me reprocher, ce qui peut faire que ceux de mes parents que j'aime le plus, trouvent pénible de parler de moi, enfin quel fait peut être mis à ma charge.

Je ne sais quelles paroles désavantageuses à ma femme ont pu frapper l'air, durant une discussion animée avec une personne que sa partialité rendait un témoin récusable. Ce que je sais, c'est que mon jugement sur ma femme n'est pas fondé sur une connaissance légère, ni sur l'entraînement d'un jour. Il y a plusieurs années que je la connais, il y en a deux que je ne l'ai, pour ainsi dire, pas perdue de vue. Un assez long temps s'est écoulé depuis mon mariage, et aujourd'hui je l'aime, je l'estime, je la respecte plus que le premier jour. Il ne s'en passe pas un qui n'ajoute à mon attachement et à ma reconnaissance pour elle.

Lui reproche-t-on les ménagements qu'elle a gardés pour ma situation, que de longs souvenirs et peut-être une certaine faiblesse de cœur rendaient douloureux ? Mais que peut faire une femme qui aime son mari, sinon lui obéir et se donner, par sa douceur et sa bonté, de nouveaux titres à sa tendresse ? En admettant que j'ai eu tort, j'en suis seul responsable. Si en faisant violence à mon caractère, ma femme avait seulement affaibli mon affection, ceux qui la blâment l'auraient-ils dédommagée ? Elle y aurait au moins perdu cet avantage, qui est assez grand pour deux personnes qui doivent vivre l'une pour l'autre, elle y aurait, dis-je, perdu l'avantage d'être la femme qui a le mieux connu, jugé, entendu toutes les nuances de mon cœur.

Quant à ma propre conduite, ma chère tante, je ne nie point qu'il n'y ait eu de l'irrésolution, de la maladresse et de la faiblesse. Mais une liaison de 15 années ne se rompt pas si facilement, au moins pour un cœur tel que le mien ; j'ai eu des ménagements que des personnes qui ne pouvaient ni être mues par mes affections, ni être attendries par mes souvenirs, ont pu regarder comme excessifs, j'ai conservé de l'attachement, malgré plusieurs choses blessantes ; mais c'est que je savais que ma situation deviendrait simple, et que par conséquent la vérité seule resterait. Or, je n'avais rien à en craindre. Aujourd'hui cette situation est devenue ce qu'elle devait être : mon mariage est avoué, connu, déclaré, publié ; une portion de la famille de ma femme est ici ; j'y ai vu l'affection que toute cette famille a pour elle, et quoique je n'aie besoin que de ma femme pour mon bonheur, les témoignages de bienveillance que j'ai reçus, y ont ajouté.

C'est à vous, ma chère tante, que je rapporte l'origine du bonheur dont je commence à jouir. Vous avez peut-être regretté quelquefois ce que vous aviez fait pour moi cet été ; mais il n'en est pas moins vrai que vous avez été mon bon génie. Pardonnez-moi donc, en faveur du bien que vous m'avez fait, l'impatience que j'ai eu le malheur de vous causer. L'idée d'avoir porté atteinte à votre amitié serait la seule chose qui pût me troubler.

Adieu, ma chère tante. Il y a eu des mariages faits plus simplement et déclarés plus vite ; mais il n'y a jamais eu de mari plus heureux par sa femme, et chaque jour ajoute à mon attachement pour celle qui m'a remis son bonheur.

Je vous embrasse mille et mille fois. Si vous voyez Rosalie, dites-lui que je lui écrirai incessamment.

CLXVI

A MADAME LA COMTESSE DE NASSAU, NÉE DE CHANDIEU

Paris, 27 janvier 1810.

Vous ne m'avez pas répondu, ma chère tante et votre silence m'inquiète. Je serai bientôt à même d'en apprendre la cause. Je pars pour Dôle aujourd'hui, mon père étant assez malade, j'irai de là à Lausanne où ma femme, suivant ce que j'apprendrai, viendra me rejoindre dans quelques semaines ; je terminerai avec Mme de S. l'affaire d'argent qui est convenue et je percerai le nuage qui m'entoure depuis si longtemps. Je n'ai pas voulu arriver avec Charlotte, ayant peut-être, par ma faute, je ne sais quelles préventions à combattre, dont je ne veux pas lui laisser même soupçonner l'existence. Je vous le répète depuis assez longtemps, ma chère tante, pour que vous voyiez que ce n'est pas une passion ou une illusion d'un jour : ma femme est un ange, qui chaque instant me rend plus heureux et me devient plus chère, et dont la bonté, la complaisance, la douceur me dédommageraient de tout. J'ai le bonheur de voir qu'ici, au moins, les vacillations de ma conduite ne nous ont fait aucun tort. Nous n'avons jamais été mieux accueillis, mieux reçus, plus aimés. Il est vrai qu'il est impossible de ne pas aimer ma femme. Il serait fâcheux que dans ma famille je fusse jugé plus sévèrement que par des étrangers. J'aime à croire que cela ne sera pas.

Adieu, ma chère tante, je me réjouis de vous voir, quoique cette séparation d'avec Charlotte, toute courte qu'elle est, me fasse beaucoup de peine. Je vous embrasse mille et mille fois.

CLXVII

A MADAME LA COMTESSE DE NASSAU, NÉE DE CHANDIEU

Coppet, ce mercredi, 21 février 1810.

Je reçois votre bien bonne petite lettre, chère tante, et j'y réponds en hâte. Si c'est pour que je sois dimanche à Lausanne que vous désirez que j'arrive ce jour-là, cela me sera bien facile et je vous prie seulement de me le mander. Si c'est avec l'idée que je ne revienne plus ici, je vous dirai que m'étant chargé à régler le compte de tout ce que Mme de S. m'a prêté d'après les livres tenus depuis 15 ans, cette opération qui ne commencera peut-être que dimanche même, son valet de chambre qui rapporte ces papiers que j'ai exigés, ne devant arriver que samedi, cette opération, dis-je, ne pourra être achevée. Il m'importe d'obliger Mme de S. à recevoir ce que je lui dois, et je ne puis qu'en réglant les comptes jusque dans le détail, car quand je l'ai priée de me dire ce que je lui devais, elle a toujours répondu qu'elle n'en savait rien, et soit comme amitié, soit comme vengeance et comme mélange de tous deux, elle ne demanderait pas mieux que de partir, en me laissant son débiteur. Je ne pourrais donc aller à Lausanne dimanche qu'en revenant ici ou à Genève où je compte aller déjà demain. Et en conséquence je vous demande seulement par un mot la confirmation de votre désir de me voir dimanche, en ajoutant que je prendrai votre silence pour une confirmation, de sorte que si vous pensez qu'il vaut mieux que je reste jusqu'à la conclusion de mon affaire, il faut me l'écrire, cette conclusion ne pouvant traîner au delà de 4 à 5 jours de plus. Une course à Lausanne est bien facile, et si vous désirez mon apparition à la société, soit comme preuve de ma présence près de vous, soit pour n'avoir pas à répondre aux questions qu'on vous ferait et qui vous seraient désagréables, (vous voyez que j'aborde toutes les questions) un mot de vous me fera arriver. Si au contraire vous trouvez que cela ne vaut pas une course de vingt lieues et quelques écus, je renverrai mon départ au milieu de la semaine et vous pouvez y compter. Je tiens à finir avec Mme de S. et surtout à ne pas faire croire que j'ai entamé cette discussion pour m'en tirer par quelque querelle d'allemand. J'y vois mon honneur intéressé. Je n'ai pas le temps d'écrire plus. Répondez un mot à ma lettre, ma chère tante, si vous trouvez meilleur que je ne vienne pas pour repartir.

J'ai fait prendre ce matin à Genève le livre ci-inclus que Mlle Rieu m'avait dit désirer. Je l'ai fait imprimer, de sorte que l'imprimeur de Paris m'en rendra un exemplaire pour rien. Mlle Rieu peut donc garder celui-ci, si elle me permet de le lui offrir.

CLXVIII

A MADEMOISELLE ROSALIE DE CONSTANT

Genève, ce 27 février 1810.

Je n'ai voulu vous écrire, chère Rosalie, qu'après avoir remis votre paquet à Mlle Bontems pour pouvoir vous dire avec certitude que ce paquet était arrivé à bon port. J'ai été si bien reçu par votre excellente amie, que j'en ai conservé une véritable reconnaissance qui n'est point diminuée par l'idée que je vous dois la bienveillance qu'elle me témoigne. Cette bienveillance ne m'est que plus précieuse, comme me venant de vous, à qui j'aime à rapporter tout le bien qui m'arrive. J'irai sûrement revoir Mlle Bontems encore une fois avant de quitter Genève, c'est-à-dire cette semaine. J'ai trouvé le pauvre Charles de Rebecque très souffrant de sa malheureuse blessure qui le fait languir depuis si longtemps. Il est hors d'état de sortir, ce qui est fâcheux dans un moment où il commence l'exercice de son emploi. On lui conseille une opération qui sera très douloureuse, mais à laquelle il faudra bien qu'il se résigne, si, comme les chirurgiens le disent, c'est l'unique moyen d'empêcher que sa blessure ne gagne la poitrine. Enfin, c'est une vraie désolation, et je souffre aussi pour mon père du chagrin que tout ceci lui fera, je retournerai voir Charles demain. Il est seul et sans aucune consolation à Genève. Son caractère un peu sauvage et surtout ennemi de toute confiance ne lui fait faire aucune liaison, de sorte que son temps se passe dans la chambre à manger de l'Ecu de Genève. Ma société ne lui est pas fort agréable ; mais je ferai comme si je pouvais par ma présence lui faire du bien.

Je ne vous parle pas, chère cousine, de mes affaires ici. Vous en savez tout autant que moi, et d'ailleurs, je serai de retour auprès de vous à la fin de cette semaine ou au plus tard par la diligence du mardi. Tout s'arrange de manière à ce qu'il n'y aura aucun déchirement, et je n'aurai pas, au milieu de mon bonheur sans mélange avec Charlotte, la triste pensée d'avoir fait un mal durable à qui que ce soit. Ce m'est bien une preuve que le ciel récompense les intentions ; car il n'y a eu que mes intentions de bonnes, et la plupart de mes actions ont été des maladresses et des sottises. J'ai reçu de ma femme deux lettres comme toutes celles qu'elle m'écrit c'est-à-dire pleines de cette douceur angélique qui me la rend si chère et qui répand tant de calme dans mon âme. J'ai trouvé à Genève de beaux châles de mérinos dont je lui en ai envoyé un. Je suis impatient qu'elle le reçoive, comme preuve que je ne suis pas un instant sans penser à elle. Louise m'a écrit, de la part de mon père, que le mauvais temps et le froid excessifs l'ont de nouveau rendu un peu malade. Elle me mande qu'il n'y a point d'inquiétude à avoir, mais ces rechutes si fréquentes à un âge si avancé sont alarmantes. Je désire fort pouvoir arranger mes affaires de manière à passer quelque temps chez lui avec ma femme. Elle est nécessaire entre nous pour suppléer à l'intimité qui n'existe pas.

Adieu, chère Rosalie. Mille choses à Mme de Charrière et à Mme de Nassau, à qui j'écrirai vendredi, et à revoir sans faute sous peu de jours. Je m'en fais une fête.

CLXIX

A MADEMOISELLE ROSALIE DE CONSTANT

Coppet 30 mars 1810

J'attends mon père à Genève, peut-être aujourd'hui, peut-être demain, chère Rosalie. Il y sera sûrement sous deux ou trois jours, s'il y vient comme il me l'a annoncé. Quoiqu'il y ait toujours dans les relations dans lesquelles il m'a mis quelque chose qui me gêne, je désire pourtant son arrivée, parce que je crois que la situation de Charles y gagnera. Cette situation peut être très bonne s'il ne la gâte pas. Mais je ne suis pas assez sûr qu'il ne la gâte pas pour n'avoir pas envie que mon père y veille. Si mon père n'arrive pas, par quelque événement que je ne prévois point, mais malheureusement possible à son âge, je partirai dans les premiers jours du mois qui va commencer. Il faut que je sois à Paris au plus tard le 14. Oui, certes, je désire ma réunion avec ma femme plus vivement que jamais homme peut-être, n'a jamais désiré rien de pareil. Je ne suis pas surpris qu'on ne conçoive pas bien comment une chose maintenant si simple et si légitime peut éprouver le moindre retard. Mais je pense pourtant qu'au milieu de la conduite la plus bizarre en apparence, j'ai mieux atteint mon but que partout autre. Je commence à me croire sûr comme on peut l'être dans les choses humaines et sauf les volontés du ciel, qu'il ne résultera de tout ce qui s'est passé ni malheur durable ni souvenirs amers, et je l'avoue, j'ai été longtemps sans m'en flatter, et je ne croirai pas l'avoir acheté trop chèrement, surtout ayant réussi à me faire comprendre de l'ange qui m'a consacré sa vie. Quand je songe, chère Rosalie, que j'ai pu craindre tant de choses qui auraient empoisonné tout le temps qui me reste à vivre, et que si Dieu me protège, j'aurai été préservé de tout ce que j'avais craint, je ne puis qu'éprouver un sentiment de reconnaissance qui me fortifie contre la crainte d'une désapprobation dont la cause est si près de finir et qui par sa nature sera passagère. Je rends justice à l'amitié qui a pu me blâmer parce qu'elle croyait que je me faisais du mal. Il y a eu beaucoup de portions de justice dans ce blâme, et il m'a servi d'ailleurs en me donnant des motifs extérieurs de n'en pas mériter davantage. Mais désormais j'ose l'espérer, l'époque où mes amis les plus chers ne seront plus divisés d'opinion avec moi sur ma conduite est prochaine et assurée.

Constance part ce matin. Nous avons été très bien sans intimité et sans aucune conversation particulière ; je ne sais si elle rapportera d'ici quelque commérage. Je l'avais tout à fait calmée sur moi, et de pareilles enrageries ne se renouvellent pas.

Je voudrais qu'Auguste d'Hermenches[1] qui veut aller à Paris s'arrangeât avec moi pour que nous fissions la route ensemble. Je lui écris par ce courrier-ci. Si vous le voyez, engagez-le à me répondre tout de suite.

Je verrai sûrement Fouché[2] dès mon arrivée à Paris. Si vous voulez m'envoyer le mémoire et tous les détails nécessaires ou convenables à communiquer, j'examinerai sur les lieux ce qu'il y aura à faire. Je crois pouvoir vous répondre que s'il existe une possibilité d'obtenir la chose, je l'obtiendrai. Mais je ne vous cache pas que je la crois très difficile. Il y a bien peu d'exemples, je n'en connais qu'un seul de personnes *autorisées* à revenir sur le continent par la Hollande ; et les circons-

---

[1] Frère de Constance d'Arlens. Il était fils d'une deuxième femme de David Constant d'Hermenches.

[2] Ministre de la police, sous Napoléon Ier (1764-1820).

tances de ce dernier pays me semblent peu favorables à obtenir actuellement cette autorisation, j'ajoute que comme, si l'on n'est pas sûr de réussir, il serait très fâcheux d'avoir constaté, par une démarche officielle et par des pièces qu'on ne pourrait pas retirer de la police, le séjour actuel de Charles, je ne puis pas promettre de présenter officiellement sa pétition, mais je suis à même de demander à Fouché franchement ce qu'il peut faire, et vous pensez bien que je lui parlerai avec l'intérêt que j'éprouve. Ainsi, chère Rosalie, disposez de moi comme vous voudrez. Je ferai tout ce que je croirai pouvoir être utile ou même tout ce que je ne craindrai pas de tourner à mal pour le but même que nous nous proposons.

Adieu, chère Rosalie. Si mon père fait une petite course à Lausanne je l'y accompagnerai, et vous reverrai ainsi encore avant mon départ. Mais ce serait pour peu de moments, car il faut que je sois le 14 à Paris.

CLXX

A MADEMOISELLE ROSALIE DE CONSTANT

Paris, ce 27 avril 1810.

Je n'ai, comme vous le pensez bien, chère Rosalie, tardé si longtemps à vous écrire que parce que je voulais avoir fait votre commission [1], car elle me tient à cœur tout autant qu'à vous. J'ai écrit pour demander un rendez-vous ; mais le ministre [2] est toujours sur la

---

[1] Pour son cousin Charles de Constant qui, établi en Angleterre depuis 1786, désirait revenir à Genève avec sa famille.
[2] Fouché.

route de Compiègne, et il faudrait le prendre au vol pour lui parler à présent. J'attends pour lui récrire que le voyage de l'Empereur à Anvers ait eu lieu. Il n'y aura alors pour les ministres plus de ces courses qui les éloignent au moment où l'on s'y attend le moins, et je pourrai faire une demande à mon aise et à temps. Je voulais ajourner cette lettre jusqu'à cette époque, mais j'aime mieux vous écrire deux fois qu'une, et je reprendrai la plume dès que j'aurai quelque chose à vous mander.

J'ai eu toutes les fatigues d'un déménagement très précipité. Je suis arrivé ici le 14 au matin ; il fallait qu'on eût rendu l'appartement que j'occupais le 15 à midi ; et j'avais empêché qu'on ne fît aucun arrangement avant mon arrivée. Nous sortons de ce chaos qui a été vraiment assez ennuyeux pendant quelques jours, et je commence à voir mes amis, s'il y a des amis, et à travailler. Je ne sais quelle impression j'aurai faite sur Auguste, j'ai causé avec lui fort simplement, et il ne m'a rien dit qui pût annoncer une disposition remarquable en bien ou en mal. Constance m'avait encore fait une assez vilaine tracasserie trois jours avant mon départ. Auguste a une sorte de bon sens et même une sorte de pénétration et de l'esprit naturel, mais ce que je ne lui supposais pas, c'est une fatuité indicible, hors de toute proportion avec ses moyens et encore plus hors de convenance avec sa position actuelle, car il parle de ses bonnes fortunes comme les poursuivant et des femmes de Lausanne comme se dédommageant par la galanterie la plus rapide de la gêne extérieure que les habitants d'une petite ville leur imposent. Il m'a raconté d'incroyables anecdotes ; aussi les ai-je écoutées comme incroyables. Du reste, je n'ai eu qu'à m'en louer. Je lui ai donné à dîner, il a été très bien, quoique fat, et je compte le revoir à son retour à Paris, d'où il est parti pour aller voir des parents de sa mère.

Mais entre lui et moi, si c'est moi qui passe pour mauvais sujet, c'est trop drôle.

J'ai trouvé ma femme un peu malade d'une fièvre catharale, espèce d'épidémie qui a atteint presque tout le monde. Elle est mieux, mais la nécessité de prendre un logement sous 24 heures et le désir d'en avoir un agréable et dans un joli quartier nous a fait louer le premier étage d'une maison qui venait d'être achevée et qui par conséquent, malgré sa belle apparence, est encore très humide. Ma femme a pris une fluxion sur les yeux, qui commence à passer, mais qui ne lui permet pas d'écrire une seule ligne. Elle en est d'autant plus fâchée qu'elle a un vif désir de répondre à votre aimable lettre qui lui a fait plus de plaisir que je ne puis vous le dire. J'espère qu'elle sera en état de le faire avant notre départ pour la campagne qui aura lieu dans quatre ou cinq jours. Mais si elle ne le pouvait point, elle vous écrirait des Herbages, l'humidité ne pouvant nous y poursuivre. Du reste, je l'ai trouvée ce que je la sais, un ange d'affection et de bonté, et s'attachant chaque jour davantage par les preuves d'attachement qu'elle donne et par celle qu'elle mérite et qu'elle reçoit de moi.

Je ne partirai sûrement pas pour la campagne avant d'avoir vu le ministre. J'attends la nouvelle positive du départ de l'Empereur, parce que jusqu'alors il n'y a jamais de certitude de trouver un membre du gouvernement à Paris et que les lettres qu'on leur écrit peuvent se perdre ; je crois assez que tel a été le sort de la mienne.

Adieu, chère Rosalie. J'espère que bientôt j'aurai de bonnes nouvelles à vous donner.

Je vous embrasse tendrement.

Ne négligez pas ma nouvelle adresse : Rue Neuve Saint-Augustin n° 43, et faites-en usage bientôt.

CLXXI

A MADAME LA COMTESSE DE NASSAU,
NÉE DE CHANDIEU

Paris, ce 8 août 1810.

Il y a bien longtemps, étonnamment longtemps, ma chère tante, que je n'ai reçu de vous le moindre signe de vie. Je vous ai écrit deux lettres qui sont restées sans réponse. L'une était du 7 juin, l'autre postérieure : j'en ai oublié la date. Je ne sais à quoi attribuer un silence aussi sévère. Il m'afflige et me surprend, car je sais que mes sentiments n'ont pas varié et que je ne mérite pas cet oubli. J'aurais plus tôt réclamé contre une chose qui me fait autant de peine, si cette peine même, trop souvent renouvelée, ne m'avait jeté dans une espèce de découragement. J'ai appris de Rosalie qu'elle vous avait vue en bonne santé. Elle me parle d'un voyage que vous avez fait ; elle croit que vous m'écrivez. Personne ne peut supposer après toutes vos bontés pour moi, et les services vraiment essentiels que vous m'avez rendus dans des circonstances importantes, que vous m'oubliiez entièrement. Moi non plus, je ne le conçois pas, et je cherche si j'ai quelque chose à me reprocher : ne pouvant rien trouver en moi-même, je viens vous le demander à vous.

Je vous écris de Paris où nous sommes venus passer quelques jours, mais que nous espérons quitter bientôt pour retourner à la campagne. C'est là que nous sommes aussi heureux que la condition humaine le comporte. Je ne pourrais que vous répéter sur ma femme ce que je vous en ai dit tant de fois. Mais ce que je vous en ai dit prend plus d'autorité à mesure que le temps s'écoule, et le témoignage d'un mari, déjà hors du mois de miel, comme disent les Anglais, en est d'autant plus croyable. Nous n'avons pas, depuis que nous vivons ensemble, eu une différence de sentiment, de volonté ou d'impression, et je n'en ai pas vu dans une seule circonstance, grande ou petite, la bonté, la douceur, l'affection de ma femme être obscurcie du plus petit nuage. Je l'aime de toutes les puissances de mon âme et de toute la reconnaissance qu'elle mérite de moi à tant d'égards.

Des arrangements d'affaires ont nécessité la prolongation de notre séjour ici ou plutôt aux Herbages. J'espère que toutes seront terminées au mois d'octobre. Nous avons ensuite un voyage indispensable à faire en Allemagne ; mais j'espère passer par Brevans et par la Suisse, et surtout je me promets, en revenant du Hardenberg, de demeurer à Lausanne une grande partie de l'été prochain. Mais pour cela, ma chère tante, il faudra que je sois sûr de n'avoir pas perdu votre amitié. Vous savez que c'est la chose qui m'attire le plus en Suisse.

Adieu, ma chère tante. Je vous aime et vous embrasse bien tendrement malgré votre silence auquel je vous prie instamment de mettre un terme.

CLXXII

A MADAME LA COMTESSE DE NASSAU,
NÉE DE CHANDIEU

Paris, ce 4 octobre 1810.

J'ai fait votre commission, ma chère tante, avec beaucoup d'empressement, parce que je n'aime rien tant que d'être chargé de commissions agréables ; j'ai été, comme vous le pensez bien, très bien reçu par M. votre neveu, qui m'a paru fort aimable homme. C'est peut-être ma partialité pour vous qui me le fait trouver ainsi, car j'ai senti que je l'aimais d'autant plus que vous me sembliez l'aimer. Il s'est fort défendu de vous avoir jamais écrit une lettre sèche. Il prétend que relever même avec vivacité ce qu'écrivent les gens qui nous aiment est une preuve d'attachement et un besoin du cœur. Mais cette vivacité est l'opposé de la sécheresse. Malgré toutes ses justifications, je lui ai dit que puisque vous aviez trouvé sa lettre sèche, il était un sot, car il faut être un sot, pour ne pas se faire comprendre de vous. Il ne m'a pas paru prendre mal cette petite preuve d'intimité que je lui ai donnée, et nous nous sommes séparés les meilleurs amis du monde.

Nous, ce n'est plus de votre neveu et de moi, ma chère tante, mais de ma femme et de moi que je parle, nous sommes ici pour plusieurs jours, et nous avons commencé à faire nos arrangements pour notre départ, je l'ai fixé au 15 novembre, à peu près. Comme Charlotte a envie de passer quelques semaines du printemps dans la terre de son frère, il est très vraisemblable que je renverserai notre marche, et qu'au lieu de ne passer par Lausanne qu'en revenant de Hanovre, nous y passerons en y allant. Cela me procurerait beaucoup plus tôt le plaisir de vous embrasser, et nous causerions de votre neveu, que je vous obligerais à aimer, en vous disant et vous prouvant combien il vous aime.

J'ai écrit à Rosalie, il y a bien longtemps et je viens d'en recevoir une réponse. Il y a dans cette réponse un fond de tristesse qui m'inquiète et m'afflige. Elle ne m'en dit pas la raison, mais je voudrais être à même de la consoler. Elle a été si bonne pour moi que j'en aurai toute ma vie une tendre reconnaissance, je connais peu de personne d'une âme plus noble et d'intentions plus pures et plus droites ; mais elle ne fait pas assez usage de l'esprit très fin et très étendu que lui a donné la nature, pour transiger avec les hommes, avec lesquels on ne peut que transiger, car on ne les corrige pas, et il n'y en a aucun qu'on puisse parfaitement approuver ou comprendre. Elle en souffre alors beaucoup, et comme elle garde une grande partie de ce qu'elle éprouve en elle-même, sa douleur l'agite et la consume intérieurement. Mon voyage en Suisse, entre autres avantages et plaisirs que j'en retirerais me ferait espérer de lui être bon à quelque chose. Nous nous sommes toujours assez bien entendus en causant ensemble, et je trouve qu'il est encore beaucoup plus doux d'être entendu qu'approuvé. Par lettres, aujourd'hui que les lettres ont infiniment plus de lecteurs que les livres, il n'y a pas moyen de rien traiter. La poste est devenue un mode de publicité plus sûr que l'imprimerie.

Les six mois pour lesquels j'avais loué cette vilaine maison humide étant expirés, et notre départ étant très prochain, nous n'avons pas repris d'appartement, mais nous allons loger dans un hôtel garni pour un mois. Mon adresse est donc à présent : Hôtel de Vauban, rue Saint Honoré, n° 366, près la place Vendôme, vis à vis le passage Franconi. Je désire bien que cette longue adresse ne vous détourne pas de m'écrire.

Si je n'avais pas vécu si longtemps à la campagne, je vous parlerais des plaisirs de Paris, mais j'y suis devenu presque étranger. Toutes mes connaissances sont parties et ne reviennent qu'au mois de novembre, et nous sommes presque plus seuls ici qu'aux Herbages.

Adieu, ma chère tante, je vous embrasse tendrement au nom de votre neveu et au mien, ce qui veut dire que je vous aime au moins comme deux.

CLXXIII

A MADEMOISELLE ROSALIE DE CONSTANT

Des Herbages, ce 14 septembre 1810

Je vous remercie, ma chère cousine, des renseignements que vous m'avez envoyés sur Mme de Charrière [1]. On m'en avait promis de Neuchatel, je ne les ai pas reçus ; je ferai usage des vôtres tant que je pourrai, si je ne parviens pas à me procurer quelque chose de plus exact. Au reste l'entreprise [2] me semble réussir. Elle est si immense que je ne serais pas étonné qu'elle chavirât, parce qu'il est presque impossible de faire marcher deux ou trois cents collaborateurs ensemble.

Je suis bien fâché de n'avoir pu être bon à rien dans l'affaire de Charles. Il me semble que les moyens de réussir dans ce qu'il veut essayer se sont multipliés, mais j'aurais voulu être pour quelque chose dans ce ce qui vous fera à tous tant de plaisir.

[1] Mme Charrière de Tuyll, auteur de Caliste.
[2] La Biographie universelle de Michaud.

J'ai rencontré d'Albenas [1] avec lequel je me promettais bien de causer à fond. Mais nous nous sommes aperçus malheureusement, à la porte d'un spectacle ; j'ai été chez lui le lendemain, sans le trouver, et il vient de m'écrire qu'il est forcé de retourner à Lausanne, de sorte que je n'aurai pas le plaisir d'apprendre tout ce que j'aurais voulu savoir et sur le pays et sur Charles en particulier.

Mon père a pris avec moi une marche tout à fait singulière. Il écrit sur moi comme si j'avais les plus grands torts, et toujours en parlant de son indulgence. A moi-même, il m'écrit peu, sèchement, dans un style maniéré, et en refusant les services que je lui ai offerts, à l'occasion de ce qui le menaçait, pour sa pension de Hollande, qui aurait pu être réduite au tiers par le décret de réunion. Ce danger a été évité heureusement : Mme de St. en a écrit à Lebrun, duc de Plaisance, qui est à la tête du pays, et a reçu de lui la promesse que la pension de mon père ne subirait aucune diminution. Je ne sais quel est le but ou la disposition de mon père. Sa femme, puisqu'il faut lui donner ce nom, l'agite probablement pour tirer parti du temps qui lui reste, et obtenir qu'il agisse contre moi de manière ou d'autre. J'ai beau me dire que j'ai fait dans cette affaire tout ce qui dépendait de moi, plus que personne n'aurait fait peut-être, et que j'ai poussé à l'excès l'oubli de mes intérêts, et l'abnégation de moi-même, je n'en souffre pas moins plus que de raison. Je croyais depuis quelques années, être parvenu à rétablir autant de bonne intelligence entre nous qu'il peut en exister vu le peu de sympathie de nos esprits et de nos caractères. J'avais fait à cette espérance plusieurs sacrifices. Vous le savez mieux qu'une autre, chère Rosalie, puisque vous avez quelquefois trouvé que je le poussais trop loin, ainsi vous concevrez ma douleur en les voyant tous inutiles.

---

[1] Albenas de Su'lens, d'une ancienne famille vaudoise d'origine française.

J'en suis tellement découragé que je ne sais que répondre à mon père. Il n'entre dans aucune explication, il cède sur tout, avec une ostentation de condescendance, puis il ajoute des insinuations amères qui font mal. Je crois que je serai quelque temps sans lui écrire, quoique cela me fasse de la peine sous un autre rapport.

Voici six semaines que nous passons à la campagne : et nous ne retournerons à Paris qu'au commencement du mois prochain pour nous préparer à notre voyage d'Allemagne. J'ai beaucoup d'affaires à régler avant ce départ : et je me sens pressé par le temps, parce que je ne voudrais pas faire voyager ma femme au milieu de l'hiver. Je ne sais encore quelle route nous prendrons. Ce que je vous ai dit tout à l'heure pourrait bien nous empêcher de passer par Brevans. Cependant j'en serais fâché. L'âge de mon père est une raison de ne pas risquer vis à vis de lui ce que le cours de la nature peut si facilement rendre irréparable. Je crois que ce ne sera qu'à notre retour que nous visiterons Lausanne. Je voudrais bien que Charles fût alors de retour lui-même, et qu'une portion de notre pauvre famille si éparpillée, si bousculée, si folle, si divisée entre elle, se trouvât réunie et eût quelques bons moments.

Dites-moi comment vous avez passé ce vilain été. Les saisons sont dérangées comme les têtes. Il paraît des météores d'horrible figure de tous côtés ; la terre tremble. Ne serait-ce pas la fin du monde ?

Je n'écris pas à ma tante de Charrière parce que je suppose que vous lui direz mille choses de ma part. Elle a toujours été bien bonne pour moi, et j'espère que mon excellente Charlotte et moi nous pourrons l'en remercier. Adieu, chère cousine. Donnez-moi de vos nouvelles et aimez-moi, je vous aime bien.

CLXXIV

A MADEMOISELLE ROSALIE DE CONSTANT

Paris, ce 29 octobre 1810.

Je veux, chère cousine, me réjouir avec vous de l'heureuse arrivée de Charles que j'ai vu, hier matin, à mon grand étonnement et plaisir, tout fraîchement descendu dans la capitale, avec sa famille. Il me paraît en parfaite santé et content de ses affaires. Le voilà sur le point de jouir enfin de ce qu'il a toujours désiré et de ce qu'il mérite par tant de travaux et de courage. J'espère profiter des quinze jours qu'il passera ici pour le voir beaucoup, et nous allons ce matin même, ma femme et moi, chercher notre cousine. Je suis impatient de voir vos deux nièces et surtout Rosalie que j'aime d'avance de préférence, à cause de sa marraine. J'ai appris avec peine que Charles ne retournait pas directement en Suisse, mais passait l'hiver à Montpellier, à cause de la santé de sa femme. Nous aurions été tous réunis, pour quelques moments cet hiver, car je compte en allant en Westphalie passer par Brevans et par Lausanne.

J'ai été assez tourmenté dans le courant de ce mois par les persécutions qu'a éprouvées une personne qui doit être à Lausanne actuellement. Malgré bien des orages, je ne puis cesser de m'intéresser bien vivement à cette personne, surtout quand elle est injustement malheureuse. Je voudrais que sa disposition pour moi et son jugement sur mes circonstances fût toujours de nature à ne pas me forcer à être contre elle quand je voudrais toujours être pour. Au reste, je n'ai point à m'en plaindre à présent, et c'est de souvenir que je parle. Savez-vous ce qu'elle fait et ce qu'elle dit? Je voudrais que son séjour à Lausanne loin de troubler le mien, amenât une relation plus convenable, et la présence même de ma femme pourra y servir.

Je me fais une vraie fête, chère Rosalie, de voir une amitié plus étroite s'établir entre mon excellente femme et vous. Je ne puis vous répéter sur elle que ce que je vous en ai dit cent fois, mais il me semble que plus ce que j'en dis est appuyé par l'expérience, plus cela doit prendre de force. Mme de Nassau me néglige un peu. Heureusement que je n'ai dans mon attachement pour elle qu'une affection très désintéressée, de sorte que je puis attendre sans inquiétude qu'elle revienne à moi, en me rendant le témoignage que je n'ai rien fait pour l'en éloigner. Mon père a repris avec moi sa correspondance ordinaire, sans amertume, amicale même en apparence, mais sans confiance et sans abandon. Il faut laisser aller les choses comme leur nature les fait aller.

Hâtez-vous de me donner de vos nouvelles, chère Rosalie. Dites-moi que vous êtes un peu contente comme je le suppose, mais je serais bien aise d'en lire l'assurance de votre main. Surtout aimez moi et croyez que je vous suis profondément attaché.

Je compte me mettre en route pour Brevans, dans environ six semaines, je vous embrasse de toute mon âme.

CLXXV

A MADEMOISELLE ROSALIE DE CONSTANT

Paris, le 20 novembre 1810.

Je reste confondu de votre lettre, chère cousine. Vous m'écrivez comme à Beverley, et je ne puis deviner la cause de cette vive inquiétude ni surtout de cette crédulité si complète pour ce qui m'est désavantageux. Je n'ai qu'un mot à répondre. Depuis que je suis parti de Lausanne, je n'ai pas joué 10 fois. Sur six mois j'en ai passé trois à la campagne, bien volontairement et j'ai en outre passé six semaines à Blois[1]. Depuis environ un mois que j'ai été sans interruption à Paris, je suis allé à peu près tous les deux jours au spectacle avec ma femme, ou en société avec elle, ou bien j'ai passé la soirée avec elle chez moi. Je ne suis pas rentré une fois passé onze heures, et mon bonheur domestique est aussi vrai, aussi pur qu'il l'a jamais été. Vous voyez, chère cousine, qu'il faut que je tienne bien à votre opinion pour vous rendre ainsi compte de ma conduite. Je suis pourtant un peu blessé de ce que vous ajoutez si facilement foi à ce qui peut être désavantageux à mon caractère. Je ne serais pas étonné si l'on vous disait un jour que je vole dans les poches et que vous m'écrivissiez un beau sermon sur le vol. La seule chose qui

---

[1] Mme Staël passa l'été et une partie de l'automne de 1810, dans les environs de Blois. C'est là qu'elle reçut l'ordre de quitter la France sous trois jours. — Les dix mille exemplaires de son livre sur l'Allemagne venaient d'être détruits.

m'empêche de me fâcher, c'est que je crois deviner comment cette étrange tracasserie a eu lieu. Je ne veux pas entrer dans des détails qui pourraient la prolonger, mais comme je serai sûrement à Lausanne d'ici à un mois, je vous l'expliquerai et vous trouverez la chose très simple, vu la source et l'intention. Charles avec lequel j'ai fait quelques affaires qui nous convenaient à tous deux, et que j'ai dû mettre dans la connaissance d'une partie des miennes, en lui laissant le choix de divers objets, vous dira non seulement que ma fortune ne lui a pas paru dérangée, mais encore que je fais des placements qui prouvent que je ne consacre pas mes fonds à jouer.

Je serais fâché que Mme de Nassau eût entendu les mêmes faux bruits qui vous ont si fort épouffée, non que j'espère rien d'elle. Je n'ai jamais voulu d'elle que son amitié, et je cède volontiers à d'autres les espérances et les spéculations sur son héritage. Mais pour faire avec Charles les arrangements que j'ai faits, j'ai eu besoin de sa signature, et comme en la lui demandant je ne suis entré dans aucun détail, elle pourrait croire à des embarras qui n'existent pas ; je vous prie, chère Rosalie, de lui en dire un mot.

Je compte avec toute la certitude que les choses humaines comportent, que nous serons à Lausanne vers le 1er décembre. Par parenthèse, si vous pouviez me mander encore ici, j'aurai le temps de recevoir votre réponse, si nous pourrions trouver un appartement convenable et d'un prix modéré, vous me feriez grand plaisir.

Adieu, chère cousine. Je n'ai pas de rancune contre vous, mais je ne m'explique pas comment vous me jugez. Je ne vous en aime pas moins tendrement, et vous embrasse de même.

CLXXVI

A MADEMOISELLE ROSALIE DE CONSTANT

Melun, ce 18 janvier 1811.

Au moment où je partais de Paris, chère Rosalie, on nous a remis votre lettre du 30 décembre dans laquelle vous vous acquittez si obligeamment des commissions que ma femme avait été assez indiscrète pour vous donner. Nous vous en remercions de tout notre cœur. Ce sera grâce à vous que notre séjour à Lausanne sera commode et agréable. Vous voyez par la date de ma lettre que nous sommes enfin en route. Nous acceptons avec empressement tout ce que vous avez bien voulu faire pour nous, c'est-à-dire l'appartement sur la place Saint-François et la femme de chambre. Ce qui nous décide pour l'appartement, c'est la possibilité de nous mettre en pension pour la nourriture. Sans cela j'aurais préféré l'appartement de ma tante de Charrière que je suis triste de savoir vacant. Le prix de celui que vous nous indiquez me paraît fort convenable. Nous adhérons aussi aux gages de la femme de chambre que Charlotte vous prie de retenir positivement. Nous arriverons avant la fin du mois, je suppose. Les chemins sont affreux à la vérité, et nous mettrons six jours pour parvenir jusqu'à Dôle; mais nous ne nous y arrêterons pas longtemps; et de Dôle à Lausanne il ne nous en faudra que trois. Je vois avec bien de la peine que nous courons risque de ne vous voir que bien peu. Je ne me consolerai point de ne point vous voir du tout, et nous irons plus tôt vous chercher à Saint-Jean.

Je vous écris dans une si mauvaise auberge, avec une si mauvaise plume et à la lueur d'une si misérable chandelle que je suis pressé de finir. Mais faites, je vous prie que nous trouvions un mot de vous au Faucon pour que nous sachions si vous êtes à Lausanne, ce qui nous intéresse en première ligne et en seconde ligne ce que vous avez arrangé pour nous et que nous ratifions d'avance.

Mille choses à ma tante de Charrière si vous êtes avec elle, et à Mme de Nassau si vous la voyez.

CLXXVII

A MADEMOISELLE ROSALIE DE CONSTANT

Lausanne, ce 5 février 1811.

Nous sommes bien et agréablement établis ici, chère cousine, grâce à vous et chaque commodité dont nous jouissons est un sujet de reconnaissance pour votre amitié. On nous fait beaucoup de caresses. Il est impossible d'avoir plus à se louer d'une ville que nous de Lausanne. Toutes les agitations des époques précédentes s'effacent rapidement par la vie douce que nous menons. Vous nous manquez seule, mais c'est la moitié de notre plaisir qui nous manque. Il ne me paraît pas que ma tante Charrière se propose d'aller sitôt à Genève, et je m'en afflige, d'après la résolution que vous en avez annoncée de ne revenir qu'avec elle.

J'ai un petit service tout ridicule à vous demander. Ma femme a pris le jour de son départ de Paris des billets de loterie et voudrait en savoir le sort. Pourriez-vous faire demander par la première personne de Saint-Jean qui ira à Genève quels sont les numéros sortis à Bruxelles dans le tirage du 17 janvier, à Lyon dans celui du 19, à Paris dans celui du 25, à Strasbourg dans celui du 21, et à Bordeaux dans celui du 22 ?

Pardon de cette commission ; j'ai oublié de la faire moi-même à Genève et cependant, si comme cela est probable, nous avions gagné quelques cent mille écus, il vaudrait la peine de le savoir.

Faites-moi le plaisir de demander à Charles ce que je lui dois pour la part de ma caisse, et si je pourrais remettre cette petite somme à quelqu'un ici.

Tâchez de venir, sans Mme de Charrière. Lausanne est par trop incomplet pour moi quand vous n'y êtes pas.

J'embrasse tout Saint-Jean, mais vous par-dessus tout.

CLXXVIII

A MADEMOISELLE ROSALIE DE CONSTANT

Février 1811.

Mon père est arrivé, chère Rosalie, dans les dispositions les plus hostiles que l'on puisse imaginer. Charles a été témoin de l'empressement avec lequel, dès que mon père eut, en sa présence, énoncé ce qu'il désirait alors, j'y ai consenti sur le champ. Mais ce n'est plus aujourd'hui cela qu'il veut. C'est l'annulation de tous les actes passés entre nous depuis vingt-deux ans, et mille choses qui ne tendent qu'à donner à sa nouvelle famille des armes contre moi. J'ai un besoin urgent de la caisse que Charles a eu la bonté de recevoir pour moi, et je vous prie instamment de me l'envoyer, dût-elle être ouverte à la douane, pourvu qu'elle soit bien refermée. Comme elle ne contient que des papiers, il ne peut y avoir aucune difficulté à la sortie. Faites-moi donc le plaisir de me l'envoyer sans aucun retard. Je voudrais, et il m'est très important de l'avoir avant que mon père soit parti. Pardon, chère cousine. Nous sommes une terrible famille, j'espère pourtant que tout s'arrangera ; il n'y a rien que je ne fasse pour cela. La santé de mon père m'inquiète ; son agitation me désole. Ah ! que n'ai-je suivi les conseils qu'on me donnait relativement à cette nouvelle famille. J'ai cru mieux faire et mon cœur m'a bien trompé. Envoyez-moi ma caisse, plaignez-moi et aimez-moi.

CLXXIX

A MADEMOISELLE ROSALIE DE CONSTANT

Jeudi ce 21 février 1811.

Ma caisse n'est point arrivée, chère Rosalie, malgré l'assurance que vous m'en donniez dans la seconde de vos lettres en date du 19. Je ne saurais vous peindre l'effet fâcheux que produit ce retard, même sur l'opinion. Comme mon père a dit une foule de faits qui sont contraires à ce qui a existé, notamment que jamais son intention n'avait été de me laisser jouir d'un bien paternel quelconque, et que les actes sur lesquels ma possession a été fondée, étaient simulés, j'ai dû promettre à M. de Loys[1] la preuve par ses lettres qu'il avait vu la chose tout différemment à l'époque de la passation de ses actes, qu'il avait désiré me mettre en jouissance contre une pension, et que non-seulement il avait été satisfait de mon exactitude à l'acquitter, mais qu'il n'y avait pas d'année où il ne m'eût écrit que j'en faisais davantage, où il n'eût désiré et reçu de moi plus que nos conventions, et où il ne m'eût remercié dans des termes qui prouvaient qu'il n'élevait aucun doute sur la pleine et entière propriété qu'il m'avait cédée. Des assertions aussi opposées aux premières avaient besoin de preuves, et je m'aperçois manifestement que la répétition du retard produit un doute qui m'est aussi douloureux que défavorable.

Ce n'est pas qu'en apparence l'affaire ne soit terminée. Après des désaveux et des divagations incroyables, mon père est revenu à demander 18000 francs au lieu de 15000, et c'est là ce dont il est convenu avec M. de Loys; mais comme il s'est dédit vingt fois, il n'y a aucune raison pour que cet arrangement tienne plus que les autres. D'ailleurs, comme de l'avis de M. de Loys, je ne dois rien terminer que sur des sûretés sur l'avenir, vous sentez, chère cousine, que pour me mettre à même d'être un peu exigeant sur ces sûretés, il faut que j'aie prouvé que positivement, ce n'est pas un dépôt que je ne veux pas rendre, mais que c'est un bien que je défends, et sous ce rapport, ma caisse me manque et son retard m'inquiète beaucoup.

Il m'inquiète aussi sous un autre rapport presque aussi essentiel et peut-être plus. Cette caisse contient non-seulement la correspondance de mon père, mais toutes les correspondances que j'ai eues de ma vie et des copies de beaucoup de manuscrits politiques que je ne pense nullement à publier, mais qui, examinés et indiqués, pourraient avoir mille inconvénients pour moi. Si, comme je le crains, par votre lettre, cette caisse a

---

[1] Oncle de B. Constant.

été abandonnée aux douaniers, sans que personne se soit donné la peine de l'accompagner et de la leur faire refermer, après avoir constaté qu'elle ne contenait que des papiers qu'ils n'avaient pas le droit de lire, Dieu sait ce qui peut en arriver.

Enfin, chère Rosalie, rendez-moi le service de savoir si elle est partie, et écrivez-moi le plus tôt possible, car je suis dans une grande inquiétude et je n'avais pas besoin de ce surcroît-là.

Je n'ai pas le courage de vous parler d'autre chose. Je verrai Mme Hardy, mais je suis bien peu fait pour le monde à présent.

CLXXX.

A MADEMOISELLE ROSALIE DE CONSTANT

Février 1811.

Votre bonne lettre, chère Rosalie, m'a rassuré sur ma caisse qui n'est pas encore arrivée, mais qui me parviendra probablement demain. Je vous en remercie et je me hâte de ne plus vous en parler, parce que je ne vous en ai que trop ennuyée. Je suis bien fâché de la fièvre de Charles. Tout le monde est malade dans cette saison. Ni ma femme ni moi ne nous portons bien, mais de ce que Charles a beaucoup de confrères en maladie, ne rend pas la sienne moins désagréable. J'espère pourtant qu'il se rétablira bientôt. La vie est à elle seule une maladie, sans que la santé s'en mêle.

Mon père, après avoir tout conclu verbalement avec M. de Loys, a transporté la scène à Genève, où, avec les formes les plus douces, il m'a fait prier de venir, et confirmant par une phrase sans détail, que tout s'y passerait sans discussion, comme c'était convenu. Il m'a été impossible, avec ses 85 ans et ses maladies, de m'y refuser, quoique, sous plusieurs rapports, ce voyage me fasse beaucoup de peine. Ma femme m'accompagne. Entre deux inconvénients, j'ai choisi le moins pénible pour elle, et comme on sait le motif de ma course, cela ne peut étonner. Mais j'espère que vous la verrez beaucoup pendant le très petit nombre de jours que nous y passerons et durant lesquels mes affaires avec mon père l'exposeront à être seule. Je compte aussi sur Mlle Bontems et je me recommande à votre amitié.

Adieu, chère Rosalie. J'aurai du plaisir à vous embrasser, quand même tout l'ensemble de la chose et de la vie est fort triste.

CLXXXI

A MONSIEUR CHARLES DE CONSTANT

Nyon, le 5 mars 1811.

Nous avons été forcés, mon cher Charles, de partir de Genève sans nous revoir. Mon père nous a donné rendez-vous ici aujourd'hui, dans sa route pour Brevans, et nous n'aurions pu passer par Saint-Jean sans arriver ici trop tard pour mon père qui, devant partir à neuf heures du matin, veut se coucher de très bonne heure. Je viens donc vous exprimer tous nos regrets, à vous et à ma cousine. Pour Rosalie, nous espérons encore avoir le plaisir de la voir à Lausanne où nous serons demain. Mon père et moi n'avons rien terminé, mais nous sommes, grâces au ciel, dans des rapports plus affectueux, bien déterminés à n'avoir aucune contestation juridique l'un avec l'autre, et ayant laissé pour recommandation à nos hommes d'affaires respectifs, de trouver un moyen quelconque de prévenir toute difficulté à venir, promettant des sommes avec l'empressement le plus vif. J'espère donc que mon père s'en retourne chez lui avec un sentiment moins amer et que son affection m'est rendue. Il n'y a rien que je ne fasse pour la conserver, pour le rassurer sur le sort de ses enfants, et pour ne pas avoir le plus léger remords de cœur à cet égard. Je voudrais bien, mon cher cousin, que vous fissiez une course à Lausanne pendant que nous y sommes. Je vous prie de rappeler à votre femme mon sincère attachement qui date de bien loin, puisqu'il est antérieur à votre mariage. Faites-lui agréer les sincères amitiés de ma femme et croyez à mon véritable dévouement et à mon désir de vous revoir.

CLXXXII

A MADEMOISELLE ROSALIE DE CONSTANT

15 mars 1811.

Nous avons été tellement enchantés des fleurs, chère Rosalie, que nous n'avons découvert que dans cet instant votre joli, bon, aimable billet qui vaut encore mieux que toutes les fleurs. Ma femme est touchée jusqu'au fond du cœur de cette amitié qu'elle partage et qui devient un des grands bonheurs de sa vie. Vous savez que, pour moi, elle a commencé depuis bien longtemps et que, chaque jour, en me donnant de nouvelles raisons de vous aimer, a augmenté en moi ce sentiment qui m'a si souvent soutenu ou consolé. Je vous aime aujourd'hui doublement et pour moi et pour le plaisir que vous faites à Charlotte. Une amie comme vous est plus qu'un dédommagement pour cent ennemis, et un attachement intime fait plus de bien que tout l'extérieur ne peut faire de mal. Recevez donc et mes remerciements et mes assurances d'une tendresse profonde et éternelle. Vous êtes ma sœur de cœur et d'adoption. C'est une compensation que la destinée a cru me devoir du tour que m'a joué la nature.

Nous comptons sur vous à 5 heures pour la comédie. Nous ne ferons pas garder de places parce qu'il y aura peu de monde, à ce qu'on dit. Adieu, chère, chère cousine, je vous embrasse avec mille sentiments que je voudrais tous exprimer.

CLXXXIII

A MADEMOISELLE ROSALIE DE CONSTANT

Bâle, ce 24 mai.

Je ne vous ai pas écrit de Berne, chère Rosalie, parce que j'ai eu pendant le peu de jours que j'y suis resté, une foule de lettres à écrire. Quoique j'eusse annoncé depuis longtemps mon départ, je n'en étais pas assez sûr moi-même, pour l'avoir mandé à ceux de qui je voulais pourtant avoir des nouvelles avant de m'enfoncer dans l'Allemagne. Mon incertitude était toujours venue au secours de ma paresse. Une fois parti, il a fallu bien écrire pour recevoir ici leur réponse ; c'est ce que j'ai fait de Berne. Voilà une longue explication.

Cela me met toujours en colère de penser que presque toujours on perd une demi-heure et la moitié de la lettre pour expliquer pourquoi on n'a pas écrit plus tôt. Je vais à présent vous faire l'histoire de notre pèlerinage jusqu'ici. J'ai pris l'habitude de causer avec vous et je veux la conserver.

Nous sommes partis d'abord bien tristes de vous quitter, nous accusant de faire une sottise, en partant si vite d'un endroit où, grâce à vous, nous nous étions trouvés si bien, et tellement tentés de revenir, qu'à moitié chemin de Moudon, ma femme me l'a encore proposé sérieusement. Mais l'indécision qui empêche de marcher en avant, empêche aussi de revenir en arrière et le mouvement de notre voiture étant donné, nous a entraînés dans le sens de notre première impulsion. A Moudon, je n'ai rien eu de plus pressé que d'aller demander à Mme Bird[1] des commissions pour son père. Je l'ai trouvée dînant avec ces *Dames*, comme la servante les a annoncées. Je suppose que c'était la famille de son mari. Elle est montée avec moi dans ma chambre et a paru au moins aussi surprise que bien aise de me voir, si ce n'est pas plus. J'ai peur qu'elle n'ait aperçu encore plus de curiosité de la voir que d'intérêt dans ma visite. La vérité peine toujours. Enfin je lui ai demandé si elle voulait me charger de quelque chose pour ses parents. Elle m'a répondu qu'elle leur avait écrit la veille ; puis la conversation a langui, quoique je lui aie parlé de M. Bird ; mais j'étais embarrassé. Mon mouvement était fini, et je ne savais trop que lui dire. Au bout de quelques minutes, je suis reparti. J'ai trouvé du reste Wilhelmine, grossie, brunie, pas embellie et ayant pris une manière de parler bourgeoise, avec des formes et des liaisons qui appartiennent aux gens du peuple. Ses cheveux étaient plats et elle avait derrière la tête une petite queue qui se dressait en l'air, comme pour dire qu'elle ne se sou-

---

[1] Sa cousine Wilhelmine.

ciait pas si l'on blâmait ce qu'avait fait sa maîtresse.

De Moudon nous sommes allés à Payerne par un chemin de tous les diables, dont les cahots ont fait sauter une caisse toute remplie de notes et de papiers relatifs à l'ouvrage que vous avez entendu en partie. J'ai rassemblé du mieux que j'ai pu toutes ces feuilles de la Sybille et j'ai assûjetti mon esprit par de grosses cordes qui, j'espère, l'empêcheront de se perdre par les grands chemins. Nous avons soupé à Payerne à table d'hôte avec une comtesse allemande d'une beauté remarquable, venant de Nice, malade de la poitrine, entourée d'enfants, n'ayant elle-même que 22 ans et peu de temps à vivre ; enfin, réunissant toutes les circonstances qui peuvent intéresser, et s'étant laissé donner par toutes ces circonstances un peu d'affectation dans le sens qu'elles indiquent, c'est-à-dire, en mélancolie, en résignation, soupirant, levant les yeux au ciel et montrant l'envie d'être remarquée et d'être plainte. Moi qui pardonne à l'affectation, d'abord parce que la nature ne vaut souvent guère mieux, ensuite parce qu'il n'est pas possible de ne pas charger un peu sur ce qu'on éprouve, quand on se voit regardé, je ne lui en ai pas su mauvais gré.

Enfin, nous sommes arrivés à Berne où nous avons trouvé Mme de Platen aussi blanche et maigre et son mari aussi taciturne que jamais.

J'ai eu à Berne un très grand chagrin. J'ai appris qu'un homme avec lequel j'ai été fort lié, il y a 25 ans, et qui avait alors une belle fortune, assez d'esprit, beaucoup de connaissances et une grande ardeur de s'instruire, était actuellement enfermé à l'hôpital, dans une chambre grillée, sans lumière pour le reste de ses jours. Je l'avais déjà revu à Genève, perdu de réputation, par sa mauvaise conduite, et ruiné. Mais son image dans ce cachot m'a poursuivi toute la soirée, et plusieurs jours de suite j'ai eu un poids sur le cœur. De tous les amis que j'ai eus, les neuf dixièmes au moins ou sont morts ou sont devenus fous ou ont tourné détestablement. On croirait que je les ai choisis à plaisir, pour pouvoir, en faisant beaucoup de sottises, conserver l'avantage d'être encore le plus sage de la compagnie.

A Berne, nous n'avons fait que nous promener et aller au spectacle. Ma femme s'est extasiée sur la beauté de la campagne dans les environs de Berne, et je crois que si j'avais voulu elle s'y serait établie avec moi. Elle a l'excellente qualité de sentir toujours avec une vivacité incroyable les avantages du présent et c'est un grand moyen de bonheur pour soi et les autres. Le spectacle de Berne était assez médiocre, quoique les Bernois en fussent enchantés. Ils applaudissaient d'autant plus que les acteurs jouaient plus à contre sens. Les acteurs français sont affectés dans le sens de la pompe ; les allemands, dans le sens du sentiment. Les uns marchent sur des échasses, les autres se laissent bercer par des nuages ; et il faut un travail sur soi-même pour passer d'un genre à l'autre. Nous avons été à un grand dîner que M. de Gingins de Chevilly qui a connu ma femme en Allemagne, nous a donné. J'y ai rencontré l'une des demoiselles de Gingins, amie de Mme de Nassau ; elle a l'air français à Berne, et allemande à Lausanne, ce qui est dans les deux cas un avantage comme originalité. Nous sommes partis mardi pour Soleure. Nous y avons vu des couvents de femmes beaucoup plus sévères que partout ailleurs ; car les religieuses ne sortent jamais. Il y en avait une jeune et pas très laide, fille d'un ancien Landmann de Soleure. Elle était très pâle et paraissait assez triste. J'aime les couvents en théorie, mais il y a en toutes choses dans la réalité quelque chose qui désappointe et l'expérience a toujours l'air d'être là pour se moquer du raisonnement. On nous a conduits ensuite à l'Hermitage qui est un charmant jardin anglais. Il y avait autrefois un hermite dans toute l'étendue du mot ; aujourd'hui, c'est un tailleur qu'on a affublé d'un habit religieux et à qui on a appris à croiser les mains sur sa poitrine et à s'incliner, mais qui du reste fait des habits, vend de la bière et a quatre livres de pain, trois livres de viande et 10 batzs par semaine pour faire ce métier. Je trouve que cela donne une assez juste idée de la religion dans ce moment-ci.

De Soleure, nous sommes arrivés à Bâle sans autre événement qu'une pluie à verse. Ici, j'avais une lettre de recommandation pour M. Passavant, correspondant de M. Demolin. Il nous a reçus avec une politesse sans pareille. Sa fille nous a promenés partout hier, et nous a envoyé ses chevaux pour aujourd'hui et nous a préparé toutes sortes de choses pour demain. Si vous voyez M. ou Mme Demolin, remerciez-les de ma part. Je ne sais si cette demoiselle Passavant qui est à présent Mme Fesch est celle que M. de Sévery a dû épouser. Elle est tout à fait agréable. Elle a parcouru le pays de Vaud, et m'a parlé de la campagne de Mme de Charrière qu'elle a voulu louer. En arrivant ici, nous avons retrouvé nos comédiens de Berne avec lesquels nous avons soupé à table d'hôte. J'avais commencé à causer avec l'un d'eux, mais j'ai eu le malheur de lui dire qu'il avait joué dans la pièce que j'avais vue un rôle secondaire, tandis qu'il avait joué le premier rôle, et je n'ai jamais pu renouer la conversation. Comme nous n'avons point trouvé ici les lettres que nous attendons d'Allemagne, nous y passerons encore 5 ou 6 jours. Nous regrettons bien la précipitation de notre départ, car nous aurions pu finir le journal et avoir encore avec vous de bien jolies soirées. Du reste, il m'est assez égal d'être à Bâle ou ailleurs. Depuis la vente des Herbages, mon domicile est dans ma voiture et je suis Bâlois autant qu'autre chose.

Voilà, chère Rosalie, un long récit d'un insipide voyage : mais j'ai tellement pris l'habitude de causer avec vous que je ne puis pas la perdre, et vous voyez que vous n'avez rien gagné à avoir attendu quelques jours de mes nouvelles, vous n'en serez pas moins obligée de lire mes pages. Dites, je vous prie à Mme de Charrière combien ses bontés ont laissé dans mon cœur un souvenir profond et combien ardemment je désire que nous la revoyions bientôt. Elle et vous, avez rendu le séjour de Lausanne, une des époques les plus heureuses de notre vie. Votre absence, au commencement de ce séjour, nous a fait même sentir encore combien votre présence nous a fait de bien. Je vous assure que dès que nos affaires seront arrangées en Allemagne, nous nous hâterons de nous rapprocher de vous. J'avais promis à ma femme de lui laisser écrire quelques mots dans cette lettre; mais la page est pleine et vraiment je ne veux pas que vous en ayez à lire une cinquième. Je ferme donc ma lettre sans le lui dire. Elle vous écrira une autre fois. Si, comme je l'espère, vous êtes assez bonne pour me répondre, adressez sous le couvert de MM. Passavant et Fesch à Bâle. Je vous aime de toute mon âme et vous embrasse tendrement.

CLXXXIV

A MADEMOISELLE ROSALIE DE CONSTANT

Bâle, ce 4 juin 1811.

Je vous remercie bien, chère Rosalie, de votre bonne et aimable lettre. Vous auriez bien dû, en échange de mon journal, m'envoyer celui de votre vie, qui, pour être paisible, ne nous aurait pas moins intéressés. Faites-le, je vous prie, dans votre réponse. En attendant, je vais continuer à vous dire tout ce qui nous est arrivé, pendant notre séjour ici, où comme vous le voyez nous sommes encore. M. et Mme Fesch ont continué à nous mener promener dans les environs, ce qui paraît être le grand et même le seul divertissement des habitants de Bâle. Le pays est moins beau que dans toute autre partie de la Suisse. Il n'y a que le Rhin qui soit superbe. On s'y attache comme à une personne et je sens que j'aurai de la peine à le quitter. Je trouve que la rapidité de son cours inspire le respect que l'on a pour un homme de génie occupé d'une grande idée. A le voir se hâter ainsi de toutes ses forces, on dirait qu'il se presse pour mettre à exécution quelque noble entreprise. Hélas ! après avoir ainsi roulé bien majestueusement ses ondes, il va se perdre dans les sables de la Hollande. Mais enfin, tant qu'il dure il est très beau et j'ai appris à me contenter des gens tant qu'ils durent. Une Mme de Custine [1], sœur de M. de Sabran, et voyageant avec son fils en Suisse et en Italie, est arrivée. On l'a aussitôt mise de moitié dans les honnêtetés qu'on nous faisait, et nous avons couru Bâle et ses alentours ensemble. Notre premier séjour ici était motivé sur l'espérance de recevoir d'Allemagne des lettres que nous n'avons pas reçues. Pour ne pas perdre tout mon temps, j'ai dépaqueté ma caisse de papiers, et je me suis mis à travailler quelques heures par jour. Il en est résulté que pour achever ce que je m'étais proposé de faire, et pour remettre en ordre ce que j'avais dérangé, il a fallu du temps et voilà pourquoi nous sommes encore ici. Vous verrez à Lausanne cette Mme de Custine. Elle a avec elle, comme ami ou comme amant, le petit médecin allemand pour qui j'avais donné une lettre à M. de Vinterolles qui lui a demandé une consultation dont il s'est assez bien trouvé. C'est un homme d'étonnamment d'esprit et de connaissances. Nous avons été voir ensemble la Bibliothèque où il y a des tableaux d'Holbein qui sont une meilleure démonstration de l'Evangile que tous les ouvrages de théologie du monde. Il y a deux ou trois panneaux dans un tableau de la Passion qui font péné-

[1] Delphine de Sabran, marquise de Custine. Son frère Eléazar fut un des hôtes assidus de Coppet.

trer la religion jusqu'au fond de l'âme. Je me suis mis à préférer la peinture à toute composition littéraire, peut-être parce qu'elle se passe de la parole, et que la parole a été tellement torturée depuis quelque temps qu'elle gâte tout ce qu'elle exprime. J'ai trouvé ici une Mme César de Berlin qui a assez connu Auguste d'Hermenches lorsqu'il était attaché à Mme de Lichtena.. C'est une excellente femme de 70 ans au moins qui st aimable par sa manière d'aimer sa fille et ses petits nfants. Une des choses qui me fait le plus de plaisir ans le monde, c'est de voir aimer. Nous avons passé chez elle deux ou trois soirées, écoutant deux filles de 15 à 18 ans et d'une figure charmante, chanter des romances allemandes et françaises, ces dernières avec un accent bâlois, mais avec une si bonne intention qu'on ne pouvait leur en savoir mauvais gré. Nous partons enfin après demain, à moins que nous ne restions plus longtemps. Nous irons assez lentement par l'Allemagne pour éviter les douaniers et de jour pour éviter les voleurs, qui se multiplient sur la route que nous avons à parcourir. Je serais doublement fâché d'être volé, d'abord, pour moi, ensuite pour ceux qui me voleraient et qui finiraient par être pendus. Ce sont des paysans qui meurent de faim. On met tant qu'on peut de la maréchaussée sur pied, pour leur persuader qu'ils ne doivent pas se fâcher de ce genre de mort. Les gouvernements combattent la faim par la potence, mais il n'est pas décidé laquelle de ces deux puissances morales l'emportera, et en attendant, il y a déjà eu quelques voyageurs d'assassinés.

Je ne conçois rien à ce que vous m'écrivez sur mon roman[1] et cela commence à m'inquiéter. Vous me rendriez un véritable service, chère Rosalie, si vous vouliez écrire à Mme de Duras, pour savoir d'elle sur quel fondement elle croit que ce roman circule. Personne au monde n'en a une copie, personne au monde ne sait

---

[1] *Adolphe*, qui ne parut qu'en 1816.

où se trouve celle qui existe et qui n'est confiée à personne, mais enfermée dans une caisse dont j'ai la clef. Il faudrait que mon vieux copiste m'eût fait une infidélité, que je ne suppose pas, parce que ce n'est pas à son honnêteté, mais à sa bêtise que je me fie. Cependant je désire beaucoup être éclairé là-dessus. Vous pourrez promettre à Mme de Duras que si elle peut m'indiquer où est la copie qu'elle dit exister, je la lui ferai remettre tout de suite. Et en effet, dans ce cas, j'aime autant et mieux, qu'elle soit entre ses mains qu'autre part. C'est un vrai service que vous me rendrez, même comme argent. Un libraire de Paris m'a fait offrir, il y a un an, une somme fort au-dessus de ce que je croyais pour ce roman, et s'il était entre les mains de mon vieux copiste, il ne l'aurait eu que par subterfuge et ne se ferait aucun scrupule de rendre sa friponnerie profitable.

Il est possible que je vous adresse d'ici par la diligence un petit paquet de livres qui nous incommodent et que je vous prie de nous garder. Vous pourrez l'ouvrir pour les lire, si cela vous tente. Il n'y a que Sismondi sur les Républiques, les saisons de Thomson et des livres allemands. A propos de livres, les éditeurs du *Dictionnaire biographique* m'en ont, comme de raison, adressé un exemplaire chez Paschoud, mais je ne sais comment le faire prendre. Voici leurs lettres. si vous voulez avec cette lettre ci-jointe charger quelqu'un de le retirer, vous me feriez plaisir et vous liriez le peu d'articles que j'y ai fournis avec beaucoup d'autres plus intéressants.

Je suis fâché d'être la cause innocente de la brouillerie de mon père avec notre bonne tante. Je lui en demande mille pardons, elle sait que ce n'est pas ma faute. Mon père m'a répondu à une lettre que je lui avais écrite de Berne pour refuser toute correspondance ultérieure avec moi. J'ai répliqué sans entrer dans le fond de la discussion passée, et comme le hasard a fait que j'ai été chargé d'une affaire pour lui, j'espère qu'il me répondra et que notre correspondance en se prolongeant adoucira sa disposition.

J'avais écrit comme vous le supposez à Mme de Nassau et j'ai reçu une réponse très aimable ; je lui écrirai encore avant de partir d'ici. Mais pour me mettre en route après demain, j'ai encore mille choses à faire. On se souvient ici avec plaisir de son apparition et de la vivacité de Mlle Rieu. Je cède la place à Charlotte qui pour cette fois ne veut pas que ma lettre parte, sans qu'elle y joigne quelques mots pour vous.

CLXXXV

A MADEMOISELLE ROSALIE DE CONSTANT

Strasbourg, ce 20 juin 1811.

Vous m'aurez, je suppose, chère Rosalie, répondu à Francfort ou chez Villars. Vous nous y croyez déjà, ou plutôt, vous croyez que nous en sommes déjà repartis, et nous n'y sommes pas encore. Avant de vous récrier sur l'instabilité de nos projets et de nous accuser de folie, il faut que vous sachiez la cause de nos retards. Mais vous ne l'apprendrez que par ordre de date. Je vais recommencer mon journal depuis le jour où ma dernière lettre est partie, et vous y verrez notre marche et nos raisons.

Je vous ai écrit le 4. Le lendemain nous avons fait avec nos amis bâlois une partie de campagne pour voir des antiquités romaines, dans une ancienne colonie détruite, je crois, par Attila. Il y a d'assez beaux restes d'un amphithéâtre, et des tours en grand nombre dans les murs desquelles on nourrissait des bêtes féroces, et dans les autres on jetait les prisonniers qu'on ne livrait pas aux bêtes, et qu'on y laissait mourir de faim, quand ils n'étaient pas morts de la chute. L'espèce humaine offre toujours de gentils souvenirs, et c'est un joli commerce que font les générations entre elles. Ces ruines appartiennent à un gros marchand de papier, et le bruit de son moulin a remplacé les cris des gladiateurs et les rugissements des lions. Nous avons trouvé un très bon goûter chez ses filles dont l'une ressemble étonnamment à Mme de Kloest. En général, pour l'esprit comme pour le corps, la nature n'a qu'un certain nombre de moules, et pour peu qu'on vive, on la trouve, dans ce qui tient à l'homme, d'une singulière monotonie. Cela fait que je crois toujours reconnaître ceux que je n'ai jamais vus, et que ceux que je vois, je les oublie. Il y a bien plus de variété dans les arbres. Le lendemain, nous avons fait nos paquets et nos visites d'adieu, et nous revenions paisiblement chez nous, lorsqu'en passant devant la poste, ma femme voulut demander s'il n'y avait pas de lettres pour elle. J'avais la certitude qu'elle n'en avait pas, y ayant été le matin même. Mais voilà-t-il pas que le courrier de Paris arrivé le soir en avait apporté une, par laquelle on lui annonçait que toutes les personnes que nous comptions trouver à Cassel étaient à Paris, et on nous pressait fort de nous y rendre. Nous hésitâmes quelques moments, mais nous trouvâmes pourtant qu'il était absurde de faire 200 lieues de détour, avec la chance d'arriver au moment où tout le monde serait sur le point de repartir, et nous décidâmes que nous écririons à Paris pour que ma femme sût précisément les projets de sa famille et que nous viendrions attendre ici la réponse, Strasbourg nous rapprochant de l'Allemagne, sans nous éloigner de Paris. Par l'événement, nous avons bien fait de prendre ce parti. La réponse n'est pas encore arrivée, mais un Hanovrien qui vient de Paris et qui a vu tous les parents de ma femme, nous a appris qu'ils n'y restent plus que trois semaines, de sorte que nous allons nous remettre en voyage pour ne plus nous arrêter qu'à Francfort. Le 8, en conséquence de nos délibérations, nous sommes partis pour coucher à Fribourg en Brisgau. Nous y avons vu une belle cathédrale, et entendu une musique d'église très aérienne, très touchante. En sortant, nous avons été voir une horrible petite fille de 7 ans qui pesait 200 livres et qui faisait contraste avec l'aérien de la musique. Ce petit monstre avait quelque chose de plus dégoûtant qu'un animal. Je m'étais muni d'une lettre pour un banquier d'ici, de sorte qu'en arrivant je me suis retrouvé en pays de connaissances. On nous a reçus encore mieux qu'à Bâle. Nous avons eu de grands dîners. La conversation française quoique provinciale et prétentieuse, m'a paru piquante après le bon cœur un peu monotone des Bâlois. Le chef de la maison de banque pour qui j'avais une recommandation est une Mme Franck, qui a eu le courage après la mort de son mari et au commencement de la Révolution de se mettre seule à la tête de sa maison et d'en conduire la correspondance et les opérations au milieu de tous les orages. Le succès l'en a récompensée. Elle a sauvé son immense fortune, marié ses deux filles qui sont fort heureuses, et elle vieillit à présent très doucement. J'ai retrouvé à un de ces dîners un ancien secrétaire de M. Barthélemy, que je n'avais rencontré à Paris qu'une seule fois, il y a 15 ans, pour avoir avec lui une violente querelle sur la politique, sur laquelle nous étions alors d'avis différents. Nous nous sommes reconnus et nous avons été les meilleurs amis du monde. Depuis que le régime actuel a tué toutes les opinions, on se revoit comme des morts sur l'autre rive, et l'on vit comme des morts dans une profonde paix.

Pour ne pas me borner pendant les huit ou dix jours que nous devions rester ici à dîner chez des banquiers et à courir les rues, j'ai dépaqueté une caisse, et j'ai fait un travail assez utile, sur l'ouvrage dont vous avez eu la patience d'écouter une si grande partie. Les matériaux que j'ai encore à employer sont dans un tel ordre que je pourrai me mettre à les rédiger aussitôt que j'arriverai à Gœttingue, et j'espère bien n'en point partir que je ne sois parvenu à avoir donné à tout l'ensemble une forme qu'il ne me restera plus qu'à perfectionner.

J'ai été fâché de ne pas trouver ici Adrien Lezay[1], qui y est préfet. Il venait de partir pour Paris, et l'on dit qu'il a été nommé préfet de *Rome*. On le regrettera à Strasbourg. Il s'est acquis une réputation de courage, en défendant sans succès les établissements de la Province qu'on a envahis comme partout. Il y a encore plus de bon esprit que de courage à se donner ainsi l'air de lutter contre un gouvernement, qui ne s'irrite pas de l'apparente résistance de ses instruments, parce qu'il est bien sûr de leur obéissance en définitive.

A présent je commence à être fort impatient d'arriver. Comme je ne présageais pas cette station à Strasbourg, je n'ai donné mon adresse ici à personne, de sorte que je suis sans lettres quelconques d'aucun pays de la terre, et c'est une des choses qui, lorsqu'elles se prolongent, font sur moi l'effet de la plus grande tristesse. Je vous ai adressé par M. Iselin, l'hôte des Trois Rois à Bâle, un paquet de livres et au régent Meylan un autre. Vous me ferez bien plaisir de me marquer si vous l'avez reçu. Mlle Nicolas m'a gardé l'ouvrage de M. Schlegel sur la littérature dramatique. Faites-vous le rendre, je vous en prie.

Adieu, chère Rosalie, j'espère trouver des lettres de vous à Francfort. Elles me manquent bien, et j'ai beau faire, je suis affligé du silence qui m'entoure, quoique ce soient mes arrangements qui l'ont causé. Je suppose que Charles est auprès de vous. Dites-lui mille

---

[1] Adrien, comte de Lezay-Marnesia, préfet sous l'Empire, publia des ouvrages politiques et littéraires, entr'autres une traduction de *Don Carlos* de Schiller. Il était en correspondance avec mademoiselle Rosalie de Constant.

choses ainsi qu'à Mme de Charrière que nous aimons et chérissons tendrement.

CLXXXVI

A MADEMOISELLE ROSALIE DE CONSTANT

Francfort, ce 4 juillet 1811.

J'ai trouvé hier votre lettre à Hanau, chère Rosalie, et j'y répondrai à la fin de celle-ci ; mais auparavant je reprends ma narration à laquelle je suis tout accoutumé avec vous. En portant ma lettre pour vous à la poste, le 20 du mois dernier, j'en ai retiré une pour ma femme, et nos dernières incertitudes ont été finies. Toute sa famille sera de retour à Cassel dans 15 jours, de sorte que nous nous sommes félicités de n'avoir pas dérangé nos plans de voyage. Nous sommes cependant restés encore cinq jours à Strasbourg, pour répondre à différentes invitations et voir encore différentes choses, entr'autres le corps d'une jeune fille de 12 à 13 an, enterrée, il y a 300 ans, en 1508, et déterrée, il y en a 7, dans un état de conservation très étonnant. Cette vue m'a produit une profonde impression. On distingue encore tous les traits et cependant c'est une tête de mort ; mais une tête de mort avec un air de jeunesse. On lui avait mis des roses sur les cheveux, les cheveux ont disparu, les roses ont conservé leur couleur et reposent sur le crâne. Les mains sont entières, jointes sur la poitrine, comme en prière. Sur une petite bague est gravé le nom de Jésus. Les vêtements sont frais et élégants, et ces fleurs, ces ornements, toute cette recherche de la vie, depuis 300 ans dans un cercueil, ces traits enfantins décomposés par la mort, sans être vieillis! Je suis resté plus d'une heure à contempler cette antique enfance et j'ai fait des réflexions qui ont été faites mille fois, mais qui semblent toujours nouvelles, parce que la mort, comme tout ce qui nous frappe dans nous-mêmes, a singulièrement le don de renouveler les impressions qu'elle cause. Enfin nous sommes partis de Strasbourg le 25, et nous avons passé par Bade, petite ville où il y a des bains et où se réunit cette année toute la société du midi de l'Allemagne. J'y ai aperçu le roi de Bavière, agissant toujours dans un sens et parlant toujours dans un autre, ruiné par des états qu'on lui donne, et gagnant, à chaque accroissement de territoire, des dettes et des ennuis de plus ; à Bade le ciel s'est ouvert et à versé des torrents de pluie. Il a fallu rester et faire comme si nous étions venus pour nous amuser. Nous y avons donc vu toute la société, mais je crois vous avoir déjà dit que lorsqu'on a beaucoup couru le monde, on range, à peu d'exceptions près, tous les inconnus, dans un moule connu, et qu'alors toute curiosité est finie. Cela ressemble à un herbier ; c'est tout aussi desséché, mais les couleurs sont moins brillantes. Sachez-moi gré de la comparaison que je fais en votre honneur. Au bout de deux jours d'inondation, nous avons vu que l'intention du ciel n'était pas encore de nous noyer. Nous sommes repartis et arrivés le 28 à Heidelberg. J'ai vu là les jeunes de Loys pour lesquels j'ai passé toute une journée. Nous nous sommes promenés ensemble. L'aîné est un très joli garçon, vif, assez gai, studieux, à ce qu'il m'a dit, et m'ayant paru désirer avoir dans son pays une carrière telle qu'il en offre. C'est bien ce qu'il y a de mieux.

Heureux qui n'a point vu l'étranger dans ses fêtes!

Les routes ne sont point sûres. On attaque assez souvent la nuit. Les gouvernements redoublent de rigueur. Tout ce qui est pauvre est suspect, et à la moindre occasion, tout ce qui est suspect est arrêté. Il y a 20 prisons à Heidelberg, toutes pleines. Comme quelques prisonniers ont tenté de s'échapper, on les lie à présent à la muraille par le milieu du corps, par le col, par les bras et par les jambes, et au lieu d'arrêter leurs chaînes par des cadenas on les rive sur le corps même. Ils ne peuvent point se coucher, et ne dorment qu'en s'appuyant sur leurs chaînes. C'est commode pour les geôliers. Cependant on ne peut pas dire qu'on ne fasse pas de distinction entre les coupables et les innocents ; car comme on ne juge que ceux qui avouent, et que les innocents ne peuvent pas avouer, on garde ceux-ci indéfiniment. C'est la guerre, non plus de ceux qui n'ont pas contre ceux qui ont, mais de ceux qui ont contre ceux qui n'ont pas, et la révolution leur ayant donné l'expérience de la peur, ils mettent une grande fermeté dans leurs mesures. Un joli moment pour la race humaine ! De Heidelberg nous sommes venus coucher à Francfort, et j'ai été le lendemain à Hanau. Villars venait de partir pour Stuttgard où il conduit son fils Jules qu'il place au service du Wurtemberg. Je n'ai donc trouvé que Mme de Villars et sa fille Annette que je n'avais jamais vue et qui est assez laide. Mme de Villars a bruni et grossi, ce qui ne lui va pas mal, de sorte qu'elle est presque aussi bien que quand je l'ai vue, il y a 20 ans. Elle serait plus flattée de ce que je dis là à présent qu'elle ne l'aurait été alors. Nous avons été tout de suite très bien et ensuite le plus tendrement du monde, parce qu'à l'occasion de Mme Bird, elle s'est plainte amèrement de Constance que je n'ai pas défendue, et vous savez combien les haines communes sont une bonne base d'amitié. Il n'y a de solide que les alliances offensives. Elle est tout à fait réconciliée avec le mariage de sa fille qui l'a obligée à mettre des nuances passablement incohérentes dans ses prétentions et ses principes aristocratiques. Je lui ai beaucoup dit qu'au milieu des trônes écroulés et des peuples détruits le mariage d'une descendante, par les femmes, de la famille de Linden avec un homme sans aïeux était un moins grand événement qu'il ne l'eût été autrefois. Elle en revenait toujours à l'origine des Cazenove, et avait beaucoup plus de plaisir à abaisser M. d'Arlens jusqu'à M. Bird qu'à élever M. Bird jusqu'à elle. Elle m'a beaucoup prié, ou de lui amener ma femme que la fatigue avait retenue à Francfort, ou de lui donner un rendez-vous à Francfort où elle voulait venir nous voir. Mais comme aller à Hanau nous coûterait deux ou trois louis et qu'exiger que Mme de Villars vînt me paraîtrait indiscret, je crois que nous nous en tiendrons à ma visite et à une lettre de regrets et d'espérance de quelque dédommagement futur.

Actuellement, nous partons demain pour Wisbaden d'abord, où nous nous arrêterons un ou deux jours, parce que nous ne trouverions encore personne, de retour de Paris. Faites-moi le plaisir de m'adresser toutes mes lettres chez MM. les frères Bethmann à Francfort, on me les renverra et c'est plus sûr que si elles me devançaient ailleurs.

Je prends actuellement votre bonne lettre pour y répondre. Je laisse à ma femme qui vous écrira bientôt à vous remercier de toutes les amitiées que vous lui dites, je sais qu'elle y est bien sensible. Elle ne s'est jamais mieux trouvée qu'à Chaumière, et, tout en avançant vers sa famille, elle vous regrette et se fait un grand plaisir de retourner vers vous. Elle n'a pas été bien ces derniers jours, et nous comptons consulter à Wisbaden où il y a des bains pour savoir ce qu'il y a à faire pour sa santé qui m'inquiète.

Je me plains toujours de ce que vous ne m'envoyez pas votre journal. Que ne le commencez-vous du jour où ma lettre vous arrive. J'aime vos pensées bien plus que mes faits : les pensées de ceux que nous aimons sont des faits pour nous. J'ai vu par une lettre de Meylan que vous avez reçu mes livres. Je vous recommande mon Schlegel de Mlle Nicolas. J'espère que vous avez le Dictionnaire de Michaud. Il me le doit. Quels sont donc les articles que vous comptez sauter ? Je n'en connais aucun qui puisse effaroucher vos scrupules.

Oui, je travaille. Depuis que j'ai touché le sol allemand, il m'a pris une ardeur pour mon livre qui ne me laisse pas de repos. Je crois que vous serez contente, même de sa tendance pour employer une expression germanique. J'y ai beaucoup réfléchi, et je pense avoir découvert le moyen de tout concilier, sans manquer à cette bonne foi littéraire qui est peut-être mon seul et sûrement mon plus grand mérite.

Ce que vous dites sur le moral des gens de lettres est parfaitement vrai. L'habitude de penser les sort de la sphère de leurs circonstances personnelles, et par là même ôte ce qu'il y a de plus âpre et de plus douloureuse dans l'égoïsme, la continuité d'une pensée fixe qui devient insupportable par sa durée même. Mais cela fait aussi que la vie des gens de lettres est souvent si mal arrangée. Ils ont leur établissement en eux-mêmes. Ils sont comme l'araignée qui, dès qu'on la laisse en repos dans un coin, tire de son sein de quoi filer. C'est aussi pour cela que je me suis toujours mis beaucoup plus en colère de ce qu'on agitait ma vie que de ce qu'on m'obligeait à prendre tel genre de vie plutôt que tel autre.

J'ai trouvé ici une lettre de Marianne, au nom de mon père, sèche et peu mesurée dans ses expressions. Mon père désire quelque changement dans nos arrangements. J'avais cru le voir dans ce que son avoué m'avait mandé de Genève. Je les lui avais offerts, et je vais m'en occuper avec toute la célérité que permettent les distances.

Au moment où je partais d'ici Villars est arrivé, et nous nous sommes rencontrés à table d'hôte. Il m'a donné tout le jour d'hier et nous avons parlé de toutes les personnes qui vous intéressent.

Villars revenait de Stuttgard. Le roi de Wurtemberg a fait les choses très bien pour Jules, qu'il a monté et équipé à ses frais. Nous portons malheur aux monarchies au service desquelles nous entrons. Je souhaite pour Jules qu'il n'en soit pas autant de celle-ci. Pour lui, dis-je, car le Roi de Wurtemberg est le Prince auquel je m'intéresse le moins, ce qui n'est pas peu dire.

Aussitôt que j'aurai fermé ma lettre nous remontons en voiture, et nous nous rapprochons encore un peu de notre destination ; je vous ai déjà dit de m'écrire toujours chez les frères Bethman à Francfort.

Savez-vous ce qui me poursuit ridiculement? C'est le titre de Baron. Les aubergistes allemands ont le diable au corps pour le donner à tous ceux qui portent le de ; et comme on met toujours dans chaque gazette le nom des étrangers qui passent, je me suis vu dans celle de Francfort, le Baron de.... et sa femme, et l'Envoyé de France en m'écrivant m'a mis ce titre sur l'adresse. Cela me désole, parce qu'il serait trop Arlequin de s'être débaronné pour être français, et de se rebaronner en Allemagne ; d'autant qu'entouré comme je le serai à Cassel de mes anciennes connaissances de Paris, cela serait pis qu'un ridicule et pourrait avoir de vrais inconvénients. Je suis donc aussi triste quand les sommeliers me donnent ce titre que l'était M. d'Hermenches quand on le lui refusait.

Mon papier est à bout et quoique le plaisir de causer avec vous ne le soit pas, il faut bien finir. Adieu, chère Rosalie. Mille choses à Mme de Charrière que nous aimons de tout notre cœur. Parlez-nous donc de votre santé, de votre vie, de tout ce qui est vous ; je suis las de vous parler tant de moi quand vous me donnez un exemple si contraire, et je me découragerai tout à fait.

J'ai su par Mme de Nassau que Charles avait été à Lausanne et qu'elle l'avait vu lui et sa femme avec grand plaisir.

Adieu encore.

CLXXXVII

MADEMOISELLE ROSALIE DE CONSTANT

Cassel, ce 17 août 1811.

Il y a bientôt six semaines, chère Rosalie, que je ne vous ai pas écrit, car je ne compte pas ma petite lettre du 14 juillet qui n'était destinée qu'à vous annoncer que j'avais retrouvé le paquet de Villars, et que je le lui avais envoyé. Je reprends donc mon récit depuis le 6 juillet, pour vous raconter ce qui nous est arrivé jusqu'à présent, que nous sommes enfin depuis deux jours dans la famille de ma femme. Le 6 juillet, après que j'eus mis ma lettre à la poste, nous partîmes pour Wisbaden où nous espérions être rejoints par le jeune Marenholtz qui revenait de Paris. Nous séjournâmes huit jours à Wisbaden, sans autre amusement qu'un spectacle, où une assez bonne troupe de comédie jouait d'assez mauvaises pièces. Au bout de ces huit jours, voyant que personne n'arrivait, nous partîmes pour Schwalbach, voulant au moins changer de lieu pour secouer l'ennui des auberges. Nous trouvâmes là quelques connaissances de ma femme qui nous aidèrent à passer le temps, et bientôt une diversion plus sérieuse nous empêcha de nous ennuyer. Charlotte tomba assez sérieusement malade d'un commencement de dyssentrie, et fut plus de dix jours très souffrante. Elle n'est pas encore tout à fait remise et a fréquemment des douleurs d'entrailles assez violentes. Enfin personne n'arrivant, pas plus à Schwalbach qu'à Wisbaden, nous nous déterminâmes à ne plus attendre. Nous avions compté prendre le chemin le plus court pour aller directement de Schwalbach à Cassel, mais les routes par là étant détestables, nous fûmes forcés de retourner par Francfort, d'où nous sommes arrivés ici en trois jours. Ma femme y a trouvé son fils de retour. Il nous avait cherchés dans d'autres bains que ceux où nous étions et s'était lassé de nous chercher, comme nous de l'attendre. C'est un très beau jeune homme d'une physionomie charmante et du caractère le plus estimable. Il jouit à vingt ans d'une rare considération. Depuis la mort de son père il élève plusieurs frères et sœurs que son père a eu d'une seconde femme qui est morte aussi, et sa conduite est pleine de prudence, de délicatesse et de raison. Il aime passionnément sa mère et nous irons probablement passer quelque temps chez lui. J'ai fait connaissance ensuite avec toute la famille de ma femme, dont je ne connaissais que quelques personnes pour les avoir rencontrées à Brunswick, il y a bien longtemps. Je ne saurais assez me louer de la réception que tous m'ont faite. Il y a beaucoup plus d'esprit de famille en Allemagne qu'en France et même qu'en Suisse. Je me trouve de la famille au bout de deux jours avec des gens que je n'ai jamais vus. Mon beau-frère surtout est un homme excellent pour moi. Je lui en sais d'autant plus de gré qu'il met beaucoup de prix à la faveur de la cour et que sous ce rapport je suis un très mince personnage. Cependant il n'est pas possible de témoigner de plus de manières une plus vive amitié à mon égard. En général, c'est une assez drôle de position que la mienne. Pour vous en donner une idée, je me borne, sans entrer dans des détails, à vous dire que toute la famille de ma femme est composée en entier des ministres, des grands officiers et des favoris de la cour de Westphalie, et que c'est au milieu d'eux que je passe ma vie. Je suis le seul qui n'ai pas un habit brodé sur toutes les coutures, trois ou quatre cordons sur les épaules, et trois ou quatre ordres sur la poitrine. Tout cela me servira du reste pour mon établissement à Gœttingue où j'irai du Hardenberg qui n'en est qu'à une lieue. J'y porte pour une douzaine de professeurs des recommandations de trois ou quatre ministres, et j'aurai à ma disposition la plus belle bibliothèque de l'Europe, dont je profiterai pour achever l'ouvrage auquel vous voulez bien vous intéresser.

Du Hardenberg, ce 21.

J'ai interrompu cette lettre, chère Rosalie, et je suis dans l'intervalle arrivé ici en passant par Gœttingue. Je m'y suis arrêté un demi-jour pour préparer ma liaison avec les professeurs auxquels j'aurai recours pour des livres. Tout le monde vient au-devant de ce dont je puis avoir besoin. J'y ai vu le pauvre Villars qui a été bien tourmenté ; mais j'espère que ses tribulations sont finies. De là nous sommes venus ici où ma belle-sœur nous a reçus de la manière la plus obligeante. C'est un très beau château, dans un site un peu triste, mais dont on a tiré le meilleur parti qu'on a pu. A cinq minutes il y a les ruines de l'ancien château, qui était beaucoup mieux placé. On y voit entr'autres curiosités une fenêtre par laquelle a sauté une demoiselle du Hardenberg, il y a je ne sais combien de temps, pour ne pas épouser un chevalier qui avait tué son amant. On voit sur un rocher des taches rougeâtres qu'on prétend être des gouttes de sang de la pauvre folle qui se tua en tombant. Ma belle-sœur est une femme de 50 ans, assez spirituelle et très obligeante. Elle a trois filles dont une est mariée, et dont les deux autres vivent habituellement avec leur mère. Ce sont de jolies personnes, et c'est en tout une société fort douce. Ils veulent nous garder jusqu'à l'époque où eux-mêmes retournent à Cassel, c'est-à-dire près de trois mois ; mais je compte prendre un appartement à Gœttingue, dans une quinzaine de jours, sauf à laisser ma femme ici où elle est tellement caressée que je n'ai nulle envie de l'en éloigner pour la mettre au milieu de tous les professeurs de Gœttingue. C'est si près que je pourrai, sans me déranger, revenir la voir toutes les semaines une ou deux fois, et je travaillerai mieux à Gœttingue que je ne le pourrais ici où la vie de château prend nécessairement beaucoup de temps. En tout, mon établissement pendant le temps que je passerai en Allemagne a toutes les circonstances pour lui, et si je n'étais pas heureux, ce serait bien complètement la faute de mon caractère. Ma femme est très heureuse et toujours telle que vous l'avez vue, prête à se fixer à Gœttingue si je le veux, quoiqu'elle soit tendrement aimée de tous ses parents.

Maintenant, chère Rose, que je vous ai bien mise au fait tant du présent que du passé, je vais reprendre votre bonne lettre et y répondre. Vous saurez déjà par ma petite lettre de Wisbaden que votre paquet a été envoyé de là à Villars. Il ne m'en a pas accusé la réception, mais comme je l'ai enregistré à la poste je ne doute pas qu'il ne lui soit parvenu. Je lui ai pourtant écrit de Cassel pour en être informé positivement. Comme je ne l'ai point revu et que le voyage de Victor n'est point de nature à être traité par lettre, je ne puis rien vous mander à cet égard. Je comprends vos inquiétudes et je les partage ; mais il m'est impossible, lors même que le motif de ce voyage ne serait pas uniquement celui qu'il lui donne, de ne pas approuver de tout mon cœur le parti qu'il a pris comme le plus noble, le plus digne d'un homme attaché à ceux auxquels il a paru vouloir se vouer, et comme ne pouvant manquer de le conduire à une grande considération et à une existence honorablement assurée. Je sais bien qu'il est à craindre que cette existence ne le fixe loin de vous, et c'est un malheur contre lequel tous les raisonnements faiblissent ; mais dans la tempête au milieu de laquelle nous vivons, chacun est forcé de saisir une branche, et la fureur des vagues sépare ceux que la nature et les affections sembleraient devoir réunir. Au reste, cette même tempête doit vous empêcher de trop vous affliger de ces séparations qui peuvent fort bien n'être que momentanées, car qui sait où chacun de nous sera appelé à reposer sa tête? Je comprends le plaisir que vous avez eu à être réuni à votre frère et à sa famille. Lui et sa femme sont en effet aimables chacun à leur manière. Il a une grande connaissance des hommes et des choses et les considère avec une grande originalité qui ne nuit point à sa raison. Elle a de la noblesse, de la justesse dans l'esprit, de la convenance et de la finesse. Je ne crois point qu'elle ne vous aime que faiblement. Le seul défaut que je vous connaisse, c'est de ne pas vous croire aimée autant et comme vous l'êtes. Vous avez eu bien souvent cette injustice avec moi. C'est alors vous qui vous mettez à une distance dont on souffre. Et j'ai quelquefois eu avec vous le sentiment que vos doutes mêmes jetaient dans une gêne qui empêchait de vous en montrer la fausseté.

J'ai été tout triste de la perte que vous avez éprouvée. Oui, sûrement, j'aurais eu bien du plaisir à vous témoigner combien il me serait doux de vous rendre même les plus petits services, et s'il en était temps encore, vous devriez me consoler d'être si loin et d'arriver si tard, en m'en donnant un moyen quelconque.

Pendant que M*me* de Montolieu traduisait le *Geister Seher* de Schiller, j'étais occupé à le relire à Wisbaden; car je l'avais lu, il y a déjà plusieurs années. Je crois que le fond est véritable. Vers la fin du siècle dernier, et sous le règne du feu roi de Prusse les apparitions et la magie étaient fort à la mode, et plusieurs sociétés secrètes s'étaient formées pour s'emparer, par ces moyens, des individus et des gouvernements. Comme le protestantisme se prête moins à ce genre de crédulité que le catholicisme, la tendance de ces sociétés était vers la religion catholique. Les protestants et les philosophes, parmi lesquels était alors Schiller, croyaient le danger très imminent, et il y avait chaque jour quelque nouvelle brochure sous une forme ou sous une autre, dirigée contre cette tendance. Ce fragment de Schiller, qui a été continué et achevé par un écrivain très inférieur, est un des meilleurs qui ait paru. La Révolution française a englouti toutes ces petites vagues, par le déluge universel ; et sauf les détails dans lesquels on trouve beaucoup de beautés et un grand charme de style, l'ouvrage de Schiller ne peut plus avoir d'intérêt.

Dites-moi, je vous prie, chère cousine, si vous n'avez rien appris sur mon père. Il n'y a encore rien de fini, parce que je ne puis en obtenir une réponse qui me dise son choix entre deux moyens que je lui ai offerts, d'après le désir qu'il m'avait manifesté de modifier nos conventions...

Dites, je vous prie, mille choses à ma tante. Nous l'aimons chaque jour avec un souvenir plus profond de toute son amitié pour nous. Nous vous devons à toutes deux presque tous les bons moments que nous avons eus en Suisse.

Je vous quitte pour écrire à Mme de Nassau, à qui je dois une lettre depuis un siècle. J'étais ennuyé d'écrire de la route et je voulais pouvoir annoncer mon arrivée.

Adieu, chère Rose. Je vous aime pour la vie et vous embrasse tendrement.

Adressez à M. B. de Constant chez M. le comte de Hardenberg, grand veneur de la couronne, etc.

Au Hardenberg

Gœttingue, Westphalie.

CLXXXVIII

A MADAME LA COMTESSE DE NASSAU,
NÉE DE CHANDIEU

Gœttingue, ce 10 décembre 1811.

Il y a bien longtemps, ma chère tante, que je n'ai reçu directement de vos nouvelles. Je ne sais si vous avez reçu une lettre de ma femme, à laquelle j'avais ajouté quelques mots, et que j'ai mise à la poste moi-même le 6 septembre. Depuis, votre lettre du 3 m'est parvenue et j'aurais dû y répondre plus tôt; mais j'ai eu tant à travailler pour me mettre en état de profiter de mon hiver que j'ai renvoyé d'un jour à l'autre le plaisir de vous écrire. Enfin me voilà fixé pour cinq mois, autant que la destinée humaine permet de l'être. J'espère tirer parti de mon établissement pour tous les travaux que j'ai entrepris et qui deviennent chaque jour plus l'intérêt de ma vie intellectuelle. La bibliothèque est superbe, les savants pleins d'obligeance et l'esprit général beaucoup plus animé qu'on ne le croirait, dans les circonstances générales. Les commodités de la vie ne sont pas aussi bien arrangées que ce qui regarde l'intelligence. Un Français disait que c'était un singulier pays où les maisons étaient de bois et les lits de pierre. On est mal nourri et mal logé. La société qui n'est pas savante n'est pas amusante non plus. Ce n'est pas en Allemagne que la frivolité est aimable. Ma femme se prête à ce séjour qui n'a pas pour elle le même attrait que pour moi avec une bonté angélique.

Nous irons l'en dédommager cet hiver pendant quelque temps, comme sa famille et son fils nous y invitent beaucoup.

Une chose, assez remarquable ici, comme effet des événements qui ont changé la face de l'Allemagne, c'est l'état des classes inférieures des artisans et des boutiquiers. Ces gens ont été tellement ruinés qu'ils ne mettent plus d'intérêt à s'enrichir, mais seulement à vivre; et comme ce qui leur est resté de plus clair, c'est un peu de terre autour de la ville, ils font de la culture de ces propriétés leur occupation principale, et ne travaillent de leur métier qu'à regret, et comme par complaisance, ceux qui n'ont pas de terre en dehors, ont un petit coin de jardin, et une basse-cour. Mon hôte qui est menuisier, a des poules, des canards, des oies et des cochons. C'est une espèce de ménage tartare, au milieu d'une ville, et il est curieux que le malheur ait ramené ainsi les mœurs de l'état presque sauvage dans la civilisation. Avec cela, il y a une race pensante, qui conserve ce qui a été pensé de bon et d'utile durant tous les siècles et qui léguera ce dépôt à des temps en état d'en faire usage. En vieillissant, j'aime à ne considérer le présent comme rien et les hommes comme de simples dépositaires d'une flamme céleste qu'ils se transmettent de génération en génération.

Rosalie m'écrit que vous êtes bien, et que vous ne m'oubliez pas entièrement, deux des meilleures choses qu'elle puisse me mander. Mes affaires avec mon père sont toujours dans le même état. Après m'avoir écrit une lettre plus douce, il m'en a écrit une autre moins bienveillante, et après avoir exigé pendant six mois que notre transaction se fît par devant notaire, il a tout à coup déclaré qu'il ne voulait pas de transaction notariale. J'ai donné ordre en attendant que l'on plaçât mes fonds par lettre de rente. Il ne sera donc plus question que de la déclaration que je ne puis pas ne pas demander, en opérant le dépôt des dites lettres, et je crains bien que là-dessus il ne s'élève quelque nouvelle difficulté ; je ferai tout cependant pour la prévenir.

Adieu, ma chère tante. Mille respects à Mlle Rieu, et croyez à mon tendre et éternel attachement.

CLXXXIX

A MADAME LA COMTESSE DE NASSAU,
NÉE DE CHANDIEU

Décembre 1811.

Je m'affligeais depuis longtemps, ma chère tante, de ne point recevoir de vos nouvelles. Votre lettre du 14 m'a tiré bien agréablement de la tristesse où votre silence me jetait. Je ne puis lui reprocher que d'être bien courte. Je suis vraiment affligé de la mort de la bonne Mme de Grancy. Je la regrette pour vous, ma chère tante. On ne remplace rien à aucun âge. Elle avait de la bonté, et elle se plaisait dans la société, ce qui est toujours un mérite. Je ne vois jamais le monde se dépeupler de personnes qui font du bien et de celles mêmes qui seulement ne font pas du mal, sans trouver la mort bien maladroite ou bien insouciante. Il est vrai que comme elle vient toujours à la fin pour tout arranger, elle ne se met pas en peine de ce qui se passe en attendant. Elle pense toujours qu'elle y mettra ordre ; mais il lui arrive comme à bien des gens : elle fait le mal inutile et ne fait pas le bien qu'elle devrait faire. Si j'étais à sa place !

Vous serez étonnée, ma chère tante, du gros paquet que vous recevrez de moi. Je l'ai affranchi, car il n'est pas juste que mes tristes affaires vous coûtent des ports énormes. Mon père a recommencé de la manière la plus inattendue ; il prétend à présent que je lui dois 50.000 écus.

Vous verrez le détail de tout dans les deux papiers ci-inclus. J'ai été malade pendant huit jours du chagrin que tout ceci m'a causé, et je n'ai pas la force d'en écrire davantage, après m'être fait une douloureuse violence pour écrire ce qu'il fallait absolument. Je ne prévois plus de fin à cette horrible discussion, et mon père me paraît vouloir, s'il le peut, ma ruine entière. Vivre est vraiment un travail au-dessus de mes forces, mais mourir est difficile, et le découragement même qu'on prend sur la vie fait qu'on la supporte malgré soi.

Cette bizarre aventure nécessite un changement dans mes arrangements avec Mme de S. Etant tout à fait hors d'état de calculer les sommes qu'elle m'avait prêtées et dont j'avais dépensé une partie pour son usage et dans ses affaires, et ne pouvant obtenir d'elle que l'offre de me donner une quittance, et jamais un consentement à ce que je m'acquittasse, j'avais fait un calcul approximatif et j'avais ajouté les intérêts, suivant les probabilités de la vie humaine jusqu'à mon décès. Et le seul engagement qu'elle eût voulu accepter était la promesse du remboursement à cette époque. Aujourd'hui que le procès que veut faire mon père et que sûrement les enfants de Marianne feront, peut mettre en danger toute ma fortune, je n'ai plus la certitude de rien laisser et mon premier devoir est de payer mes dettes. Je viens de lui écrire en conséquence.

Singulière destinée que la mienne, on me met à 23 ans en possession d'une fortune qu'on me dit à moi. On m'empêche d'en acquérir, ce que j'aurais fait si je m'étais cru pauvre ; et quand j'ai 45 ans on vient me demander ce que je n'ai jamais cru devoir, pour en enrichir les enfants d'une paysanne.

Ce n'est pas, ma chère tante, que je croie vraisemblable la perte de ce cruel procès, s'il a lieu. Mais il m'est si douloureux à soutenir que je ne vis pas quand je m'en occupe, et malgré moi je m'en occupe jour et nuit. Je n'ai jamais été si malheureux de ma vie.

Gœttingue est un mauvais endroit dans cette situation d'âme. Il n'y a aucune distraction ; le travail seul le rend supportable, et comme je suis hors d'état de travailler, je n'ai qu'une seule et même idée qui m'oppresse et en même temps m'ennuie par son éternelle uniformité. Ma femme qui est un ange pour moi me tire quelquefois de cette triste disposition, et je lui dois les seuls bons moments qui me restent. Nous irons peut-être nous distraire à Cassel deux ou trois jours.

J'espère que Meylan n'a pas pris d'engagements pour moi. D'après la nouvelle tournure de cette exécrable affaire, je voudrais conserver mes fonds libres. J'ai remis à M. Girod, mon avocat à Genève, des pleins pouvoirs illimités. Il se peut que pour une somme mon père consente à me donner quelques garanties et alors il m'est essentiel de l'avoir disponible.

Je suis honteux, ma chère tante, de vous écrire une pareille lettre. Je sens que je suis aussi ennuyeux que misérable. Je n'ai d'espoir que dans votre amitié, j'en ai besoin dans tous les temps, mais cette circonstance me la rend doublement nécessaire. J'ai écrit depuis longtemps à Rosalie qui me doit une réponse que j'espère recevoir bientôt. Adieu, ma chère tante. Mille respects à Mlle Rieu ; je vous embrasse bien tendrement.

Imaginez, ma chère tante, que je n'ai pas le courage d'envoyer ma lettre à mon père. Je me le figure dans la solitude, s'agitant contre moi et cette image me poursuit. Je vous l'envoie, mais seulement comme projet de reprise.

CXC

A MADAME LA COMTESSE DE NASSAU, NÉE DE CHANDIEU

Gœttingue, ce 31 janvier 1812.

Je suis forcé, ma chère tante, de vous importuner sans cesse de mes déplorables affaires. Mon père va en avant, où on le pousse, en avant comme un furieux, sans calculer ni la vérité, ni la justice, ni la pudeur publique, qui retiendrait tout autre que lui. Non-seulement, comme je vous l'ai mandé, il a imprimé un affreux libelle, dont il m'a envoyé la première feuille et où il annonce une attaque générale contre toute notre famille, car Rosalie y est nommée ; non-seulement il a formé une prétention pour restitution d'une des sommes qu'il me faisait payer par ses banquiers quand j'avais 19 ans et qu'étant en possession du bien de ma mère, il subvenait à sa volonté à mon éducation ; mais il vient de former une opposition à Paris chez mon notaire, pour toutes les sommes qu'il croit que j'y ai sous votre nom. J'écris à ce notaire, qui est un parfait honnête homme, pour savoir ce qu'il y a à faire contre une demande également illégale et sans fondement. Je vous manderai ce qu'il m'aura répondu à cet égard. Ce n'est, comme chose de loi, qu'un coup d'épée dans l'eau que cette opposition, puisqu'elle porte sur des capitaux qui ne sont pas à moi, mais à vous, et j'espère que vous me permettrez de me défendre à cet égard, sous ce rapport, comme la loi m'y autorise. J'aurai soin, ma chère tante, que vous ne soyez nullement importunée de cette affaire et qu'elle roule entièrement sur moi, parce qu'ayant votre procuration, je n'ai besoin de rien de plus pour une défense.

Mais je vous écris pour une autre affaire dans laquelle je viens vous demander un service qu'il vous sera facile de me rendre et qui sauvera au moins une petite partie de la fortune que mon père se plaît à détruire avec une telle rage.

J'ai environ 14000 fr. de placé chez M. Demolin, pour former les 15000 fr. que j'étais convenu de déposer pour mon père d'après le sous-seing privé qu'il viole aujourd'hui. Son opposition à Paris me prouve qu'il veut saisir mon bien partout où il le trouve. Il est donc probable que si l'idée lui en vient, il fera saisir les 14000 fr. qui sont chez M. Demolin. Il est donc urgent que je les fasse retirer, s'il en est temps encore. Mon père ne les avait pas fait saisir le 20 de ce mois, car M. Demolin m'a écrit et envoyé son compte de ce jour-là. Je viens donc vous prier, ma chère tante, de retirer ou faire retirer de chez M. Demolin cette somme pour la placer où il vous plaira, même sans intérêt jusqu'à nouvel ordre. Comme je voudrais parer à toute peine que le service que je vous demande pourrait vous causer, je vous envoie une autorisation dans laquelle j'ai laissé le nom en blanc, pour que vous ne soyez pas même exposée à une lettre de mon père, s'il savait que vous avez eu la bonté de mettre cette petite somme en sûreté. De la sorte, vous pourrez ne paraître en rien dans tout cela, et faire prendre la somme par qui vous jugerez convenable. Quand vous l'aurez je m'en remets en entier à vous pour la placer, fût-ce dans un coffre, jusqu'à ce que j'aie pu en disposer et réunir ce débris à ce que je travaille à sauver encore de la rapacité des bâtards d'une servante. Dans tous les cas, il ne faut point que la somme soit déposée en mon nom, sans quoi mon père serait à même de faire ailleurs ce que je voudrais l'empêcher de faire chez M. Demolin.

Pardon, ma bonne et chère tante, de toutes mes importunités et des variations mêmes auxquelles mon père me force en changeant sans cesse de marche, et en m'attaquant par tous les moyens que le sentiment, la morale et les lois réprouvent.

Songez bien, ma chère tante, que c'est après que j'ai fait tout ce que mon père a voulu, qu'il s'acharne ainsi sur moi. Je ne suis devant Dieu coupable en rien dans cette horrible affaire ; je vous envoie une lettre de mon avocat où vous verrez ce qu'il me dit sur ma conduite. Il y a un passage que j'ai marqué qu'il est essentiel que personne ne voie ; mais comme vous avez la bonté de vous intéresser à moi, vous serez peut-être bien aise de voir et de montrer ce qu'a été ma conduite, jugée par un tiers.

Adieu, ma chère tante. Il faut avoir du courage dans des calamités inattendues et j'en ai, en disant que la volonté de Dieu soit faite. Ma conscience, votre amitié et ma femme sont mes trois grandes consolations. Tant que je les conserverai, il y aura encore du bonheur pour moi au monde. Mille tendres respects et remerciements.

P. S. M. Demolin n'est tenu de me rendre la somme que j'ai chez lui qu'après quinze jours d'avertissement; mais comme ces quinze jours peuvent donner le temps de faire ce que je veux éviter, il faudrait l'engager à devancer cette époque ou prendre des mesures pour qu'il puisse déclarer qu'il n'a rien à moi. Comme je ne sais s'il a reçu de Paris la somme de 3000 francs de France, je laisse en blanc le montant, qui sera déterminé par son compte ci-joint.

CXCI

A MADAME LA COMTESSE DE NASSAU, NÉE DE CHANDIEU

Gœttingue, ce 26 février 1812.

Il est bien difficile, ma chère tante, de juger sa propre conduite, lorsqu'on est atteint d'un événement pareil à celui qui m'a frappé[1]. Il y a des moments où je me dis, en effet, que j'avais mérité que mon père ne se laissât pas entraîner par une défiance que rien ne motivait, à des démarches qui m'ont été si pénibles. Mais il y en a beaucoup d'autres où je me reproche de ne pas avoir fait à tout prix tout ce qu'il désirait. Ma seule consolation, et je la dois au ciel qui a permis que la lettre de M. Girod lui parvînt quelques heures avant sa mort, ma seule consolation est que cette lettre paraît l'avoir convaincu dans ses derniers moments, que jamais mon intention n'avait été de manquer aux engagements que j'avais pris, et c'est dans ce sens que je sais qu'il a parlé à ses enfants. J'ai reçu d'eux des lettres très amicales et où ils répètent plusieurs fois qu'ils sont décidés à respecter les volontés de leur père. Je le suis aussi à ne m'écarter en rien des promesses que j'ai faites, et je ne trouve de douceur qu'en exécutant à la lettre ce que mon père a désiré. Mais comme il faut nommer un tuteur à Louise ou la faire émanciper, cela prendra quelque temps.

[1] Le père de B. C. venait de mourir (2 février 1812).

Vous avez été la bonté même, ma chère tante, dans les arrangements que vous avez bien voulu prendre avec M. Demolin, et tout est parfaitement sous ce rapport. Girod juge que les choses doivent rester ainsi, et l'argent où il est, et sous le nom qu'on a bien voulu lui donner, jusqu'à ce que les intentions de Marianne et de ses enfants soient mieux connues.

Elle m'avait écrit pour me demander ma procuration pour procéder à l'inventaire, et à l'ouverture du testament qui, à ce qu'il paraît, n'a point été envoyé à Lausanne, mais remis à un notaire de Dôle. J'ai répondu très doucement, parce que sa lettre était très douce, mais j'ai annoncé que ne connaissant aucune forme, je chargeais Girod qui les connaissait, de faire en mon nom tout ce qu'il jugerait convenable.

J'ai reçu peu de jours après une lettre de Louise, fort amicale aussi, mais qui m'a paru un peu déplacée ; elle me transmet des propositions de mariage que lui a faites un comte de la Colombière, ayant pour fortune une maison *à Madrid*, et me prie de lui répondre afin qu'elle puisse, aussitôt ma lettre reçue, répondre à ce monsieur. Mon pauvre père n'imaginait peut être pas quand il se brouillait avec moi pour elle, que huit jours après sa mort elle penserait à se marier. Ne parlez pas de cette anecdote, chère tante. Il me semble que tout ce que je dirais contre ces enfants serait mal aujourd'hui pour mon père.

Je finis ma lettre parce que j'ai le cœur serré et que je n'écris qu'avec effort. Depuis cette terrible nouvelle je n'est pas respiré un moment sans angoisse, et toute autre occupation m'est impossible et celle des affaires m'est insupportable.

Adieu. Soyez bien convaincue, ma chère tante, qu'il est impossible de vous aimer plus que je ne fais.

CXCII

A MONSIEUR CHARLES DE CONSTANT

Gœttingue, le 27 février 1812.

Je vous remercie, mon cher cousin, de l'intérêt et de l'amitié que vous me témoignez dans la circonstance la plus douloureuse de ma vie. Tout ce qui avait eu lieu depuis un an, ne fait qu'ajouter à l'impression déchirante sous laquelle je suis souvent prêt à succomber, en me retraçant tout ce que mon père avait eu de tendresse pour moi, jusqu'à cette époque. La révolution subite opérée dans son esprit en mon absence, et que je n'appris que dans ma première entrevue à Genève, entrevue dont vous fûtes le témoin, m'a toujours été un sujet d'étonnement autant que de désespoir. J'ai la consolation, bien faible sans doute, mais c'en est une pourtant, d'espérer qu'il n'a pas quitté ce monde, sans avoir été convaincu, par une lettre arrivée chez lui quelques heures avant sa mort, de la sincérité de mes intentions, et de mon adhésion scrupuleuse à tout ce dont nous étions convenu. Cette lettre contenait en effet des preuves non équivoques de mon désir de le satisfaire, et c'est après en avoir entendu la lecture qu'il a exhorté ceux qui l'entouraient à la paix et à l'abandon de toute tentative hostile ou fâcheuse. Jusqu'à présent ils m'ont tous écrit et j'ai répondu dans ce sens.

Les engagements que j'ai pris avec mon père me sont devenus doublement sacrés depuis le malheureux événement qui me l'a ravi. J'ai remis avec les directions positives dans ce sens tout ce qui concerne l'exécution matérielle des engagements à M. Girod à Genève ; et comme il n'a cessé de me seconder dans mes efforts pour apaiser et ramener mon Père, et qu'il a toujours indiqué tout ce qui pouvait conduire à ce but, je ne doute pas, s'il y a sincérité de l'autre part, que cette triste affaire ne soit bientôt terminée ; mais elle ne m'en laissera pas moins un souvenir cruel et ineffaçable.

Je voudrais, mon cher cousin, que vous perdissiez celui de ce qui s'est passé entre mon père et vous, dans le malheureux jour où vous l'avez vu pour la dernière fois. Sa position et le sentiment d'agir contre ce qu'il s'était proposé durant toute sa vie, l'avaient mis dans un état d'agitation, qui ne permet pas de juger ses démarches et ses paroles. Dans le fond de son cœur il vous était sincèrement attaché, et je me rappelle encore tout ce qu'il dit à ma femme sur vous le jour même de cette déplorable scène. Mon cœur se brise en pensant à tout ce qu'il a dû souffrir, tourmenté qu'il était par les persécutions de ses alentours et par la désapprobation de notre famille, à l'opinion de laquelle il n'a jamais cessé de mettre un prix extrême. Enfin tout est fini pour lui, tout le sera bientôt pour nous : le temps nous entraîne avec nos douleurs, et il ne reste, de tout ce qui nous bouleversait jusqu'au fond de l'âme, pas même une trace dans le souvenir de ceux qui viennent nous remplacer.

Je reçois avec reconnaissance les offres de service que vous me faites ; elles me sont précieuses surtout comme preuves d'une amitié à laquelle je ne cesserai jamais de mettre la plus grande valeur et que je mérite par celle que je vous ai vouée. La confiance que vous m'avez inspirée pour les personnes qui ont quelques fonds à moi, fait que je ne suis pas inquiet de leur silence, quoiqu'il me fût agréable de savoir si elles sont encore dépositaires de cette petite somme, ou si elles l'ont placée. Je vous quitte pour écrire à Rosalie. L'état de ma tante Charrière m'afflige beaucoup mais on ne peut guère espérer à son âge de n'avoir pas d'infirmités, et si son état nous permet de nous flatter de la conserver encore des années, c'est tout ce qu'on peut désirer.

Adieu, mon cher cousin. Je serais bien heureux de vous revoir; mais mes affaires me retiendront probablement tout l'été dans ces environs. Ma femme dit mille tendresses à Mme de Constant et à vous. Je prie ma cousine de ne pas m'oublier et je vous embrasse tendrement.

CXCIII

A MADEMOISELLE ROSALIE DE CONSTANT

Gœttingue, ce 27 février 1812.

Je vous remercie bien tendrement de votre lettre, chère Rosalie, et le besoin que j'éprouve de vous en remercier est bien une preuve que mon affection pour vous reste toujours au fond de mon cœur un sentiment qui me domine, car le silence et l'immobilité sont mon état naturel et mon penchant le plus impérieux depuis la triste nouvelle que j'ai reçue. Toute activité m'est pénible et toute occupation m'est insupportable. Je végète, la tête remplie de souvenirs douloureux et le regard fixé sur cette tombe, où sont venus s'abîmer tant de projets, tant d'agitation, quelquefois de l'injustice; mais qui est en même temps une éternelle barrière entre tous mes efforts et une affection que peut-être j'aurais reconquise, une affection qui a été vive, indulgente et infatigable pendant quarante ans. Il m'est impossible de travailler. Je pense à l'intérêt que mon père mettait autrefois à ma réputation littéraire, à tous les secours qu'il m'a donnés dans ce but, aux espérances qu'il avait conçues, espérances que jusqu'ici j'ai trompées, et qu'il ne verra, quoiqu'il arrive désormais, jamais se réaliser. Il me répugne de chercher des distractions dans l'étude, parce que je pense que c'est à lui que je dois ce goût pour l'étude qui m'a si souvent consolé de tout, et qu'il me semble presque sacrilège de tourner contre mes regrets les moyens même que l'objet de ces regrets m'a donné. Je ne sais pas du tout ce que produira sur ma tête et sur mes facultés l'impression qui pèse sur moi. Ce n'est pas une douleur simple. Nos tristes démêlés, l'impossibilité de me défendre sans blesser un père d'un âge si avancé, l'impossibilité non moins tourmentante de calculer jusqu'où iraient ses démarches contre moi, ont donné moins de violence au premier déchirement. Mais à mesure que ces pensées purement dues aux circonstances s'affaiblissent, la peine devient plus sombre, et je regrette presque jusqu'aux lettres qui m'apportaient des preuves d'une activité si déplorable dirigée contre moi dans ces derniers temps.

Jusqu'à présent Marianne et ses enfants n'annoncent que des intentions pacifiques. Si elles sont sincères tout sera bientôt terminé sans aucune difficulté, et je remplirai mes engagements avec d'autant plus de scrupule que les dernières démarches de mon père auraient pu me fournir un prétexte de les rompre, et que la situation des habitants de Brevans est moins bonne qu'elle ne l'était. Je ne veux certes pas profiter d'un événement qui me déchire et j'ai déjà donné toutes mes instructions pour l'exécution de tout ce que j'avais promis.

Vous avez eu bien tort, chère cousine, de chercher d'autres raisons de mon silence ou de la tristesse qui a pu régner dans mes lettres, que la malheureuse affaire, finie aujourd'hui, du moins sous le rapport du sentiment, d'une manière plus malheureuse encore. Mon attachement pour vous n'a pas diminué, ne peut pas diminuer. Je tiens à vous et par les moments agréables que nous avons passés ensemble, et par l'intérêt tendre et soutenu que vous m'avez témoigné, quand j'en avais le plus grand besoin, et par mille raisons tirées de votre esprit, de votre caractère et de votre âme, raisons que je ne veux pas développer, parce que vous avez un seul défaut, mais très grand pour vos amis, c'est de regarder comme des phrases tout ce qu'on vous dit sur vous-même et sur les sentiments que vous inspirez. Du mécontentement de moi, je ne puis en avoir pour le présent, où ma vie est toute ce que pour le moment elle peut être, mais j'ai certainement beaucoup de raison d'en avoir pour le passé. Il est difficile d'avoir moins profité de ses diverses situations et plus gaspillé son temps, sa santé, sa fortune et sa vie. Mes démêlés avec mon père m'ont souvent fait sentir amèrement cette vérité ; et sa mort ajoute à l'amertume de ce sentiment. Avec un peu de sagesse et de suite dans les projets, j'aurais pu le satisfaire, lui abandonner tout ce qu'il aurait désiré pour ses enfants et n'être pas réduit à l'affreuse extrémité de défendre contre lui ce que j'avais, je le crois, le droit de conserver, mais ce qu'il eût été bien plus heureux pour moi de pouvoir résigner à la volonté paternelle.

Tout cela sont de tristes et inutiles réflexions. Il est temps de les finir, chère Rosalie. Croyez que je vous aime et que je serais soulagé si j'étais auprès de vous. Ma femme n'est pas très bien, sans être précisément malade. Cela tient peut-être à la vie trop sédentaire que la saison nous a fait mener.

Charles m'écrit que l'état de la santé de ma tante permet d'espérer encore de longues et bonnes années, je le souhaite bien ardemment. Plus le monde se dépeuple pour moi, plus je cherche à me rattacher à ce qui reste. Hélas ! tout échappe successivement. Ma tante a eu tant de bontés pour moi, elle m'a témoigné tant d'amitié, elle a un si heureux caractère, elle répand tant de bonheur autour d'elle ; je voudrais lui donner de mes années si j'en ai à attendre ; cela ferait plaisir à tout ce qui l'environne, et moi j'attendrais plus tôt cette borne où peut-être nous apprendrons le mot de l'énigme qui me devient toujours plus obscure.

Adieu, chère cousine. Ne me faites plus la peine de douter de ma tendresse pour vous.

CXCIV

A MADAME LA COMTESSE DE NASSAU, NÉE DE CHANDIEU

Ce 25 mars 1812.

Depuis la triste nouvelle[1] sur laquelle je vous ai écrit ces jours derniers, ma chère tante, je m'agite pour savoir comment je pourrais franchir la distance qui nous sépare. Il me semble que je vous serais sinon nécessaire, du moins bon à quelque chose et cette idée me rend absolument nécessaire de me trouver auprès de vous. Ce ne sont pas précisément mes affaires qui m'arrêtent. Nous ne pourrions pas nous éloigner ma femme et moi d'Allemagne, dans ce moment-ci. Elle a à recevoir un remboursement assez considérable, qui est dû depuis trois ans, et que l'état déplorable des fortunes particulières dans ce pays, et aussi la négligence de son débiteur ont retardé jusqu'à présent.

[1] De la mort de Mlle Rieu, demoiselle de compagnie de Mme de Nassau.

Cette négligence a été telle que pour 56,000 fr., de capital, elle n'a reçu depuis trois années que 48 fr., d'intérêt, parce qu'on a donné des assignations sur des fonds qui se trouvaient employés ailleurs ou qui n'étaient pas rentrés, mais elle a enfin obtenu la promesse positive d'être payée du tout à la St Jean prochaine, promesse dont l'exécution ne peut être assurée que par sa présence et qui deviendrait infailliblement illusoire si elle s'éloignait. Son débiteur qui est en même temps son frère, très honnête homme d'ailleurs, est si occupé de sa carrière à la cour, qu'il combine avec des entreprises d'agriculture qu'il dirige en grand seigneur que, s'il n'a pas sous les yeux les créanciers, il les oublie. Mais ce n'est pas néanmoins le principal obstacle. Ma femme resterait ici pour veiller à nos affaires, et je pourrais faire seul une course en Suisse pour avoir l'inexprimable bonheur de vous faire un peu de plaisir, si mes passe-ports étaient bons. Malheureusement je les ai pris à Versailles, il y a dix-huit mois, et après une année leur validité cesse. Le Ministre de France que j'ai consulté ne peut m'en donner que pour retourner en France. Au milieu des mouvements guerriers qui ont lieu partout, on est arrêté à chaque instant sous le moindre prétexte, et déjà dans une petite course à Brunswick, j'ai éprouvé des difficultés que mes relations ici ont pu lever; mais il n'en serait pas de même, si j'en rencontrais de pareilles hors du pays où j'ai tous les parents de ma femme. Il n'y a donc qu'un moyen, ma chère tante, pour que je puisse exécuter le projet dont j'ai un si vif désir, et vous pouvez me le faciliter, si vous vous y intéressez autant que moi: le moyen serait que M. d'Arlens m'envoyât un passe-port de Lausanne. Je me crois le droit d'en obtenir un, puisque j'y suis né et que je suis bourgeois de la ville. Je sais que lors de mon séjour à Lausanne l'hiver passé, il a cru ne pouvoir me l'expédier, parce que je n'y suis plus domicilié. Mais il me semble que c'est une raison peu valable pour un natif et bourgeois d'une ville, et le motif que j'ai actuellement et la certitude que je ne me servirais de ce passe-port que pour retourner en Suisse, me semblent avec le désir qu'il aura sans doute de vous obliger, devoir le disposer à plus de facilité dans une pareille circonstance. J'ose donc, ma chère tante, recourir à vous pour lui transmettre cette demande ; je joins ici un ancien passe-port qui servira à remplir le signalement, l'âge et les autres choses nécessaires. Je serai au comble de la joie, s'il vous est possible, ma bien chère tante, d'essayer ce moyen de nous réunir pour quelque temps, je regrette de n'avoir pas conçu cette idée tout de suite, il y aurait eu moins de temps perdu. Croyez-moi, chère tante, j'ai bien senti dans cette circonstance combien l'idée de vous prouver mon affection était dominante dans mon cœur. J'éprouvais une espèce de remords de l'impossibilité, quoiqu'elle ne vînt pas de moi, et je ne me suis senti à mon aise, qu'après avoir imaginé cette tentative, qui, si vous daignez y prendre intérêt, ne peut manquer d'avoir le succès désiré.

Adieu, ma chère tante. Je ne serai tranquille qu'auprès de vous. Je demande au ciel la conservation de votre santé et la continuation de votre tendresse, et je vous embrasse avec l'impatience de vous embrasser bientôt de plus près.

CXCV

A MADEMOISELLE ROSALIE DE CONSTANT

Gœttingue, ce 17 mai 1812.

Je suis fort embarrassé, chère Rosalie, et je viens vous demander vos conseils dans mon embarras. Vous savez le parti que j'avais pris d'aller en Suisse, de laisser Charlotte ici faire nos affaires et de passer quelque temps avec Mme de Nassau. Je ne voudrais pas renoncer à un projet qui a paru lui faire plaisir, au moment où elle vient de me le faciliter. Cependant la réunion de circonstances qui fait que mon beau-fils est en Pologne, et qu'une de ses terres qui compose la moitié de sa fortune, et qui sert d'hypothèque aux trois quarts de celle de ma femme, vient d'être vendue très avantageusement par lui, ce qui est un miracle à cette époque, cette réunion de circonstances me rendra bien désavantageux de laisser Charlotte qui n'entend rien aux affaires d'argent, seule pour diriger les gens que son fils l'a priée de surveiller, tant pour la rentrée que pour le placement provisoire de fonds jusqu'à son retour..... La terre qu'il vient de vendre, après avoir essayé de s'en défaire depuis longtemps, a vu passer dans les villages qui en dépendent environ 400,000 Français depuis 4 ans et coûte au lieu de rapporter. C'est un bonheur qu'un capitaliste, craignant les banqueroutes, ait imaginé d'en faire l'acquisition. Je crains toujours que si ma femme, en prenant ses précautions, pour que ses droits ne soient pas dénaturés, ne lui donne quelque doute sur la solidité de la rente, et qu'il ne revienne sur ses offres..... Cette affaire m'agite donc beaucoup, et jette une grande incertitude dans mes résolutions. Je viens donc vous consulter, chère Rosalie, vous qui êtes une bonne Providence pour moi, et qui l'avez été dans plus d'une circonstance. Je vois par vos lettres que Mme de Nassau est bien, qu'elle se distrait, et que ce n'est pas autant pour elle que pour moi que vous souhaitez ma présence. J'en sens aussi l'avantage, mais c'est une raison pour réfléchir sur mes projets, puisque c'est votre amitié pour moi qui nous les a suggérés..... Ainsi, chère cousine, répondez et dirigez-moi.

Votre lettre m'a décidé à écrire à Michaud sur la Biographie. Je lui avais déjà écrit en arrivant ici, je sais qu'il a reçu ma lettre, et je ne conçois pas son idée de faire chercher à Lausanne quelqu'un qu'il savait être à Gœttingue. Un de mes amis ici avait reçu de Paris la nouvelle que le procès qu'on avait intenté aux éditeurs de la Biographie et des divisions intérieures entre les entrepreneurs, rendait probable que cette entreprise ne se continuerait pas, de sorte que je n'ai plus rien envoyé. J'attends actuellement la réponse de Michaud, pour savoir où ils en sont. Vous devez pourtant avoir trouvé dans la grande livraison un article de moi, assez insignifiant à la vérité, sur un Duc Ferdinand de Brunswick, à moins que les éditeurs ne l'aient supprimé.

Je ne conçois rien à ce que vous me dites de mon roman. Vous me feriez un bien grand plaisir si vous demandiez à Mme de Duras où elle croit qu'il est. Je crois et j'espère toujours qu'il n'est nulle part.....

Voilà bien assez parlé de moi. On m'écrit de Genève, que l'on ne fortifiera pas cette ville. J'espère donc que Charles est hors d'inquiétude. Je le remercie de son information sur les Doxat, je n'ai jamais reçu la lettre dont ils parlent. Mais je m'en remets à lui pour leur solidité, et c'est l'important. Je ne saurais vous dire à quel point je m'intéresse au bonheur de Charles. C'est une existence si bien arrangée qu'indépendamment de mon amitié pour lui, je m'y intéresse comme artiste, ou plutôt comme amateur dans un art, dans lequel je n'ai pas aussi bien réussi. Cependant, je suis loin de me plaindre, car je suis beaucoup plus heureux que je ne le mérite, et j'ai plus d'une fois déconcerté le sort qui n'a jusqu'ici voulu que me faire du bien. J'espère que cela ne l'a pas découragé. Mais pour en revenir à Charles, je trouve qu'il serait dommage qu'il ne fût pas heureux, comme ce serait dommage de démolir une maison bien bâtie et confortablement meublée. Il y a malheureusement de grands destructeurs aujourd'hui et l'on dirait que tout ce qui a l'air de l'ordre et de la prospérité les tente à détruire.

Et vous, chère cousine? Je forme presque toujours la même plainte: vous ne me parlez presque point de vous. Que faites-vous cet été ? Comment est votre santé, que je voudrais savoir si vigoureuse et qui est toujours trop chancelante pour moi. Si nous parvenions de faire un arrangement quelconque qui nous donne le moyen d'acheter quelque chose en Suisse, j'ai besoin que vous vous portiez bien. Nos soirées sont une grande partie de nos espérances. Que fait notre bonne tante ? Je sais qu'elle est pleine de calme, de gaîté, de courage ? Mais je voudrais qu'elle n'eût pas besoin de courage pour être gaie. Dites-lui bien des choses tendres de ma part, et de celle de Charlotte.

Adieu, chère cousine, je compte sur votre réponse. Elle contribuera beaucoup à me décider sur tous mes projets. Dans tous les cas je me flatte de passer l'hiver avec vous et je vous lirai à satiété mon livre auquel je travaille avec acharnement, quelles que soient les interruptions de tout genre qui m'obsèdent. Je vous embrasse mille fois.

CXCVI

A MADAME LA COMTESSE DE NASSAU, NÉE DE CHANDIEU

Gœttingue, ce 21 août 1812.

Je suis si loin, ma chère tante, d'avoir cessé de vous écrire, qu'il y a encore deux de mes lettres qui sont restées sans réponse ; l'une du 24 juin, et l'autre du 31 juillet. J'espère qu'elles ne sont pas perdues, ce qui au reste est un accident assez commun aux lettres dans ce temps-ci..... Vous me demandez, ma chère tante, comment je passe mon temps ici. Hélas ! d'une manière assez ennuyeuse. Comme mon très vif désir est d'en partir, dès que je le pourrai, je ne me mets plus aux occupations qui me tenaient lieu des amusements et des distractions qu'on ne trouve point, le même intérêt que j'y mettais à mon arrivée ici. Les affaires que j'ai entreprises de terminer n'avancent guère. Il y en a sur lesquelles je désespère d'aucun succès et d'autres qui vont avec une lenteur indicible. Ma femme est d'une profonde tristesse. Son fils emporté par l'ardeur de son âge, et l'exemple de ses compagnons, a voulu rester à l'armée au lieu de revenir avec le Roi, et tous les dangers de cette guerre lointaine et plus sérieuse qu'on ne l'a cru, pèsent sur le cœur de sa mère. Je pourrais ajouter à toutes ces causes de peine bien d'autres raisons tirées de l'incertitude de tous les avenirs et de l'impossibilité d'aucune espérance ; mais je me tais.

Ce me sera une véritable délivrance que de quitter l'Allemagne, bien que je croie qu'aucun bonheur soit possible, au milieu de l'orage universel ; mais il y aura de bons moments quand je serai près de vous, et nous oublierons ensemble le monde, qui n'est vraiment bon qu'à être oublié. Cette partie de l'Europe est beaucoup plus triste qu'aucune autre. On y souffre plus et on s'y distrait moins, de sorte que la sensation est quadruple.

Je suis fâché de la maladie de Mme Hardy, et je comprends la peine de Rosalie. Elle est faite pour souffrir par les amis beaucoup plus que pour jouir par eux. Elle ne s'associe complètement qu'à ce qu'il y a de douloureux dans leur sort. C'est généreux, mais c'est triste. J'ai reçu une lettre d'elle et je lui ai répondu ; mais elle ne parle jamais dans ses lettres de ce qui l'affecte, et cependant elle éprouve un certain mécontentement de ce qu'on ne s'entretient pas de ses propres intérêts. Il faudrait pour cela avoir un talent divinatoire.

Les lettres de Mme du Deffant sont assez piquantes. C'était une femme moins sèche et moins insensible qu'elle ne le paraissait ; et je suis bien de son avis sur son dégoût de presque tout ce qui l'entourait. C'était un misérable siècle que ce siècle si vanté, des paroles, de la vanité, tout réduit à l'idée de faire effet, et pour cela la profanation de tout ce qu'il y a de bon au monde, de la philantropie, de la liberté, de l'humanité. Voilà la fin du xviiie siècle. Mais cependant il est bien beau si nous le comparons au xixe. Je ne sais si vous conconnaissez ce mot de l'abbé Maury (assez vilain homme d'ailleurs) à quelqu'un qui lui reprochait d'être orgueilleux : Je suis modeste quand je me juge, mais je suis fier quand je me compare. C'est un des mots les plus vrais que je connaisse, et d'une application de tous les jours. C'est ce que pourraient nous dire nos pères. Ils ont fait bien des sottises, et la pire a été de nous mettre dans l'état où nous sommes.

Tout ce que je vous dis, ma chère tante, ne vaut pas la peine d'être lu ; mais il y a cette difficulté à dire des choses intéressantes que ce ne serait peut-être pas vous qui les liriez. Adieu, chère et bonne tante.

CXCVII

A MADEMOISELLE ROSALIE DE CONSTANT

1er décembre (1812).

Vous êtes une ingrate, chère Rosalie, de n'avoir vu dans mes détails sur mes affaires que mon occupation de mes intérêts, et non pas le désir de vous convaincre que c'était malgré moi que je retardais l'époque où j'espère vous revoir. Je vois que j'aurais mieux fait de ne songer qu'à vous amuser, au lieu de vous parler de tout ce qui avait dû se réunir pour prolonger mon abscence et que vous avez plus besoin de n'être pas ennuyée que de croire à mes regrets et à mon sentiment pour vous. Voilà comme le cœur fait toujours faire des sottises. Mais je suis sur mes gardes et je resterais vingt ans ici sans vous dire pourquoi je n'arrive pas. Les nouvelles que vous me mandez sur moi ne sont pas trop exactes. Mon ouvrage n'est point achevé. Je ne pense pas aller à Paris pour le faire imprimer, et si je me retrouve en Suisse, je me propose bien d'y rester le plus que je pourrai, et nullement de passer outre, et de n'y faire qu'une apparition. J'ai travaillé tant que j'ai pu, je travaille encore au-delà de mes forces, et je suis quelquefois dans une presse de travail qui fait disparaître tous les objets à mes yeux. Mais plus j'avance et plus je vois combien il y a encore à faire et je ne veux rien négliger pour faire de mon mieux de sorte que je suis bien loin de prévoir quand je pourrai me dire que l'œuvre est finie.

Je recommanderai de toutes mes forces votre protégé [1] à M. de Furstenstein. Il aurait dû arriver plus tôt. On vient de former un régiment qui est complet. Au reste, s'il a une détermination forte de se faire casser la tête, il y parviendra et je l'y servirai avec zèle pour l'amour de vous.

Je remercie Charles de vouloir bien transmettre mon désir à MM. Doxat, je ne savais comment leur écrire d'ici et il me rend un vrai service. Profitez, je vous prie, de cette occasion pour lui dire mille choses de ma part et à sa femme. Je voudrais avoir plus souvent de ses nouvelles. Mais écrire est devenu à présent une chose difficile. Les ouvrages imprimés ont trop peu de lecteurs et les lettres trop. Cela se balance sans se compenser.

J'aurai un vrai plaisir à revoir ma tante de Charrière, et vous aussi, malgré la preuve d'insensibilité que vous

---

[1] Un jeune de Saugy, d'une famille vaudoise.

venez de me donner, et autant qu'il est permis de faire des projets, je me promets, sauf les mille et une chances de la destinée, un joli été en Suisse.

Ma femme est à Cassel, où je la suis dans peu de jours. Nous avons un appartement après l'avoir cherché en vain pendant six semaines, et nous y soignerons ces affaires dont il m'est interdit de vous parler.

...... Je ne sais rien de la Biographie, j'attends pour envoyer des articles une réponse qui n'arrive pas. Si elle tarde trop j'enverrai celui de mon oncle auquel je tiens beaucoup. C'est un genre de travail que j'aime peu. Je suis si absorbé par mon ouvrage qu'il m'est difficile de réunir mes idées sur autre chose et surtout tant que je serai en Allemagne et que je pourrai faire usage de livres que je n'aurai plus ailleurs, je regretterai toutes les interruptions.

Dites-moi donc un peu ce que vous faites. Votre dernière lettre ne contenait guère qu'un sermon sur ce que je m'occupais trop d'affaires d'argent, et surtout sur ce que je vous en parlais trop. Si vous me mettiez plus au fait de ce qui vous intéresse, je m'en occuperais avec bien plus de plaisir.

Vous ai-je jamais dit que la Chanoinesse Polier a publié deux gros volumes sur la Mythologie indienne tirée des manuscrits de son cousin ? La rédaction en est détestable, et tout ce qu'elle a mis d'elle-même ne vaut rien du tout. Mais ce qui vous étonnera, c'est que l'ouvrage en lui-même est ce qui a paru de plus précieux sur cette partie si peu connue de l'histoire, et que les savants d'Allemagne, qui sont de bons juges à cet égard, et qui n'ont pas de préventions pour les ouvrages français, le citent à chaque page, comme la plus respectable autorité ; de sorte que de fait la chanoinesse a une place qu'on ne peut lui ôter et un nom immortel parmi les érudits de notre temps. Cela prouve qu'on n'est jamais prophète dans son pays, car on ne s'en doute pas à Lausanne.

Adieu, chère Rosalie. Parlez de moi à tous ceux qui

s'en souviennent; cela ne vous donnera peut-être pas beaucoup de peine. Aimez-moi un peu malgré l'ennui que je vous ai causé. Ma femme me chargerait de mille choses pour vous, si elle était là. Elle est actuellement auprès de son fils, qui ne retournera pas à l'armée, ce qui est un grand bonheur. Ecrivez-moi bien vite et croyez à la tendre amitié de votre ennuyeux cousin.

CXCXIII

A MADAME LA COMTESSE DE NASSAU, NÉE DE CHANDIEU

Gœttingue, ce 4 janvier 1813.

Je ne puis me résigner, ma chère tante, à ne plus avoir de vos nouvelles, quoique je sache que l'un des inconvénients d'une longue absence est de fatiguer même l'amitié. Je suis si triste de cette absence que je puis à peine me résoudre à en parler. Rosalie m'a fait sentir que les détails dans lesquels j'entrais sur mes affaires ne laissaient pas que d'être ennuyeux. Je me sentais le besoin de me prouver ainsi qu'aux autres que le parti que j'avais pris était aussi sensé que désagréable; mais je me flattais peut-être en croyant toutes ces explications nécessaires. Elles ne l'étaient que pour moi. Ce que m'a dit Rosalie, votre silence, ma chère tante, m'en a convaincu plus encore.

Je vous écris de Cassel, quoique je date ma lettre de Gœttingue, parce que c'est à Gœttingue qu'il faut que que votre réponse soit adressée, si vous avez la bonté de me répondre. Je suis venu accompagner ici ma femme qui a voulu passer l'hiver auprès de son fils et de sa famille. Comme il arrive toujours, ce séjour a fort trompé nos espérances. Il y a peu de société, point de conversation, aucun intérêt, aucune confiance, et à la science près c'est Gœttingue, avec cette privation de plus. Les courtisans sont aussi occupés de leurs places que les professeurs de leurs livres, avec cette différence qu'on peut causer sur ce qui occupe ceux-ci, au lieu que l'intérêt que prennent les autres à leur propre fortune doit rester étranger à quiconque n'a pas un motif personnel de le partager. Il y a de grands dîners où l'on ne dit pas un mot, des assemblées de 200 personnes, où l'on joue assez cher pour que défendre son argent soit une affaire sérieuse. On ne se voit que là et l'on est de la sorte entre la solitude et la foule, c'est-à-dire ennuyé tour à tour de soi et des autres.

J'ai eu ici un petit compatriote qui m'a véritablement intéressé. C'est un jeune de Saugy dont vous connaissez sûrement la mère. Il était ici depuis 15 jours, quand j'y suis arrivé, de sorte qu'il avait déjà été présenté presque partout où j'aurais pu l'introduire. Il ne m'est resté qu'à lui faire connaître M. de Furstenstein qui m'a promis de s'intéresser à lui, pour le faire placer bientôt dans un régiment comme officier. Du reste il a prévenu tout le monde en sa faveur.

Il y aura assez de places vacantes pour lui dans l'armée où il veut entrer. Vous aurez appris, ma chère tante, comme tout le monde, les pertes, que la saison a occasionnées. Elles seront réparées bientôt ; mais la chose n'en est pas moins bien triste pour beaucoup d'individus. Le frère d'un de mes amis intimes, professeur à Gœttingue, en a été victime d'une manière bien douloureuse. Il était fixé à Nassau depuis nombre d'armées et y avait formé un établissement d'éducation et fait une assez jolie fortune. A l'arrivée des Français il resta dans la ville, et c'en fut assez pour qu'à leur départ il fut obligé de les suivre. Il partit donc à la suite de l'armée avec sa femme et quatre enfants en bas âge. Un officier qui vient d'arriver rencontra cette malheureuse famille à Smolensk. Deux enfants étaient déjà morts de froid, et la mère avait été obligée de les laisser sur le grand chemin ; elle en portait un troisième et le père avait enveloppé le quatrième qui était mourant et le portait comme un paquet. Il est très probable, comme les difficultés ont redoublé avec les rigueurs de la saison, que tous auront péri avant d'avoir franchi la distance qui les séparait encore des frontières.

Pardon, ma chère tante, de vous entretenir de récits et d'images si peu gais. Je le suis peu moi-même. Je ne sais si ma vie trop sédentaire durant l'année qui vient de s'écouler m'a donné quelque germe de maladie qui influe sur ma disposition morale, ou si la vue de toutes les souffrances qui sont répandues sur le globe a influé sur ma santé ; mais j'éprouve assez de malaise physique et de découragement d'esprit. On me conseille l'exercice, et l'espèce d'abattement contre lequel on m'ordonne ce remède m'empêche d'en faire usage. Si le commencement d'obstructions que les médecins m'annoncent n'était pas accompagné, surtout depuis un mois, de douleurs assez vives et assez fréquentes, je ne serais pas fâché de voir les avant-coureurs de la grande délivrance que dans les circonstances actuelles il me semble que tout le monde doit plus ou moins désirer.

La santé de ma femme n'a pas non plus été très bonne. La rigueur de l'hiver l'a fait souffrir de maux de yeux et de maux de tête. Elle jouit moins de la société de son fils qu'elle ne l'espérait, parce que sa place à la cour prend les trois quarts de son temps. Nous nous réjouissons tous deux d'un joli été en Suisse. Alors je tâcherai de me secouer, pour cesser d'être malade, afin d'être moins ennuyeux. Ma femme me charge de vous exprimer tout son tendre respect et le plaisir que lui donne d'avance le plaisir de vous revoir. Elle s'impatiente quelquefois à la mort de ses affaires ; mais l'impatience ne sert à rien.

Les dernières nouvelles que j'ai reçues de Suisse m'ont inquiété sur la santé de notre bonne Mme de Charrière. Il y a bien peu d'espérance qu'elle se remette à son âge; mais je me flatte qu'elle vive encore et que nous la retrouverons avec sa gaieté et sa tranquillité d'âme si admirable dans son état.

Adieu, ma chère tante. Je voudrais espérer que vous me répondrez, et j'aime au moins à croire que ma longue absence ne nuira pas à votre amitié dont j'ai chaque jour plus besoin. Mille respects et encore plus de tendresses.

CXCIX

A MADAME LA COMTESSE DE NASSAU, NÉE DE CHANDIEU

Gœttingue, ce 20 avril 1813.

Je me hâte, ma chère tante, de répondre à votre lettre du 3 de ce mois qui a été un peu retardée parce qu'elle m'a cherché à Cassel, pendant que j'étais ici. Il y a erreur dans la démarche que l'on a faite auprès de vous; mais il n'en peut résulter aucun embarras pour vous, ma chère tante. La somme déposée entre vos mains n'est que la sûreté du paiement d'une rente représentée par cette somme..... Pardon de l'ennui de la visite que vous avez reçue, elle ne se renouvellera plus.

Je suis fâché que vous veuillez rembourser cette somme déjà en février prochain. Du reste, je ne voudrais pour rien au monde, ma chère tante, vous demander quelque chose qui vous fût incommode. D'ici là nous nous reverrons, et je prendrai tous les arrangements qui pourront être les plus conformes à vos intentions.

Mille grâces de tous les détails que vous me donnez. Ce que vous me dites de la disposition morale de Mme de Charrière me fait grand plaisir, parce que la disposition morale est toujours une preuve de l'état physique, et j'espère que la gaîté de notre bonne tante indique que son état, quoique sans espoir d'une guérison entière, n'est pas dangereux. Je me promets un grand plaisir en la revoyant. Je mets ce plaisir au second rang ; vous devinez celui qui est au premier.

J'ai dit à Rosalie dans une de mes dernières lettres que nous étions parvenus, malgré les inconvénients du moment, à nous faire rembourser d'une somme d'environ 45,000 francs de France. C'est quelque chose. Il en reste encore environ 60,000 à faire rentrer ; mais je n'espère pas réussir aussi bien, et ce ne serait pas même un motif pour prolonger notre séjour dans ce pays-ci, si nous n'attendions chaque jour notre débiteur qui est allé à Vienne et qui doit revenir chez lui. Il est nécessaire, même dans l'hypothèse très probable que nous n'en tirions que peu de chose pour le moment, que nous sachions sur quoi compter pour l'avenir.

Ce n'est pas que ce pays n'offre actuellement un séjour moins paisible que l'année dernière. Les détails seraient longs et ennuyeux à écrire ; mais il y a et il y aura toujours plus d'étrangers dans nos environs, et les logements deviennent étroits et les denrées chères. Pourvu que la communication entre nous, chère tante, ne soit pas interrompue, je me résigne volontiers aux petites incommodités passagères. Mais ce me serait une grande privation que de ne pouvoir pas vous écrire et recevoir de vos lettres. Au reste ce n'est qu'une conjecture encore très incertaine et que l'interruption qui a eu lieu ici de toute correspondance avec Hambourg a suggérée à quelques personnes. Quant à moi, ma chère tante, vous pensez bien que je vous écrirai toujours tant qu'il y aura un moyen.

Je suis fâché de la rechute du chevalier de Langallerie, c'est ou ce sera un homme d'esprit de moins qui avait sur des sujets intéressants des idées très originales et une manière très persuasive de les exprimer. Le fond du système est une affaire que personne ne peut juger que pour soi ; mais ce système a des côtés doux et, dans de certains moments, fait du bien à l'âme.

Je ne suis point agréé à l'Université, mais à la société des Sciences de Gœttingue. Ce n'est qu'un titre honorifique que les savants d'ici ont bien voulu me conférer et qui ne rapporte rien et n'astreint à rien. Je dois leur choix à un livre qui n'est pas encore achevé ; je souhaite qu'il réponde aux espérances que quelques personnes en ont conçues.

Il y a longtemps que je n'ai rien reçu de Marianne, je vais lui écrire pour l'affaire de Larguier. Ses dernières lettres étaient très amicales et paraissaient de très bonne foi ; elles étaient même destinées à me donner des armes contre ses enfants, s'ils voulaient, après sa mort, me manquer de parole. C'est une personne que sa situation fausse a entraînée quelquefois dans une mauvaise marche, mais qui valait mieux que sa situation.

Je sais comme vous, ma chère tante, que rien ne corrigera notre cousine Jacqueline[1]; mais sa famille est si éclairée sur les vices et la mauvaise conduite de cette vilaine personne que je ne crois pas qu'avec toute son habileté en fait de mensonges, elle parvienne désormais à tromper personne, et j'espère vraiment qu'elle est et restera hors d'état de nuire. Oh! la méchante carogne! Comme elle nous a tous fait enrager! — Pardon, si mes expressions ne sont pas nobles, je les proportionne au sujet.

---

[1] Napoléon. Voir lettres du 20 avril 1814.

J'ai très bonne opinion de mon cousin de Loys, l'aîné. Il est aimable tout à fait, autant que j'en ai pu juger à Heidelberg. Il me semble que Lausanne reconquiert dans la nouvelle génération ce qu'elle paraissait avoir perdu dans la nôtre ; mais il y a bien à faire pour remonter au rang de la précédente. Il est vrai que les circonstances n'ont pas été favorables à la gaîté. J'ai trouvé qu'on s'amusait encore plus qu'on auraitpu l'espérer. Tout le monde a appris, comme les habitants du Vésuve, à dormir sur un volcan.

Que peut-on craindre pour ce pauvre d'Albenas. Il me semble qu'il n'y a guère à espérer pour lui. Avec une situation si triste, une fortune détruite, une femme laide, une mauvaise santé, la mort n'est-elle pas ce qui peut arriver de mieux ? Au reste je rétracte mon opinion pour peu qu'il tienne à la vie. Il ne faut en rien juger pour les autres.

Adieu, ma chère tante ; je traverse en idée les armées nombreuses et diverses, pour me transporter auprès de vous. J'espère que bientôt le plaisir de vous revoir ne sera pas simplement d'imagination.

CC

A MADEMOISELLE ROSALIE DE CONSTANT

Cassel, 1813.

Vous désirez une longue lettre, chère Rosalie ; vous savez que je suis toujours disposé à vous écrire et que ce m'est toujours un plaisir. Vous me demandez des détails sur moi. Je ne vous les ai jamais épargnés. Enfin vous avez envie que nous causions et c'est tout ce que j'aime que de causer avec vous. Je commence par ce qui me regarde, parce que je suis pressé de finir, ce qui ne touche que moi. Au milieu de bouleversements publics, qui ont influé sur toutes les affaires privées, ma femme a continué de presser ses débiteurs.....

Les entreprises littéraires ont un peu souffert de mon séjour à Cassel. Des courses à Gœttingue n'ont pas suppléé à un établissement fixe, et il y a toujours eu beaucoup de temps de perdu dans les déplacements. J'ai donc moins avancé que je ne comptais. Je tâcherai, à dater de la semaine prochaine, de ne plus laisser échapper le peu de jours qui me restent. Ma femme va à Hanovre où je serai peut-être forcé de me rendre aussi, mais je n'y resterai que le moins que je pourrai et je tirerai encore une fois de Gœttingue le parti que j'en ai déjà tiré, car j'ai tant lu que j'ai déjà quelque peine à mettre en ordre toutes mes troupes, et comme il faut une borne à tout, je n'aurai bientôt plus qu'à profiter de ce que je sais, en me résignant à ce que j'ignore. Voilà pour mes projets littéraires. Mais au milieu de tous ces projets, tant de finance que de littérature, il y a des chances qui peuvent les déranger. Nous sommes assez près du théâtre des plus grands événements. Sans entrer dans des détails défendus, je puis dire que nous avons déjà eu assez près de nous des habitants de contrées lointaines. Beaucoup de gens se seraient en allés à notre place. Mais l'étude est cosmopolite, et les dangers extérieurs ne sont rien pour qui connaît assez la vie pour l'évaluer. Ma femme est ou sera au milieu de sa famille. Je serai au milieu d'une grande bibliothèque, et le plus (je ne dis pas le pis) qui puisse arriver, c'est que j'aille rejoindre ceux que je lis. Je me trouverais en ce cas-là tout de suite en pays de connaissance. Je me propose donc de ne penser à rien de ce qui se passera autour de moi. De la sorte ce sera comme si rien ne se passait. J'ai souvent dormi au bruit du tonnerre qui ressemble fort au bruit du canon. La musique tartare ressemble aussi à l'orchestre du grand opéra.

L'agitation ne peut jamais venir du dehors à moins que l'intérieur ne s'y prête. J'ai été plus agité et plus malheureux au milieu du repos le plus profond que je ne pourrais l'être dans une ville prise d'assaut.

Le petit de Saugy a été nommé sous-lieutenant C'était l'objet de son ambition et je l'ai vu au comble de la joie. Je ne sais si j'ai contribué à sa nomination, dans tous les cas j'y suis pour peu de chose : tout au plus j'ai avancé le moment de quelques mois ; mais, quoi qu'il en soit, je prends un vif intérêt à lui parce qu'il a tant d'ardeur, que cette ardeur quel que soit son objet me touche, et je suis sûr qu'il se distinguera dès la première occasion. L'idée de faire la guerre l'enchante, et il ne se console pas de n'avoir pas été de la dernière campagne. Il est impossible de pousser le zèle plus loin. Au reste, il aura de quoi réparer le temps perdu, je crois la carrière ouverte pour longtemps à son occupation favorite.

Je serais fort curieux de partager avec vous, chère Rosalie, la lecture des manuscrits de Mme Hardy ; je n'ai jamais douté de la justesse de son esprit, et la parfaite justesse donne toujours à l'esprit beaucoup d'étendue. L'absence de prétentions donne aussi du repos à la pensée qui peut aller son chemin sans se fausser pour faire effet. Songez-vous à publier quelques fractions de ces écrits ou leur état d'imperfection, c'est-à-dire de non-achèvement met-il obstacle à ce que le public en profite ? Je voudrais de toute manière être avec vous pour ce travail, mais il n'y a rien pourquoi je ne fusse pas toujours bien aise d'être avec vous.

Ce séjour à Hanau dont je me réjouissais beaucoup devient impossible à présent, comme tout séjour hors de chez soi, ou hors de l'endroit où on se trouve dans le moment même. Si je n'avais pas habité Gœttingue depuis dix-huit mois, je n'imaginerais pas de m'y rendre. L'aspect d'un arrivant dans les circonstances actuelles inspire toujours de l'étonnement et de la défiance. Tout le monde se trouve de manière à ne pas supposer qu'on vienne volontairement partager ce sort, et l'on suppose toutes sortes de motifs aux étrangers qui surviennent. Dix-huit mois de résidence et mes relations de famille et littéraires sont devenues une espèce d'indigenat. Après Lausanne et Paris, il n'y a aucun lieu où je sois plus domicilié que Gœttingue.

Je me réjouis bien de ce que vous me dites de la santé de notre bonne tante. Il faut que dans le courant de cet été nous la trouvions comme nous l'avons laissée. Ma femme se fait une fête de la revoir. Elle nous procurera, comme elle l'a déjà fait, les plus doux moments de notre séjour en Suisse. Nous serons assis auprès d'elle dans votre joli salon, nous boirons de votre bon thé, nous achèverons le journal de Charles que j'ai laissé au moment le plus intéressant.

Adieu, chère Rosalie. Répondez-moi ; j'espère que les communications ne seront jamais assez interceptées pour que vos lettres ne me parviennent pas. Je vous embrasse mille et mille fois.

CCI

A MADEMOISELLE ROSALIE DE CONSTANT

Gœttingue, ce 10 mai 1813.

Je ne puis m'empêcher, chère Rosalie, de me réjouir des idées qu'on se fait chez vous du pays que j'habite, puisque votre inquiétude me prouve votre intérêt. On ne doit compter sur rien dans la vie de sorte que je me garderai bien de vous dire que l'avenir ne sera pas plus troublé que le présent ; mais jusqu'à ce jour au moins, nous jouissons de la tranquillité la plus parfaite.

Nous entendons quelquefois, et nous croyons entendre souvent le bruit éloigné du canon. Les nouvelles circulent fausses ou vraies, avec une grande célérité. Au reste, tout est dans le train ordinaire. Les professeurs donnent leurs leçons, les femmes des professeurs jouent au whist, je travaille et je presse mes débiteurs. Il n'y a donc rien de changé. Je ne compte pas prolonger mon séjour au-delà du temps où j'aurai obtenu soit un paiement, soit des sûretés ; je voudrais aussi ne pas l'abréger par des craintes mal fondées de manière à perdre la seule occasion que j'aurai d'arranger la fortune de Charlotte et de perfectionner mon livre. Le reste est indépendant de moi, et je tâche toujours de ne pas penser à ce à quoi je ne puis rien. Vos lettres me font un grand plaisir, et votre amitié entre pour beaucoup dans l'idée que j'ai de retourner à Lausanne. En attendant, continuez-moi cette correspondance qui rompt d'une manière si douce la monotonie de Gœttingue, et croyez que chaque fois que je reçois une de vos lettres, j'en suis plus content et plus heureux.

J'ai vu passer ici, il y a quelques jours, une personne qui a habité longtemps le pays de Vaud et que je crois que vous y aurez vue. C'est une comtesse de Rudenschiold, qui a surtout séjourné à Rolle. Elle s'est mise en route dans un mauvais moment et se trouve forcée de s'arrêter à Hanovre. Elle n'y connaît pas un chat, je lui ai envoyé des lettres de recommandation pour quelques personnes. Mais la société ne doit pas être brillante dans une ville dont on barricade les portes de deux jours l'un. Nous n'avons pas encore, ma femme et moi, exécuté le projet d'y aller. On vit au jour le jour et on s'y habitue. Je vous prie de ne pas me rendre responsable du titre alambiqué donné dans les journaux à l'ouvrage qui m'occupe. Je n'ai été pour rien comme bien vous pensez dans ces articles de journaux, et ceux qui les ont rédigés ont cherché à exprimer ce qu'ils ont supposé être dans mon livre, faute de savoir ce qui y est. Son titre sera, je crois, car si je n'en trouve un meilleur, je le prendrai : *De la religion, depuis sa forme la plus grossière jusqu'à sa forme la plus épurée.* J'y travaille avec suite, et quand je puis avec ardeur. Mais les difficultés sont encore assez grandes, et lorsque je crois les avoir toutes vaincues, il s'en présente tout à coup de nouvelles, que je recommence à combattre avec courage. Quand j'aurai fini ce que je dois faire ici, et ce que je ne pourrais guère faire qu'ici, il me faudra bien six mois ou peut-être plus pour la *rédaction définitive*; et il faudra ensuite que je consulte à Paris même, pour savoir si l'air de l'Allemagne ne m'aura pas trop germanisé. Je me souviens que des livres allemands que je trouvais tout à fait inintelligibles en France, me sont devenus tout à fait clairs, quand je les ai lus ici, quoique je n'eusse pris personne pour me les expliquer. Je puis en conclure que ce qui ici me semble très clair pourrait bien être fort obscur en France, et je ne puis pas en conscience exiger que mon public fasse le voyage de Gœttingue pour me comprendre. Il faut donc que je voie s'il y a rapport entre ce que j'écris et les têtes françaises. Vous sentez que pour toutes ces opérations, il me faut encore du temps. Qui peut s'en promettre? Personne ; mais il faut agir comme si on y comptait. Si, par hasard, il vient à manquer on n'est plus là pour le regretter, et celui qu'on a eu a été bien employé.

Je m'aperçois que je bavarde inexcusablement sur mon livre et que je suis plus auteur que je ne croyais : on l'est toujours sans s'en douter. Je suis bien fâché que Charles ait été malade. Je le suis surtout de ce que vous ne vous êtes pas arrangés de manière, à nous voir plus souvent ; je voudrais que votre réunion avec lui pût se concilier avec l'empire légitime et digne de ma cousine. Un empire établi ne doit pas être ombrageux, et certes vous n'avez pas d'intentions hostiles. Si jamais je suis aussi voisin de vous que Charles, j'espère en profiter bien plus.

Ceci me ramène à votre idée de la campagne de

M. Hanthin. Elle a bien du charme, mais il faut d'abord que nous ayons encore rattrapé 60,000 fr. et traversé deux ou trois cent mille hommes. Il est vrai que si les choses vont toujours comme dans ces jours derniers, le nombre pourra bien être un peu diminué. Enfin, c'est un bien joli projet, et il a déjà le bon effet de me faire plaisir en perspective, en attendant qu'il se réalise. Ma femme partage tous mes desseins à cet égard. Elle a beaucoup plus d'aversion pour ce pays-ci que moi. Elle croit, et l'expérience me fait craindre qu'elle n'ait raison, qu'il est mauvais pour ses yeux qui effectivement ne se remettent guère depuis qu'elle y est, et cette souffrance est plus pénible là où il n'y a que peu de société, et point de distraction que la lecture. Les miens par esprit de contradiction soutiennent très bien beaucoup de travail. Tout le monde à Gœttingue est couché à onze heures, ce qui leur convient fort. Si Charlotte ne souffrait pas, je jouirais encore plus de tout ce que je trouve ici ; mais cette prolongation d'un mal qui aurait dû passer il y a longtemps me tourmente.

Il m'arrive une lettre tout amicale de Mme de Nassau et qui me fait un grand plaisir. Elle me donne des détails sur tout Lausanne, et je m'oriente dans la société que deux ans d'absence ont un peu effacée de mon esprit. Je suis bien aise que le chevalier de Langallerie se rétablisse. Je n'ai pas suivi la route qu'il m'avait tracée, mais il a mis dans ma marche quelque chose de plus calme et de moins inquiet dont je lui sais gré. Je voudrais pouvoir vous donner des nouvelles du jeune de Saugy, mais je n'en sais point. Il peut actuellement satisfaire amplement sa passion favorite. Jamais guerre ne promit d'être plus sanglante. Malgré les raisons qui retiennent Villars à Hanau, je le plains d'y être. C'est bien lui qui est au centre de l'incendie, ou plutôt du déluge de sang qui coule et qui coulera. Adieu, chère Rosalie. Embrassez, mille fois ma tante pour Charlotte et pour moi. Nous nous réjouissons beaucoup d'être ses voisins et ses locataires.

CCII

A MADAME LA COMTESSE DE NASSAU,
NÉE DE CHANDIEU

Gœttingue, ce 1ᵉʳ juin 1813.

Vous pensez bien, ma chère tante, qu'il m'a fallu une raison pour être resté près de 15 jours sans répondre à la bonne et aimable lettre que vous m'avez fait le plaisir de m'écrire. C'est que j'ai eu des affaires domestiques très désagréables. Cette chienne de *Jacqueline* a recommencé ses farces, et j'ai su que mes parents que je croyais enfin éclairés sur le caractère de cette coquine, se laissaient duper par elle comme auparavant, j'en ai été véritablement presque malade, et dans un tel découragement que je n'ai pas eu la force de prendre la plume. Comme cependant tout ce découragement ne sert à rien, il faut le combattre, et tâcher de penser à autre chose. Or, je ne connais pas de meilleure distraction que de vous écrire, et je m'y mets après m'être secoué du mieux que j'ai pu. Ce n'est pas que j'aie perdu toute espérance de voir notre famille débarrassée de cette étrangère qui s'y est fourrée, on ne sait comment. Mais nous avons perdu quelques incidents, et mes cousins s'obstinent à s'en remettre à des avocats dont la bêtise est prouvée. Enfin la volonté du ciel soit faite, mais je voudrais bien voir Jacqueline renvoyée dans son village.

Celui de mes beaux-frères qui est à Vienne actuellement, le dernier avec lequel nous avons des affaires, les autres ayant à peu près terminé à notre satisfaction, annonce toujours son arrivée, mais ne revient pas. Je doute même que les circonstances lui permettent de traverser les armées, cela retardera nos négociations. Ma femme écrit sans cesse et s'impatiente ; elle aurait autant d'envie que moi de passer un joli été en Suisse.

Je profite de tous ces retards pour travailler tant que je peux. Gœttingue est un excellent endroit pour cela. Il n'y aurait pas moyen de vivre sans occupation, et il faut se la créer soi-même ; mais pour finir il faut que je parte d'ici. La Bibliothèque est un océan dans lequel on se perd. A peine ai-je lu ce qui m'a paru indispensable, que je découvre quelque chose de plus indispensable à lire. Si je restais ici vingt ans je ne serais pas plus avancé dans la composition de mon livre qu'aujourd'hui. En Suisse, où je n'aurai plus le moyen de faire des acquisitions nouvelles, je mettrai, j'espère, en ordre ce que j'ai acquis...

Je connais M. de Golowkin [1] d'ancienne date. Il a beaucoup d'esprit, et brode très bien les histoires qu'il fait. C'est de l'esprit français et de la grâce française, dont les Russes sont plus susceptibles qu'aucun autre peuple. Au bout d'un certain temps, il y a dans cette grâce et dans cet esprit une sorte de monotonie ; mais elle séduit pourtant toujours. Je l'ai éprouvé en retrouvant à Cassel M. de Narbonne. Le fond de cet esprit est de n'attacher d'importance à rien qu'à ce dont on ne parle pas, c'est-à-dire à son bien-être personnel et à sa fortune. Mais on glisse sur le reste, effleurant tout et souriant de tout, ce qui donne une grande supériorité momentanée sur les gens qui ont encore la naïveté d'attacher du sérieux à quelque chose. Aussi ne suis-je point surpris du succès dont vous me parlez. Du reste, on dit ses ouvrages écrits d'une manière piquante, et je le crois d'après sa conversation.

Il me semble que vous pouvez, ma chère tante, vous

---

[1] Le comte Golowkin a laissé plusieurs écrits : poésies, etc.

consoler de n'avoir pas lu le roman de Jeannette[1]. Ses ouvrages sont très inférieurs à sa conversation, quoique celle-ci ne soit pas sans défaut ; mais il y a du mouvement, et quelquefois de l'originalité. C'est précisément ce dont ce qu'elle écrit manque. Il n'y a d'original que le style qui n'est pas français.

Adieu, ma chère tante, depuis que ma lettre est commencée j'ai reçu quelques nouvelles, qui me font espérer que nous serons défaits de Jacqueline. Quelle terrible chose qu'une maîtresse dans une famille ! Cependant je ne répondrais pas que la taquine ne reprît son ascendant sur notre vieux parent ; mais elle paraît, à ce qu'on m'écrit, en avoir un peu perdu. Je voudrais bien vous porter la nouvelle que notre famille est enfin épurée. Ce long procès, ces éternelles chicanes me fatiguent plus que je ne puis dire.

Conservez-moi un peu d'amitié. J'espère toujours en aller jouir bientôt, et je m'en fais une fête qui me console de tous les ennuis et de toutes les tribulations de la vie.

CCIII

A MADEMOISELLE ROSALIE DE CONSTANT

Gœttingue, ce 3 août 1813.

J'ai été si occupé, chère Rosalie, que je n'ai pu vous écrire aussitôt que je l'aurais désiré ; j'ai chargé Charlotte de vous demander pardon de ma part. Il est d'autant plus juste que vous me pardonniez qu'en ne vous écrivant pas, je me fais plus de mal qu'à vous, puisque je

[1] Louis, roi de Hollande (?).

me prive de vos lettres. Comme malgré la lenteur de mes affaires et ma disposition à rester en place, quand une fois je suis quelque part, mon séjour ici ne peut se prolonger au-delà de cet automne ; je profite des derniers moments pour achever ce que je ne pourrais pas faire ailleurs. Malgré tous mes efforts je n'aurai pas tiré de Gœttingue la moitié du profit que j'aurais voulu en tirer. Il est vrai que si j'avais profité de ces ressources quatre fois plus que je ne l'ai fait, j'aurais encore pu dire que je n'avais fait que la dixième partie de ce que j'aurais dû faire.

Au milieu de ma lettre, chère cousine, j'en reçois une de Mme de Nassau qui se plaint de ce que je ne lui écris pas. J'ai mis moi-même une lettre pour elle à la poste, il y a peu de jours, elle doit être bientôt entre ses mains. Veuillez le lui dire et ajoutez que je lui répondrai nécessairement à celle que je viens de recevoir. Elle me parle de mon retour avec une bonté qui ajoute à mon impatience de me retrouver chez elle. Je n'ai absolument de motifs de retard que l'attente de l'arrivée d'un homme qui est Vienne, qui doit à ma femme 60 à 80 mille francs, et dont elle n'a pu tirer un sol d'intérêt depuis six ans. Comme il a fait ce voyage de Vienne pour arranger ses affaires et qu'il a promis de prendre à son retour des arrangements, il est nécessaire que nous le voyions.

Savez-vous que vous m'embarrassez un peu en me conseillant de ne pas mettre le mot de religion dans le titre de mon ouvrage ? Ordinairement le titre d'un ouvrage indique ce dont il traite. Cependant, chère Rosalie, pour vous faire plaisir, je l'intitulerai comme vous voudrez, même si le voulez, en votre honneur, cours de botanique. A parler sérieusement, je crois que je ferai encore un changement au titre que je vous avais mandé, et que je trouve encore trop long et trop abstrait, et que je mettrai simplement : Des religions de l'antiquité. Au reste, avant de baptiser l'enfant, il faudrait qu'il fût né et il ne l'est pas.

J'espère que Charles vous a dit ce que je lui avais mandé, relativement au jeune de Saugy, je n'en ai plus entendu parler depuis. Il est sûrement à Dresde, attendant que la cessation de l'armistice le rende à son occupation favorite, ce qui ne doit pas tarder, à moins que la bêtise humaine aille toujours en progression géométrique.

Mme de Nassau m'a inquiété sur l'état de Charles. Ce qu'il m'a écrit annonçait cependant une très bonne disposition morale, preuve ordinaire d'une assez bonne disposition physique. Mandez-moi ce qui en est, chère Rosalie; j'espère que je n'ai pas besoin de vous dire que rien ne peut m'intéresser davantage. Est-il tout à fait hors d'inquiétude pour les beaux arbres de Saint-Jean ? je crains toujours pour lui, d'autant qu'il me semble que la manie de fortifier va toujours augmentant. Il n'y aura bientôt plus que des citadelles dans le monde ; il est vrai que bientôt aussi le monde n'aura plus que des soldats pour habitants. Nous sommes les derniers restes d'une inutile génération qui ne sait pas faire l'exercice, et qui ne sera pas remplacée ! Quand je pense au public qui se forme et à l'obstination avec laquelle je continue un ouvrage dont l'époque est passée comme celle de tout, ce qui ne tient pas au métier de tuer et d'être tué, je me compare à ce chevalier de l'Arioste qui combattait toujours sans s'apercevoir qu'il était mort.

Mme de Nassau m'a mandé l'aventure de Mme de Montriché qui aura produit bien du scandale dans notre morale ville de Lausanne où les amours sexagénaires de M. de Breules et de Mme de Montolieu étaient un objet de censure. Moi, je suis surtout frappé dans cette histoire de la manière dont rien ne dérange les habitudes sociales et conjugales. Le monde est en feu, on tue, on ruine, on menace tous les peuples, et tous les individus d'un bout de la terre à l'autre, chacun s'occupe à nager de son mieux dans ce naufrage général, et dans cette bagarre inouïe les femmes trouvent encore le temps d'être infidèles, et ce qui est beaucoup plus étonnant, car pour la première cela se fait en un tour de main, les maris trouvent celui d'être jaloux.

M. de Golowkin continue-t-il à s'amuser et à amuser les autres? Qu'est-ce que c'est qu'un M. de *Sassrios* dont Mme de Nassau me parle en me disant qu'il est éclipsé par M. de Golowkin. Pour comprendre l'éclipse, encore faut-il savoir de quel astre il est question. Dites à Constance que j'ai vu ici un beau jeune homme appelé M. d'Adelps qui dit la connaître beaucoup et qui est encore amoureux de Mme de Cottens.

Adieu, chère Rosalie; ne me punissez pas de mon silence et répondez-moi bien vite. Je vous écrirai plus régulièrement si, toutefois je ne prends pas la rougeole qui est dans toute la ville, et dont je ne crois pas, ne l'ayant pas eue, que je puisse me garantir.

CCIV

A MADAME LA COMTESSE DE NASSAU,

NÉE DE CHANDIEU

Gœttingue, ce 7 août 1813.

Deux ou trois jours après que ma lettre eût été mise à la poste, j'ai reçu la vôtre, ma chère tante, et j'ai vu avec peine que vous m'accusiez de négligence.

J'ai vu par les papiers les ravages que les inondations font en Suisse et dans beaucoup d'autres pays. Nous avons aussi ici des pluies continuelles. La nature s'en met par l'eau, comme les hommes par le feu. Tous les villages de la Saxe sont brûlés, ceux de la Suisse et de l'Alsace sont entraînés par les rivières. Je voudrais que notre petit et heureux pays fût épargné, ne fût-ce que pour l'honneur du miracle.

Pendant que les éléments font des leurs, les maladies ne veulent pas rester en arrière. Il nous arrive sous peu de jours quatre cents Français qui nous apporteront la fièvre nerveuse qui a déjà fait tant de dégâts dans les environs de Dresde. Cela ne fait pas le même plaisir aux professeurs que si quatre cents étudiants, ni aux mères que si quatre cents épouseurs arrivaient.

. . . .

Je serai toujours bien aise de tout ce qui me prouvera que Jacqueline n'a plus autant de crédit sur la famille qu'elle a tant tourmentée, qu'elle en avait autrefois. Mais c'est bien peu que l'on ait annulé la donation qui lui a été faite du jardin près de la maison qu'elle a volée. C'est tout ce qu'on lui a laissé prendre sous de faux prétextes qu'il faut lui ôter, sans quoi on lui laisse une apparence de droit dont elle ne cessera jamais d'abuser. On me mande au reste que le procès va recommencer avec plus de vivacité que jamais. Les parties de Jacqueline ayant interjeté appel. Quand je pense à cette histoire, le sang me bout, et je compose des mémoires dans ma tête. Mais je me calme ensuite, parce que je n'y pourrais rien que par des conseils à nos parents qui déjà n'ont pas été suivis. Enfin je souhaite bien, quand nous nous reverrons, ma chère tante, que Jacqueline soit tout à fait expulsée de la famille. Il n'y aura de repos qu'alors pour mon oncle et ses enfants, et pour bien d'autres qui y sont intéressés de près ou de loin.

Je ne sais si je vous avais mandé que pour profiter de mes derniers moments de séjour ici, j'avais imaginé de me lever à cinq heures et de travailler jusqu'à six heures du soir. Il en est résulté un sommeil qui me poursuit à présent toute la journée. J'ai essayé de dormir aussi longtemps que j'en aurais envie, mais je n'ai pas pu y réussir. Plus je dors, plus j'ai envie de dormir, comme l'appétit vient en mangeant ; je tâcherai pourtant de vous arriver éveillé.

Adieu, ma chère tante, je vous remercie de vos bonnes lettres que je reçois comme des échappées du feu, et en conséquence, avec d'autant plus de tendresse et de plaisir. Quand vous en avez jeté une dans les flammes, vous n'avez pas besoin, si le remords vous prend, de l'éteindre pour me l'envoyer, mettez-la à la poste tout allumée, la pluie se chargera, je crois, de l'éteindre en route.

CCV

A MADAME LA COMTESSE DE NASSAU, NÉE DE CHANDIEU

Grossen Schwelper, près Brunswich, ce 23 septembre 1813.

Mon départ de Gœttingue pour une terre où je suis venu passer quelques jours avec ma femme, m'a empêché, ma chère tante, de répondre aussitôt que je l'aurais voulu à votre lettre du 31 du mois dernier.

Nous avons reçu la nouvelle presque certaine que le comte Charles Hardenberg, notre dernier débiteur, mais pour la somme la plus considérable, est de retour dans ses terres du Mecklembourg. C'est ce que nous attendions pour régler nos affaires avec lui de la manière la plus commode pour tous les deux. Il ne nous reste qu'une difficulté, celle de nous rapprocher de lui ou de lui faire parvenir nos lettres, car, depuis le renouvellement des hostilités, toute communication est interrompue. Mais cet état de choses ne peut se prolonger. Ses terres étant précisément sur les frontières, il est impossible que la communication ne soit pas bientôt rouverte, et nous profiterions du premier moment. Ces circonstances rendent urgent que nous prenions nos sûretés. Ma femme n'a jamais cru en avoir besoin vis-à-vis d'un frère ; mais personne n'est le maître de son bien dans la situation actuelle du monde, et malgré son intention, chacun peut être entraîné à manquer aux engagements les plus sacrés. Comme nous nous bornons à demander la signature de ses fils, qui sont majeurs et qui devant hériter d'un de leurs oncles, seront un jour fort riches, et que cette signature ne peut être refusée, l'affaire sera terminée, je pense, aussitôt que nous aurons le moyen de lui faire parvenir notre demande, et je ne mets pas en doute que nous ne puissions partir avant le commencement de l'hiver.

En attendant, nous sommes venus passer une quinzaine de jours ici et j'ai revu pour la deuxième fois depuis vingt ans Brunswick où j'ai débuté dans la vie, il y en a vingt-six. Cela n'est pas gai : on a toujours des souvenirs plus ou moins tristes, quand il s'agit d'un espace de vingt-six ans, et moi qui ai changé plus souvent qu'un autre toutes mes situations je suis plus qu'un autre, entouré des fantômes du passé. Aussi je vis beaucoup plus avec le passé qu'avec le présent, et les trois quarts du temps que je passe en société, je rentre en moi-même et je me transporte à quelque époque antérieure, dont je me retrace tous les détails, même locaux, jusqu'à ce que les objets me deviennent beaucoup plus présents que ceux qui m'entourent.

Quoiqu'il n'y ait rien dans mes souvenirs qui me satisfasse, car je ne crois pas que jamais homme ait plus bizarrement repoussé les diverses et nombreuses occasions de bonheur qui se sont offertes, cette manière d'exister est pourtant de beaucoup celle que je préfère. Elle a une immobilité semblable à du calme et tant d'années passées dans l'agitation tranquillisent et consolent sur le peu qui reste encore à traverser. Je m'aperçois que je ne vous parle que de moi, chère tante, ce qui pourrait bien n'être guère amusant et je veux mieux employer la dernière feuille qui est encore blanche.

Je me suis informé avec l'intérêt du souvenir d'une personne que vous avez vue et qui a jadis porté mon nom. Elle est dans une assez bonne position de fortune. La princesse à qui elle a été attachée lui a laissé une pension assez considérable et elle se trouverait fort à son aise, sans une passion bizarre qui augmente chaque jour et qui la met souvent dans de grands embarras. Vous croirez que j'exagère, mais les nombres sont d'une exactitude que j'ai vérifiée par curiosité. Elle a 120 oiseaux, 2 écureuils, 36 chats, 8 chiens et encore quelques autres animaux que je ne sais comment classer, pies, corbeaux, poissons, etc. Tout cela vit donc dans une grande salle à côté de sa chambre, et il lui faut trois femmes pour entretenir cette ménagerie, dans une propreté tolérable. Outre cela, tous les petits garçons de la ville s'amusent à jeter dans son jardin tous les chats et les chiens abandonnés, et elle les nourrit jusqu'à ce qu'elle ait pu les placer.

Cette lettre, ma chère tante, a été retardée par quelques événements militaires inattendus qui ont interrompu et qui pourront en se renouvelant interrompre encore la communication. Je vous prie donc de ne pas m'attribuer le silence que je pourrais paraître garder à votre égard, si par hasard vous ne receviez pas aussi régulièrement de mes nouvelles que par le passé. Je me hâte de mettre cette lettre à la poste, pour que, s'il est possible, elle vous parvienne. Croyez à mon désir bien vif de vous revoir et aimez un peu votre neveu, malgré la distance et la difficulté croissante de s'écrire. Adieu chère et bonne tante.

CCVI

A MADAME LA COMTESSE DE NASSAU,
NÉE DE CHANDIEU

Brunswick, ce 30 septembre 1813.

Au moment où je venais hier de mettre ma lettre à la poste, ma chère tante, j'ai reçu la vôtre du 10 septembre et comme la communication qui s'est rouverte n'est pas refermée, je recommence à vous écrire, dans l'espoir que cette seconde missive aura le temps de vous arriver comme la première.

J'éprouve la même peine et la même indignation que vous sur les procédés de M. Achard, et je vous avoue qu'il y a (ceci entre nous) un homme dont je suis presque plus mécontent dans cette affaire, c'est mon cousin Charles, de Saint-Jean. C'est lui qui en a toujours été chargé, et il y a quatre mois que je lui en ai écrit de la manière la plus pressante et la plus propre à le toucher. Je n'en ai tiré qu'une réponse vague où il me disait que Marianne aimait la plainte et se plaisait à s'alarmer. Si l'événement est sans remède elle n'aura ici que trop raison et Charles avec le moindre intérêt l'aurait préservée de cette perte qui dans ses circonstances, est un vrai malheur pour elle. Mais avec assez d'esprit, c'est l'homme le plus égoïste que je connaisse, et comme il est très impatient il se met à l'abri des reproches par la vivacité avec laquelle il se fâche, et cette même vivacité lui donne un air d'étourderie qui fait illusion sur son égoïsme. On conclut des défauts qu'il a à des qualités qu'il n'a pas. Le service que vous pouvez rendre à Marianne, ma chère tante, c'est de témoigner et faire témoigner le plus vivement dans le public le blâme que vous trouvez que la conduite de M. Achard mérite. J'ai dans l'idée qu'ils y peuvent encore quelque chose, et ce blâme parvenant à Charles par Rosalie, pourrait faire quelque effet sur eux. J'en écris à Rosalie dans le même sens.

Ce pays-ci est toujours dans une position bien curieuse, mais qu'il est impossible de décrire, parce que la description ferait probablement supprimer la lettre. Il est impossible que sous peu de jours l'état ne soit plus fixe. J'ai appris à me renfermer en moi-même au milieu du bruit extérieur et je fais un assez bon usage de cette science. Jacqueline est bien malade, on a essayé de divers remèdes et elle a été à droite et à gauche dans différents bains ; mais on ne croit pas qu'elle puisse en revenir, et si même elle se guérissait immédiatement, elle aura perdu tout son embonpoint et tous les attraits dont elle était si fière. Vous savez que je déteste la coquetterie dans les femmes. Celle de Jacqueline passait la permission, de sorte que j'avoue que je ne la plains guère.

Le remue-ménage qui a eu lieu ces jours derniers m'a empêché, chère tante, de répondre à plusieurs articles de votre lettre, nommément à celui qui regardait ce pauvre jeune Albert [1], qui a péri si malheureusement. J'en ai été fort touché. Il n'était point méchant et ce qu'on pouvait lui reprocher, tenait à son âge et à des goûts très naturels à cet âge-là. Il se conduisait très bien depuis qu'il voyait une carrière honorable ouverte devant lui. Enfin je l'avais vu depuis l'âge de deux ans jusqu'à celui de dix-neuf ans et j'ai été triste de sa mort comme d'une partie de mes souvenirs engloutis dans le vaste abîme.

---

[1] B. C. parle probablement ici du second fils de Mme de Staël, mort en Suède, en 1813.

Il est possible que les événements nous rapprochent du créancier que nous guettons depuis si longtemps, et si cela arrive, notre retour près de vous sera accéléré, je vous assure que je le désire bien, mais vous sentez que c'est à présent ou jamais qu'il faut tâcher de s'assurer le peu que les circonstances laissent encore intact au milieu de la ruine générale. A vue de pays je ne crois pas que nous ayons besoin de plus d'un mois pour terminer.

Adieu, ma chère tante, j'aurais peut-être dû ne pas vous accabler de deux lettres successives ; mais comme elles peuvent ne pas arriver, je veux multiplier les chances de vous prouver que je ne vous oublie pas un instant de ma vie. Dans ma lettre d'hier, je vous ai envoyé toutes les déclarations, quittances et papiers que vous avez désirés.

Adieu encore. Je vous embrasse bien tendrement et je sauterai de joie quand je vous embrasserai en réalité.

CCVII

A MADAME LA COMTESSE DE NASSAU, NÉE DE CHANDIEU

28 octobre 1813.

Quoique je vous aie envoyé, ma chère tante, les papiers que vous désiriez, et que vous ayez dû recevoir trois lettres de moi, depuis la dernière des vôtres qui m'est parvenue, je veux pourtant vous écrire quelques mots, la lettre de Suisse me prouvant, à ma grande surprise et satisfaction, que la communication n'est pas interrompue, comme je le croyais. Mon motif pour vous écrire est de vous dire, chère tante, que Mme Jacqueline de S. a perdu enfin un incident très important pour le fond de notre procès, et qu'il n'y a guère de moyen pour elle de rétablir ses affaires, de manière à dépouiller les parties de leur fortune comme elle s'en était flattée. Les détails de jurisprudence vous fatigueraient inutilement : il suffit de vous dire qu'on me mande qu'à la dernière audience les témoins qu'elle avait invoqués, parce qu'elle s'en croyait sûre, ont déposé contre elle au moment où elle s'y attendait le moins, ce qui a tellement embarrassé ses avocats que leur plaidoyer quelque artificieusement qu'ils l'eussent arrangé n'a produit aucun effet. Elle a donc été condamnée sur plusieurs de ses prétentions, en plein et avec dépens. Elle en a appelé, et répand, comme à son ordinaire, des mémoires remplis d'invectives et de mensonges ; mais les juges, dont ce dernier événement m'a donné meilleure opinion que je n'en avais, ne se laisseront pas donner le change et je ne doute pas que d'ici à peu de temps la nouvelle ne m'arrive que le jugement définitif a mis en possession de leur patrimoine mes pauvres neveux que cette coquine voulait dépouiller pour ses bâtards.

La tournure de ce procès, indépendamment de la satisfaction qu'on éprouve toujours quand on voit la justice triompher, m'est agréable encore sous un rapport plus personnel. L'incertitude où me jetait la possibilité qu'elle dépouillât des personnes de ma famille, avec lesquelles j'aurais été obligé de partager ma fortune, gênait le voyage que je dois faire pour l'arranger. Mais à présent rien ne s'y oppose et je ne doute pas que je ne prenne des arrangements tolérables avec les débiteurs de ma femme, d'ici à un temps très court, ce qui me procurera le moyen de retourner enfin en Suisse, où je voudrais être depuis longtemps.

On répand ici toutes sortes de nouvelles relativement

à cette Suisse. On dit que l'Autriche et la Bavière s'étant alliées envoient un corps de troupes par la Suisse pour entrer en France. Vous saurez mieux que moi ce qui en est. Nous sommes inondés de nouvelles vraies ou fausses, et il est difficile de les distinguer. Il est certain seulement que de bien grands événements ont eu lieu, et suivant toute apparence, de plus grands encore se préparent.

Ce sera avec un bien grand plaisir que je me verrai enfin près de vous. Cette espérance me soutient depuis bien longtemps et m'a aidé à supporter toutes les petites tribulations d'un séjour à la fois agité et monotone. Ce n'est pas que je n'y ai vu de temps en temps des choses intéressantes, et j'en verrai peut-être encore pendant le peu de temps que j'ai à y séjourner. Mais par bonheur pour ce pays, les grands événements bien que se passant dans son voisinage ne l'ont jamais entamé, ce qui fait que l'on y a été plus inquiet par oui-dire que réellement spectateur et que la société n'a pas été plus amusante en elle-même, quoique les objets fussent d'un plus grand intérêt qu'à l'ordinaire. Je suis sûr que Lausanne vaut mille fois mieux.

Adieu, ma chère tante. Vous me pardonnerez, j'espère, cette inutile lettre en faveur de ma nouvelle du procès de Jacqueline, et je m'en prévaux comme prétexte pour vous répéter que je vous aime avec une tendresse qui ne finira qu'avec moi.

Je m'aperçois en pliant ma lettre qu'elle ne peut partir sans enveloppe, et je profite en conséquence du papier bleu qui me reste pour vous dire encore quelques mots. Les grandes nouvelles paraissent se confirmer. L'empereur Napoléon est à Erfurt, ou peut-être encore plus près d'ici. On ignore sa route ultérieure. Il y a des gens qui prétendent qu'il a dessein de se retirer sur Magdebourg, et alors il passerait au milieu de nous. Au reste toutes les nouvelles se croisent excepté la fondamentale qui se confirme. Quelle influence ceci pourra-t-il avoir sur le pays de Vaud ? J'espère qu'il sera protégé du ciel comme il l'a été jusqu'à présent.

Je vais faire sous peu de jours une course à Hanovre pour y prendre des renseignements sur les moyens d'arranger, peut-être sans voyage ultérieur, les affaires qui m'ont retenu si longtemps séparé de vous ; mais mon adresse est toujours à Gœttingue, c'est là que je vous prie de m'adresser votre réponse. Mes lettres me parviennent de là fort exactement, et c'est le seul endroit où je sois sûr de m'arrêter avant mon départ.

Adieu encore, ma chère et bonne tante. Le moment où il ne me sera plus nécessaire d'écrire pour m'entretenir avec vous me sera bien doux.

CCVIII

A MADEMOISELLE ROSALIE DE CONSTANT,

Hanovre, ce 23 novembre 1813.

Pour cette fois, chère Rosalie, je ne conçois rien à votre lettre ; mais sans me perdre dans mille conjectures, je vais vous dire ce qui me semble le plus propre à dissiper des doutes que je ne fais qu'entrevoir. L'explication vraie et simple de la manière que vous attribuez, j'ignore à quelle cause, c'est que la guerre, faisant éprouver beaucoup de retards et de difficultés à toutes les correspondances, même les plus innocentes, et que les lettres à plusieurs époques et dans plusieurs endroits, ayant été brûlées après avoir été ouvertes, je me suis senti découragé pour la causerie et l'épanchement de l'amitié, par l'idée qu'il y avait dix contre un que ce que j'écrivais serait lu par des étrangers et brûlé ensuite, sans même parvenir à sa destination. Quant au reste je ne puis mieux faire que de vous mander l'histoire de mon été. Ma femme et moi, comme vous savez, nous avons passé l'hiver à Cassel. Au printemps nous nous sommes établis de nouveau à Gœttingue, où nous sommes restés, sans nous quitter d'un jour depuis le mois d'avril jusqu'à celui de septembre. A cette époque ma femme m'a précédé d'une semaine à une terre de mon beau-fils, où je l'ai rejointe et où nous avons passé 15 jours. Ensuite nous sommes allés ensemble à Brunswick, où nous avons séjourné un mois, et de là nous sommes venus à Hanovre, où la famille de ma femme qui nous avait invités souvent à cette visite, nous a comblés de prévenances et d'amitié. Nous y attendons celui de ses frères qui a une grande partie de sa fortune en ses mains, et quand nous aurons pris un arrangement tolérable, nous irons vous revoir.

Voilà, chère cousine, tout ce que je puis répondre à des obscurités que je ne débrouille que très imparfaitement. Faites-moi le plaisir de faire tenir par une occasion, s'il est possible, la lettre ci-jointe à votre frère. Je le remercie bien de ce qu'il a bien voulu écrire aux Doxat.

J'ai eu le plaisir de voir un instant Victor, mais bien en passant, et ma femme qui, suivant sa louable coutume, n'était pas levée à dix heures du matin, l'a manqué tout à fait. Il n'a pu revenir comme il nous l'avait promis l'après-dînée, et elle a été trop paresseuse pour aller à un bal énorme où je l'ai revu au milieu de 800 à 1000 personnes.

J'ai su par quelqu'un de Brunswick qui avait parlé à un domestique de Villars, lequel domestique y a passé, que Villars avait moins souffert de tout le tapage de la retraite que je ne le craignais. C'était à la vérité avant la dernière bataille de Hanau.

Je ne puis rien vous dire de Jules de Saugy. L'armée Westphalienne a disparu, et tous les officiers et soldats ont pris service contre la dynastie qui régnait dans ce ci-devant Royaume.

Adieu, chère cousine, je vous embrasse bien tendrement et Charlotte se réjouit de recommencer les soirées d'il y a trois ans.

CCIX

A MADAME LA COMTESSE DE NASSAU, NÉE DE CHANDIEU

Hanovre, 29 novembre 1813.

Je reçois à l'instant votre lettre du 16, ma chère tante, et quoique je vous aie écrit, il y a trois jours, je reprends la plume pour vous écrire encore et vous remercier du plaisir que je vous dois. J'espère que vos yeux sont rétablis, sans quoi je me reprocherais de vous donner la peine de me lire, la mauvaise encre que l'on a ici, ajoutant à la difficulté de ma mauvaise écriture. Mon papier boit tellement malgré le soin que j'y mets que je ne sais comment je ferai à l'autre page. Mais comme je n'y suis pas encore, je vais en avant sans m'inquiéter de l'avenir. Dans ce siècle-ci quand on a une page devant soi, c'est un siècle. Pendant qu'on la remplit un royaume s'écroule.

Je voudrais, pouvoir vous rendre compte de ce séjour, des gens de toutes les nations qui s'y trouvent, de tout ce qu'on y fait, de tout ce qu'on y dit, de tout ce qu'on y espère. Cela vous amuserait. Mais comme si j'essayais de vous amuser ainsi, il s'en suivrait que je ne vous amuserais point du tout, parce que ma lettre resterait en route, je supprime tous mes beaux détails, pour en venir à nos affaires.

C'est une jouissance de voir comment le public s'est enfin prononcé sur *Jacqueline* ; il ne lui reste pas un défenseur, hors de ses parents, qui eux-mêmes rechignent assez. Je voudrais seulement qu'on se dépêchât d'obtenir le jugement définitif.

Je ne conçois pas ce qui a mis dans la tête de Rosalie que ma femme n'était pas auprès de moi. Elle m'a écrit une lettre pour me demander aussi quelques explications, dans un style si énigmatique que je n'y ai rien du tout compris. Ce qu'il y a de sûr, c'est que depuis les trois ans que nous sommes dans ce pays, et je mets ensemble tous les jours que nous avons passés l'un sans l'autre, nous n'avons pas été séparés deux mois, et que non seulement nous ne nous sommes quittés que huit jours durant tout l'été. Je ne saurais assez me louer de la complaisance avec laquelle elle a supporté le séjour de Gœttingue, fort ennuyeux pour elle, et en tout il est impossible de mettre dans les petites comme dans les grandes choses plus de bonté, d'affection, de raison et de douceur.

J'ai lu à Cassel, il y a environ un an, le roman du roi de Hollande. C'est du meilleur homme du monde ; mais il n'y a ni style, ni idées, ni caractère, ni intérêt. La seule chose qu'on ait pu trouver à y louer, parce qu'on y a bien tâché, c'est la description d'une inondation hollandaise, dont l'auteur avait été témoin oculaire, et qu'il a décrite avec une sorte d'exactitude. Ce n'est pas le seul roman que cette famille a composé. Le roi d'Espagne en a fait un intitulé la *Famille Arabe*, et l'on nous a annoncé un poème épique de Lucien, qui va s'imprimer en Angleterre.

Savez-vous qu'une espèce de peste s'est déclarée à Torgau, à peu près à 60 lieues d'ici. Les malades ont de petites taches noires sur la peau, et meurent le même jour. Il est mort 900 personnes en une nuit parmi lesquelles 30 factionnaires à leur poste, M. de

Narbonne, le gouverneur de Torgau, en est mort un des premiers. Sa mort m'a fait de la peine. Je l'avais connu il y a bien longtemps, je l'avais revu il y a un an à Cassel toujours aussi aimable qu'autrefois. Avec lui meurt un genre d'amabilité dont la France actuelle ne reproduira plus les formes. Je le regrette comme un moule élégant brisé. Mme d'Arlens en sera aussi fâchée. Il avait été bien, je crois, pour son fils dans une dernière circonstance.

Je ne suis pas étonné que la France reconnaisse la neutralité de la Suisse. Il me paraît plus problématique de savoir si les autres puissances la reconnaîtront. Dieu veuille préserver de toutes les calamités que tant d'autres pays ont éprouvées ce pays si heureux jusqu'à présent. Un article des journaux sur les fortifications de Genève m'inquiète pour Saint-Jean et ses beaux arbres ; j'ai toujours trouvé bien aventuré de planter et d'embellir sur un terrain si menacé.

Je me crois à peu près sûr d'avoir payé les deux objets portés sur la note genevoise que vous avez eu la bonté de m'envoyer ; je pourrai le savoir dès que je serai retourné à Gœttingue. J'y ai un livre de compte de toute ma dépense depuis 1795, que j'ai conservé parce qu'il me sert de journal. Si le paiement de ces deux objets n'y est pas porté, c'est que je les dois. Dans tous les cas je règlerai cette affaire dès que je serai près de vous, ma chère tante, ce qui Dieu merci ne tardera pas de beaucoup.

J'ai ri de ce que vous me dites sur les pères qui ne voudraient pas que leurs enfants fissent usage du jugement qu'ils leur souhaitent. On est toujours fâché de voir les gens tourner contre vous les armes que nous leur avons mises entre les mains. Je ne connais que l'Avare qui fut bien aise d'être mordu par son chien de garde. C'est que ce chien ne le mordit pas pour son propre compte.

Adieu, chère et bonne tante. J'espère que cette innocente lettre vous arrivera.

CCX

A MADEMOISELLE ROSALIE DE CONSTANT,

Hanovre, ce 29 janvier 1814.

Votre lettre m'a fait d'autant plus de plaisir, chère Rosalie, que je m'affligeais d'être si longtemps sans rien de vous. Depuis ma dernière lettre, il s'est encore passé bien des choses, le monde a fait des pas en avant. Mon individu a suivi la marche générale. Je vous enverrai bientôt un petit ouvrage[1] que je viens de publier, et qui est tout à fait un acte de devoir et de conscience; Je n'en ai pas seul le mérite. J'en ai été fortement sollicité par des amis et même par d'autres. Je voulais d'abord n'y pas mettre mon nom, mais l'anonyme, à ce qu'on prétendait, aurait nui à l'effet. C'est, je crois, ce que jusqu'à présent j'ai écrit de mieux. Le résultat *mondain*, vous me trouverez bien mystique, n'est pas de mon ressort, puisqu'il ne dépend pas de moi. Mais je suis tranquille parce que l'action est bonne.

Ce séjour est depuis trois mois le passage de tout ce qui va au grand quartier général, et de tout ce qui en revient, d'où il résulte une galerie perpétuelle de tous les personnages qui influent sur le moment actuel. Nous attendons le prince de Suède qui y a déjà été, et la grande duchesse d'Oldenbourg, sœur de l'empereur de Russie vient d'arriver. De là des bals et des soupers perpétuels, qui, joints au travail forcé que j'avais en-

[1] *De l'Esprit de conquête et de l'usurpation dans leurs rapports avec la civilisation européenne.*

trepris et à la correction des épreuves, n'ont pas fait de bien à mes yeux. Je compte, sauf les événements, aller me reposer à Gœttingue, pendant que ma femme finira ses affaires avec son frère qui est enfin arrivé, après quoi nous partirons pour la Suisse.

Je ne puis nier que je ne sois enchanté de deux choses qui se sont passées dans notre pays : l'une l'adhésion à la grande coalition libératrice, l'autre la probabilité que de canton de Vaud reste indépendant. Ce premier point était vraiment indispensable pour n'avoir pas d'éternels reproches à se faire, dans un moment où il est question de secouer un joug tel qu'il n'en avait jamais existé. Il n'y a pas de considérations particulières ou momentanées qui puissent l'emporter sur ce but. Si Dieu nous préserve d'une mauvaise et trop prompte paix, le monde sera délivré, et l'on continuera dans la route l'amélioration, dont le rusé demi-sauvage échappé de Corse nous avait fait sortir. Quant à l'indépendance du canton de Vaud, j'ai éprouvé un vif sentiment de surprise et de mécontentement en lisant le prétendu arrêté de MM. de Berne. J'ai désapprouvé la révolution de 1798, mais je trouve absurde après 16 ans de vouloir remettre au rang de sujets d'une aristocratie des gens qui se sont gouvernés paisiblement, au milieu de circonstances épineuses. Ce que j'en dis est bien désintéressé, car je ne puis rien prétendre pour moi. Non certes que je trouve le théâtre trop petit, ou un plus grand théâtre préférable, au contraire. Mais les épines des relations avec les hommes sont les mêmes que la sphère soit grande ou petite, et ce sont les épines que je crains. Je n'aime à parler aux hommes que de loin et de leurs intérêts généraux. J'ai une partie souffrante au fond de l'âme, que toute tracasserie politique ou sociale envenime, et rend extrêment douloureuse. Le travail et la séparation totale de mes intérêts avec ceux des autres me donnent seuls quelques repos.

J'espère bien que les craintes que vous avez sur les finances de France ne se réaliseront pas. Si vos rentes sont sur l'état il me paraît impossible qu'une nouvelle banqueroute ait lieu, parce que Bonaparte n'aura pas le temps de la faire, et que durant le peu de moments qu'il s'agitera encore sur son trône usurpé, il n'aura pas non plus d'intérêt à anéantir le capital de la dette. Il pourra y avoir suspension du paiement des intérêts, ce qui serait déjà un grand mal si cela durait, mais il est impossible que cela dure trois mois, de quelque manière que les choses tournent. L'idée du malheur que vous éprouveriez ainsi que Lisette m'a fait frémir. J'espère alors que vous permettriez à vos amis de faire ce dont leur cœur aurait si besoin, et comme il y aurait plus d'un candidat pour obtenir de vous cette faveur, je m'inscris en ordre de date et comme un des premiers ; je verrais si votre amitié est à l'épreuve et si vous me tiendriez la parole que vous m'avez si souvent donnée, de me faire plaisir quand vous le pourriez. Dites bien des choses à Lisette de ma part.

Je croyais Villars depuis longtemps en Hollande, et cela m'avait empêché de lui écrire. Ce que vous me mandez m'engage à risquer une lettre pour Hanau. J'ai ri de votre baron allemand, notre cousin Jules, je l'ai vu avant qu'il sût ce que c'était qu'un baron et n'examinant pas quel titre on devait lui donner. Je suis presque fâché qu'il ait quitté le service de Wurtemberg, précisément quand ce service devenait honorable, après avoir fait une campagne pour la plus détestable des causes du monde.

Le duc de Cambridge et plus encore un de ses aides de camp, m'ont fait à plusieurs reprises l'éloge de Victor. Son élève lui a fait grand honneur. J'aurais voulu que son père reprît le titre de Stathouder, plutôt que celui de Prince Souverain qui ne signifie rien ou signifie trop. Mais il ne faut pas trop disputer sur les mots pendant que le tonnerre gronde encore.

Par parenthèse, voilà, je crains, le mariage de Mme Bird bien plus mauvais. Son mari aura perdu tout ce qu'il avait acquis, si tant est qu'il ne soit pas tué, noyé, brûlé ou péri ; car ces différents genres de mort ont été au service de tout le monde. Que fait-elle ? Est-elle toujours restée dans l'heureux état de stérilité qui consolait sa famille ? C'est bien le moment de persévérer.

Mme de Nassau m'écrit des lettres charmantes. J'ai une vraie impatience de la revoir ; et comme vers ce temps l'horizon sera tout à fait éclairci, je me promets un joli été en Suisse. Je serai bien aise de quitter ce climat de loup. Je vous écris entouré de six pieds de neige. On fait des courses en traîneau qui ne valent pas mon petit char suisse. Aussi n'en suis-je pas. Je confie ma femme à des mains plus habiles ou plus zélées et je la rejoins à souper.

La pauvre Marianne dans sa retraite de Brevans aura vu avec effroi les hommes du Nord arriver à Dôle. Elle est disposée à se désoler, de sorte que malgré ses opinions, elle aura trouvé, dans cette inondation militaire, une cause de désolation. Je n'ai pu lui répondre depuis trois mois, et n'en ai reçu aucune nouvelle. La vie m'attriste quand je vois comme chacun se démène dans son trou particulier, pour arriver au trou général. Vous me faites bien plaisir de me donner de si bonnes nouvelles de la santé de notre excellente tante de Charrière. Il faut qu'elle assiste, comme tout ce qui est bon, à la renaissance de ce monde. Je me réjouis de la revoir. Je comptais avoir bien des choses à raconter sur les peuples venus de si loin, mais ils sont arrivés chez vous plus vite que moi, et je serai bien moins intéressant que je n'espérais. J'aurais pu donner des lettres à tous les Cosaques à qui j'ai donné la main et avec lesquels j'ai bu de l'eau-de-vie, mais je ne prévoyais pas leur route.

Victor m'avait dit qu'il repasserait par ici, j'en désespère puisqu'il n'a pas passé encore. Je le suppose auprès de son prince. J'aurais un vrai besoin de trouver quelqu'un qui connût mes anciennes relations de Suisse et de France pour en causer. Je suis quelquefois dans ce monde tout nouveau comme parmi des ombres.

Adieu, chère Rosalie. Je vous aime bien tendrement. J'espère qn'il ne vous arrivera aucun malheur de fortune ou autre ; mais au moins je demande au Ciel qu'il ne vous en arrive que de ceux qu'il soit en mon pouvoir de partager ou de réparer.

CCXI

A MADAME LA COMTESSE DE NASSAU, NÉE DE CHANDIEU

Liège, ce 19 mars 1814.

Vous serez étonnée, ma chère tante, de la date de cette lettre. Je vous écris du quartier général du Prince de Suède, qui a eu la bonté de m'inviter à me rendre auprès de lui par une lettre très obligeante en m'envoyant l'ordre de l'Étoile polaire. Je ne sais encore combien de temps j'y serai. Ma femme est restée à Hanovre, parce qu'une femme ne peut suivre un quartier général. Je crois, si les événements majeurs n'ont pas lieu, que j'irai bientôt la reprendre pour aller en Suisse, car cette petite course ne change en rien mes projets de cet été.

Les nouvelles de Suisse sont si vagues et si contradictoires que je ne me permets pas le moindre fait ni la moindre réflexion dans cette lettre. On ne peut dans aucun cas vous rendre responsable de l'avoir reçue, puisque vous ne pouvez empêcher qu'on ne vous écrive. Je me borne à bien des vœux pour que ce pauvre pays ne devienne pas le théâtre de la guerre.

Si j'avais cru que l'envoi de mon livre éprouverait assez de lenteurs pour que vous ne l'eussiez pas encore le 26 février je vous l'aurais envoyé directement. A présent il est trop tard, car sûrement vous l'aurez reçu. Il a été réimprimé en Angleterre et traduit en anglais; mais je n'ai encore vu aucune des critiques ou des analyses qu'on a pu faire. Je ne verrai pas non plus de sitôt les injures qu'il me rendra d'un certain côté et qui seront comme toutes celles qui partent de ce côté-là.

J'ai reçu des nouvelles du procès de Jacqueline. Elle a renoué ses chicanes et même renoué de petits incidents. Les parties adverses ont fait des fautes, mais j'espère encore qu'en dernière instance elle perdra, car ses prétentions sont évidemment injustes.

Adieu, chère tante. Mille respects et mille tendresses.

CCXII

A MADAME LA COMTESSE DE NASSAU, NÉE DE CHANDIEU

Paris, ce 20 avril 1814.

Peu de jours après la lettre que je vous ai écrite de Liège, ma chère tante (Dieu sait si vous l'avez reçue, car les postes sont dans un désordre inouï), le Prince de Suède venait ici, j'ai profité de cela pour l'accompagner et pour essayer de terminer mes affaires d'argent, que mon séjour sur le territoire alors ennemi m'avait empêc' é de soigner. J'ai trouvé deux beaux-frères, l'un ministre de Hanovre auprès des alliés, l'autre président des États de Prusse, mais fait prisonnier dans un des derniers exploits de Napoléon, et deux cousins germains, le grand chancelier et M. de Stein. Cela m'a engagé à écrire à ma femme à qui j'avais donné rendez-vous en Suisse, de passer par ici pour voir ses parents. Je l'attends dans une quinzaine de jours. Pendant ce temps-là je finirai mes affaires, je laisserai ma femme jouir huit jours du spectacle très curieux que Paris offre, puis nous irons passer notre été auprès de vous.

Les choses prennent ici une très bonne tournure. Il est impossible d'être plus modéré que Monsieur, et si les aboyeurs qui passent d'un parti à l'autre pour aboyer toujours plus fort que les maîtres, ne gâtent pas la disposition actuelle, il y a lieu à beaucoup de satisfaction et d'espérance.

C'est toujours un grand bien que la chute de Napoléon, qu'il n'est, grâce à Dieu, plus nécessaire de nommer Jacqueline. Mais qu'avez-vous dit de ce dénouement? A-t-on jamais réuni plus de bassesse et plus d'insolence? Vous aurez vu qu'il a marchandé, pour tirer le plus d'argent possible, redemandé sa cave, ses voitures, etc. Ce maître du monde s'est vengé de notre révolte en nous avilissant encore un peu plus, en nous montrant de quel gredin nous avons été les esclaves. Il a trouvé que l'espèce humaine ne valait pas qu'il lui donnât le plaisir d'une mort héroïque, et je ne puis nier qu'il n'ait eu raison. Il est parti, à ce que l'on dit, car cela n'est pas encore bien sûr, pour l'Ile d'Elbe, où il portera, suivant le traité, le titre d'Empereur. Grâce à Dieu, il y a à présent quelques pays où l'on peut aller sans être dans son empire.

On réimprime ici pour la troisième fois l'ouvrage qui l'a déjà été en Allemagne et en Angleterre[1]. J'espère

---

[1] *Réflexions sur les institutions, la distinction des pouvoirs,* etc., 1814.

que Pott a remis les exemplaires destinés pour Lausanne à leurs adresses, c'est-à-dire à vous, ma chère tante, à Mme de Loys, à Rosalie et au marquis de Langalerie. Si non, je serai à même, avant que votre réponse puisse m'arriver, de vous en faire parvenir.

Mon petit séjour ne change rien à mes projets ni j'espère au bonheur que vous m'avez promis d'occuper un appartement chez vous. Je n'ai nulle envie de passer à Paris plus que le temps absolument nécessaire. Si j'avais pu prévoir la rapidité des événements, j'aurais pris ma femme avec moi ; mais je ne savais quand je sortirais des quartiers généraux et le séjour n'en est guère convenable à une femme. Si elle m'eût accompagné nous aurions pu repartir plus tôt.

La nation se conduit dans cette circonstance comme dans toutes les autres : elle crie à tue-tête contre le tyran dont elle a baisé les pieds pendant quatorze ans, et lui dispute les talents mêmes qui pourraient servir d'excuse au long esclavage qu'elle a supporté.

Les Parisiens contemplent avec étonnement et un peu de honte les Cosaques dont ils se sont tant moqués. Ces figures étrangères, ces longues barbes, ces lances et ces bivouacs au milieu de Paris font un étrange effet. Il me frappe moins parce que j'ai voyagé avec les Cosaques pendant trois mois.

La petite affaire dans laquelle je trouvais le procédé de Charles de Constant un peu bizarre, s'est terminée à ma satisfaction, parce que le banquier qui avait reçu les fonds n'a pas fait banqueroute. S'il avait manqué, j'aurais eu des difficultés fort désagréables, mais c'est heureusement fini.

Mandez-moi, je vous prie, si comme vous l'avez témoigné, vous désirez toujours rembourser le capital de Marianne. Je puis à présent lui proposer une autre hypothèque, et alors je vous débarrasserai de ces fonds. Ce n'est, comme vous pensez bien, que dans le cas où cela vous conviendrait et parce que vous m'en avez parlé la première.

Pendant que j'écris, ma chère tante, je reçois une bien ancienne lettre de vous qui m'est renvoyée de Gœttingue. Le moment où votre appartement sera vacant cadre on ne peut mieux avec celui de notre arrivée en Suisse. Ma femme ne peut guère être ici avant une quinzaine de jours en supposant que je lui en accorde quinze autres pour y voir ses connaissances, nous arriverons à la fin de mai, ce qui est, ce me semble, ce qui nous convient à tous.

Vous êtes bien obligeante et bien indulgente sur mon ouvrage. Je suis plus charmé de ce qu'il vous a fait plaisir que je ne le serais de tout autre succès. C'est demain après midi qu'on le met en vente ici.

Adieu, ma chère tante, je finis malgré moi pour ne pas faire une enveloppe à cette lettre. Je me réjouis bien de vous voir. Mille et mille tendresses. Répondez-moi, je vous prie, chez M. Fourcault de Pavant, notaire rue Saint-Honoré n° 343.

CCXIII

A MADAME LA COMTESSE DE NASSAU, NEE DE CHANDIEU

Paris, ce 24 mai 1814.

Je vous envoie, ma chère tante, un livre [1] que l'on m'a engagé à publier parce qu'on a cru qu'il pourrait être utile dans les circonstances présentes. J'ai peur que vous ne le trouviez moins intéressant que celui que vous

---

[1] Il s'agit ici de *De l'esprit de conquête et de l'Usurpation*,

avez bien voulu juger favorablement. Il roule sur des questions de détail qui n'ont d'intérêt que parce qu'elles vont toutes être discutées. J'ai peur de plus que le livre ne se ressente de la rapidité avec laquelle je l'ai, non pas composé, mais rédigé. Les matériaux étaient prêts à la vérité; mais je n'ai commencé à les rassembler que lundi dernier, et le seul fait de l'avoir copié en huit jours est un tour de force.

On fait une nouvelle édition de mon Esprit de conquête, de sorte que je ne sors pas des épreuves et des imprimeurs. Je ne m'attendais pas à un succès pareil dans un moment où tout le monde a trop à faire pour avoir le temps de lire.

Je vois avec peine que vous doutez de ma résolution d'aller en Suisse. Elle est plus inébranlable que jamais. Je n'attends que ma femme ou des nouvelles de sa marche, car je lui ai laissé le choix de se rendre directement en Suisse ou de venir ici. Je n'ai pu lui refuser d'y venir si elle en avait envie, parce que les trois quarts de sa famille : deux de ses frères et des nièces, cousins et neveux s'y trouvent. Mais depuis le 26 avril je n'ai pas un mot d'elle. Les postes sont encore très mal organisés ; les lettres se perdent et même il y a des courriers qui ont été arrêtés et pillés par les paysans. Comme je n'ai pu indiquer à ma femme la meilleure route, parce que cela dépend de la marche des troupes alliées qui s'en retournent, je suis cloué ici jusqu'à ce que j'aie de ses nouvelles, ce qui au reste ne peut tarder. Mais je me regarde, si vous le permettez, comme votre locataire à dater du 1er juin, quand même je n'arriverais qu'un mois plus tard. Je ne veux pas me laisser enlever le bonheur de loger auprès de vous....

Je ne puis pas vous donner des nouvelles fraîches du grand monde puisque pour achever mon livre j'ai été obligé de m'enfermer et même de refuser ma porte à ceux qui venaient me voir. Il y a donc plus de huit jours que je ne sais et n'en entend rien. Avant ce temps je me suis fait présenter à l'Empereur Alexandre. Je l'ai été voir avec **M.** de Chateaubriand, il n'y avait que nous deux. L'Empereur a été plein d'obligeance. Le seul inconvénient c'est qu'il entend avec beaucoup de difficulté ; mais il a une grande simplicité, une grande bonté et des opinions telles qu'on n'en espérerait pas sur le trône. Comme c'était l'homme et non l'Empereur que je voulais voir, je ne me suis pas fait présenter aux autres princes, non que leur conduite ne soit superbe, mais Alexandre est encore remarquable par tant d'autres rapports. Je me suis donc contenté de voir les autres dans les grandes réunions où tout Paris est invité.

On travaille à la paix et les journaux font effort pour prouver qu'elle sera bonne. Ce qui est à désirer, c'est qu'elle soit longue, et je l'espère, l'Europe est fatiguée. Ce sera un charme que de voyager comme autrefois. Buonaparte nous a fait sentir tout le prix de la liberté et du repos.

Le prince de Suède n'est plus ici depuis longtemps. Vous aurez déjà su que c'était par je ne sais quelle erreur qu'on m'avait indiqué comme son secrétaire intime. Il m'avait invité à me rendre auprès de lui et je l'avais fait, d'abord parce que je l'aime beaucoup, et en second lieu parce que je voulais faire tout ce qu'un individu peut faire pour coopérer à ce qui était l'intérêt de tous les individus comme de toutes les nations. Si je n'ai pas fait grand chose, ce n'a pas été faute de le désirer.

On commence aujourd'hui les discussions préalables pour la Constitution. Je ne doute pas que les choses n'aillent bien. Toutes les intentions sont très bonnes. Je dîne aujourd'hui avec un membre de la Commission qui me donnera des nouvelles de la première conférence.

Vous êtes bien peu curieuse, chère tante, si vous avez si peu d'envie d'aller à l'Ile d'Elbe. Si le nouveau souverain, car vous savez qu'il conserve le titre d'empereur, voulait me promettre de ne pas m'emprisonner et que ma visite ne me fît pas de tort à mon retour dans la bonne compagnie, j'y ferais avec empressement un petit voyage. J'exigerais pour condition qu'il me montrât ses portefeuilles. Il en a emporté 25 énormes contenant toutes les lettres qu'il a reçues et tous les projets qu'on lui a proprosés. Il prétend qu'il fera imprimer tout cela et qu'il prouvera que tous les Français sont des coquins. Il doit y avoir des gens fièrement inquiets. Je me sais bon gré de n'avoir pas de quoi l'être,

Je reçois votre lettre du 12 pendant que j'écris, ma chère tante. J'ai trouvé l'adresse de Mme de Vimeux, en effet autrefois chez le chevalier de Boufflers et je vais y envoyer pour la lui demander. Votre lettre sera remise au plus tard demain. J'aurais bien volontiers été chercher M. de Saint-Denis ; mais il m'a envoyé votre lettre par la petite poste. Or, comme la petite poste ne dit pas les adresses des gens qui l'emploient, il m'est impossible de découvrir où il loge. Il en est de même de mon cousin de Loys, qui, si je comprends bien une lettre de Rosalie qui m'est aussi venue par la petite poste, est aussi à Paris. Elle me prie de le mener chez Mme de Duras, que je n'ai jamais vue qu'en Suisse. Je l'aurais pourtant fait bien volontiers et je me serais présenté hardiment sous la protection d'un aussi joli jeune homme. Mais comment le trouver ? A moins qu'il ne repasse lui-même, je ne vois aucun moyen. J'ai été quinze jours à déterrer un général russe, ambassadeur et logé par le Gouvernement, tant il est difficile de trouver ici les gens que l'on cherche.

Adieu, ma chère et bonne tante. Je vais passer chez M. de Boufflers pour être à même de faire votre commission.

CCXIV

A MADEMOISELLE ROSALIE DE CONSTANT,

Paris, ce 25 mai 1814.

Vous avez été en effet, chère Rosalie, bien longtemps sans m'écrire, je suis bien aise que mon livre vous ait fait quelque plaisir[1]. Ceux qui disent que je l'ai publié trop tard, ne songent pas que je l'ai publié un mois après la délivrance du lieu que j'habitais et jusqu'alors il n'y avait pas moyen d'imprimer. Je crois qu'il n'a paru en Suisse que longtemps après. Mon libraire d'Allemagne m'a dit que celui de Lausanne n'avait pas voulu le mettre en vente, parce qu'il avait encore peur de Bonaparte. Mais le livre a paru à Hanovre le 19 janvier, autant que je m'en souviens. Du moins je sais que la lettre du Prince de Suède est du 8 février, et il était en vente quelque temps avant. La France n'était pas délivrée et il n'était donc pas trop tard pour travailler à ce qu'elle le fût. Ce n'est pas que je veuille réclamer le mérite du courage. J'étais en sûreté et bien décidé à ne pas me remettre sous le joug, je ne risquais qu'une partie de ma fortune, et il y a tant de gens qui ont tout risqué, qu'auprès des Prussiens par exemple, tout sacrifice pâlit. Ceux qui disent que j'ai publié mon livre trop tôt auraient-ils voulu que j'attendisse que la chûte fut bien décidé. Je ne sais pas attaquer les morts. Pendant que je vous parle de cet ouvrage, je viens d'en publier un autre. Je veux chercher une oc-

---

[1] Voir pages 511 et 517.

casion pour vous en envoyer un exemplaire ainsi qu'à Mme de Nassau. Le peu de personnes qui l'ont lu, car il n'est imprimé que depuis hier, m'en paraissent contentes. Nous verrons dans peu de jours si le public le sera de même. Je ne sors pas des épreuves. L'édition de mon *esprit de conquête* est épuisé. Et j'ai des additions à faire à la quatrième qui s'imprime. Tout cela sera fini d'ici à huit jours. Si ma femme, que j'attends avec une impatience difficile à peindre, arrive enfin, nous partirons bientôt pour la Suisse. Les courriers sont toujours interceptés, et les lettres n'arrivent pas. Tous les Allemands qui sont ici sont dans le même cas et dans la même inquiétude que moi. Si cela dure il faudra que je retourne à Hanovre pour me mettre à la piste de ma femme, en partant des dernières traces que j'ai d'elle. Elle avait une grande impatience de me rejoindre, et après deux lettres que je ne sais si elle a reçues, la dernière que j'ai d'elle est du 26 avril, et ne me dit rien sur son voyage.

Je félicite Charles de ses espérances de rétablir Saint-Jean. L'indépendance de Genève paraît bien assurée. Je n'en dirai pas autant de son agrandissement. On n'est point disposé à céder le pays de Gex, et les promesses qu'on a faites de ne pas démembrer, l'ancienne France semble s'y opposer formellement. J'ai entendu hier l'Empereur de Russie se déclarer de la manière la plus franche et la plus noble en faveur de l'accomplissement exact et scrupuleux de toutes ces promesses.

Adieu, chère Rosalie, il est possible que vous voyiez arriver tout à coup ma femme au milieu de vous. Alors je serai bien prompt à la rejoindre; je n'attends qu'une certitude sur sa route. Je me fais une grande fête de vous revoir. Mille tendres amitiés à notre excellente tante de Charrière.

CCXV

A MADAME LA COMTESSE DE NASSAU, NÉE DE CHANDIEU

Paris, ce 1er juin 1814.

J'ai enfin, ma chère tante, des lettres de ma femme ; mais deux lettres qui me désolent. Les courriers vont avec une si cruelle inexactitude que mes premières lettres de Paris ne lui sont point parvenues et les autres qui se référaient aux premières lui ont été moins intelligibles qu'il aurait fallu, de sorte qu'elle me paraît dans un grand vague sur mes projets, et que je ne puis deviner dans sa réponse aux épîtres qu'elle a reçues si elle vient ici ou si elle attend de nouvelles directions. Si elle a pris ce dernier parti j'en ai encore pour un mois, et cependant je ne puis m'éloigner de peur de la manquer, si elle s'est mise en route. Je ne puis vous dire à quel point cela me contrarie, car, quand j'aurai fini la seconde édition de mon ouvrage, je n'ai rien au monde à faire dans cette ville qui m'ennuie au fond, malgré l'intérêt des événements et mes nombreuses connaissances, et je brûle de revoir ma femme qui me manque horriblement, parce que j'ai pris l'habitude de ne pas me passer d'elle et de l'amener auprès de vous. Si je reçois d'elle un mot qui m'indique qu'elle n'est pas partie, je lui donne rendez-vous en Suisse. Mais les infernales postes ne vont pas, et à mesure que les souverains partent, les occasions des courriers deviennent plus rares. J'en ai cherché une pour vous envoyer le dernier ouvrage que j'ai publié, et qui a eu assez de succès. Si mon cousin de Loys (car nous nous sommes enfin découverts) peut me la procurer, vous aurez incessamment cet opuscule.

J'ai passé une soirée intéressante en très petit comité, avec l'empereur Alexandre. Il cause très bien, et l'on remarque surtout en lui une jeunesse de cœur, une honnêteté, un amour du bien qui ne sont point appris ni joués, mais que son regard, son accent et la manière dont il s'anime, attestent être sa pensée et son sentiment le plus profond. J'ai revu aussi le duc de Brunswick dont mon beau-fils est aide de camp, et le prince d'Orange qui m'a parlé de Victor avec une grande bienveillance. Dites-le, je vous prie, à Rosalie.

Malgré cela, je ne demande au ciel que ma femme et de partir pour Lausanne. Ce sera un jour de joie que celui de me retrouver avec elle auprès de vous. Vous savez, chère tante, que c'est à dater d'aujourd'hui que nous occupons votre appartement. Cet espoir me fait trop de plaisir pour que je renonce au titre de votre locataire, dût-il être honorifique encore quelque temps.

Je ne vous mande rien de ce pays-ci. Les Français sont toujours des Français et ils en sont très contents, car ils s'applaudissent de tout leur cœur, quand leurs comédiens leur font des compliments sur le théâtre. J'en ai été témoin hier à la représentation des *Etats de Blois*, pièce assez célèbre, parce que Buonaparte l'avait défendue, mais qui malgré les honneurs qu'elle a reçus de la proscription est froide et ennuyeuse. Cela ne l'a pas empêchée de réussir à peu près et cela ne l'empêchera pas d'être louée tout à fait. Les éloges sont dans ce pays des ordres du jour, qui appartiennent de droit à la circonstance. Il n'y a qu'à bien saisir son moment. On a regardé la France comme un foyer d'anarchie, c'est au contraire la caserne la mieux disciplinée. Ce qui trompe, c'est que les soldats, faisant volte-face, tirent avec le même zèle, tantôt d'un côté, tantôt d'un autre.

Adieu, ma chère tante ; conservez-moi votre amitié, j'irai bientôt la réclamer.

CCXVI

A MADEMOISELLE ROSALIE DE CONSTANT

Paris, ce 15 juin 1814.

Je n'ai pas eu, chère Rosalie, le courage de vous répondre, et encore à présent, je suis bien peu disposé à écrire. La perte de Mme de Nassau gâte tous mes projets et je n'aime ni à penser ni à parler de tout ce qui s'unissait dans ma tête avec l'espérance de passer longtemps une vie paisible auprès d'elle. Maintenant je crois que j'irai chercher ma femme en Allemagne, si elle n'arrive pas d'ici à la fin du mois et j'emploierai cet automne à terminer ses affaires qui ne l'étaient pas entièrement, mais que je voulais laisser jusqu'à une autre époque, pour ne pas prolonger une absence qui avait déjà trop duré. N'ayant plus un motif aussi pressé, il me convient, même comme calcul d'argent, de n'avoir pas des affaires qui m'obligent l'année prochaine à un voyage de 400 lieues que je puis faire plus lestement celle-ci, étant seul et trouvant encore à Hanovre tout mon établissement. Ce ne sera donc probablement qu'au commencement de l'hiver que je vous reverrai.

Je n'ai rien compris aux trois quarts de votre lettre. Je ne sais pas pourquoi vous imaginez que ma femme ne se presserait pas de quitter l'Allemagne, tandis que j'espère qu'elle a quelque envie de me rejoindre, ni pourquoi vous supposez que je ne pourrai m'arracher de Paris, ni quelle est votre crainte que je ne revienne en Suisse autrement que par ma propre volonté, ni à quel char ou à quel sort vous craignez que je ne m'attache. Peut-être, chère Rosalie, la peine que j'éprouve et une espèce d'accablement qui en résulte, m'ont-ils ôté une partie de mon intelligence, mais il est de fait que votre lettre est pour moi une suite d'énigmes. Je ne vous en aime pas moins, et quand une fois nous nous reverrons, je me réjouis d'en avoir le mot.

Mille choses à notre excellente tante de Charrière. Hélas ! comme le nombre de ceux qu'on aime et dont on est aimé diminue ! Adieu, chère Rosalie, conservez-vous pour moi et pour vous, car malgré l'obscurité de vos lettres, votre amitié est un des biens les plus précieux qui me restent encore.

CCXVII

A MONSIEUR CHARLES DE CONSTANT

Paris, ce 9 juillet 1814.

Permettez, mon cher cousin, que je vous recommande très instamment Mme la comtesse de Furstenstein, qui va aux eaux de Luxeuil et qui passera par Genève, en revenant à Paris. Vous la trouverez très aimable, et je suis sûr que vous serez charmés vous et ma cousine de faire sa connaissance. Je suis moi-même sur le point de m'acheminer vers la Suisse, et je vous verrai cet été ; mais je ne sais si je serai à Genève en même temps que Mme de Furstenstein, et mon séjour sera malheureusement si court que je pourrai fort bien la manquer ; c'est pour cela que je lui donne cette lettre. Ma femme se rappelle tendrement au souvenir de ma cousine, que je prie de recevoir avec bonté mes bien tendres hommages.

CCXVIII

A MONSIEUR CHARLES DE CONSTANT

Paris, le 14 juillet 1814.

Je profite de l'occasion de Mme de Staël, mon cher cousin, pour vous envoyer une nouvelle édition de mon *Esprit de conquête* et des exemplaires de deux autres brochures que j'ai publiées depuis ce temps. Comme il est possible que vous ayez les précédentes éditions du premier ouvrage, je vous préviens qu'il n'y a de changé dans celle-ci que les deux chapitres qui sont indiqués comme ajoutés, p. 197-230. Faites-moi le plaisir de faire passer l'autre paquet à Rosalie. L'idée de charger Mme de Staël de ce paquet ne m'étant venue qu'une heure avant son départ, je n'ai que le temps de finir en vous embrassant bien tendrement. Mille choses à ma cousine.

CCXIX

A MONSIEUR CHARLES DE CONSTANT

Paris, le 21 août 1814.

N'avez-vous pas reçu, mon cher cousin, un paquet et une lettre de moi, par M. de la Rive à qui Mme de Staël m'a dit les avoir confiés ? Il y a longtemps qu'ils doivent être entre vos mains. Cela m'inquiète parce que j'y avais joint un paquet pour Rosalie pour répondre à une de ses lettres ; elle m'en a écrit une depuis, à laquelle j'ai différé de répondre, croyant toujours qu'elle m'annoncerait l'arrivée de mon paquet. Faites-le réclamer, je vous prie, chez ce M. de la Rive qui arrive de Paris, je ne sais pas lequel n'en ayant point vu.

Le paquet contenait quelques ouvrages que j'ai publiés et dont les journaux vous auront rendu compte. Je pourrais vous en envoyer un de plus, mais j'ai peur de vous faire payer un port énorme.

J'espère vous voir bientôt, car il est possible que j'aille en Allemagne par la Suisse, si ma femme ne me rejoint pas avant la fin de l'autre mois. Les routes sont peu sûres, dit-on, sur les bords du Rhin. La paix n'est pas bien assurée, tout le monde la désire, mais ce n'est pas une raison pour qu'elle se consolide.

Donnez-moi donc des détails sur Saint-Jean. S'est-il relevé de toutes les tribulations françaises ou autrichiennes ? Je voudrais vous y savoir tranquille et heureux. Je voudrais bien aussi vous y voir. Paris ne manque pas d'intérêt, mais il me fatigue ; ma santé est mauvaise, et je crois que je commence à ressentir les approches de la vieillesse. Il faut bien que cela vienne, un peu plus tôt, un peu plus tard.

Que fait ma cousine ? que font vos enfants ? Rappelez-moi au souvenir de la première et croyez à mon sincère et inviolable attachement.

J'espère que Louise[1] vous conservera encore bien longtemps ; mais croyez que dans tous les cas, je prendrai toujours un vif intérêt à elle et que je ne demanderai jamais mieux que d'aller autant au-delà que je le pourrai des engagements que j'ai pris.

---

[1] Louise de Rebecque, sa sœur.

CCXX

A MADEMOISELLE ROSALIE DE CONSTANT

Paris, le 8 novembre 1814.

Nous nous écrivons si peu et si mal, chère Rosalie, que cela m'afflige. Vos montagnes et mes occupations, quoiqu'elles soient bien peu de choses, comparées à nos relations avec cette nature qui se moque des hommes et qui va son train, pendant qu'ils s'agitent et qu'ils passent, ont jeté je ne sais quelle interruption dans notre correspondance, et elle paraît ne pouvoir s'en relever. Je fais cependant encore une tentative. J'ai vu Mme Achard et votre nièce qui est tout à fait gentille. Elle a votre expression de figure et une voix charmante qui fait qu'on trouve un vrai plaisir d'en écouter le son, même indépendamment de ce qu'elle dit. J'en ai trop peu joui. Mme Achard m'avait donné rendez-vous le matin de son départ; mais je suis arrivé trop tard d'une demi-heure. J'ai trouvé la pauvre Mme Achard bien vieillie, mais toujours animée, bienveillante et s'intéressant à tout. C'est une qualité ici où personne ne s'intéresse à rien, où il n'y a plus ni conversation, ni activité, excepté pour la chose personnelle de chacun, et où l'ennui se glisse au milieu de l'égoïsme, parce que l'égoïsme est si isolé qu'on ne s'écoute plus mutuellement.

Je voudrais bien que vous m'envoyassiez ou une empreinte de nos armes ou un cachet gravé en acier, joint à celui de Charles. A présent que tout le monde reprend à tort et à travers les anciens titres et les nouveaux, mon cachet B. C. me donne l'air d'un marchand de drap, et comme je n'ai malheureusement rien à vendre, je voudrais avoir tous les avantages d'un homme vivant noblement, c'est-à-dire n'étant utile ni à lui, ni aux autres.

Je me prépare un peu lentement parce que j'ai encore quelques affaires qui dureront environ un mois, à faire vers la fin de l'année une course à Hanovre pour y retrouver les deux choses que j'y ai laissées, ma femme et mon livre. Je rapporterai l'un et amènerai l'autre ici au printemps. Il est possible que nous passions par la Suisse, c'est bien mon désir.

J'ai vu hier M. de Vinci qui m'a dit que le pays de Vaud allait assez bien. Cependant les journaux où l'on parle de faire de la Suisse un royaume pour un prince étranger, ne laissent pas de m'inquiéter pour vous autres. Il paraît que si l'on s'est défait de la personne de Buonaparte, on n'a pas renoncé à ses traditions.

Mme de Staël est, comme vous savez, dans une campagne près de Paris. Cette distance fait que je la vois moins que si elle était à Paris. Ce n'est pas que son charme et sa célébrité n'attirent chez elle tout ce que Paris contient de distingué en étrangers et en étrangères. Mais il en est de l'intérêt quand il s'affaiblit, comme de la fortune quand elle diminue. Tel qui se serait trouvé riche de mille écus de rente, s'il était sans le sol, se trouve ruiné parce qu'il en a eu dix mille. De même, les gens qui se sont beaucoup aimés, se sentent indifférents l'un pour l'autre quand ils ne s'aiment que comme tout le monde. D'ailleurs, j'ai un peu d'humeur contre elle, car je ne puis parler à aucune personne à Paris, qu'elle ne répande le bruit que j'en suis amoureux, ce qui est ridicule à mon âge et inconvenant dans ma position. Il me tarde bien d'avoir Charlotte ici, et si j'avais prévu la longueur de notre séparation, je l'aurais prise avec moi à travers les Cosaques. Après les deux douces années d'intimité complète et de solitude presque absolue que nous avons passées à Gœttingue, mon âme est mal à l'aise au milieu de tout ce monde où il n'y a personne qui m'intéresse ou qui s'intéresse à moi.

Adieu, chère Rosalie. Donnez-moi des nouvelles de Charles, de ma tante de Charrière et surtout de vous et croyez, etc.

CCXXI

A MADEMOISELLE ROSALIE DE CONSTANT

23 décembre 1814.

Merci du beau sachet et de l'épigramme en arabesque. Vous me représentez un peu comme une girouette; mais je vous pardonne. Puisque vous vous plaignez que je ne réponde à rien, je vais répondre par ordre à tous les articles de votre lettre.

Je n'ai aucune humeur réelle contre les montagnes, parce que je n'en ai point contre les innocents. Je leur sais bon gré au contraire du plaisir qu'elles vous font. Moi, j'ai pour principe de n'acheter aucun plaisir par aucune peine, de sorte que tant qu'il faudra monter pour jouir d'elles je les laissserai ce qu'elles sont. Or, cela pourra bien durer, car elles ne descendront pas pour venir à ma rencontre. Elles sont trop mal élevées pour cela.

Je n'ai point de tyran, si ce n'est moi, et ce tyran ne l'est pas assez. C'est tout ce que je lui reproche. Je me fatigue souvent de servir un maître qui ne sait pas ou ne veut pas commander. Mais du reste personne ne me domine ni ne l'essaye, parce que personne, je parle des gens qui sont à Paris, ne m'aime ou ne prétend m'aimer assez pour cela.

Ma relation, si relation il y a avec Mme de Staël est plus que simple. Je passe des semaines sans la voir, un instant seule et des jours sans la voir du tout. Je ne lui crois nullement aujourd'hui l'envie de nuire à Mme de Constant. Au contraire quand elle prétend que je suis amoureux tantôt d'une femme et tantôt d'une autre, je suis sûr qu'elle ne demanderait pas mieux que de prendre parti pour la mienne contre moi. Cette relation ne troublera en rien le bonheur de Charlotte que je suis décidé à faire à tout prix. Elles se verront, je le pense, et Charlotte par lettres me l'a offert. Avec l'existence de Mme de Staël, son immense entourage et son éloquence, je serais fâché d'être brouillé avec elle, mais elles se verront peu, et si le cœur de Charlotte avait besoin d'une assurance quelconque, je n'hésiterais pas, quelque inconvénient que cette assurance pût avoir.

Charlotte m'écrit que soit que j'arrive ou non, elle se mettra en route après le 1er de l'an. Je suis retenu ici pour des affaires qui j'espère seront terminées bientôt, et dans ce cas je partirai moi-même pour aller au-devant d'elle.

Ces affaires consistent en ce que j'ai acheté une maison bon marché, dans la plus belle situation des faubourgs de Paris, avec un assez grand jardin et une vue superbe. Il faut bien se nicher quelque part. Paris est le caravansérail qui me convient le plus et notre Suisse me paraît peu sûre. Elle est agitée comme si elle était importante ; je crains pour elle, si cela ne s'arrange pas bientôt. La générosité est, comme vous dites, une passion de courte durée, on l'a trop laissé refroidir.

Je n'ai pas la légion d'honneur. La conversation avec le ministre est vraie, mais je n'ai ni obtenu, ni espéré, ni demandé une récompense pour avoir combattu un projet du gouvernement.

L'un des Hardenberg du Congrès, le principal et le

ministre, est cousin germain de Charlotte, l'autre qui est envoyé de Hanovre, est son frère.

J'ai vu le comte Golowkin une seule fois. Il m'a raconté la mort de ma pauvre tante avec des circonstances qui m'ont fait pleurer. Mais depuis on m'a dit que la moitié des circonstances étaient fausses. Il met beaucoup d'invention dans ses récits.

Je suis bien fâché que Marianne se lamente. Il est certain que la perte de sa rente est dure. J'aurais bien voulu qu'on pût revenir sur ce malheur. Quant à moi, je fais pour elle et ses enfants ce que je puis. Je viens encore, outre la pension que je leur fais, de payer des dettes que Charles avait laissées à Genève.

Si, comme je l'espère, je vais en Allemagne, ma route naturelle et même obligée n'est pas la Hollande, de sorte qu'à mon grand regret, je ne verrai pas Villars. Peut-être lui ferons-nous une visite, Charlotte et moi, en revenant. Adieu, chère Rosalie.

CCXXII

A MADEMOISELLE ROSALIE DE CONSTANT

Paris, ce 2 avril 1815.

Bonjour, chère Rosalie, je suis sûr que vous êtes inquiète de moi. Je vous aurais écrit plus tôt, mais le temps m'a manqué. Je répare cette omission le plus tôt que je puis.

Je suis occupé à m'arranger dans la maison que j'ai achetée. J'ai écrit à Charlotte de venir me joindre. Il me sera impossible d'aller la chercher. Je l'attends avec impatience. Elle passera probablement par la France (Suisse) Je l'y invite.

J'ai reçu une lettre de Charles sur mon dernier ouvrage, bien raisonnée et bien écrite, mais ce n'était pas le moment de discuter des questions spéculatives. Ce n'est pas le moment encore, et je ne sais quand il reviendra.

Mme de Staël est partie bien précipitamment. Je ne l'ai pas vue avant son départ. Du moins pas de manière à prendre congé d'elle. Elle ne m'a point écrit depuis : mais j'ai su par d'autres qn'elle é:ait heureusement arrivée, je suppose au reste qu'elle reviendra bientôt.

Dites bien des choses de ma part à Mme de Loys et à tous ceux qui se souviennent de moi, surtout à notre bonne tante Charrière. Je ne puis rien vous mander sur mes projets car je n'en ai point de possibles. Adieu, chère Rosalie. Ecrivez-moi et aimez-moi comme je vous aime.

CCXXIII

A MADEMOISELLE ROSALIE DE CONSTANT

Ce 10 mai 1815.

Je ne puis laisser partir Mme Achard, chère Rosalie, sans lui donner un mot pour vous. Vous avez gardé avec moi depuis tout ce bouleversement un silence bien impitoyable. Mais j'ai appris au moins que vous n'aviez pas de raison fâcheuse de ne pas m'écrire et j'aime mieux avoir à me plaindre qu'à m'inquiéter de vous. Ce que je puis vous dire, c'est que je ne cesserai jamais de vous être bien sincèrement attaché. A présent que me voici tout à fait fixé en France, j'envoie un homme chercher ma femme, pour la tirer du pays où elle est, et où il paraît qu'on perd un peu la tête. Je ne sais quelle est l'idée qu'on se fait chez vous de notre situation. Elle est d'un calme parfait, et la convocation des Chambres qui représenteront le vœu de la nation achèvera de nous rendre inattaquables. Ce changement de système de l'Empereur est une chose difficile à croire, mais cependant incontestable, et c'est là-dessus que repose toute la paix à venir du monde. Je me souviens du temps où nous disputions, vous un peu pour lui, et moi fort contre. Si par hasard, vous êtes contre aujourd'hui, ce serait une preuve que nous sommes destinés à n'être jamais du même avis en politique.

Je vous en aimerais pourtant tout autant, et j'ai une tolérance extrême, et je n'ai aucun besoin que l'opinion de mes amis soit conforme à la mienne pourvu que leurs affections ne s'aliènent pas de moi.

Voici une petite lettre pour ma femme que vous me feriez bien plaisir de mettre à la poste. Les nôtres ne sont plus admises en Allemagne.

On dit que Charles travaille beaucoup pour la neutralité de la Suisse. Dieu veuille qu'on la maintienne! C'est la seule chose qui puisse sauver ce pauvre pays. Vos fous sont immenses.

Adieu, chère Rosalie. Je vous embrasse tendrement. Milles choses à ma bonne tante.

Ayez la bonté de savoir s'il ne faut pas affranchir l'incluse.

CCXXIV

A MADEMOISELLE ROSALIE DE CONSTANT

Paris, ce 29 juillet 1815.

Je n'ai pas pu vous écrire de Bâle, chère Rosalie, pour une bien bonne raison, c'est que je n'en ai pas approché de cent lieues. Notre course diplomatique s'est arrêtée à Haguenau, et c'est là que nous avons entamé cette négociation qui a bien fini. Depuis mon retour je n'ai pas su si la communication était ouverte ou plutôt j'ai su qu'elle ne l'était pas. Ce n'est que depuis la réception de votre lettre que j'ai appris qu'on pouvait s'écrire de nouveau, avec quelque chance de voir parvenir ce qu'on écrirait. J'ai d'ailleurs été occupé à me sortir de la classe des exilés où j'avais été compris, mais d'où un simple exposé de ma conduite mis sous les yeux du Roi m'a fait retirer par son ordre exprès. Je vous envoie cet exposé en vous priant de ne pas le laisser sortir de vos mains. Mais vous pouvez le dire à ceux que la chose intéresse. Il est important qu'il ne soit pas imprimé, et cela pourrait arriver, s'il tombait entre des mains étrangères. Mais je désire que quelques personnes le connaissent.

Mme de Staël m'a écrit une lettre plus amicale que je ne m'y attendais, en renonçant à ses prétentions sur ma fortune, que ces derniers événements n'ont pas arrangée. Mais les mouvements qui paraissent bons doivent toujours être pris pour tels tant qu'ils durent.

J'avais reçu par une occasion une lettre angélique de

ma femme, avant celle que vous m'avez envoyée. Elle voulait partir de Berlin sans passeport et se faire conduire jusqu'à moi d'avant-poste en avant-poste. Je la crois au Hardenberg chez son frère, où elle attend de mes nouvelles. Elle se mettra en route aussitôt après, et suivant l'état de nos frontières, qui sont fumantes et ensanglantées, mais qui peut-être seront traversables, quand elle y arrivera, elle viendra droit ici, ou bien elle passera par la Suisse !

Je ne me plains nullement du sort, je suis beaucoup mieux que bien d'autres, tombés de plus haut. J'ai consacré quelques facultés auxquelles je trouve qu'on rend plus que de la justice. J'ai quelques amis ; j'ai une femme excellente. Le dérangement que ceci a mis dans ma fortune est encore réparable, et j'aurai bientôt cinquante ans ; je ne compte pas ceci parmi les bonheurs mais parmi les motifs de résignations. Ma réputation littéraire, passablement établie déjà, le sera mieux par l'ouvrage auquel je vais me livrer, pour l'achever enfin. De tous côtés les libraires m'offrent des arrangements avantageux. Il faudra donc vivre, aimer ceux qui m'aiment et atteindre le terme de tout. Ne gémissez donc pas trop sur moi, chère Rosalie, à moins que vos gémissements n'ajoutent à votre amitié. Je ne suis pas fier et je consens à la pitié pourvu que l'affection s'en augmente.

Adieu, chère et bonne cousine. Je profite de ma liberté rendue pour rester ici. Ce n'est pas le moment de courir l'Europe. Aucune absence n'a lieu d'être volontaire, et, par une combinaison bizarre, plus on croit un homme *pressé* de voyages, plus on met sur les routes d'obstacles à son voyage. Dites bien des choses de ma part à tous ceux qui se souviennent de moi, et souvenez-vous en vous-même.

CCXXV

A MADEMOISELLE ROSALIE DE CONSTANT

Londres, ce 17 mars 1816.

Oui, chère Rosalie, j'ai été bien longtemps sans vous écrire, et je me le reproche ; mais des courses, de l'ennui et une fatigue morale, qui sans diminuer mes affections m'empêchait de les témoigner, m'ont fait renvoyer d'un jour à l'autre tout ce que je voulais faire. Sous un certain rapport, j'ai bien fait de ne rien mander de mes impressions des premiers jours. Elles auraient été complètement fausses. Le climat, le brouillard, la chèreté, les heures, tout m'a d'abord déplu, et je ne reconnaissais plus le pays où j'avais trouvé tant de charme dans ma jeunesse. Actuellement, je suis acclimaté et je n'ai plus que des sujets de me louer de l'Angleterre, sauf la cherté qui est une difficulté insurmontable pour toute prolongation de séjour. Mais quant à la société anglaise j'en reprends l'habitude. Il est impossible de rencontrer pour ma femme et pour moi plus de bienveillance et de recevoir plus d'invitations. En arrivant ici je n'avais positivement que deux connaissances, et depuis 34 jours, nous n'avons dîné que 9 fois chez nous. Je m'accoutume aussi à la conversation dont j'avais assez perdu l'usage à cause de la discrétion qu'il faut y mettre en France. Je voudrais pouvoir attendre le moment passablement éloigné où cette France sera tranquille et libre, car je ne conçois pas de tranquillité sans liberté. Mais je ne vois guère comment vivre ici dans le monde, sans m'ôter les moyens de vivre ailleurs.

Je rencontre souvent des amis de Charles et attribue aux bons souvenirs qu'il a laissés les politesses qu'ils me font. Dans le nombre, sont le Dr Marcet et sa femme, et un M. et une Mme Fitzbugh pour qui une Mme Lance m'avait donné une lettre à Bruxelles en se vantant beaucoup de l'amitié que Charles avait pour elle.

Si je ne reste pas ici au-delà de quelques mois, j'irai en Allemagne, au défaut de la France, car pour la Suisse, malgré les individus que je voudrais y voir, je n'aurai jamais le courage d'entrer dans le pays de l'Europe où l'on a fait le plus d'infamies contre le malheur et la faiblesse et où, après avoir rampé pendant douze ans devant des hommes qui se conduisaient alors fort mal, on a persécuté, arrêté, chassé ces mêmes hommes dès qu'ils ont été désarmés. La Suisse peut mettre sur ses frontières une inscription portant : Si vous n'êtes pas les plus forts, n'entrez pas ici. Vous me direz qu'on y est forcé parce qu'on est faible soi-même ; mais il y a de la distance entre de la prudence et de la lâcheté et vraiment messieurs les Suisses ont mis du luxe dans leur conduite, les Genevois en particulier. C'est heureusement l'opinion de ceux mêmes à qui ils veulent faire leur cour. J'avais un bon instinct quand j'ai senti que ce n'était pas là ma patrie.

Pardon, chère Rosalie, mais l'affection et la parenté ne sont d'aucun pays, et vous la plus généreuse personne du monde et la plus fidèle en amitié, devez au fond plus que personne, désapprouver ce qui n'est pas généreux. J'aurais cependant mieux fait de ne rien vous mander de pareil ; mais je ne puis recommencer ma lettre.

Rappelez-moi au souvenir de ceux qui veulent bien penser à moi et croyez-moi bien tendrement tout à vous.

CCXXVI

A MADEMOISELLE ROSALIE DE CONSTANT

Spa, ce 17 juillet 1816.

Je n'ai reçu votre lettre d'Angleterre, chère Rosalie, que renvoyée à Bruxelles et de là ici, ce qui explique le retard de ma réponse. Ce que vous me dites sur *Adolphe* me fait grand plaisir. Je crois qu'il y a quelque vérité dans les détails et dans les observations. Du reste, j'ai toujours mis bien peu d'importance à cet ouvrage qui est fait depuis dix ans. Je ne l'ai publié que pour me dispenser de le lire en société, ce que j'avais fait cinquante fois en France. Comme quelques Anglais l'avaient entendu à Paris, on me le demandait à Londres et après en avoir fait quatre lectures en une semaine, j'ai trouvé qu'il valait mieux que les autres prissent la peine de le lire eux-mêmes.

Vous me questionnez sur mes projets. Je serais resté en Angleterre sans interruption, si d'un côté le climat n'avait agi d'une manière terrible sur la santé de ma femme et si, de l'autre, la cherté du pays ne rendait impossible de vivre décemment avec une femme, dans la classe de société où je me trouvais placé naturellement. Ces deux raisons et des affaires urgentes à terminer en France m'ont fait quitter momentanément cet asile, mais je n'ai pas renoncé à y retourner.

Je compte passer ici environ un mois, aller de là à Paris, pour le moins de temps que je pourrai, établir ma femme, pour laquelle ce séjour n'a point d'inconvénient dans la maison que j'ai achetée et retourner vers l'hiver en Angleterre. C'est avec regret que je me séparerai de Charlotte pour environ six mois. Elle a été d'une bonté et d'une affection parfaite, mais elle a positivement couru risque de devenir aveugle et ses yeux sont encore dans un état effrayant. Si, contre mon attente, la France me semblait plus agréable à habiter que je ne le pense, je modifierais mes projets. Je ne saurai cela que sur le lieu même.

Deux ouvrages m'occupent ; l'un qui paraîtra cet hiver, le second est celui qui m'a occupé toute ma vie. Il y a là assez pour remplir ce qui m'en reste. Je voudrais croire à un aussi bel avenir que celui que vous tracez ; mais mon âme est peu disposée à l'espérance et le négatif est à présent ce qui me paraît le plus tolérable. Si l'espèce de besoin d'écrire qu'on veut bien appeler du talent, ne me forçait pas à le satisfaire, l'inaction serait mon penchant ; mais comme rien de ce qui tient à la vie habituelle ne m'inspire le moindre intérêt et que l'inquiétude m'agite, je suis contraint à m'occuper, comme un malade à prendre des remèdes.

J'ai rencontré ici un jeune Rosset arrivant de Suisse et allant en Angleterre. Je l'ai bien questionné sur les personnes qui m'intéressent à Lausanne, car quoique vous en disiez, j'ai bien de l'affection pour ceux qui ont été bons et indulgents pour moi. Les autres je ne leur veux point de mal, car j'ai oublié jusqu'à leurs figures. Vous êtes, chère Rosalie, à la tête de la première classe. Vous m'avez toujours souhaité du bien, vous m'avez souvent consolé dans des circonstances très difficiles et c'est une de mes douleurs que les circonstances nous séparent. Mais nous nous reverrons bien une fois dans ce monde et si vous ne vous trompez pas dans l'autre. Que fait le Chevalier[1] ? Je m'étais de nouveau rapproché de ses opinions par l'intermédiaire de Mme de Krudner dont vous avez sûrement ouï parler ; mais pour la seconde fois, elles m'ont laissé échapper, malgré le désir

---

[1] De Langallerie.

que j'avais de leur rester fidèle. Quand on est parfaitement de bonne foi avec soi-même, la conviction complète est un mot vide de sens.

Le duc de Broglie a-t-il été dans votre voisinage? Je voudrais que vous l'eussiez rencontré. C'est un homme d'une honnêteté rare et de l'esprit le plus impartial que j'aie jamais vu. Il a d'ailleurs une grande bonté et beaucoup de piquant dans la manière. J'espère qu'il rendra Albertine heureuse et qu'il sera heureux.

Dites bien des choses à notre bonne tante. Puisse sa santé se soutenir. Je l'espère. A son âge ce ne sont pas les maladies, mais les accidents qui sont à craindre et la prudence en garantit.

Je regrette d'avoir été plusieurs fois à quelques lieues de Victor sans le savoir. Il est utilement occupé et jouit d'une grande considération. J'aurais voulu voir ses enfants.

Adieu, chère Rosalie, écrivez-moi ici, et croyez que je vous suis tendrement et inviolablement attaché.

CCXXVII

À MADEMOISELLE ROSALIE DE CONSTANT

Paris, ce 5 septembre 1816.

Il y a quelques jours et même près d'un mois, chère Rosalie, que je vous ai écrit une belle lettre. Je l'ai bien pliée, bien cachetée, et j'y ai mis l'adresse, puis je l'ai laissée sur ma table pour l'envoyer à la poste le lendemain, mais elle a disparu sous mes papiers et j'ai eu beau faire, il m'a été impossible de la retrouver.

Je recommence donc celle-ci que je ne quitterai que quand je l'aurai vue dans la boîte, et j'espère qu'elle me vaudra bientôt quelques lignes de vous.

J'ai appris avec un grand plaisir que l'affaire de Marianne et de M. Achard était terminée. Cette pauvre femme avait grand besoin d'un secours inattendu. Elle marie Louise avec un chevalier d'Estournelles, brave officier et homme de fort bonne compagnie. Cet événement m'est agréable, parce que la chose étant, j'aime mieux qu''elle soit avec lui qu'avec un autre et que j'étais toujours menacé de quelque alliance biscornue, au lieu que celle-ci est très décente.

Il en est seulement résulté pour moi des nouveaux arrangements qui diminuent encore mes revenus. J'ai cru devoir offrir d'augmenter le capital assuré à Louise et la rente que je fais à Charles. C'est une affaire de trois ou quatre mille francs; mais à présent que nos démêlés sont finis, j'ai de la bienveillance pour cette pauvre Marianne qui a soigné mon père.

Je suis ici, arrangeant à grands frais malgré ma ruine une maison que j'irai habiter cet été, si mes ouvriers ne la saisissent pas faute de paiement après l'avoir arrangée. Ce sera une habitation charmante, et il ne me manque que 40,000 francs de rente pour en bien jouir, ma femme s'en fait une grande joie, ce qui est quelque chose.

L'avenir est toujours douteux et quelquefois sombre, le présent monotone, le passé n'est pas gai. Avec cela la vie avance et la mort tire de tout. J'irai ce printemps faire une course de six semaines en Angleterre pour y terminer des affaires que j'y ai laissées.

Je voudrais bien vous revoir, mais je n'en ai guère la possibilité de sitôt.

En attendant écrivez-moi et croyez à ma tendre et sincère amitié.

CCXXVIII

A MADEMOISELLE ROSALIE DE CONSTANT

3 mars 1817.

Votre lettre, chère Rosalie, m'a fait une peine extrême. Malgré l'âge de notre bonne tante, je me flattais toujours de la retrouver quand le hasard me ramènerait en Suisse, mais pour vous surtout j'en suis affligé et je voudrais être auprès de vous pour partager votre chagrin. Vous avez fait tort à ma dernière lettre en disant qu'elle témoignait peu d'intérêt. Celui que j'éprouve pour vous est très vif et ne cessera jamais de l'être. Mais j'étais et je suis encore écrasé de travail et d'affaires. L'entreprise que j'ai faite de relever presque à moi seul un journal[1] tombé pour m'en servir comme d'un cadre, afin de répandre beaucoup d'idées que je crois utiles, me donne d'autant plus de peine qu'elle a eu plus de succès et que ce succès m'y attache. Mais cette entreprise et des affaires d'argent pour lesquelles j'ai mille embarras qui viennent tous de la mauvaise grâce avec laquelle M. de Loys a fait ce que je lui demandais pour me mettre en propriété de ce que j'avais placé sous le nom de Mme de Nassau, me condamnent à des conférences et à des écritures sans fin.

Charlotte a été bien affectée de la triste nouvelle que vous m'annoncez, sans le mauvais état de ses yeux elle vous aurait écrit elle-même. Mais elle ne peut ni lire ni écrire, ce qui rend la vie très ennuyeuse d'autant plus que les lampes qui sont partout en usage lui font un

---

[1] Le Mercure.

mal extrême. J'ai quelque idée, si je puis arranger mes affaires, de la mener voyager cet été pour la dédommager de l'ennui que son affection pour moi lui fait éprouver. Mais tout cela est subordonné à tant de choses qui ne dépendent pas de moi que je ne puis former que des projets bien vagues.

Il serait bien doux de vous revoir. Les objets qui me *ramèneraient* en Suisse diminuent d'une manière cruelle. Mme de Nassau, Mme de Charrière étaient certainement parmi les motifs qui m'attachaient encore à la Suisse. Vous me restez seule, chère Rosalie, et tous mes souvenirs de patrie se concentrent en vous.

Adieu, je vous embrasse bien tendrement. Je voudrais être auprès de vous. Songez au moins que vous avez en moi un ami, un frère qui vous est bien attaché.

CCXXIX

A MONSIEUR CHARLES DE CONSTANT

Le 16 décembre 1818.

Je m'adresse à vous en toute hâte, mon cher cousin, pour vous demander tous les renseignements que vous pourrez me donner et sur les documents que vous avez ou que vous connaissez relativement à notre sortie de France, comme descendants de religionnaires fugitifs. J'ai eu entre les mains beaucoup de papiers qui prouvent que notre ancêtre, Augustin Constant, était arrivé à Genève pour éviter les persécutions religieuses, après l'abjuration de Henri IV. Je me souviens même d'avoir lu une relation fort pathétique de sa femme se sauvant à pied son enfant en bas-âge entre les bras. Mais je n'ai pas un seul de ces documents. Je n'ai que l'acte d'inscription de mon père comme déclaré par la loi de 1790 naturel Français, *ayant justifié de son origine*, et des actes relatifs à moi fondés sur ce premier acte. J'ai la presque certitude d'être nommé par au moins deux des départements qui vont être appelés à compléter la Chambre des députés. Il est possible que cette Chambre se contente de l'admission de mon père, mais il l'est aussi qu'on me demande de reproduire les pièces qu'il a produites. Je crois avoir vu beaucoup de documents pareils dans la bibliothèque de Saint-Jean. Donnez-moi là-dessus les renseignements que vous pourrez. Pour vous épargner de la peine, je vous avertis de n'en point chercher dans les archives de Genève, il n'y a rien. Mais faites-moi part de ce que vous aurez et de ce qu'aura d'Hermenches. L'intérêt que vous avez mis, il y a un an, à ma nomination dans l'Ain me fait espérer que vous ne me trouverez pas trop importun.

Mille choses à ma cousine, à vos filles et à Rosalie, et mille amitiés pour vous.

CCXXX

A MONSIEUR CHARLES DE CONSTANT

6 août 1820.

Il y a bien longtemps que je ne vous ai écrit, mon cher cousin. Je suis si ridiculement affairé que je n'ai pas un moment pour faire ce dont j'aurais le plus envie. Je profite pourtant de l'occasion que m'offre le gouverneur de deux jeunes Hollandais dont le père est établi à Paris, pour vous donner un signe de vie. Nous sommes ici toujours à attendre la solution du problème. Serons-nous gouvernés en sens inverse de nos intérêts, ou nous tiendra-t-on ce qu'on nous avait promis, et ce dont nous ne demandons pas mieux que de nous contenter? Nous sommes inondés de nouvelles d'Espagne et d'Italie. La contre-révolution, essayée, dit-on, dans la Galice et espérée par le moyen de l'Autriche dans le Milanais, fait venir l'eau à la bouche de nos ultra pauvres gens, qui pourraient bien nous tuer, comme ils ont pensé le faire il y a deux mois, mais qui seraient perdus avant que nos cendres fussent froides.

Donnez-moi des nouvelles de Rosalie. Je n'ose pas lui écrire, d'après ce qu'on m'a dit de l'Ultracisme de Lausanne sans exception. Je voudrais savoir comment elle est et qu'elle sût que je lui suis toujours attaché.

Mille choses à ma cousine. Nous sommes à Montmorency dans la plus belle vallée, je dirais du monde, si vous ne trouviez pas vos glaciers plus beaux.

CCXXXI

A MADEMOISELLE ROSALIE DE CONSTANT

1820.

J'ai été bien content, chère Rosalie, d'avoir de vos nouvelles et de voir par votre réponse que vous n'étiez pas ultra. Lausanne a une grande réputation d'ultracisme et surtout ceux qui portent le même nom que moi.

Nous sommes toujours ici dans la même position :

des gens qui voudraient nous assommer, un ministère qui les retient, sans leur savoir trop mauvais gré de l'intention, et une nation qui ne perd pas une occasion de manifester son opinion, sauf à se soumettre à la force, et à se laisser dire des injures sans s'en mettre en peine. Du reste des fous des deux côtés, et des gens raisonnables qui se laissent parfois entraîner par leurs fous, de peur de paraître en trop petit nombre aux yeux des fous du parti opposé.

Malgré tout l'intérêt que la politique doit m'inspirer dans ma situation, je suis quelquefois horriblement fatigué de mon métier de maître d'école et d'avoir sans cesse à ressasser les mêmes idées. Je viens d'achever une brochure[1] qui sera la dernière si je juge à l'ennui qu'elle m'a causé. Je vais me reposer à Montmorency ; mais ce ne sera pas pour toujours. Je suis obligé de faire un voyage dans la Sarthe où j'aurai une très belle réception et où l'on m'invite à aller depuis deux ans.

On parle de nous dissoudre ; les uns croient que ce sera pour convoquer tout de suite une Chambre nouvelle ; les autres qu'on essayera un gouvernement par ordonnances. L'essai serait hasardeux. Je suis si accoutumé au roulis du vaisseau que je n'en dors pas moins, quand la mer est houleuse. N'avoir point de but personnel et ne prendre guère d'intérêt à soi est un admirable moyen de tranquillité.

Je ne vous dis rien de ma femme, vous trouverez ici une lettre d'elle. Je lui dois beaucoup de bonheur. C'est non seulement la personne la plus dévouée mais la plus douce à voir qu'il soit possible à concevoir et, ce qui est un grand mérite, la plus facile à rendre heureuse par des soins et de l'affection.

Vous devriez, chère Rosalie, venir nous faire une visite. Nous vous choierions de notre mieux et vous au-

---

[1] Cette brochure a été réunie à plusieurs autres sous le titre de *Cours de politique constitutionnelle*.

riez un pays curieux à vivre. C'est très sérieusement que je vous le propose et nous surmonterons tous les petits obstacles. En attendant, aimez-nous et écrivez-nous.

CCXXXII

A MADEMOISELLE ROSALIE DE CONSTANT

7 novembre 1820.

Merci, chère Rosalie. Je vous aurais envoyé ma lettre au ministre et je vous enverrais tout ce que j'écris si je savais comment on envoie des brochures à l'étranger. En France cela va très bien et rien n'est plus facile ; mais il y a je ne sais combien de formalités quand il faut que les brochures passent nos frontières. Dites à Charles, auquel je voudrais aussi toujours envoyer tout ce que j'écris, de me mander par lui ou par vous une adresse en France, Fernex, par exemple, ou autre ville ou bourg, où je puisse tout adresser. Je commencerai par vous faire tenir tout ce que j'ai publié depuis la longue interruption de notre correspondance, sauf à vous à ne pas lire ces anticailles, puis je continuerai.

Nous nous préparons à la session qui sera vive ou plate, car il y a les deux chances. Les élections s'annoncent mal, et je vois au courage de nos ennemis les plus poltrons, qu'ils se croient très forts. Mon voyage de la Sarthe a été en effet une espèce de triomphe. L'affaire de Saumur était un guet-apens, non pour me tuer, mais pour me faire partir clandestinement. Dans la bagarre on m'aurait tué comme Brune à Avignon, ou Ramel à Toulon. En tenant bon j'ai déjoué les assiégeants et les autorités leurs complices.

Ma mission est de faire, si faire se peut, triompher un gouvernement constitutionnel. Tant que je serai député, je ne puis penser ni à moi ni à ce que vous appelez la gloire. Si je cesse de l'être et que mes facultés n'aient pas baissé, je verrai. Mais une portion de peuple m'a confié ses intérêts et je lui dois le sacrifice de mes succès comme de ma vie.

Ma femme est à la campagne ; je vais la rejoindre. Elle veut vous écrire de là. Je reviendrai à Paris pour les Chambres. Je vous aime et vous embrasse.

CCXXXIII

A MONSIEUR CHARLES DE CONSTANT

Montmorency, le 20 novembre 1820.

Un voyage dans la Sarthe et un séjour prolongé ici pour achever un travail assez pressé, m'ont empêché, mon cher cousin, de rencontrer M. Muloch que j'ai cherché inutilement là où il n'était plus, auquel j'ai écrit ensuite et qui m'a répondu. Je ne le verrai à présent que lorsque je serai tout à fait réinstallé à Paris, ce qui ne sera que dans huit ou dix jours, vers le moment où les Chambres seront convoquées. Si vous avez un peu suivi nos affaires depuis la fameuse Chambre de 1815, vous saurez, sans que je vous le dise, où nous en sommes aujourd'hui. Il n'y a pas un des plus violents de cette Chambre qui ne soit réélu, et le torrent est tout entier dans le sens contre-révolutionnaire. Je suppose que nous achèverons de reperdre dans la session tout ce que nous avions obtenu, et que nous irons en terreur ultra jusqu'à ce que l'excès nous fasse retomber de l'autre côté. Alors ceux qui survivront auront quelques mois ou quelques années d'un état tolérable. Je commence à être fatigué de ce travail de Sisyphe, et je crois bien que je laisserai bientôt à d'autres le soin de relever le rocher qui nous retombe toujours dessus.

Je vous remercie de m'avoir valu des nouvelles de Rosalie à qui je suis bien tendrement attaché. Je lui ai écrit bien à la hâte, car je mène une vie de cheval de poste.

Ma femme se rappelle bien tendrement au souvenir de la vôtre et vous dit mille choses, et je vous embrasse mille et mille fois.

CCXXXIV

A MADEMOISELLE ROSALIE DE CONSTANT

7 mars 1821.

Il y a longtemps, ma chère Rosalie, que j'aurais voulu répondre à votre bonne lettre, mais les événements de la Chambre roulent si vite que je n'ai que le temps de les rattraper et que je suis forcé de négliger et mes affaires et mes plaisirs. C'est même au commencement d'une séance plus orageuse, à ce qu'on peut prévoir, qu'aucune des précédentes, et sur mon banc à la Chambre que je me mets à écrire cette lettre. Je ne l'achèverai probablement pas, car nous allons incessamment nous mettre à écouter des injures, puis à les repousser, et je ne reprendrai ma missive qu'après le combat.

Le combat a commencé comme j'écrivais ces derniers mots, et c'est en conséquence plusieurs heures après que je reviens à ma lettre.

Je n'ai rien publié depuis ma lettre au Ministre de la guerre, et je doute fort que je publie quelque chose avant la fin de cette session. J'ai trop à faire à la tribune et les choses sont si troublées qu'il n'y a guère d'avis à donner. Il faut se laisser aller et consacrer toutes ses forces à la défensive, en plaçant son espoir dans la folie des ennemis. Cette folie s'accroît en dépit d'eux-mêmes, et il est impossible qu'elle ne tourne pas à notre avantage.

Je n'en regrette pas moins le temps que je perds. Je voudrais achever ce que j'ai commencé et ces luttes de détail dont il ne reste rien me fatiguent et m'ennuient. Ma vie est morcelée par une quantité d'affaires individuelles où l'on s'adresse à moi, quoique je n'aie point de crédit, par des réunions qui n'aboutissent à rien et par des travaux du moment dont l'intérêt disparaît le moment d'après.

Charles de Rébecque n'est point placé à Fernex. Le jeune d'Estrées qui y est chef de bureau de la poste est un fils naturel de M. de Staël, auquel je me suis intéressé il y a dix ans et que j'ai perdu de vue. Charles est à Brevans, faisant ce qu'il a toujours fait, c'est-à-dire pas grand chose, mais plus loin que jamais de changer de nom. Il habite avec sa sœur qui comme vous savez est une personne assez spirituelle.

Je ne désespère point comme vous de nous revoir. J'aurais quelque envie de faire pendant l'intervalle des sessions une course en Allemagne.

J'ai plusieurs motifs d'y aller, mais tout est subordonné à l'utilité plus ou moins grande de mon séjour ici. Si j'exécute ce projet encore assez vague, je passerai certainement par la Suisse.

Cette lettre a été interrompue pendant plusieurs semaines, parce que ma jambe qui s'était démise [1] il y a

---

[1] B. C. avait fait alors une chute en descendant de la tribune et s'était démis la jambe.

trois ans, a trouvé bon de se remettre à peu près dans le même état, ce qui me donne du loisir plus que je n'en voudrais. Je ne sais quand je serai en état de sortir, et je crains que je ne sois gêné pour la tribune qu'il faut escalader quelquefois d'une manière ingambe.

Adieu, chère Rosalie, je vous aime et vous embrasse bien tendrement.

CCXXXV

A MADEMOISELLE ROSALIE DE CONSTANT

Paris 2 avril 1821.

Ma femme m'a montré, chère Rosalie, la lettre que vous lui avez écrite, pour lui demander de mes nouvelles. Elle est un peu souffrante et ce printemps lui donne mal aux yeux, J'ai donc peur qu'elle ne vous réponde pas assez tôt, et je viens vous dire moi-même comment je me trouve. Je ne puis encore marcher que sur deux béquilles et j'ai même été plusieurs jours sans pouvoir marcher du tout. Ma jambe reprend lentement un peu de force ; mais je suis encore hors d'état de monter un escalier, et il y a neuf jours que je n'ai, à la Chambre, pu me lever pour dire un mot. Aussi ai-je renoncé à y aller jusqu'à ce que ma convalescence soit un peu plus décidée. Je me réserve pourtant pour les grandes occasions ; mais je serai longtemps à pouvoir faire la petite guerre comme par le passé. Au reste, les circonstances deviennent si fortes, que ce n'est pas ce que nous pouvons dire qui décidera rien.

Je vous adresserai bientôt un petit ouvrage assez curieux que je viens de faire imprimer sur la Prusse avec quelques notes de moi. Il est d'un ami du prince Hardenberg et c'est un catéchisme libéral qu'il est inconcevable qu'on publie presque officiellement à Berlin dans un moment où les Prussiens s'associent à la grande croisade contre les gouvernements représentatifs. Il est possible que l'ouvrage soit désavoué, les circonstances y portent, mais je n'en ai pas moins l'original authentique.

Pendant que je vous écris, les nouvelles définitives de Naples arrivent ; tout est terminé. Il valait mieux ne pas commencer. Il est difficile de calculer où tout ceci nous mènera. Les ultra portent aux mesures les plus violentes, et je ne vois guère ce qui les arrêterait.

Adieu, chère Rosalie. Il y a des moments où l'on voudrait n'être pas rentré dans la grande lutte ; mais il faut reprendre courage. Rien n'est jamais aussi mal qu'on le craint ni aussi bien qu'on l'espère.

CCXXXVI

A MADEMOISELLE ROSALIE DE CONSTANT

1822.

M. de Saugy vous aura dit, ma chère cousine, qu'il m'a envoyé votre lettre au moment de son départ, de sorte que je ne l'ai pas vu et n'ai pu vous répondre par lui. Je vous écris quelques mots à la hâte et tellement accablé par la chaleur que j'ai peur que ma lettre n'ait guère le sens commun. Ma femme est à la campugne où j'irai passer deux jours dans l'intervalle de nos séances. Les choses sont comme vous voyez. Nous entrons en contre révolution complète, et si nos adversaires ont assez de courage, nous aurons, un peu plus tôt un peu plus tard, le sort de l'Italie. Je ne désespère pourtant point de la cause en elle-même. Mais le temps nous entraîne et nous ne verrons peut-être pas luire l'aurore de la liberté que nous voulions établir. Beaucoup de fautes ont été faites de part et d'autre. Il y a eu imprudence et mal joué d'un côté ; il y a eu perfidie et avidité dans le parti contraire. L'Europe ou ceux qui dominent l'Europe se déclarent pour celui-ci. Ils en seront punis à une époque quelconque. En attendant il n'y a rien à opposer à leur marche triomphante et furieuse. D'ailleurs, il fait si chaud que je me résigne à tout plutôt que de lutter.

J'ai bien joui du plaisir de voir Charles et sa femme. Mme de Constant est une personne très distinguée. Les Rillet[1] paraissent fort heureux. Charles est content de sa position. Il a le plaisir de faire ou de dire des choses utiles et d'être parmi des gens qui n'ont pas toujours une arrière-pensée qui les empêche d'être jamais tout à fait de bonne foi.

Dans l'intervalle de la Chambre je finis ma deuxième et dernière partie des *Lettres des Cent jours*. Je ne sais si ce que j'écris vaudra quelque chose. Il m'est impossible de prendre un vif intérêt à quoi que ce soit et je travaille parce que je m'y suis engagé plus que pour le succès.

Ma jambe se remettrait si je pouvais aller aux eaux, mais la session s'y oppose et je saisirai volontiers cette occasion de ne pas me donner beaucoup de peine pour guérir une infirmité qui me dispensera de beaucoup de devoirs de société et sans laquelle à 60 ans, ou à peu près, je ne serais pas encore très leste.

---

[1] Une des filles de Charles de Constant venait d'épouser un M. Rillet.

Je ne crois pas que d'avoir été hors d'état de marcher depuis 15 mois ait ajouté à mon ennui ou retranché de mes plaisirs.

Je souhaite, chère Rosalie, que votre vie soit plus gaie que la mienne, et ce qu'il y a de pis c'est que je n'en imagine pas de plus agréable, tant les hommes sont ennuyeux.

Pardon de mon insipide lettre. Croyez à l'amitié qui l'a dictée, et pardonnez á la bêtise qui l'a écrite.

Mille sincères amitiés.

CCXXXVII

A MADEMOISELLE ROSALIE DE CONSTANT

1824.

Je suis tellement écrasé d'affaires sans être pourtant ministre d'état, que j'ai à peine le temps d'écrire les lettres les plus nécessaires, ce qui fait que je n'écris jamais les plus agréables. Croyez cependant, chère Rosalie, que je n'en aime que mieux ceux à qui j'écris le moins, et que tous les jours la triste expérience que je fais des hommes m'attache davantage au très petit nombre de personnes qui me veulent du bien. Vous êtes à la tête, et dans toutes les circonstances, vous m'avez témoigné une amitié qui m'a toujours été précieuse et qui souvent m'a consolé.

Je suis fâché que ces assurances qui sont pourtant bien sincères soient le préambule d'une ou plutôt de deux services que j'ai à vous demander.

Vous avez vu par les journaux quelle lutte je soutiens contre des gens qui, après 30 ans de résidence et de fonctions publiques en France, me contestent mon titre de Français, reconnu par la Chambre qui m'a admis précédemment. J'aurai besoin de prouver de nouveau ma descendance de religionnaire fugitif, et heureusement un de mes collègues qui est dans le même cas que moi, m'a indiqué le moyen qui avait été reconnu valable. Je vous envoie la copie du titre au moyen duquel il a été reçu à la chambre. Vous verrez qu'il est très facile de faire dresser une pareille déclaration, puisqu'elle est conforme à l'arbre généalogique dont Auguste d'Hermenches m'a fait tenir une expédition. Je joins ici de plus une minute de la déclaration telle que je la conçois et je vous prie, chère Rosalie, de me la procurer dès que vous pourrez.

Comme il y aura des peines à prendre et des démarches à faire, chargez un homme de loi entendu et actif, que je rétribuerai suivant que vous le fixerez, la chose étant faite.

La déclaration que je demande doit être plus facile à obtenir qu'elle est en entier conforme à la généalogie visée par Boisot en 1765, avec cette différence qu'il n'est nécessaire que de remonter à Auguste Constant, et non à Antoine son père parce que ce fut Augustin qui sortit de France.

Le second service sera peut-être plus difficile, mais quant à celui-là ce sont plutôt des renseignements que je vous demande qu'aucune pièce pour le présent. Il est certain que la famille de ma mère descendait du ministre de Chandieu, attaché à Henri IV. Il ne s'agirait que d'avoir la généalogie de ce ministre, et la date de l'arrivée de ses descendants ou de sa descendance en Suisse. J'avais déjà demandé à Mme de Loys des renseignements à cet égard. Elle ne m'a pas répondu. Tâchez, je vous en prie, de savoir ou d'elle ou de quelque autre ce qui en est et faites-moi le plaisir de me l'écrire.

Je vous réitère, chère Rosalie, que je suis honteux après un si long silence de vous écrire pour vous donner encore quelque embarras. Mais la fatalité qui fait de ma vie un combat perpétuel me force à importuner le petit nombre de gens qui veulent bien me conserver encore un peu d'amitié.

Croyez à toute la mienne, quoi que je sois abîmé de fatigue et prévoyant bien des fatigues encore.

CCXXXVIII

A MADEMOISELLE ROSALIE DE CONSTANT

13 avril 1824.

Chère Rosalie,

Vous et Auguste [1] êtes mes bons anges, mais vous n'êtes pas débarrassés de moi. Il s'élève une question nouvelle : c'est celle de la naturalité française d'Augustin Constant. On prétend qu'à l'époque de sa naissance et de sa sortie de France, Aire appartenait à l'Autriche, et qu'en conséquence il n'était pas religionnaire fugitif. La Commission est partagée sur cette difficulté et je crois que malgré cela elle me serait favorable. Mais ceux qui sont pour moi me conseillent de m'appuyer aussi de la généalogie de ma mère : ils disent que je dois faire ajourner le rapport jusqu'à ce que je me la sois procurée.

Je me mets donc à vos genoux pour que vous me procuriez au plus tôt.

1° Cette généalogie, légalisée à Lausanne avec tous les actes quelconques qui peuvent venir à l'appui. Il est indifférent que les actes aient déjà été légalisés pour-

---

[1] Auguste de Constant d'Hermenches, son cousin germain.

vu qu'ils le soient à Lausanne, c'est-à-dire pourvu que l'autorité compétente de Lausanne déclare que ces actes lui ont été présentés et sont en la possession des héritiers de la famille Chandieu. Joignez-y tout contrat de mariage, extraits baptistaires,etc.etc.Surtout, s'il est possible, celui constatant le mariage de Charles de Chandieu lieut. général, avec une petite fille de Duplessis Mornay.

2° Un acte de notoriété précisément pareil à celui qu'Auguste m'a déjà envoyé pour ma filiation paternelle, disant que B. Constant est fils d'Henriette de Chandieu, laquelle était fille de Benjamin de Chandieu, lequel était fils de Charles de Chandieu, et de (si le nom peut se trouver) petite fille de Duplessis Mornay, lequel Charles de Chandieu était fils d'Etaye de Chandieu, second fils d'Antoine de Chandieu d'une ancienne maison de Dauphiné, attaché à Henri IV, lequel se retira à Genève après l'abjuration d'Henri IV, pour se soustraire à des persécutions religieuses et y mourut en 1591.

Comme il se peut que vous n'ayez plus le modèle d'acte de notoriété dont je vous ai envoyé le modèle, je vous envoie les pièces justificatives que j'ai fait lithographier pour la commission où se trouve 4 et 5 l'acte de M. de la Roche.

Pardon et mille remerciements et amitiés. Je ne puis vous dire assez combien je suis touché de votre bonté et de celle d'Auguste. Je lui écrirai pour le remercier et j'écrirai à M. Rouge. Mais aujourd'hui la poste part et je m'adresse à vous parce qu'il faut que vous recourriez à M^{mo} de Loys et que je suppose que vous la voyez plus souvent qu'Auguste.

CCXXXIX

A MADEMOISELLE ROSALIE DE CONSTANT

19 avril 1824.

Vous aurez vu probablement par les journaux, chère Rosalie, que j'ai annoncé à la Chambre que j'allais moi-même chercher les papiers relatifs à ma descendance maternelle. Comme j'ai beaucoup causé avec le rapporteur de la Commission, je sais ce qu'ils exigent, les difficultés qu'ils feront naître et combien la moindre absence d'une forme, la moindre substitution d'un mot à un autre, fournirait le prétexte à ceux qui veulent m'exclure et qui, jusqu'à présent, ne forment pas la majorité, malgré les apparences contraires. Je me suis donc déterminé à faire moi-même cette course, malgré la difficulté qu'une jambe malade et deux béquilles apportent depuis 5 ans à tous mes mouvements. Vous me verrez donc arriver seulement pour prendre mes papiers et m'en retournerai bien vite, ce dont bien me fâche ; car je vous jure que j'aimerais bien mieux passer quelque temps avec vous que m'agiter dans cette exécrable lutte. Mais il faut que j'en sorte. Je ne passerai donc tout au plus que deux jours à Lausanne. Je supplie donc votre bonté et celle d'Auguste de faire préparer toutes les pièces que je vous ai demandées, de manière à ce que je les trouve à mon arrivée. Pardon mille fois de mon indiscrétion, mais vous avez pris mes intérêts tellement à cœur que je compte sur vous comme sur moi-même.

Si, comme cela est possible d'après les dates, vous ou

Auguste avez envoyé déjà les pièces à Paris, je vous embrasserai tous deux, et je trouverai ma course toujours assez agréable.

Nous nous reverrons donc après 13 ans, vous, j'espère, comme vous étiez alors, moi estropié marchant sur deux béquilles, les cheveux blancs, et toujours un peu proscrit ou persécuté. Voilà ce que c'est que de se quitter.

Adieu, chère Rosalie. Je vous embrasse et vous aime bien tendrement.

CCXL

A MADEMOISELLE ROSALIE DE CONSTANT

mai 1824.

Vous aurez vu par les journaux avant de recevoir cette lettre, ma chère Rosalie, que mon affaire s'est bien terminée. Je le dois autant à l'amitié d'Auguste Constant qu'à l'impartialité de la Chambre; car s'il n'avait pas fait avec une activité admirable toutes les recherches qui ont constaté ma descendance tant paternelle que maternelle, je n'aurais pu produire les pièces qui m'ont fait rendre justice. Remerciez-le bien tendrement de ma part, et recevez vous-même mes remerciements et ceux de ma femme qui vous est bien sincèrement attachée et qui regarde les jours qu'elle a passés à Lausanne, comme les plus agréables de sa vie depuis bien longtemps.

Dites à ma cousine d'Hermenches que je remettrai aujourd'hui à un voiturier la caisse que ma femme lui envoie, et qui serait partie depuis plus de neuf jours, sans les occupations dont j'ai été écrasé. Je lui manderai le nom du voiturier, et le jour probable de son arrivée, dès que je lui aurai remis cette caisse. Dites aussi à Auguste, je vous prie, que je lui enverrai sous bande à l'adresse suivante, à M. Auguste de Constant d'Hermenches, à Ferney, poste restante, Dept. de l'Ain, le rapport de M. de Martignac qui est une pièce à mettre dans les papiers de notre famille, Je lui enverrai aussi la consultation faite par les avocats.

A présent que je suis paisible, sauf les événements qui peuvent toujours troubler mon repos, je vais partager ma vie entre la Chambre et mon livre[1] dont le premier volume a paru enfin. Je vous le ferai tenir par le même voiturier. Je désire que vous en soyez contente, mais j'aurai contre moi les deux partis extrêmes : les philosophes qui écrivent et les Jésuites qui agiront contre moi. Il y en a environ 150 dans la Chambre, et s'ils renversent le ministre, ils pourront aller loin.

Adieu, chère Rosalie. Ma femme ajouterait quelques mots à ma lettre si elle n'était pas à la campagne et moi je vous embrasse bien tendrement en vous priant de me rappeler au souvenir de tous ceux qui m'ont si amicalement reçu.

Je n'abandonne point l'idée de la Chablière.

CCXLI

A MADEMOISELLE ROSALIE DE CONSTANT

11 juillet 1824.

Il y a longtemps que je ne vous ai écrit chère Rosalie, mais je ne vous en aime pas moins ; toutes sortes de

---

[1] De la Religion considérée dans sa source et ses formes.

petites affaires m'ont pris chaque instant de mes journées. Maintenant, loin d'être libre, je suis occupé à finir un ouvrage, [1] qui m'a occupé depuis bien des années et dont vous trouverez quelques prospectus ci-joints. On l'attend avec assez d'impatience, et s'il réussit, j'y gagnerai en réputation et en argent. Il a le défaut d'être bien annoncé d'avance. C'est un inconvénient. Il faut qu'il soit bien bon pour ne pas m'exposer aux reproches d'avoir trompé l'attente du public. Si vous me trouvez des souscripteurs vous me ferez plaisir, quoique j'en aie déjà beaucoup plus que je ne m'y attendais. C'est mon libraire qui a voulu prendre ce mode, en prétendant que nous y gagnerions tous les deux. Je ne vous parle point des affaires publiques ; grâce au ciel je n'y suis pour rien, et certes je n'ai aucune envie d'y rentrer.

J'ai vu qu'on avait tourmenté et agité la Suisse. Elle aura du bonheur si elle échappe à la Sainte-Alliance, à moins que la guerre d'Espagne qui n'est pas finie n'arrête les projets de Vérone. De quelque manière que les choses tournent nous en aurons pour plus de temps que celui de notre vie, et ce ne sera pas notre génération qui verra une liberté paisible. Cette conviction contribue fort à mon détachement de tout. J'ai pour ma part rempli ma tâche. Que ceux qui viendront en fassent autant !

Je suppose d'après ce que m'a dit M. Rillet que vous avez envoyé à Charles tous les papiers que vous aviez à moi. Je l'ai prié de tout garder encore quelque temps.

Adieu, chère Rosalie. Portez-vous bien, ne m'oubliez pas, et croyez à ma sincère amitié.

---

[1] De la Religion, etc.

CCXLII

A MADEMOISELLE ROSALIE DE CONSTANT

9 décembre 1824

Je vois par votre lettre, chère Rosalie, que Constance ne vous a pas dit que j'étais malade, quand elle a quitté Paris. Elle n'a pas cru que ma maladie fût sérieuse. Elle l'a été pourtant, et peut-être l'est-elle encore. Voici la sixième semaine que je ne sors pas de ma chambre. Tout le monde, mon médecin compris, dit que je suis mieux. Je n'en ai pas le sentiment, mais je laisse dire, parce que cela amuse les uns et rassure les autres. Je crois fort que je me guérirai, mais la cognée a été à la racine de l'arbre, et le coup a retenti dans son intérieur. C'est le premier avertissement de la nature, c'est l'entrée dans les infirmités. Je vivrai 10 ans, 20 ans peut-être, mais ce n'est plus vivre et je me tiens pour rayé de la liste de ceux qui possèdent le monde et qui ont un avenir. J'essayerai de défendre encore les idées que j'ai chéries ; mais j'aurai le sentiment de vivre au jour le jour et je remercierai la nature, comme l'homme qui remerciait chaque jour le sultan de lui avoir laissé la tête sur les épaules. Au reste, il est bon que tout finisse et ce n'est pas du terme, mais de la route que je me plains.

J'avais prévenu votre désir relativement à Victor. Ne pouvant aller le voir, je lui ai écrit et il est venu très amicalement le lendemain. Je n'ai pu encore aller voir sa femme, mais ce sera ma première sortie, quand je sortirai.

Ma maladie retarde de beaucoup la publication de mon second volume et j'en suis fâché. J'ai déjà eu tort de faire paraître le Ier ouvrage par parties détachées. Ce mode a été la cause de presque toutes les critiques que j'ai essuyées. Il n'y a que deux jours que je puis m'y remettre, encore à bâtons rompus ; mais j'avancerai pourtant et j'espère que le second volume paraîtra en février et le troisième en avril.

Il est difficile de prévoir quelle occupation me donnera la Chambre. L'opposition telle que nous l'avons faite n'est plus possible. L'approbation avec nos ministres ne l'est guère plus. Il faut se tracer, comme vous dites, une route nouvelle. J'essayerai.

Parlons de votre arrivée à Paris, j'espère que vous ne logerez pas ailleurs que chez moi. J'ai tout un appartement vacant, de sorte qu'il n'y a que plaisir et pas même le mérite d'un dérangement. Ma femme est folle de l'idée de vous avoir et je crois qu'elle ne vous laissera jamais repartir. Mais, je vous en supplie, ne renoncez pas à ce projet. Il vous fera du bien et en fera à tous nos amis de France.

Adieu, chère Rosalie ; je voulais vous écrire longuement, mais je me sens faible et fatigué, et je vois à peine les lignes que je trace. N'oubliez pas votre vieux cousin à qui la vieillesse fait sa première visite et croyez que nous vous aimons de tout notre cœur.

CCXLIII

A MADEMOISELLE ROSALIE DE CONSTANT

Paris, ce 16 janvier 1825.

Quoique vous en disiez, chère Rosalie, j'ai été assez malade, et j'ai vu à la lenteur avec laquelle je me suis rétabli, et aux restes de mal dont je souffrirai probablement tout l'hiver, que l'âge des convalescences promptes et voulues par la nature est passé. Je suis à peu près remis, sauf une irritation à la poitrine qui revient à toute occasion. L'hiver prochain ce sera pis encore, et enfin, si rien n'arrive de plus rapide, un hiver viendra, où tout sera fini, et cet hiver n'est pas bien éloigné. Aussi je fais mes préparatifs c'est-à-dire j'achève, du mieux que je peux, ce que je veux laisser après moi. J'espère vous donner deux volumes avant le printemps. La Chambre m'occupera peu. Ma poitrine me rend la tribune difficile. Je ferai cependant mon métier tant bien que mal, quoique tout ce que nous ferons soit d'une inutilité complète. L'état des choses n'est pas violent : tous les partis sont éclairés sur les mauvais résultats de la violence ; mais ils le sont aussi sur la valeur de l'argent, et c'est en argent que tout se résout. Or il n'y a pas de raisonnements qui engagent des gens qui peuvent puiser dans la caisse publique à ne pas y prendre le plus qu'ils pourront. Toutes les paroles ne sont que des variations sur ce motif, et ne signifient autre chose sinon qu'on ne veut pas convenir de ce qu'on demande.

Quand venez-vous donc à Paris ? Dépêchez-vous pour que nous vous ayons quelque temps chez nous avant votre établissement à Saint-Germain.

J'ai vu Victor, sa femme et sa fille. Ma femme est tombée malade le jour où j'ai commencé à être mieux et où sa cousine est venue la voir.

CCXLIV

A MADEMOISELLE ROSALIE DE CONSTANT

19 décembre 1825.

Je vous remercie beaucoup, chère Rosalie, de votre lettre à ma femme et de l'inquiétude que vous a causée la fausse nouvelle de ma maladie. Charlotte voulait vous répondre et l'accident très grave qui l'a fait souffrir depuis trois mois à peu près, est la seule cause du retard qu'elle a mis à vous écrire. Quant à ce qui me regarde, je n'ai éprouvé aucun dérangement de santé qui pût motiver les bruits qu'on avait répandus. Je suppose que la mort du général Foy avait mis en appétit les journalistes ministériels. Ma pauvre femme est dans un état beaucoup plus triste. Une immense armoire qui a pensé la tuer lui est tombée sur le pied, et depuis onze semaines elle est hors d'état de le poser à terre. Cet accident qui n'aura pas de suites la retiendra pourtant chez elle peut-être tout l'hiver. Il est venu d'autant plus mal à propos que sa belle-sœur était arrivée ici avec sa famille, et qu'elle aurait voulu se joindre à elle pour s'amuser un peu plus qu'elle ne le fait ordinairement. Je m'en afflige aussi parce que je ne puis rien faire pour lady Hardy, et que j'aurais voulu prouver à Auguste que ses recommandations étaient accueillies avec tout le zèle que peut inspirer une sincère amitié. Ma femme ne pouvant ni s'habiller, ni recevoir hors de sa chambre à coucher, il n'y avait pas moyen d'inviter une dame anglaise.

J'attends toujours avec curiosité votre jugement sur mon deuxième volume. Il a bien réussi malgré le silence des journaux. On va le réimprimer ainsi que le premier. Je travaille au troisième, mais plusieurs choses m'ont retardé, et la Chambre, que la mort du chef de la Sainte Alliance peut rendre intéressante, me détournera encore davantage de cette occupation, de sorte que je ne prévois pas l'époque où la publication aura lieu ; ce sera pourtant cet hiver, à ce que j'espère.

Adieu, chère Rosalie, votre lettre m'a fait plaisir et votre amitié me fait toujours du bien. Croyez à la mienne et dites mille choses à votre frère et à sa famille.

CCXLV

A MADEMOISELLE ROSALIE DE CONSTANT

Paris, ce 29 juillet 1826.

Je vous écris, ma chère Rosalie, tout désappointé et désorienté. Ma femme a pris, sans cause bien connue, depuis environ trois semaines, une telle défaillance, une telle diminution de force, qu'il lui a été impossible de soutenir la voiture sans s'évanouir. Elle a beaucoup maigri, et quoiqu'il n'y a point de maladie, son état est inquiétant. Elle a lutté contre, avec d'autant plus de désir de se surmonter qu'elle tenait beaucoup au voyage et aux eaux. Mais enfin il a fallu y renoncer encore pour cette année. Trois semaines de retard rendent la saison trop avancée.

Voilà donc tous mes plans dérangés ; j'irai peut-être

essayer pour ma jambe des bains de Saint-Amand qui sont beaucoup plus près ; mais il n'y a plus moyen de penser à la Suisse. Je ne m'en console qu'en espérant que je m'en dédommagerai l'année prochaine.

Mais il résulte pour moi de ce dérangement une autre sorte d'inquiétude. Certain que je me croyais d'aller en Suisse, j'ai écrit à Gœttingue pour me faire envoyer une grosse caisse de papiers que j'y avais laissée. Elle contient toute ma correspondance moitié judiciaire avec mon père, dans les tristes démêlés qui ont marqué les dernières années de sa vie. Il me serait très pénible qu'elle tombât en d'autres mains. J'ignore le nom du correspondant auquel l'expéditionnaire de Gœttingue pourra l'avoir adressée. Seriez-vous assez bonne pour prévenir les commissionnaires de roulage de Lausanne que si on leur adresse une caisse pour moi de Gœttingue, ils veulent bien la recevoir, me mander la note des frais que je leur enverrai par retour du courrier et la garder jusqu'à mes directions ultérieures. J'avais donné à mon correspondant Gœttinguois le nom de Maylau ; mais n'ayant reçu encore aucune nouvelle, je ne sais s'il l'a adressée comme je l'en avais prié.

Remerciez bien Charles de sa bonne invitation. J'espère lui en exprimer moi-même ma reconnaissance l'été prochain, et croyez, chère Rosalie, à mon bien tendre attachement.

CCXLVI

A MADEMOISELLE ROSALIE DE CONSTANT

Paris, ce 27 août 1826.

Je reçois votre lettre du 22 aujourd'hui 27, chère Rosalie. Gardez-vous bien de brûler ma caisse. Indépendamment des papiers relatifs à mes tristes affaires d'il y a quatorze ans, elle renferme beaucoup de choses que je serais fâché de perdre, et qu'il m'est essentiel de conserver. Comme c'est aujourd'hui dimanche, je ne puis aller chez les Mallet dont le bureau n'est pas ouvert, et je ne veux pas tarder jusqu'à demain pour vous écrire quoi qu'il soit douteux que vous receviez ma lettre avant le 31 ; mais vous pouvez être sûre que demain ils auront les 20 fr. et vous les feront tenir comme précédemment les 15. Quant à la caisse, soyez assez bonne pour la faire mettre en lieu sûr. Je ne voudrais pas qu'elle vous gênât chez vous, et s'il faut payer quelque chose pour la loger, je vous y autorise et vous paierai le prix d'avance.

Encore une autre importunité. Le duc de Broglie s'est chargé de faire tenir à M. Rouge[1] une lettre et sept volumes reliés. Depuis son départ, je n'ai point entendu parler de lui, et M. Rouge, qui aurait pourtant eu le temps de me répondre, ne m'a rien fait savoir. Le duc de Broglie est un homme fort exact et scrupuleux dans les plus petites choses. Cependant ce double silence m'inquiète et comme je tiens beaucoup à ne pas paraître négligent envers M. Rouge, ce qui serait une véritable ingratitude, je vous prie de me tirer de l'incertitude désagréable dans laquelle je suis.

L'absence d'Auguste a aussi été pour moi un motif additionnel d'ajourner mon voyage que le temps que j'avais perdu aurait rendu trop court. J'ai eu bien du plaisir à le recevoir de mon mieux et à le faire dîner avec une des plus belles femmes de l'Allemagne, dont il ne m'a pas paru peu charmé. Il avait l'air du frère aîné de son fils au physique et de son frère cadet au moral. Vous me satisfaites beaucoup en m'apprenant qu'il a été content de notre réception.

---

[1] M. Rouge s'était occupé, en 1824, des démarches à faire pour obtenir certains papiers de famille, nécessaires à B. C. lorsqu'il avait dû prouver son origine française.

Comme vous l'aviez fort bien prévu, je n'ai pas été aux bains de Saint-Amand plus qu'à Aix. Je suis si accoutumé à ma béquille qu'il m'est impossible de mettre une grande importance à ma guérison, dont toute l'importance serait de me mettre en état de marcher mieux quand la vieillesse arrive qui m'empêchera de marcher du tout. Il y a trente ans que je me suis dit, à part moi, qu'après cinquante ans je n'attacherais plus d'intérêt à ma santé, sauf pour éviter des douleurs aiguës, et je suis encore plus fidèle à cette résolution que je ne l'espérais. Mon estomac s'affaiblit, mes yeux baissent. Je ne fais rien pour fortifier l'un, et je ne ménage les autres qu'autant qu'il le faut pour ne pas souffrir. Quand ils s'éteindront, si c'est avant moi, je me tiendrai tranquille et je ruminerai sur ma vie passée. En attendant, j'agis par habitude, comme le chevalier de l'Arioste, qui se battait, oubliant qu'il était mort.

Mon troisième volume avance beaucoup. Je me croirais sûr, si dans ce moment on était sûr de quelque chose, qu'il paraîtra avant le premier janvier. Il sera plus curieux à lire que les deux précédents. J'arrive à des faits plus positifs, et je crois que j'en tire des conséquences plus neuves qu'on ne l'a fait jusqu'à présent. Le quatrième ne se fera pas attendre.

Vous auriez bien dû me parler de la fête de Genève et surtout de Charles qui en a fait les honneurs avec tant de succès. J'ai vu ici un Genevois fort spirituel qui m'a beaucoup parlé de Charles et d'une manière très satisfaisante. Il ne m'a pas dit autant de bien des lumières du pays de Vaud. Vos décrets sur la liberté de la presse montrent bien de la peur et votre persécution des momiers bien peu d'expérience.

Je vois que le duc d'Orléans a été au Jardin [1]. Ce n'aura pas été une petite jouissance pour l'orgueil dévôt. Au reste, ces satisfactions sont fort innocentes et je voudrais que nos décrets ne s'en donnassent pas

---

[1] Chez les Langallerie.

d'autres. Il n'y a sorte d'extravagances qu'ils ne fassent. Ils sont parvenus à ressusciter l'esprit parlementaire dans nos cours royales. C'est un bien présent et un mal à venir.

C'est bien dommage que nous n'ayons vraisemblablement plus un siècle à vivre. Que de belles choses nous verrions disparaître et comme la terre sera déblayée et soulagée ! Mais ces choses, bien que mortellement atteintes, ont encore à vivre plus longtemps que nous.

Adieu, chère Rosalie, je vous demande pardon de toute votre peine et je vous remercie de toute votre amitié. Conservons-nous l'un et l'autre pour l'été prochain. Je vous recommande ma caisse et je vous embrasse.

CCXLVII

A MADEMOISELLE ROSALIE DE CONSTANT

Ce 19 janvier 1827.

J'ai reçu, chère Rosalie, les lettres que vous et Auguste avez remises à Adrien[1]. Je commence par vous prier de me faire tenir son adresse, car il ne nous a pas trouvés quand il est venu, et tout en laissant deux belles cartes bien élégantes, il a oublié de laisser une indication du lieu où il demeure.

Je vous écris bien à la hâte et seulement un mot, car jamais homme n'a été plus écrasé d'affaires que je ne le suis. Mon troisième volume est à l'impression, et voilà

---

[1] Fils d'Auguste d'Hermenches.

que la plus abominable loi sur la presse que jamais saint Dominique et Mahmoud eussent pu inventer, m'oblige à être souvent dans les bureaux où je n'allais jamais et à la Chambre. Ce sera bien pis quand la discussion commencera et il faut pourtant que je fasse en sorte de faire paraître mon volume avant cette exécrable loi, si elle passe.

Je ne vous écris donc que pour vous prier de dire à Auguste que j'adhère à l'établissement de famille qu'il propose et je lui enverrai mon consentement en bonne forme dès que j'aurai un moment à moi ; mais ce ne sera guère avant un mois ou six semaines, car je n'ai matériellement pas une heure à moi.

Adieu, chère Rosalie. Mille choses à Auguste et à Charles. Pardonnez-moi mon laconisme. Ma femme vous dit mille et mille choses.

CCXLVIII

A MADEMOISELLE ROSALIE DE CONSTANT

1827.

J'ai bien des reproches à me faire, chère Rosalie. J'ai eu cent fois envie de vous écrire ; l'espoir de vous voir m'en a toujours empêché. Sans la dissolution de la Chambre je serais allé en Suisse de Brevans où j'ai appris cette dissolution qui m'a fait revenir à Paris. Vous aurez vu par les journaux que je suis réélu deux fois, à Paris et à Strasbourg. Nous aurons une session curieuse, si nous avons une session. La nouvelle Chambre, quel que soit l'esprit de la majorité qu'on ne peut encore prévoir, sera certainement plus indépendante et plus éclairée que celle où j'ai si péniblement lutté pendant quatre années.

Mes projets pour l'année prochaine me rapprocheront sûrement de vous. J'irai aux eaux qui m'ont fait quelque bien, à Strasbourg dont je suis député, à Lausanne où il faut que je vous embrasse.

La mort de ce pauvre Auguste de Staël m'a atterré. C'était une noble et excellente créature. J'ai peu connu sa femme, dont je n'aime pas trop la prudence, même motivée, sur la conservation de son enfant ; mais je frémis de la douleur de sa sœur qui l'aura trouvé mort à son arrivée. La vie est rude, et quand je songe que j'ai soixante ans, je m'en réjouis. Je n'ai conservé qu'une chimère, celle de laisser après moi quelque célébrité, et je ne sais devant Dieu pas pourquoi. Mais c'est une habitude d'enfance. Du reste, l'avenir ne me tente pas : je n'ai guère que des peines publiques et privées à y rencontrer.

Je vais profiter des deux mois qui précéderont la convocation de la Chambre pour mon quatrième volume. Ce sera le dernier de cet ouvrage, mais cet ouvrage ne sera pas le dernier. Je n'ai pu, dans ces quatre volumes, aller aussi loin que j'aurais voulu. J'ai tracé la route et c'était mon but. J'y marcherai dans une seconde publication, si je vis et si je ne suis pas devancé par d'autres, ce que je ne crains guère.

Ma femme qui vous est bien tendrement attachée s'était chargée de vous répondre. Mais je n'ai pas voulu lui en laisser le soin ; elle vous écrira sûrement de son côté.

Dites mille choses à Charles, à Auguste. Je me réjouis du rétablissement d'Adrien. Exprimez à Charles mes regrets pour cette année et mon espoir pour l'année prochaine, et croyez à ma tendre et inaltérable amitié.

CCXLIX

A MADEMOISELLE ROSALIE DE CONSTANT

Bade, ce 18 novembre 1828.

Oui, chère Rosalie, les années s'écoulent, elles emportent nos forces et nous amènent les infirmités ; elles nous ôtent pièce à pièce tous nos moyens de plaisir ; elles nous laissent pour nourriture le passé qui est triste, et pour perspective l'avenir qui est court. Je vous remercie de ce que vous me dites sur mon emploi de la vie. Je n'ai pas fait le quart de ce que je devais faire, et si je n'étais pas fort honteux intérieurement d'avoir gaspillé mon temps et mes forces, je serais bien fier de tout ce qu'on me dit de beau sur ce que j'ai fait malgré ce gaspillage. Au reste qu'importe ! Une fosse est là qui attend l'homme laborieux comme l'oisif, la gloire comme l'obscurité, et qui se referme complaisamment, sans s'inquiéter de ce qu'elle recouvre. Je voudrais pourtant bien vous voir avant d'y descendre ; mais je ne sais plus faire de projets. Je vois mourir autour de moi tant de gens qui avaient calculé sur l'avenir, que je crois à peine vivre. Je travaille pour laisser, comme on dit, quelque chose après moi ; ce moi que sera-t-il et qu'y aura-t-il de commun entre ce moi et ce que j'aurai laissé. N'importe, je travaille parce que l'habitude (*déchiré*) et que le temps me pèse. Mon quatrième volume, le dernier, grâce au ciel, paraîtra, je crois, cet hiver. Je le crois plus curieux, plus neuf que les autres mais plus triste ; parce que le terme est toujours plus triste que la route pendant laquelle on est distrait par les objets d'alentour.

La session aussi va m'occuper. Nous sommes en meilleure position que l'année dernière. J'étais bien sûr que nous étions invincibles. Nos sottises peuvent nous retarder, mais nous avons pour nous celles de nos adversaires. Cette force réparatrice ne nous manque jamais longtemps. Je me suis occupé malgré mon silence de votre commission pour les Grecs pendant mon séjour à Strasbourg, mais toutes les têtes étaient tournées par l'arrivée du roi et je n'ai pu tirer de personne un mot qui eût le sens commun. D'ailleurs, l'Alsace est positivement ruinée, il y a banqueroutes sur banqueroutes, les fabriques s'arrêtent sous l'encombrement des magasins. Le voyage royal, en donnant beaucoup d'espérances qui se réaliseront peut-être, a jusqu'à présent aggravé les réalités, et les fabricants qui mettent à regret sur le pavé des milliers d'ouvriers sans pain, songent peu et avec quelque humeur aux misères lointaines. Un seul homme, actif et zélé, uni à la cause des Grecs par dévouement et par amour-propre, m'a promis son appui. Je vais à Strasbourg le 7, et je verrai tout ce qui sera possible.

Adieu, chère Rosalie. Je suis triste et inquiet en vous écrivant. Mon beau-fils a perdu sa femme qu'il aimait passionnément ; il a écrit à la mienne une lettre de désespoir. Elle lui a écrit pour lui offrir d'aller le joindre et depuis quinze jours nous n'avons pas de nouvelles. Cela me trouble en même temps qu'il en résulte dans tous mes projets une incertitude qui est pénible. Adieu, chère Rosalie, j'espère que nous nous verrons l'année prochaine.

CCL

A MADEMOISELLE ROSALIE DE CONSTANT

Bade, ce 7 octobre 1829.

Je commence, chère Rosalie, par vous rappeler que ce n'est pas moi qui suis coupable de l'interruption de notre correspondance. J'en suis restée à une dernière lettre que vous avez laissée sans réponse. Cependant j'ai voulu vous écrire bien souvent ; mais des occupations multipliées, une santé mauvaise et de la paresse, résultat de cette mauvaise santé m'en ont toujours empêché. Je vous remercie d'avoir rompu la glace, et je suis plus content de cette conséquence de la publication de mes *Mélanges* que de tout autre succès.

Je n'ai reçu votre lettre que fort tard, parce qu'on me l'a renvoyée de Paris aux eaux où je suis depuis deux mois, y étant arrivé assez malade. Je me remets lentement, et sans que la cause de ma maladie soit le moins du monde vaincue par les remèdes. La vieillesse s'annonce de tous côtés, elle envahit mes yeux, mon estomac, mes reins, mes entrailles, mes pieds, Je l'observe comme je ferais d'un mauvais chat tourmentant une souris. J'aimerais autant n'être pas la souris, mais qu'y faire.

J'ai en effet gardé le silence assez longtemps sur l'inconcevable échauffourée du 8 août[1]. Quand j'aurais eu à pronostiquer les enrageries de Charenton, je n'aurais pas deviné celle-ci. J'ai enfin rompu ce silence pour

[1] Chute du ministère Martignac.

indiquer la seule question dont il faille s'occuper. Tant que nous aurons la loi des élections, même avec ses vices, nous nous tirerons d'affaire, et la liberté gagnera du terrain. La session prochaine sera très curieuse.

Je travaille ici à mon quatrième volume que je voudrais bien qui fût le dernier, mais j'ai encore tant de choses à dire que je ne vois pas le moyen de resserrer assez le sujet que je traite. Mon libraire ne voudrait pas que la conclusion fût ajournée à un cinquième volume parce que les lecteurs finiraient par croire que cette conclusion n'arriverait jamais.

J'ai joui du mauvais temps qui m'a débarrassé des invitations de promenade. Quand peu de moments restent encore il ne faut pas les employer à battre l'herbe comme les oisifs des villes battent le pavé. La pluie est venue à mon secours et si ma santé en a un peu souffert, mon travail, que je préfère, a gagné.

Je pars après demain pour Strasbourg où mes électeurs me donnent un grand banquet. Je serai spectateur en même temps que héros de la fête, car je ne pourrai faire honneur aux toasts qu'en apparence: je ne puis supporter une goutte de vin. Le banquet et ses accessoires expédiés, je reviens ici me baigner encore et travailler, je ne sais combien de temps. Si des affaires et même des procès ne me rappelaient à Paris, je n'y retournerais que lorsque la session sera rouverte.

Mon état de santé met un obstacle grave à une course en Suisse. C'est l'échauffement du voyage qui a décidé mon mal et j'évite la voiture autant que je puis. C'est bien à regret que je sacrifie une des choses qui me causeront le plus de plaisir.

Pour me délasser de la politique j'ai fait ici un essai d'une trentaine de pages sur la tragédie. La moitié a paru dans un journal littéraire fort accrédité; l'autre moitié paraîtra dimanche prochain, je pense. On m'en écrit des lettres d'enthousiasme. Je ne me cache pas qu'il faut faire la part de la politesse, mais je crois pourtant qu'il y a des choses assez neuves sur la direction que l'art dramatique doit prendre aujourd'hui. Je tâcherai de m'en procurer un exemplaire et je vous l'enverrai dans le cas où la *Revue de Paris* ne parviendrait pas à Lausanne. Informez-vous en, je vous prie, et mandez-le moi.

Adieu, chère Rosalie. Croyez que je vous aime bien tendrement et que lorsque je tarde à vous écrire c'est que mes affaires me prennent tous mes moments. Mille choses à Charles, à sa femme, à ses filles, à ses gendres, à Auguste, à Mme d'Hermenches, à Mme de Cottens, etc.

CCLI

A MADEMOISELLE ROSALIE DE CONSTANT

Bade, 15 novembre 1829.

J'ai été malade depuis ma dernière lettre, chère Rosalie, et je n'ai pu répondre à la vôtre. Celle dont vous me parlez, et dans laquelle vous opposiez à mon tableau de la mort un tableau moins triste m'est fort bien parvenu l'année dernière, mais je suis sûr aussi de vous avoir remercié de la discussion que vous établissiez entre nous, et de vous avoir fait part de mes doutes, car je n'ai que des doutes, et je suis trop sceptique pour être incrédule. Maintenant il me serait difficile, avec une tête affaiblie et des yeux fatigués, de traiter une matière sur laquelle je suis convaincu que ni vous ni moi ne saurons jamais rien, au moins dans ce monde. J'aime mieux vous dire que mon 4e volume est prêt, au moins en ce sens que je remettrai le manuscrit à mon libraire en arrivant à Paris, sauf les changements et les corrections à faire sur les épreuves. Il faudrait bien un 5ᵉ volume et je laisserai une lacune fâcheuse ; mais rien n'est plus difficile à changer que les arrangements matériels. Je n'avais annoncé que trois volumes, j'ai fait attendre chacun des deux derniers, pendant plus d'une année. Le 4ᵉ paraît après deux ans d'intervalle. Le public, car les auteurs supposent toujours qu'il y a un public, tourmente mon libraire pour avoir la fin de l'ouvrage. Si je donnais un 4ᵉ volume, en en annonçant un 5ᵉ, on croirait que l'ouvrage ne serait jamais fini, et l'on déteste en France les ouvrages incomplets. Je publierai mon 5ᵉ volume comme ouvrage à part, faisant suite au premier.

Je vais enfin quitter Bade où j'ai prolongé mon séjour outre mesure, tant pour raison de santé, que parce que ma femme aime ce pays et ses Allemands à la folie. Mais j'ai soif de conversation française et de me retrouver au milieu des circonstances bizarres qui nous préparent une fin qu'on ne saurait prévoir. Notre hiver sera agité. Ce n'est pas un mal. Je déteste les agitations particulières et tout ce qui est individuel me semble ne pas valoir la peine du mouvement. Mais l'agitation politique qui fait germer les idées et développe les facultés me plaît fort, et depuis mes quatre mois de Bade, j'ai du repos par-dessus la tête.

Je n'ai pas reçu ici, comme je l'avais demandé, la *Revue de Paris*. Je vous enverrai les deux numéros qui contiennent mon essai sur la tragédie dès mon arrivée dans la capitale, et désormais, si je vis et que j'écrive encore, vous aurez, chère Rosalie, tout ce que je publierai. Si mes yeux ne m'interdisaient point le travail du soir, je produirais bien davantage. C'est peut-être un bien que cet obstacle : j'écrirais trop et on ne me lirait plus. En général, on ne sait jamais ce qu'il faut désirer dans ce monde. J'ai désiré beaucoup de choses dans ma vie ; je les ai presque toutes obtenues et après les avoir obtenues, j'ai déploré mon succès.

Adieu, ma chère Rosalie. Ma femme qui est dans l'eau, pendant que je vous écris, se rappelle tendrement à votre souvenir. Nous regrettons tous deux vivement que Lausanne ne soit pas sur la route de Paris. Peut-être serons-nous plus heureux l'été prochain. Quant à moi, j'aimerais mieux Lausanne que Bade. Dites mille choses à tous ceux qui pensent à moi, si quelqu'un y pense. Parlez surtout de moi à Charles, à Auguste et à Mme de Cottens.

Mille tendres amitiés

CCLII

A MADEMOISELLE ROSALIE DE CONSTANT

Février 1830.

Je reçois, chère Rosalie, votre lettre du 27, qui n'est venue que bien longtemps après ma réponse de Bade. Je commencerai par traiter un sujet qui m'intéresse. Mais je vous prierai de n'en faire usage que comme un renseignement confidentiel, parce que je ne veux pas exciter contre moi la haine d'une personne avec laquelle, par égard pour la mémoire de mon père et pour ne pas agiter le peu de temps qu'il me reste à vivre, je voudrais rester en paix. Je suis tenu de faire à Louise une pension de 600 francs de France. Lors de son mariage, je lui ai fait présent de mille écus. Chaque année, j'ai ajouté à sa rente au moins de 3 à 500 francs, je lui ai assuré volontairement 6000 francs, je dis six mille, indépendamment du capital et du revenu de sa rente. J'ai augmenté son revenu de 200 fr., j'ai promis 200 fr. par an pour contribuer à l'éducation de son fils aîné : je donne à Charles et à elle 1800 fr. par an. Je vais ordinairement plus loin, témoin ce que je fais pour Léonce. Je ne puis faire plus. Louise a de moi 900 fr. par an, plus 400 au moins pour son fils. Elle a de son mari de 6 à 1200 fr., quoiqu'elle le nie, mais j'ai vu les reçus de ceux qui lui font parvenir cet argent. Voilà l'état des choses, je n'en ai jamais parlé à personne. Je me laisse calomnier, parce que je suis vieux et veux mourir tranquille, et je vous prie de ne faire de ces détails aucun usage qui puisse revenir à la personne qu'ils concernent ; je vous le demande positivement.

Passons à des sujets moins fastidieux ou pénibles. Je travaille tant que je puis à mon 4e vol., qui sera le dernier de l'ouvrage, mais l'ouvrage aura besoin d'un supplément pour être complet. Je ne sais comment il réussira. J'y dis non pas ce que je sais, car je ne sais rien, mais ce que je pense avec l'impartialité que vous me connaissez. Ce livre vaudrait mieux si je n'étais pas accablé d'autres affaires, mais le courrier, la Chambre et mes affaires privées me prennent mon temps. Je viens de gagner en première instance un procès qui m'a forcé à des courses et à des écritures bien ennuyeuses et bien fâcheuses pour un homme qui voudrait travailler. Il faut prendre la vie comme elle vient, mais il n'y a pas que du plaisir à la prendre ainsi.

Je me porte assez mal. La vieillesse a gagné sa cause sur deux ou trois points, il y en a sur lesquels je dispute encore, mais elle a l'appel et gagne toujours en dernière instance. Mes médecins, car j'ai deux amis qui veulent me guérir, sans que je les y invite, m'ont défendu le travail, en me menaçant d'une paralysie si j'étais rebelle. Je n'en travaille que plus et j'attends que la nature réalise ou ne réalise pas leurs prédictions.

Ma femme qui gèle malgré les poêles que nous avons fait mettre partout, vous dit mille choses avec le peu de chaleur qui lui reste. On prétend que nous en avons pour deux mois encore et que le froid sera de 40 degrés.

Toutes les entreprises sont arrêtées, les communications interrompues, les travaux arrêtés. C'est un fier ennemi que la nature. Si un homme faisait le quart de mal qu'elle fait, on le condamnerait dix fois à être pendu.

Je vais me procurer ce que j'avais dessein de vous envoyer, vous le recevrez incessamment. Adieu, chère Rosalie. Mille tendres amitiés.

CCLIII

A MONSIEUR CHARLES DE CONSTANT

Paris, ce 11 avril 1830.

Je ne puis vous dire, mon cher Charles, combien j'ai été profondément affecté de l'affreuse nouvelle que vous m'annoncez. Oui, sans doute, je connaissais toutes les qualités aimables et précieuses de ma cousine. Je l'avais vue dans sa première jeunesse, charmante, pleine de finesse, d'esprit et de convenance. Je savais combien elle vous rendait heureux. Croyez bien, mon cher Charles, que sa perte est pour moi un malheur personnel, malgré le peu de chances que j'avais de jouir de la bienveillance qu'elle m'avait toujours témoignée. Le monde se dépeuple ainsi pour ceux qui avancent dans la vie, tout ce qui leur était cher les abandonne et la terre n'est plus pour eux qu'une vaste solitude qu'il faut traverser avec courage, mais le courage n'est pas du bonheur.

Un homme que j'ai vu bien affligé de cet événement déplorable, c'est le pauvre Sismondi; il m'a dit combien lui et sa femme étaient attachés à la vôtre.

Je ne vous parle point des affaires publiques, les peines de cœur sont plus déchirantes que les revers politiques. D'ailleurs, je commence à être horriblement fatigué de la lutte que je soutiens depuis tant d'années et j'aime à m'en distraire le plus et par conséquent à en parler le moins possible ; je dirai seulement qu'ils me semblent fous et si nous ne pouvons deviner ce qu'ils veulent faire, ils le savent encore moins que nous.

Pour les oublier, je travaille à un dernier volume sur la religion ; il paraîtra dans le mois prochain. Vous êtes bien bon de dire que j'en ai assez fait pour ma renommée. Je trouve que je n'ai rien fait. Mais que vous parlé-je de moi, quand je ne devrais m'occuper que de vous ? Croyez que la pensée de votre peine me poursuit et ne me quitte pas. Je voudrais que la part que j'y prends pût l'adoucir, mais les consolations d'une amitié que l'absence n'affaiblit pas, mais qu'elle interrompt au moins dans ses témoignages, sont bien faibles, auprès de la privation d'une affection intime et de chaque jour. Acceptez-la pourtant et croyez qu'elle est bien vive et bien sincère.

Sismondi est parti aujourd'hui pour Genève. Il vous remettra deux brochures que j'avais promises à Rosalie et que je vous prie de lui faire tenir.

Ma femme se joint à moi dans l'expression de tous nos regrets et de notre tendresse.

CCLIV

A MADEMOISELLE ROSALIE DE CONSTANT

21 juillet 1830.

Votre lettre m'a fait bien plaisir, ma chère Rosalie. Je trouvais votre silence long et triste et après l'événement qui a dû déranger votre vie, en bouleversant celle de Charles, j'avais besoin de savoir de vos nouvelles. Je vous aurais écrit pour vous en demander sans une foule d'affaires et une fatigue qui en résulte et m'accable quelquefois, au point de m'ôter toute faculté.

Vous direz que c'est ma faute, mais quand la vie a perdu tout ce qui l'embellit et qu'on n'a plus d'avenir, il faut s'occuper le plus qu'on peut. L'esprit est un instrument dont on doit faire usage. Quand tout est désenchanté, on juge au lieu de jouir; mais on se distrait de soi et c'est ce qu'on peut faire de mieux.

Cela est vrai, surtout dans un temps ou toute sécurité est ravie et tout calcul impossible. Nous sommes livrés à des fous qui travaillent à nous perdre et à se perdre et bien qu'ils s'arrêtent encore devant les obstacles, comme un fou finit toujours par faire sa folie, rien ne nous garantit une heure de légalité.

La seule consolation dans cet état de choses, c'est que notre route est tracée et que le sentiment du devoir nous débarrasse au moins de toute incertitude. Nos adversaires sont un ramas d'insensés et d'assassins, à la tête desquels sont quelques hommes qui ont vendu leur dose de talent et d'instruction à la faction qui les paie. Ces hommes se targuent encore de la science qu'ils ont abjurée pour couvrir l'infâme métier qu'ils font; mais je ne serais pas plus étonné d'être assassiné et volé par l'un d'eux que par le premier forçat échappé du bagne.

Je tâche donc de me distraire de tout ce que je ne puis empêcher et je travaille le plus que je puis, quoique les médecins me l'aient défendu; mais l'inaction me ramenant toujours à des pensées pénibles me fait encore plus de mal.

Mon 4e et mon 5e volume que j'ai fini, quoique vous en disiez, paraissent sous 15 jours. Je voudrais vous les envoyer; indiquez-moi comment je puis vous les adresser à la frontière; car il y a une espèce de douane invisible qui, sous prétexte de préserver nos voisins du poison qui circule en France, escamote souvent les livres qu'on veut envoyer au dehors, ou dites-moi quelque Suisse qui parte et vous les rapporte. J'y ai dit toute ma pensée. Je ne sais si quelqu'un en sera content.

Les mesures toujours subites et contradictoires de notre ministère m'ont cloué à Paris de 15 en 15 jours. Je voulais aller en Alsace remercier mes bons commettants de leur confiance ; mais j'ai dû voter ici et je n'ai fini que hier. Nous nous réunissons, si nous nous réunissons, sous 12 jours. Toute course pour si peu de temps est impossible. Si l'on nous proroge comme on l'annonçait, ce ne serait qu'au dernier moment et pour une semaine. Il faut donc rester, sauf à être dessous et alors il n'y a plus d'autres obstacles, on pourra voyager. Je vous verrai dans ce cas et j'en ai bien envie.

Je ne vous charge de rien pour Charles, puisqu'il est absent ; mais rappelez-moi à tous ceux qui m'aiment, si quelqu'un m'aime et croyez du moins vous à ma tendre et inviolable amitié.

CCLV

A MADEMOISELLE ROSALIE DE CONSTANT

Août 1830.

Eh bien, chère Rosalie, que dites-vous de nos résolutions ? Elles sont assez douces, ce me semble et la disposition de l'excellente population de Paris doit avoir mis fin à toutes nos craintes.

Ce n'est pas que tout soit consolidé, mais j'espère que nous sommes en bonne route. Notre nouveau roi est admirable. Il vaut mieux que nous tous y compris le ministère et les Chambres. Il n'y a pas une idée libérale qu'il n'aie et s'il était toujours secondé, tout irait au mieux.

Ce qui est triste pour moi, c'est l'état de ma santé, j'ai pris un peu trop de mouvement depuis le 25 juillet et je m'en ressens. Mes jambes sont enflées, je ne puis rien supporter qu'un peu de soupe. Enfin j'ai été forcé de me réfugier aux bains de Tivoli pour y prendre des douches et essayer d'arracher à la nature un peu de répit. Je ne sais si elle me l'accordera. Une des causes de ma maladie, c'est l'armée des solliciteurs, qui sont tombés des nues après la victoire. La nation ouvrière et la jeunesse sont admirables. La horde des pétitionnaires est avide et effrontée. Chacun arrive avec de prétendus titres et un acharnement impitoyable. Durant 5 jours on m'a tourmenté jusqu'à minuit et réveillé à 5 heures du matin pour des places que je ne pouvais pas donner. Cette rage ne s'apaise pas encore.

24 septembre.

Ma lettre est restée interrompue près de six semaines. Ma maladie avait fort empiré. C'est une paralysie commençante qui, après avoir atteint les pieds, venait quelquefois se jeter sur la langue et ailleurs, et je me crois dans un état d'amélioration. Je puis déjà m'occuper de mes travaux que j'avais été forcé de suspendre.

Au reste, les choses se brouillent un peu et peut-être ne serai-je bientôt plus que député[1]. Je n'en croirai pas moins notre roi le meilleur citoyen de son royaume.

J'ai reçu de Charles une bien aimable lettre. Dites-lui que je lui répondrai incessamment. Donnez-moi de vos nouvelles et croyez à mon inaltérable amitié.

[1] Il venait d'être nommé président du Conseil d'état.

TABLE DES MATIÈRES

Préface	1
Introduction	3
Appendices.	71
Lettres de Benjamin Constant à sa famille	75
A la générale de Chandieu.	77
A M. Louis Juste Arnold Constant de Rébecque . .	77
A la générale de Chandieu	78
A la générale de Chandieu	79
A la générale de Chandieu	81
A la générale de Chandieu.	83
A la générale de Chandieu	84
A la générale de Chandieu	87
A M. Samuel de Constant	89
A M. Samuel de Constant.	89
A Rosalie de Constant	92
A Mademoiselle Rosalie de Constant	94
A M. Samuel de Constant	96
A Mademoiselle Rosalie de Constant	97
A M. Samuel de Constant	98
A Mademoiselle Rosalie de Constant.	100
A M. Samuel de Constant	102
A Juste de Constant.	105

A M. Samuel de Constant	107
A M. Samuel de Constant	108
A M. Samuel de Constant	111
A M. Samuel de Constant	113
A M. Samuel de Constant	116
A M. S. de Constant	119
A Mademoiselle Rosalie de Constant	121
A Mesdemoiselles Rosalie et Lisette de Constant	123
A Mme la Comtesse de Nassau	126
A Mlle Rosalie de Constant	129
A Mlle Rosalie de Constant	130
A Madame la Comtesse de Nassau née de Chandieu	132
A Mademoiselle de Constant	134
A Mademoiselle Rosalie de Constant	139
A Mademoiselle Rosalie de Constant	140
A M. Samuel de Constant	141
A M. Samuel de Constant	144
A M. Samuel de Constant	145
A Mademoiselle Rosalie de Constant	146
A M. Samuel de Constant	147
A Monsieur Samuel de Constant	148
A M. Samuel de Constant	150
A M. Samuel de Constant	152
A M. Samuel de Constant	155
A Monsieur Samuel de Constant	156
A M. Samuel de Constant	158
A M. Samuel de Constant	160
A M. Samuel Constant	161
A M. Samuel de Constant	163
A M. Samuel de Constant	165
A M. Samuel de Constant	167
A Mademoiselle Rosalie de Constant	170
A Mademoiselle Rosalie de Constant	171
A Mademoiselle Rosalie de Constant	172
A Mademoiselle Rosalie de Constant	175
A Mademoiselle de Constant	176
A Mademoiselle Rosalie de Constant	177
A Mademoiselle Rosalie de Constant	178

A Mademoiselle Rosalie de Constant	181
A Mademoiselle Rosalie de Constant	183
A Mademoiselle Rosalie de Constant	186
A Mademoiselle Rosalie de Constant	189
A Mademoiselle Rosalie de Constant	193
A Mademoiselle Rosalie de Constant	195
A Mademoiselle Rosalie de Constant	196
A Mademoiselle Rosalie de Constant	198
A Madame la Comtesse de Nassau, née de Chandieu	199
A Madame la Comtesse de Nassau, née de Chandieu	202
A Mademoiselle Rosalie de Constant	203
A Madame la Comtesse de Nassau, née de Chandieu	204
A Madame la Comtesse de Nassau, née de Chandieu	207
A Mademoiselle Rosalie de Constant	209
A Madame la Comtesse de Nassau, née de Chandieu	214
A Mademoiselle Rosalie de Constant	216
A Mademoiselle Rosalie de Constant	218
A Mademoiselle Rosalie de Constant	219
A Mademoiselle Rosalie de Constant	221
A Mademoiselle Rosalie de Constant	222
A Mademoiselle Rosalie de Constant	225
A Madame la Comtesse de Nassau, née de Chandieu	226
A Madame la Comtesse de Nassau, née de Chandieu	228
A Mademoiselle Rosalie de Constant	229
A Mademoiselle Rosalie de Constant	230
A Madame la Comtesse de Nassau, née de Chandieu	232
A Mademoiselle Rosalie de Constant	234
A Mademoiselle Rosalie de Constant	234
A Madame la Comtesse de Nassau, née de Chandieu	236
A Mademoiselle Rosalie de Constant	238
A Madame la Comtesse de Nassau, née de Chandieu	240
A Mademoiselle Rosalie de Constant	245
A Madame la Comtesse de Nassau, née de Chandieu	248
A Madame la Comtesse de Nassau, née de Chandieu	249
A Madame la Comtesse de Nassau, née de Chandieu	252
A Madame la Comtesse de Nassau, née de Chandieu	255
A Madame la Comtesse de Nassau, née de Chandieu	257
A Madame la Comtesse de Nassau, née de Chandieu	258

A Madame la Comtesse de Nassau, née de Chandieu .	261
A Madame la Comtesse de Nassau, née de Chandieu .	263
A Madame la Comtesse de Nassau, née de Chandieu .	266
A Madame la Comtesse de Nassau, née de Chandieu .	267
A Madame la Comtesse de Nassau, née de Chandieu .	267
A Madame la Comtesse de Nassau, née de Chandieu .	268
A Madame la Comtesse de Nassau, née de Chandieu .	270
A Madame la Comtesse de Nassau, née de Chandieu .	271
A Madame la Comtesse de Nassau, née de Chandieu .	274
A Madame la Comtesse de Nassau, née de Chandieu .	276
A Madame la Comtesse de Nassau, née de Chandieu .	279
A Madame la Comtesse de Nassau, née de Chandieu .	281
A Madame la Comtesse de Nassau, née de Chandieu .	282
A Madame la Comtesse de Nassau, née de Chandieu .	284
A Madame la Comtesse de Nassau, née de Chandieu .	286
A Madame la Comtesse de Nassau, née de Chandieu .	287
A Madame la Comtesse de Nassau, née de Chandieu .	288
A Madame la Comtesse de Nassau, née de Chandieu .	290
A Madame la Comtesse de Nassau, née de Chandieu .	291
A Mademoiselle Rosalie de Constant	293
A Madame la Comtesse de Nassau, née de Chandieu.	295
A Mademoiselle Rosalie de Constant	298
A Madame la Comtesse de Nassau, née de Chandieu .	300
A Madame la Comtesse de Nassau, née de Chandieu .	303
A Madame la Comtesse de Nassau, née de Chandieu .	305
A Madame la Comtesse de Nassau, née de Chandieu .	306
A Madame la Comtesse de Nassau, née de Chandieu .	308
A Madame la Comtesse de Nassau, née de Chandieu .	312
A Madame la Comtesse de Nassau, née de Chandieu .	313
A Madame la Comtesse de Nassau, née de Chandieu .	317
A Madame la Comtesse de Nassau, née de Chandieu .	320
A Madame la Comtesse de Nassau, née de Chandieu .	321
A Madame la Comtesse de Nassau, née de Chandieu .	324
A Madame la Comtesse de Nassau, née de Chandieu .	326
A Madame la Comtesse de Nassau, née de Chandieu .	327
A Madame la Comtesse de Nassau, née de Chandieu .	331
A Mademoiselle Rosalie de Constant	332
A Madame la Comtesse de Nassau, née de Chandieu .	335

A Mademoiselle Rosalie de Constant	337
A Madame la Comtesse de Nassau, née de Chandieu .	338
A Mademoiselle Rosalie de Constant	339
A Madame la Comtesse de Nassau, née de Chandieu .	340
A Madame la Comtesse de Nassau, née de Chandieu .	342
A Madame la Comtesse de Nassau, née de Chandieu .	346
A Madame la Comtesse de Nassau, née de Chandieu .	347
A Madame la Comtesse de Nassau, née de Chandieu .	349
A Madame la Comtesse de Nassau, née de Chandieu .	351
A Mademoiselle Rosalie de Constant	353
A Mademoiselle Rosalie de Constant	355
A Madame la Comtesse de Nassau, née de Chandieu .	357
A Madame la Comtesse de Nassau, née de Chandieu .	359
A Mademoiselle Rosalie de Constant	361
A Madame la Comtesse de Nassau, née de Chandieu .	362
A Mademoiselle Rosalie de Constant	364
A Mademoiselle Rosalie de Constant	366
A Mademoiselle Rosalie de Constant	367
A Madame la Comtesse de Nassau, née de Chandieu .	369
A Mademoiselle Rosalie de Constant	370
A Madame la Comtesse de Nassau, née de Chandieu .	372
A Madame la Comtesse de Nassau, née de Chandieu .	374
A Mademoiselle Rosalie de Constant	379
A Mademoiselle Rosalie de Constant	382
A Madame la Comtesse de Nassau, née de Chandieu .	384
A Madame la Comtesse de Nassau, née de Chandieu .	385
A Mademoiselle Rosalie de Constant	386
A Madame la Comtesse de Nassau, née de Chandieu .	388
A Madame la Comtesse de Nassau, née de Chandieu .	390
A Mademoiselle Rosalie de Constant	391
A Mademoiselle Rosalie de Constant	394
A Madame la Comtesse de Nassau, née de Chandieu .	396
A Madame la Comtesse de Nassau, née de Chandieu .	399
A Madame la Comtesse de Nassau, née de Chandieu .	400
A Mademoiselle Rosalie de Constant	402
A Mademoiselle Rosalie de Constant	404
A Mademoiselle Rosalie de Constant	406
A Madame la Comtesse de Nassau, née de Chandieu .	409

A Madame la Comtesse de Nassau, née de Chandieu	411
A Mademoiselle Rosalie de Constant	413
A Mademoiselle Rosalie de Constant	416
A Mademoiselle Rosalie de Constant	418
A Mademoiselle Rosalie de Constant	420
A Mademoiselle Rosalie de Constant	421
A Mademoiselle Rosalie de Constant	422
A Mademoiselle Rosalie de Constant	423
A Mademoiselle Rosalie de Constant	425
A Monsieur Charles de Constant	426
A Mademoiselle Rosalie de Constant	427
A Mademoiselle Rosalie de Constant	428
A Mademoiselle Rosalie de Constant	433
A Mademoiselle Rosalie de Constant	437
A Mademoiselle Rosalie de Constant	441
A Mademoiselle Rosalie de Constant	447
A Madame la Comtesse de Nassau, née de Chandieu	453
A Madame la Comtesse de Nassau, née de Chandieu	455
A Madame la Comtesse de Nassau, née de Chandieu	458
A Madame la Comtesse de Nassau, née de Chandieu	461
A Monsieur Charles de Constant	463
A Mademoiselle Rosalie de Constant	465
A Madame la Comtesse de Nassau, née de Chandieu	468
A Mademoiselle Rosalie de Constant	470
A Madame la Comtesse de Nassau, née de Chandieu	473
A Mademoiselle Rosalie de Constant	475
A Madame la Comtesse de Nassau, née de Chandieu	478
A Madame la Comtesse de Nassau, née de Chandieu	481
A Mademoiselle Rosalie de Constant	484
A Mademoiselle Rosalie de Constant	487
A Madame la Comtesse de Nassau, née de Chandieu	491
A Mademoiselle Rosalie de Constant	493
A Madame la Comtesse de Nassau, née de Chandieu	496
A Madame la Comtesse de Nassau, née de Chandieu	498
A Madame la Comtesse de Nassau, née de Chandieu	501
A Madame la Comtesse de Nassau, née de Chandieu	503
A Mademoiselle Rosalie de Constant	506
A Madame la Comtesse de Nassau, née de Chandieu	508

TABLE DES MATIÈRES

A Mademoiselle Rosalie de Constant	511
A Madame la Comtesse de Nassau, née de Chandieu .	515
A Madame la Comtesse de Nassau, née de Chandieu .	516
A Madame la Comtesse de Nassau, née de Chandieu .	519
A Mademoiselle Rosalie de Constant	523
A Madame la Comtesse de Nassau, née de Chandieu .	525
A Mademoiselle Rosalie de Constant	527
A Monsieur Charles de Constant.	528
A Monsieur Charles de Constant.	529
A Monsieur Charles de Constant	529
A Mademoiselle Rosalie de Constant . .	531
A Mademoiselle Rosalie de Constant	533
A Mademoiselle Rosalie de Constant . .	535
A Mademoiselle Rosalie de Constant	536
A Mademoiselle Rosalie de Constant .	538
A Mademoiselle Rosalie de Constant .	540
A Mademoiselle Rosalie de Constant .	542
A Mademoiselle Rosalie de Constant .	544
A Mademoiselle Rosalie de Constant . .	546
A Monsieur Charles de Constant.	547
A Monsieur Charles de Constant.	548
A Mademoiselle Rosalie de Constant	549
A Mademoiselle Rosalie de Constant	551
A Monsieur Charles de Constant.	552
A Mademoiselle Rosalie de Constant .	553
A Mademoiselle Rosalie de Constant	555
A Mademoiselle Rosalie de Constant . . .	556
A Mademoiselle Rosalie de Constant	558
A Mademoiselle Rosalie de Constant . . .	560
A Mademoiselle Rosalie de Constant . . .	562
A Mademoiselle Rosalie de Constant . . .	563
A Mademoiselle Rosalie de Constant . . .	564
A Mademoiselle Rosalie de Constant	566
A Mademoiselle Rosalie de Constant	567
A Mademoiselle Rosalie de Constant	569
A Mademoiselle Rosalie de Constant	570
A Mademoiselle Rosalie de Constant	571
A Mademoiselle Rosalie de Constant	574

A Mademoiselle Rosalie de Constant	575
A Mademoiselle Rosalie de Constant	577
A Mademoiselle Rosalie de Constant	579
A Mademoiselle Rosalie de Constant	581
A Mademoiselle Rosalie de Constant	583
A Monsieur Charles de Constant.	585
A Mademoiselle Rosalie de Constant	586
A Mademoiselle Rosalie de Constant	588

Imprimerie de DESTENAY. — Saint-Amand (Cher).

www.ingramcontent.com/pod-product-compliance
Lightning Source LLC
Chambersburg PA
CBHW060308230426
43663CB00009B/1634